"中国村庄发展：浙江样本研究"丛书

主编　陈野

耕 读 致 远

台州沙滩村发展研究

PLOWING AND STUDYING
FOR
THE FUTURE
DEVELOPMENT STUDY
OF
SHATAN VILLAGE,
TAIZHOU

王荔　杨贵庆　陶小马◎著

ZHEJIANG UNIVERSITY PRESS
浙江大学出版社

图书在版编目（CIP）数据

耕读致远：台州沙滩村发展研究 / 王荔，杨贵庆，
陶小马著. -- 杭州：浙江大学出版社，2021.12
（"中国村庄发展：浙江样本研究"丛书 / 陈野主编）
ISBN 978-7-308-21343-1

Ⅰ. ①耕… Ⅱ. ①王… ②杨… ③陶… Ⅲ. ①农村经
济发展－研究－台州 Ⅳ. ①F327.555

中国版本图书馆CIP数据核字(2021)第085239号

耕读致远：台州沙滩村发展研究

王荔　杨贵庆　陶小马　著

丛书策划	陈丽霞　宋旭华　赵　静	
丛书统筹	赵　静　王荣鑫	
责任编辑	李瑞雪	
责任校对	吴心怡	
装帧设计	林智广告	
出版发行	浙江大学出版社	
	（杭州市天目山路148号　　邮政编码　310007）	
	（网址：http://www.zjupress.com）	
排　　版	杭州林智广告有限公司	
印　　刷	浙江省邮电印刷股份有限公司	
开　　本	710mm×1000mm　1/16	
印　　张	20.75	
插　　页	4	
字　　数	357千	
版 印 次	2021年12月第1版　2021年12月第1次印刷	
书　　号	ISBN 978-7-308-21343-1	
定　　价	84.00元	

"中国村庄发展：浙江样本研究"项目组研究人员名单

"中国村庄发展：浙江样本研究"丛书

丛 书 主 编 陈　野

首 席 专 家 闻海燕　顾益康

"耕读致远：台州沙滩村发展研究"课题组简介

课题组组长 王　荔（主持人）

课题组成员 王　荔　彭震伟　杨贵庆　陶小马　吴志刚

沙滩村村名石刻

沙滩新村鸟瞰

沙滩村忠应庙老街鸟瞰

沙滩村忠应庙老街、同济·黄岩乡村振兴学院鸟瞰

同济·黄岩乡村振兴学院沙滩村校区

浙江文化研究工程成果文库总序

有人将文化比作一条来自老祖宗而又流向未来的河，这是说文化的传统，通过纵向传承和横向传递，生生不息地影响和引领着人们的生存与发展；有人说文化是人类的思想、智慧、信仰、情感和生活的载体、方式和方法，这是将文化作为人们代代相传的生活方式的整体。我们说，文化为群体生活提供规范、方式与环境，文化通过传承为社会进步发挥基础作用，文化会促进或制约经济乃至整个社会的发展。文化的力量，已经深深熔铸在民族的生命力、创造力和凝聚力之中。

在人类文化演化的进程中，各种文化都在其内部生成众多的元素、层次与类型，由此决定了文化的多样性与复杂性。

中国文化的博大精深，来源于其内部生成的多姿多彩；中国文化的历久弥新，取决于其变迁过程中各种元素、层次、类型在内容和结构上通过碰撞、解构、融合而产生的革故鼎新的强大动力。

中国土地广袤、疆域辽阔，不同区域间因自然环境、经济环境、社会环境等诸多方面的差异，建构了不同的区域文化。区域文化如同百川归海，共同汇聚成中国文化的大传统，这种大传统如同春风化雨，渗透于各种区域文化之中。在这个过程中，区域文化如同清溪山泉潺潺不息，在中国文化的共同价值取向下，以自己的独特个性支撑着、引领着本地经济社会的发展。

从区域文化入手，对一地文化的历史与现状展开全面、系统、扎实、有序的研究，一方面可以藉此梳理和弘扬当地的历史传统和文化资源，繁荣和丰富当代的先进文化建设活动，规划和指导未来的文化发展蓝图，增强文化软实力，为全面建设小康社会、加快推进社会主义现代化提供思想保证、精神动力、智力支持和舆论力量；另一方面，这也是深入了解中国文化、研究中国文化、发展中国文化、创新中国文化的重要途径之一。如今，区域文化研究日益受到各地重视，成为我国文化研究走向深入的一个重要标志。我们今天实施浙江文化研究工程，其目的和意义也在于此。

千百年来，浙江人民积淀和传承了一个底蕴深厚的文化传统。这种文化传统的独特性，正在于它令人惊叹的富于创造力的智慧和力量。

浙江文化中富于创造力的基因，早早地出现在其历史的源头。在浙江新石器时代最为著名的跨湖桥、河姆渡、马家浜和良渚的考古文化中，浙江先民们都以不同凡响的作为，在中华民族的文明之源留下了创造和进步的印记。

浙江人民在与时俱进的历史轨迹上一路走来，秉承富于创造力的文化传统，这深深地融汇在一代代浙江人民的血液中，体现在浙江人民的行为上，也在浙江历史上众多杰出人物身上得到充分展示。从大禹的因势利导、敬业治水，到勾践的卧薪尝胆、励精图治；从钱氏的保境安民、纳土归宋，到胡则的为官一任、造福一方；从岳飞、于谦的精忠报国、清白一生，到方孝孺、张苍水的刚正不阿、以身殉国；从沈括的博学多识、精研深究，到竺可桢的科学救国、求是一生；无论是陈亮、叶适的经世致用，还是黄宗羲的工商皆本；无论是王充、王阳明的批判、自觉，还是龚自珍、蔡元培的开明、开放，等等，都展示了浙江深厚的文化底蕴，凝聚了浙江人民求真务实的创造精神。

代代相传的文化创造的作为和精神，从观念、态度、行为方式和价值取向上，孕育、形成和发展了渊源有自的浙江地域文化传统和与时俱进的浙江文化精神，她滋育着浙江的生命力、催生着浙江的凝聚力、激发着浙江的创造力、培植着浙江的竞争力，激励着浙江人民永不自满、永不停息，在各个不同的历史时期不断地超越自我、创业奋进。

悠久深厚、意韵丰富的浙江文化传统，是历史赐予我们的宝贵财富，也是我们开拓未来的丰富资源和不竭动力。党的十六大以来推进浙江新发展的实践，使我们越来越深刻地认识到，与国家实施改革开放大政方针相伴随的浙江经济社会持续快速健康发展的深层原因，就在于浙江深厚的文化底蕴和文化传统与当今时代精神的有机结合，就在于发展先进生产力与发展先进文化的有机结合。今后一个时期浙江能否在全面建设小康社会、加快社会主义现代化建设进程中继续走在前列，很大程度上取决于我们对文化力量的深刻认识、对发展先进文化的高度自觉和对加快建设文化大省的工作力度。我们应该看到，文化的力量最终可以转化为物质的力量，文化的软实力最终可以转化为经济的硬实力。文化要素是综合竞争力的核心要素，文化资源是经济社会发展的重要资源，文化素质是领导者和劳动者的首要素质。因此，研究浙江文化的历史与现状，增强文化软实力，为浙江的现代化建设服务，是浙江人民的共同事业，也是浙江各级党委、政府的重要使命和责任。

2005 年 7 月召开的中共浙江省委十一届八次全会，作出《关于加快建设文化大省的决定》，提出要从增强先进文化凝聚力、解放和发展生产力、增强社会公共服务能力入手，大力实施文明素质工程、文化精品工程、文化研究工程、文化保护工程、文化产业促进工程、文化阵地工程、文化传播工程、文化人才工程等"八项工程"，实施科教兴国和人才强国战略，加快建设教育、科技、卫生、体育等"四个强省"。作为文化建设"八项工程"之一的文化研究工程，其任务就是系统研究浙江文化的历史成就和当代发展，深入挖掘浙江文化底蕴、研究浙江现象、总结浙江经验、指导浙江未来的发展。

浙江文化研究工程将重点研究"今、古、人、文"四个方面，即围绕浙江当代发展问题研究、浙江历史文化专题研究、浙江名人研究、浙江历史文献整理四大板块，开展系统研究，出版系列丛书。在研究内容上，深入挖掘浙江文化底蕴，系统梳理和分析浙江历史文化的内部结构、变化规律和地域特色，坚持和发展浙江精神；研究浙江文化与其他地域文化的异同，厘清浙江文化在中国文化中的地位和相互影响的关系；围绕浙江生动的当代实践，深入解读浙江现象，总结浙江经验，指导浙江发展。在研究力量上，通过课题组织、出版资助、重点研究基地建设、加强省内外大院名校合作、整合各地各部门力量等途径，形成上下联动、学界互动的整体合力。在成果运用上，注重研究成果的学术价值和应用价值，充分发挥其认识世界、传承文明、创新理论、咨政育人、服务社会的重要作用。

　　我们希望通过实施浙江文化研究工程，努力用浙江历史教育浙江人民、用浙江文化熏陶浙江人民、用浙江精神鼓舞浙江人民、用浙江经验引领浙江人民，进一步激发浙江人民的无穷智慧和伟大创造能力，推动浙江实现又快又好发展。

　　今天，我们踏着来自历史的河流，受着一方百姓的期许，理应负起使命，至诚奉献，让我们的文化绵延不绝，让我们的创造生生不息。

2006 年 5 月 30 日于杭州

浙江文化研究工程成果文库序言

袁家军

　　浙江是中华文明的发祥地之一，历史悠久、人文荟萃，素称"文物之邦""人文渊薮"，从河姆渡的陶灶炊烟到良渚的文明星火，从吴越争霸的千古传奇到宋韵文化的风雅气度，从革命红船的扬帆起航到新中国成立初期的筚路蓝缕，从改革开放的敢为人先到新时代的变革创新，都留下了弥足珍贵的历史文化财富。纵览浙江发展的历史，文化是软实力、也是硬实力，是支撑力、也是变革力，为浙江干在实处、走在前列、勇立潮头提供了独特的精神激励和智力支持。

　　2003年，习近平同志在浙江工作时作出"八八战略"重大决策部署，明确提出要进一步发挥浙江的人文优势，积极推进科教兴省、人才强省，加快建设文化大省。2005年7月，习近平同志主持召开省委十一届八次全会，亲自擘画加快建设文化大省的宏伟蓝图。在习近平同志的亲自谋划、亲自布局下，浙江形成了文化建设"3+8+4"的总体框架思路，即全面把握增强先进文化的凝聚力、解放和发展文化生产力、提高社会公共服务力等"三个着力点"，启动实施文明素质工程、文化精品工程、文化研究工程、文化保护工程、文化产业促进工程、文化阵地工程、文化传播工程、文化人才工程等"八项工程"，加快建设教育、科技、卫生、体育等"四个强省"，构建起浙江文化建设的"四梁八柱"。这些年来，我们按照习近平同志当年作出的战略部署，坚持一张蓝图绘到底、一任接着一任干，不断推进以文铸魂、以文育德、以文图强、以文传道、以文兴业、以文惠民、以文塑韵，走出了一条具有中国特色、时代特征、浙江特点的文化发展之路。

　　文化研究工程是浙江文化建设最具标志性的成果之一。随着第一期和第二期文化研究工程的成功实施，产生了一批重点研究项目和重大研究成果，培育了一批具有浙江特色和全国影响的优势学科，打造了一批高水平的学术团队和在全国有影响力的学术名师、学科骨干。2015年结束的第一批浙江文化研究工程共立研究项目811项，出版学术著作千余部。2017 年 3 月启动的第二期浙江文化研究工程，已开展了 52 个系列研究，立重大课题 65 项、重点课题 284 项，出版学术著作 1000 多部。特别是形成了《宋画全集》等中国历代绘画大系、《共和国命运的抉择与思考——毛泽东在浙江的 785 个日日夜夜》等领袖与浙江研究系列、《红船逐浪：浙江"站起来"的革命历程与精神传承》等"浙 100 年"研究系列、《浙江通史》《南宋史研究丛书》等浙江历史专题史研究系列、《良渚文化研究丛书》等浙江史前文化研究系列、《儒学正脉——王守仁传》等浙江历史名人研究系列、《吕祖谦全集》等浙江文献集成系列。可以说，浙江文化研究工程，赓续了浙江悠久深厚的文化血脉，挖掘了浙江深层次的文化基因，提升了浙江的文化软实力，彰显了浙江在海内外的学术影响力，为浙江当代发展提供了坚实的理论支撑和智力支持，为坚定文化自信提供了浙江素材。

当前，浙江已经踏上了实现第二个百年奋斗目标的新征程，正在奋力打造"重要窗口"，争创社会主义现代化先行省，高质量发展建设共同富裕示范区。文化工作在浙江高质量发展建设共同富裕示范区中具有决定性作用，是关键变量；展现共同富裕美好社会的图景，文化是最富魅力、最吸引人、最具辨识度的标识。我们要发挥文化铸魂塑形赋能功能，为高质量发展建设共同富裕示范区注入强大文化力量，特别是要坚持把深化文化研究工程作为打造新时代文化高地的重要抓手，努力使其成为研究阐释习近平新时代中国特色社会主义思想的重要阵地、传承创新浙江优秀传统文化革命文化社会主义先进文化的重要平台、构建中国特色哲学社会科学的重要载体、推广展示浙江文化独特魅力的重要窗口。

新时代浙江文化研究工程将延续"今、古、人、文"主题，重点突出当代发展研究、历史文化研究、"新时代浙学"建构，努力把浙江的历史与未来贯通起来，使浙学品牌更加彰显、浙江文化形象更加鲜明、中国特色哲学社会科学的浙江元素更加丰富。新时代浙江文化研究工程将坚守"红色根脉"，更加注重深入挖掘浙江红色资源，持续深化"习近平新时代中国特色社会主义思想在浙江的探索与实践"课题研究，努力让浙江成为践行创新理论的标杆之地、传播中华文明的思想之窗；擦亮以宋韵文化为代表的浙江历史文化金名片，从思想、制度、经济、社会、百姓生活、文学艺术、建筑、宗教等方面全方位立体化系统性研究阐述宋韵文化，努力让千年宋韵更好地在新时代"流动"起来、"传承"下去；科学解读浙江历史文化的丰富内涵和时代价值，更加注重学术成果的创造性转化，探索拓展浙学成果推广与普及的机制、形式、载体、平台，努力让浙学成果成为有世界影响的东方思想标识；充分动员省内外高水平专家学者参与工程研究，坚持以项目引育高端社科人才，努力打造一支走在全国前列的哲学社会科学领军人才队伍；系统推进文化研究数智创新，努力提升社科研究的科学化水平，提供更多高质量文化成果供给。

伟大的时代，需要伟大作品、伟大精神、伟大力量。期待新时代浙江文化研究工程有更多的优秀成果问世，以浙江文化之窗更好地展现中华文化的生命力、影响力、凝聚力、创造力，为忠实践行"八八战略"、奋力打造"重要窗口"，争创社会主义现代化先行省，高质量发展建设共同富裕示范区，提供强大思想保证、舆论支持、精神动力和文化条件。

丛书序言

中国乡村曲折艰难的现代化进程，步履艰难而又波澜壮阔。其意蕴之丰沛，与中国生活、中国社会和中国文化深切相连。回溯中国乡村自1840年中国社会开启现代转型以来走过的兴衰起伏之命运轨迹，可谓千回百转、曲折萦纡。数辈乡民身居不同时代，应对多重挑战，以吃苦耐劳、隐忍柔韧、顽强进取的品格精神，维系了村庄命脉和厚重历史。

一

当代乡村发展，承历史之重，开乡村现代化之时代新局。改革开放以来，浙江乡村变化巨大，以其走在前列的先行先试，开乡村发展的时代新局，呈现了发展中国家走向现代化的轨迹，为中国乡村的现代化发展提供了分析参照的样本。有鉴于此，本套丛书以"中国村庄发展：浙江样本研究"为主题，着力于从以下方面开展研究，并取得相应成果。

改革开放40多年，特别是自2003年习近平同志在浙江工作后，作为习近平新时代中国特色社会主义思想的重要萌发地，浙江乡村发展迈入新阶段，呈现城乡融合、"五位一体"全面发展的新态势。习近平同志以以人为本、执政为民的治理理念和统揽全局的思维方式，对浙江乡村发展全面布局，实施"千村示范，万村整治"等重点工程，从推动产业新发展、建设新社区、培育新农民、树立新风尚、构建新体制等维度全面推进乡村发展。习近平同志有关乡村发展的理性思考、创造性实践和历史性成果，是我们选择浙江村庄作为中国村庄发展样本加以研究的重要遵循和行动指南。

村庄是最基层的社会单位之一，是最为鲜活丰沛的日常生活之地，是中华历史文化传统的重要根基，是我国全面建成小康社会、开启全面建设社会主义现代化国家新征程的重要建设领域。然而，由古至今，村庄也是最缺乏历史记载和文献档案系统、最难听到它本真的话语呼声、最难触摸到它脉动的心灵、最难见到它在历史进程中完整形影的场所。本丛书旨在以长时段的历史研究视野，观察、记录和研析作为基层生活共同体的中国村庄，在面对社会转型期的急剧巨变时，如何通过调整、舍弃、更新、吸纳共同体内在结构和要素的策略，重建与生活、与生产、与社会、与时代均相契合的新型乡村社会生活的规则和秩序，以此维系村庄生存，推动村庄发展，提升村庄品质。同时，亦拟以翔实细致的个案性剖析，探求乡村传统建构的实际场景和内在机制。故此，在各专著框架中，特设"史地篇"，追寻村庄过往在其当下时段中的历史投射，记述村庄的整体性历史进程，定位其当今发展在乡村文明进程中的历史坐标，为观察、研究村庄建立长程的历史背景；特设"访谈篇"，以大量的村民口述访谈和全面系统的乡村档案收集整理，为一直以来缺乏史料积淀的村庄建立由文献、田野调查和口述访谈为架构的资料系统，记下了村民传承、维系、建设、发展村庄的种种心声；尤其重视以经济、政治、治理、文化、生态等各篇组合的整体性研究，通过深度驻村调研、深层次介入村庄内部生产生活环境，为不同类型村庄在当代社会变革时期所做的探索与发展，建立起完整的事实记录和分析样本，在浩瀚苍茫的历史时空中留下了我们这个时代的乡村社会发展印记，见证了乡村传统建构中的众多真实过程。

乡村研究是社会学、历史学、政治学、文化学等学科的重要领域，村庄个案研究、专题研究、历史断代研究、现实问题研究等成果丰硕。本套丛书以11个村庄为研究对象，以各个村的纵向历史发展特别是改革开放40多年来的乡村发展基本轨迹为历史纵轴，以独具浙江特色的村庄经济、政治、文化、社会、治理、生态等为记述研究主体，从不同角度记述浙江乡村发展轨迹，并从中提炼具有普遍意义的发展路径、特征和价值，为相关学科深化乡村研究提供了丰富个案和鲜明的地方资源。

乡村发展在我国改革开放史中具有众多首创之功和重要的历史地位，目前乡村振兴背景下来自各级党委、各级政府、社会各界和广大村民等的积极作为，是当代中国历史进程的重要组成部分。本套丛书各部专著所述浙江村庄历史和改革开放40多年来的乡村建设历程、发展成就和价值意义，以来自乡村一线这种最为社会基层的真实场景、鲜活实践和全方位的研究阐释，极大地丰富了浙江以至中国当代发展研究的内涵，为党史、新中国史、改革开放史、社会主义发展史的研究，输送了来自乡村大地的源头活水，增强了研究的内在活力。

本套丛书积极探索学术研究对接当下社会需求的内在理路，将来自改革前沿的现实问题研究与学术研究紧密结合，在全面系统记述乡村历史、开展理论研究的同时，直面乡村建设发展中的困境、不足和问题，走进当代社会实践，走向乡村基层，走进乡民群体，在与政府、乡村和农民的互动中开展现实问题专题研究，发挥学术研究参与现实社会建设的作用和价值，以理性分析、务实举措从村庄发展现实问题中提炼可供下一步乡村振兴所需的理论资源和对策建议，撰写多个智库报告，得到省委省政府领导多项肯定性批示，实现了学术研究中问题意识、现实关切和人文关怀的有机关联，提升了人文社科研究在基层社会的知晓度和影响力。

二

自项目正式实施以来，项目组科研人员深入全省相关市县宣传、文化、旅游、建设、农办等政府部门和百余个村庄开展深入调研。从东部海岛到西部田园，从浙南山区到浙北平原，课题组成员顶着烈日酷暑、冒着风雨严寒，克服诸多困难，走进田间地头，结交农民朋友，深入农户开展深度访谈，全方位多视角实地考察村庄发展实况。5 年来深入乡村的实践探索和项目研究，让我们收获良多，也给我们带来很多启示。

在本套丛书研究和撰写过程中，乡镇村干部群众一致认为本研究在梳理村庄历史、增强集体认同、提升文化自信、提供发展资源、理清发展思路等方面，与乡镇和村的建设需求十分契合，对项目研究给予极大肯定，表现出极高的参与和配合热情，尤其热切地表达了对专业性强、学术水平高的人文社科研究的衷心期待。蕴含于乡村大地的家园故土寻根意愿、强烈的文化自觉意识、丰富的创业创新业绩、高昂进取的精神面貌和积极态度，以及存在于一些村庄的老龄化、空心化、业态陈旧、过度开

4

发、贫富差距、文化生活单调等发展中的问题和不足，均让我们深切感受到村庄发展的巨大需求空间，看到了乡村社会发展对专家学者的热切期盼。广阔的乡村大地，正是开展人文社科研究、获取厚重科研成果的丰富沃土。

习近平总书记指出："人民的需要和呼唤，是科技进步和创新的时代声音。"社会科学工作者只有走出书斋，积极探索学术研究对接当下社会需求的内在理路，深入开展脚踏实地的基层调研，将哲学社科理论研究与社会实践紧密结合，将来自改革前沿的现实问题与学术研究紧密结合，准确了解社情民意、把握时代脉搏，实现学术研究中问题意识、现实关切和人文关怀的有机关联，才能克服从书本到书本、从理论到理论的研究局限，强化基础理论研究厚重感，提升应用对策研究针对性，取得适应现实所需、彰显学术价值、具有中国气派的哲学社会科学研究成果。

以重大系列项目构建综合性学术团队，开展集聚多学科、多梯队联合共事的集体攻关项目，既整合了原先相对分散的科研力量，也在团队的协同共进、交流互鉴、相互砥砺中营建起浓厚的学术氛围、深厚的同事情谊，为年轻科研人员的成长提供了优质平台，达到了既出成果又出人才的双赢效果。

5年来的学术劳作和辛勤付出，让我们收获满满，既有研究专著的丰硕成果，也是一次整合院内乡村研究相关科研力量、以团队合作形式开展重大主题研究的实战历练，为我院培育乡村研究平台、打造乡村研究品牌、历练乡村研究队伍、承担乡村研究重大课题，做出了有益尝试，取得了扎实成效。创新不易，守成更难，开拓尤需勇气、毅力和实力。衷心祝愿项目组和各位科研人员以本套丛书出版为新起点，勉力精进，深耕勤研，取得更多丰硕成果。

浙江省社会科学院副院长、研究员
"中国村庄发展：浙江样本研究"项目负责人、丛书主编　陈　野
2020 年 12 月 6 日

丛书绪论

中国是一个历史悠久的农业大国，农业是关系到国计民生的基础产业，农民是占人口最多的社会群体，农村是最广阔的地域空间。"三农"问题在我们党和国家发展中占有重中之重的地位。村庄作为中国最古老的社区，既是农民的集居地，也是农业赖以发展的基础，亦是农耕文明、农耕文化、地域文化生存发展之地。从一定意义上来说，村庄发展就是"三农"发展的缩影，村庄发展演变也反映着社会的变革趋势，特别是城乡关系的发展变化趋势。

村庄是乡村经济社会发展最基础、最基本的单元，村庄发展也是整个中国经济社会发展演变的一个风向标。无论是城市发展还是农村发展、工业发展还是农业发展都会在村庄的发展上表现出来，所以研究中国村庄发展实际上是解剖中国经济社会变革的"麻雀"，"麻雀虽小、五脏俱全"，我们通过对改革开放40多年来村庄发展的一些样本的解剖，可以揭示中国改革开放40多年来政治、经济、社会、生态和文化等方面的发展轨迹与发展规律，起到"窥一斑、见全貌"的作用。

一、改革开放 40 多年来浙江村庄发展的基本经验

浙江是5000年中华文明实证地、中国革命红船起航地、改革开放先行地和习近平新时代中国特色社会主义思想的重要萌发地。浙江作为中国东部沿海发达的代表省之一，市场化、工业化、城镇化进程走在全国的前列，同时浙江也是地域差异性十分明显的省份，"七山一水二分田"的基本省情和兼有山海之利的特点，使得浙江村庄发展的多样性特色十分明显。由浙江省第二期文化研究工程重大系列项目"中国村庄发展：浙江样本研究"形成的这套丛书，选取的11个村庄研究样本，既来自11个地（市），也兼顾了发达地区明星村与欠发达地区的后发村、平原村与山区村、城郊区村

与纯农区村、少数民族村与海岛渔村等不同类型的地域村庄。这11个不同村庄在浙江既有一定的代表性，也隐含了发展的普遍性与多样性相统一的规律性。特别是改革开放的伟大变革是从农村开始的，改革开放的先行者和主力军也是农民。"春江水暖鸭先知"，从一定意义上来说，浙江村庄也是浙江变革最早、最快的地方，因此这11个样本村庄的研究就有了多方面的意义与价值。

丛书的11个不同类型的浙江村庄个案，每个研究基本上都由史地、经济、社会、治理、生活、生态、文化、访谈、文献等篇组成，从而分析每个村庄发展基础，记述发展历史，总结发展经验，解释发展动因，揭示发展本质，提炼样本价值。浙江这11个样本村庄地域位置各异，资源禀赋不一，发展水平参差不齐，但通过对这11个个案村改革开放40多年来的发展历程、发展实绩、发展经验、发展动因等的整体分析，我们大致上可以揭示浙江农村40多年改革开放的基本经验，也可以从中寻找到浙江40多年改革开放与发展之所以能够走在全国前列的内在原因。正如时任浙江省委书记习近平同志总结的，浙江发展快是因为农村发展快，浙江富是因为农民率先富，浙江活是因为农村搞得活。从这11个个案样本村的发展总体情况来分析，浙江村庄40多年改革开放中值得全国村庄借鉴的发展经验主要有以下五点：

一是坚持走以"人民大众创造财富、人民政府创造环境"为运行机制的大众市场经济的创新发展之路。改革开放以来浙江把家庭联产承包制改革对农民生产力的解放运用到了极致，通过千百万农民率先闯市场，鼓励农民以市场为导向调整优化农业结构，鼓励农民务工经商，大力发展乡镇经济、家庭工业和个私经济，率先在全省快速推进市场化、工业化和城镇化的进程，促进农民分工分业分化，让千百万农民成为自主创业创富的市场经营主体，形成了"百万能人创业创富、千万农民就业致富"的新格局。以乡镇企业、个私经济为主体的民营经济不仅带动了农民快速致富，也成为推动浙江工业化、市场化最强大的力量。花园村、上园村、邵家丘村、缪家村等村庄的发展都实证了这一以农民大众为创业创新主体力量的创新发展之路。农民大众和民营企业成为全省市场经济绝对的主体力量，市场化、工业化、城镇化中的浙江农民的创造力得到了前所未有的爆发。同时，浙江各级政府按照时任省委书记习近平的"以人为本谋'三农'"的要求，为农民自由全面发展创造环境，大力改善基础设施、公共服务和人居环境，推进"最多跑一次"改革，形成了"人民大众创业致富、人民政府管理服务""人民大众创造财富、人民政府创造环境"的大众市场经济的创新发展模式。这一发展路子非常全面地体现了以人民为中心的发展思想，做到了发展为了人民、发展依靠人民、发展成果为人民共享，浙江这一大众市场经济的运行机制使浙江"三农"发展表现了极大的创造力。

二是坚持走"城乡融合发展、一二三产业融合发展"的城乡一体化的协调发展之路。城乡关系在"三农"问题解决上起着极为重要的作用。改革开放以来，浙江逐步改革了城乡二元分割体制，允许农民到城镇务工经商，走出了一条农民城镇农民建的城镇化之路，县城和小城镇成为农民首选的安居乐业之地。特别是从新世纪以来，时任浙江省委书记习近平亲自制定《浙江省统筹城乡发展 推进城乡一体化纲要》，实施了新型城镇化与建设新农村双轮驱动的新战略，实施千村示范、万村整治的工程，大力推动城市基础设施向农村延伸、城市公共服务向农村覆盖、城市现代文明向农村辐射，快速缩小了城乡在基础设施、公共服务和现代文明方面的差距。经过十几年坚持不懈的建设，我们这11个个案村庄无一例外地都变成了生态宜居的美丽乡村，农村人居环境得到了根本性改善。在这一背景下，城市出现了逆城市化和新一轮"上山下乡"的热潮，追求绿色生态的城市消费者热衷于到美丽乡村来休闲度假、养生养老，城市有识之士和城市资本技术也开始出现了"上山下乡"，到美丽乡村发展民宿等美丽经济和现代农业。传统农业也出现了加速向现代农业转变的新趋势。家家粮棉油、户户小而全的小农经营大幅减少，适度规模经营的家庭农场、合作社、龙头企业成为新型农业经营主体。大学毕业生、研究生、留学归来的高层次农二代和来自城市的农创客给浙江农业注入了新的生机和活力。同时，农业出现了功能多样化以及与第二、第三产业相融合的新趋势，休闲观光农业、文创农业、体验农业、智慧农业、设施农业等新型农业业态快速增多，现代农业呈现出与第二、第三产业深度融合的全产业链发展的新趋势。农业绿色化、标准化、品质化、品牌化让浙江农业呈现出前所未有的发展新态势。

三是坚持走"绿水青山就是金山银山"理念为引领的生态生活优先的绿色发展之路。浙江人多地少，人均资源稀缺，在改革开放初期，为了解决产品短缺、工业品供应匮乏问题，被迫走了一条以牺牲生态环境为代价的粗放型、数量型经济发展之路。在世纪之交，生产发展与生态保护的矛盾更加突出。2003年，时任浙江省委书记习近平高瞻远瞩地提出了建设生态省和绿色浙江的新战略。在全省实施"千村示范、万村整治"工程，2005年习近平在安吉余村首次提出了"绿水青山就是金山银山"理念，强调优美的生态环境就是最普惠的民生福祉。在农村经济发展上，把为农民创造优美生活环境、优良生态环境放到首要位置。本丛书11个样本村无一例外地都开展了农村人居环境和生态环境整治，将原来污染严重的垃圾村建设成为生态宜居的美丽乡村。像余村、棠棣村、清漾村、沙滩村等都成为美丽乡村精品村和文化旅游名村，美丽乡村成为农民引以为豪的美好生活的幸福家园，也成为城市人越来越向往的休闲度假、养生养老的生态乐园。越来越多的城市消费者、投资者兴起"上山下乡"的新热潮。乡村旅游、农家乐、民宿、体验农业等"美丽"经济和"乡愁"产业成为"两山"转化的有效载体，这些绿色产业成为浙江农民创业就业、创业致富的新亮点。

四是坚持走"对外开放、对内开放"相互联动的特色块状经济的开放发展之路。通过对改革开放前后的经济发展路子的比较，使浙江干部群众意识到全方位开放经济和市场经济是发挥资源小省、市场大省优势的必然选择。浙江抓住中国的对外开放新机遇，大力发挥劳动力人才和工贸优势，大力发展市场在外、原料基地在外的"两头在外"的集聚化、特色化生产加工、贸易基地，形成了柯桥轻纺、海宁皮革、义乌小商品、永康小五金、桐乡羊毛衫、东阳红木家具、大唐袜业等特色块状经济。本书的11个样本村在这一开放发展大潮中形成的一村一品、一村一业的特色专业村的发展模式，则是浙江这种开放型块状经济的基础和重要生力军。这种"两头在外、无中生有"的块状产业是县域经济、农村经济的强大支撑和竞争力所在，都是浙江农民创业就业的主阵地，也是浙江民营经济具有强大竞争力的重要因素。在浙江这些以县城和小城镇为依托的特色块状经济集聚发展的地方，浙江农民只要有劳动能力就可以找到工作岗位，只要有资本就可创业办实业。目前这种对外对内双向开放和市场原料两头在外的块状经济正向产业集群的方向转型，并通过智能化改造促进传统制造业向先进制造业转型。通过这种双向开放的特色块状经济的发展，以农民和民营经济为主体的县域经济也得到了不断提升，成为浙江"三农"发展极为亮丽的风景线。

五是坚持走家庭经营、合作经营互促共进，鼓励先富帮扶后富、双管齐下的共创共富的共享发展之路。在 40 多年改革发展中，浙江农村逐步形成了符合社会主义市场经济发展要求的经营体制。确立了农户家庭经营在农业生产中的主体和基础地位，强调这适合农业自然再生产和经济再生产相结合的产业特点，也适合社会主义市场经济运行机制，但我们家庭经营规模太小、数量太多，参与市场竞争能力非常有限。因此，在发挥家庭经营在农业生产中的基础作用的同时，充分发挥合作经营在农民走向市场中的服务作用。为了适应现代农业发展的要求，浙江在农业经营体制上不断地推陈出新，一方面我们按照承包农地"三权分置"的原则，促进土地经营权向专业大户、家庭农场和龙头企业集中。另一方面，通过发展专业合作社，特别是大力发展生产合作、供销合作、信用合作三位一体的农合联组织，为农业家庭经营提供全方位的合作服务。与此同时，村经济合作社作为集体土地所有者代表和社区集体经济组织，承担起发展壮大集体经济为社员服务的职能。在农业创业创富和收入分配方面，我们致力于打破分配上的平均主义和"大锅饭"，允许和鼓励一部分人和一部分地区，通过勤劳致富和创业开拓市场先富起来，同时引导和鼓励先富带后富，先富帮后富。本丛书中处于欠发达地区的缙云北山村、海岛地区的蚂蚁岛村和龙峰民族村等，也都先后走上了先富带后富、大家一起富的共富之路。浙江 40 多年改革开放中的"三农"发展实践证明，共同富裕不等于平均富裕，不能通过计划经济搞纯而又纯的公有制、过度集中的单一公有制经济来实现，而是要通过发展社会主义市场经济，充分发挥市场机制的基础作用和政府的积极有为作用，让千百万农民成为独立的家庭经营的市场主体，在此基础上，政府通过发展合作经营和扶贫攻坚，帮扶欠发达地区和低收入群体增强发展能力。只有让一部分地区、一部分人群先富起来，才能形成先富带后富、大家共同富裕的共同发展的新格局。

二、浙江村庄发展的个性特色和影响因素

以本套丛书所述 11 个村庄为代表的浙江村庄发展经验弥足珍贵，有许多值得全国村庄借鉴的地方。而通过对这 11 个村庄历史地理、资源禀赋、社会文化、人文环境、政府服务等多方面的深入挖掘和综合思考，揭示这 11 个村庄之所以发展快、发展好、发展有个性特色的深层次的原因及其规律性，则更是我们这套丛书出版所要达到的一个重大预期目标。全面分析浙江这些村庄的历史文化、地理区位、资源禀赋、产业特点、人文因素、发展环境、政府服务等多方面因素，浙江村庄发展与下列五大因素密切相关：地域位置与资源禀赋、文化传承与人文素养、乡村能人与乡村干部、改革政策与民众认知、地方领导与地方治理。这五大因素影响并决定着村庄发展方向、发展特点和发展水平。

首先是地域位置与资源禀赋。中国人常说"一方水土养一方人"，浙江就是受这方面因素影响特别大的地方，尤其是农业生产为基础的村庄发展以及民风民俗影响更是特别直接。浙江地处中国东部沿海长三角地区，气候是亚热带季风气候，四季分明，雨热同季，气候多变同时又有人多地少、山多田少、人均农业资源不足等特点。这些地域特点与资源禀赋总体上使得浙江农民和村庄发展形成了自身的群体特征。农业生产一年四季都可进行，农民既勤劳又节俭，家庭手工业发达。同时相邻地区的差异性也比较大，如杭嘉湖、宁绍平原这种江南水乡地区的村庄与村民同浙西南山区、浙中山区盆地的村庄产业及民俗民风的差异性也比较大，但总体上浙江村民勤奋节俭、农商兼营、心灵手巧的特点十分明显。

其次是文化传承与人文素养因素，这也是对村庄发展影响久远的因素。浙江是

中华民族 5000 年农耕文明实证地、中国农业文明重要发祥地，有将近万年的上山文化、八千年跨湖桥文化、七千年河姆渡文化、六千年马家浜文化和五千年良渚文化，这种农耕文化对浙江村庄和农民影响极其深远。农耕文化影响下形成的天人合一、道法自然的农事理念，巧用资源、精耕细作的农作制度，勤劳勤俭、勤学勤勉的农家品质，村落集居、族人互助的农村价值及耕读传家、回馈乡里的乡贤精神都使得浙江村庄发展带有明显的农耕文化、民俗文化影响的深深的烙印。

第三是当地乡村能人与乡村干部因素的作用非常巨大。我们从 11 个样本村的 40 年改革发展的历程与成效来看，乡村能人和乡村干部的行为、思维的影响是决定性的。尤其那些在改革开放中率先富起来的村庄，诸如样本村中金华的花园村、温州的上园村、宁波的邵家丘村、绍兴的棠棣村、丽水的北山村等，都是由乡村能人和乡村干部带头闯市场、带头经商办厂兴实业而带领村民群众走上共创共富之路的。可以说在所有发展因素中，这种能人因素的作用是极其明显的，尤其是村庄的干部，应该既有创业创富闯市场的能力，又有带领村民走共同富裕道路的奉献精神，这显得尤为重要。

第四是政策导向与民众认知的因素。这在村庄改革开放 40 多年发展中的影响力也特别的明显。浙江这种具有悠久的农商兼营、工农商皆本的地俗文化和人多地少的地方，在计划经济和以粮为纲的左的年代，浙江人的手工业和家庭工业、小商品生产都被当作资本主义尾巴砍光了，农民生活十分贫穷。在 1978 年改革开放和普遍实行包产到户的新的改革政策环境下，浙江农民发展商品生产、乡镇企业、个私经济的积极性得到全面激发。从实践来看，农民群众对改革政策的认同度越高、响应越热烈的地方，村庄的经济社会发展就越快，农民们致富的速度也越快，政策效应也越明显。当然，这也与当地党委政府的工作力度密切相关，政策宣传和贯彻落实越到位的地方，农民群众认知度越高，政策效果也越明显。

第五是地方领导和地方治理的因素，这也是村庄发展十分重要的因素。地方领导思想是否开放、思路是否开阔、对"三农"工作是否重视、对农民群众感情是否深厚、工作作风是否求真务实，这些都关系到能否为当地村庄发展创造良好的环境条件。如改革开放初期，温州地方领导、金华东阳义乌地方领导、宁波余姚地方领导的思想比较开放、开明，作风求真务实，就为这些地方村庄改革发展创造了比较宽松的发展环境。在乡村地方治理上，浙江农村都比较好地实行了村民委员会自治的地方治理，并且很多地方都把村民自治与德治、法治紧密结合起来，形成了村民自治、德治、法治"三治合一"的地方治理模式，为村民自我治理、自我发展创造了良好的治理机制。

总之，浙江村庄在 40 年改革开放中发展的经验弥足珍贵，值得各地借鉴，发展的内在机制、规律也反映了中国改革开放以来"三农"发展的规律性。本丛书记述的浙江 11 个样本村庄的发展各具特色，但也有许多共性的经验、规律可循，期望读者们能从这一丛书的村庄发展案例中发现一些对今后中国村庄有借鉴意义的东西，希望大家将这一丛书看作研究浙江 40 年改革开放村庄发展和"三农"发展的一个重要窗口。

"中国村庄发展：浙江样本研究"项目首席专家　顾益康
2020 年 10 月

目 录

CONTENTS

C O N T E N T S

导语 40 多年村庄变迁的基本轨迹

沙滩村，坐落在地处黄岩西部山区的屿头乡，距黄岩区城区 35 公里。村庄依山傍水，沿着美丽的柔极溪，东连大丘片、南接屿头村、西毗石狮坦村、北邻上凤村，是屿头乡集镇的重要组成部分，也是屿头乡乡政府所在地。全村共有 18 个村民小组，305 户人家，1116 人。村两委会班子成员 10 名，中共党员 29 名。耕地面积 440 多亩，林业用地 1924 亩，竹林 33 亩。

村户中 62.2% 为黄姓，又称柔川黄氏。有柔川黄氏族谱为凭，至今字辈顺序纲宗不乱。始迁祖黄懋（936—1008），字志仁，号至德，北宋工部尚书，封忠肃公。大约于北宋真宗初年（998）从福建莆田举家迁居黄岩西乡柔川（今屿头乡），成为这里最早的住民之一。宋朝台州十大儒之一的黄超然便是黄氏家族成员之一，于其晚年元代元贞乙未年（1295）为忠应庙（也称黄太尉殿、太尉殿）撰文立碑，记述其曾叔祖黄希旦弱冠而卒，因功被供奉于黄太尉殿，该殿后来被赐额"忠应"并扩建为忠应庙的事迹。碑文末作诗歌以荐祀，至今吟诵于民间。虽黄希旦弱冠而卒，但黄氏后人却将他视为太祖爷，世代流传着他在皇宫英勇救火的故事。至今，村民还保留了农历十月初一祭太祖爷的习俗，即每逢农历十月初一，村里家家户户除了用好菜好酒供奉太祖爷之外，还会排起长龙队伍，敲锣打鼓从村头绕至村尾，再进入太尉殿内进行祈拜，以求太祖爷保佑来年风调雨顺，人事兴旺。

村庄环境优美，青山为屏，绿水如带。新村老街对接有序，特别是村中的社戏广场以及老街中一批带有历史印记的传统建筑历久弥新。一对石虎憨态可掬，蹲守在古刹忠应庙门前，见证着沙滩村的沧桑巨变。4 株已有八百多年树龄的樟树至今苍翠挺拔，生机勃勃，陪伴在忠应庙旁，更给这个小小的村庄平添了一种古老而又庄重的气氛。沿村蜿蜒而下的潺潺柔极溪，是两岸村民生活与灌溉田地的主要水源。冠其为"柔川"或"柔极"之名，是因为溪流到此方柔，且当地村民深谙以柔克刚、刚柔相济的哲理，历史上道教文化曾在此兴盛，正言若反的思辨语汇深深地濡染了这里的方言。

黄岩西部的自然村落，大都沿溪而置，依山而建。村落彼此之间有的紧密相连，有的则隔水相望，就像点点繁星洒落在溪流两岸和群山环抱之中。村落规模均为偏小，与黄岩区发达区域在各个方面都形成较大差别。长期以来，这里的村民尊时守位，以固有的生活方式知常达变，世代默守着大自然馈赠给他们以及祖辈经营农耕遗留下来的家业，恪守着山农本分勤俭又随遇而安的家训。

一、山水相依　耕读传家

沙滩村对于屿头乡乃至黄岩西部都很重要，因为其历史悠久的传统耕读文化影响和浸润着周遭方圆百里。宋代传承下来的碑碣、族谱、庙宇、古樟树等，都以活化形态存于村中，村民与其朝夕共处。黄氏祖先居住活动的遗迹依稀可辨，如黄家花园、社仓、当年引种杨梅的杨梅山、柔川书院、书院小路，作为非物质文化遗产的语言、童谣、神话故事、礼仪、节庆活动，以及有关自然界和宇宙的知识和实践、传统手工艺等，都还鲜活地传于民间，为民间所用，不曾脱离过沙滩村村民的生活与生产，并以身口相传作为文化链而得以延续，既是"活"的文化，也是传统文化中最需要保护的部分。当我们对沙滩村农耕文明及耕读文化进行挖掘，通过对碑碣、族谱等进行释文解读之后，便可切实帮助村民重拾起自己的历史，再次体会祖辈遗训的价值所在。耕读文化是贯穿于沙滩村历史进程的一根主线。而通过研究古代遗留下来的实物及图像，研究物体本身蕴涵的潜在"叙事"，我们还可以解读文字文本没有记录下的文化信息。

如果说耕读文化传承是一种历史责任的话，那么耕读文化创新更是一种时代责任。沙滩村的历史正好证明了这一论断。

北宋初年，柔川黄氏始祖闽人、时任工部尚书的黄懋除了在治理水患方面有过贡献，还通过引种水稻实现积粮备战，战胜辽军，在军事上建立彪炳史册的功绩。黄懋向朝廷谏建"水长城"御敌并倡导南稻北植，成为我国屯田史上的一段佳话。

为了纪念少年英雄黄希旦，南宋乾道七年（1172）初建了黄太尉殿。宝庆年间黄太尉殿被赐额"忠应"，所以又拓建此殿为"忠应庙"。至今，忠应庙里还保存着元时大儒、黄氏后人黄超然撰文所立的"忠应庙碑"，弥足珍贵。碑中黄超然不只是将黄希旦誉为"挺特不群之才"，还将自己的英雄人才观昭示于天下，为后人提供了立身处世的行为规范，以及最终的精神归宿。

黄希旦长兄黄希文的次子黄原泰，是当时劝耕、劝农，创办义庄、社仓的好"里正"，他的"经国理民"之举，明白事理之义，赢得了村民的爱戴。在他的经营管理下，曾避免了因遭受水旱灾害而饥民遍野、民不聊生的惨剧发生，受到县令的表彰嘉奖。

经过对柔川黄氏族谱的查阅，可知南宋孝宗年间，定远知县黄光谦告老还乡之后，将定远的杨梅引到柔川本地，证实了"柔川古来没有杨梅树，种杨梅自定远令开始"的这一民间说法。族谱还记有黄光谦不仅引种了杨梅，还曾著述过《田园杂记》十卷，用于义塾授课传教，成为劝农、劝耕不可多得的传奇人物之一。

元时，由黄超然、黄中玉父子创办的柔川书院更是名震一时。根据大量史料记载，书院在宋至元时期，已经具有鲜明的私办自主性质。马端临在《文献通考·学校考》曾叙述说："该州县之学，有司奉诏旨所建也，故或作或辍，不免具文。乡党之学，贤士大夫留意斯文者所建也。故前规后随。皆务兴起，后来所至，书院尤多，而其田土之赐，教养之规，往往过于州县学，盖皆欲仿四书院云。"①这段记载至少说明了乡党之学即私学是学人"留意斯文者所建也"，而且"皆务兴起"，在当时具有强大生命力和强劲的发展势头。书院教育作为一种有组织的、制度化的私学体制，出现在宋初，在宋末已经明显发展为具有教学、藏书、祭祀"三大事业"均完备规制的教育部门。元代大儒黄超然开始办的是义塾，晚年交由长子黄中玉接班继承，并扩建更名为柔川书院。柔川书院在当时同样具备了"三大事业"的完备规制。据柔川黄氏族谱记载，柔川书院拥有一定数量的学田，经济来源稳定可靠，为当时台州五大书院之一，闻名遐迩。特别值得一提的是，随着书院教育制度的形成和发展，文化重心逐渐下移，即文化已不再为上层少数贵族所垄断，而开始为社会下层所广泛享有，这在历史上产生了巨大的影响。这种平民文化几乎体现在所有的领域里，贫民学者的形成，对于农耕文化的丰富与充实，更是起到了前所未有的作用。在书院这种不以科举仕进为单一目标的办学方针指导下，宋元时期的士风为之一变，学子们不再以追求利禄为唯一目的，而是更加执着于做学问。他们从仕的阶层游离出来，热衷于知识与文化的传播，形

---

① 陈谷嘉，邓洪波.中国书院史资料·上册·序一.杭州：浙江教育出版社，1998：1-2.

成了具有后代知识分子意义的平民学者阶层。① 正是有这样的平民学者，才会推动文化的普及，才有可能在广大乡村创办起"冬学""义学""义塾""家塾""村学""乡校"等，让以往沉寂的乡村，哪怕是穷乡僻壤，也能听到琅琅的读书声。耕读传家久，诗书继世长。耕田可以事稼穑，丰五谷，养家糊口，以立性命。读书可以知诗书，达礼义，修身养性，以立高德。所以，"耕读传家"既学做人，又学谋生。这里所说的"读"，当然是读圣贤书，可不是仅仅为了做官，而是学习"礼义廉耻"的做人道理。因为在古人看来，做人第一，道德至上。在耕作之余，或念几句《四书》，或读几句《三字经》《百家姓》《千字文》，或听老人讲讲历史演义……人们就在这样平常的生活中，潜移默化地接受着礼教的熏陶和圣哲先贤的教化。黄超然两次拒荐做官，却安心于传授学问，远近学子闻名而至，听闻他的名字便肃然起敬，可见当时黄超然及柔川书院的影响力非同一般。柔川书院不仅培育了黄氏族人子弟，由于有教无类，也给整个柔川乃至整个台州带来了读书问学的文明之风，进一步促进了当地耕读文化的快速发展。

明代至民国，黄氏家族的信息资料非常有限，似有隐匿之意。唯有明代大儒方孝孺为柔川黄氏宗谱撰写的序文以及《寿云公赞》（寿云公即黄超然）为我们留下了依稀可寻的一些线索。方孝孺的撰文，对黄氏一族在耕读立世、耕读传家方面予以了肯定与赞扬。

新中国成立之后，沙滩村与全国农村一样，进入到百废待兴的农业建设高潮中。村民虽然一时尚未获得物质条件上的彻底翻身，但在思想与精神上有了与之前完全不同的认识。在积极扫盲、蒙养教育、认真学习农业技术、艰苦创业、苦干巧干方面都跑在其他村庄的前面。"文化大革命"结束后，村民积极反思总结，调整策略，自觉地将祖先遗存等散落各处的历史文化遗存寻找回来，保护起来，才有了今天村里文化遗产的丰富积累。

沙滩村发展至今，耕读文化是贯穿村庄文明发展的主线。从守住家园和护好家园，从守望文明到再创文明，我们看到了村民保护村庄传统文脉、弘扬其当代价值、适应当下时代发展的诉求，他们勇于实践，善抓契机，通过对耕读文化的创造性转化和创新性发展，为村庄走上科教兴村的康庄大道奠定扎实基础。由此为出发点，寻找中国农村发展至今长盛不衰、生气勃勃的根本原因，一方面是改革开放赋予她新的生命动力；另一方面，数千年来的耕读文明之灯塔，仍然照耀

---

① 陈谷嘉，邓洪波．中国书院史资料：上册．杭州：浙江教育出版社，1998：6.

着她的前进之路。

二、生命之源　绿色守护

沙滩村凭借对耕读文化的良好传承，以及村庄有史以来在造田、造林与治水方面的经验，在黄岩建制变迁的历史进程中难能可贵地完整保存下来。选取沙滩村作为黄岩西部村庄的个案加以研究，具备样本研究与探索上的特别意义，有助于揭示黄岩西部农业、农村、农民在历史发展过程中造田、造林与治水的基本规律，以及制约发展的主要矛盾所在。

随着社会的发展，同样是造田、造林与治水，却需要人类运用更多的方法，贡献更多的智慧，才能获益。黄岩西部山区，因其地理位置的特殊性，长期饱受永宁江带来的水患困扰。永宁江又名澄江，发源于黄岩、永嘉、仙居三县交界的大寺基和白峰尖群山中，东流经黄岩宁溪镇、乌岩镇、长潭村而至潮济，水行山谷之中，有小坑溪、柔极溪等汇入，河床坡度大，由砂砾石组成。由于受咸潮的影响，永宁江不但遍无灌溉之利，且经常泛滥成灾，严重地妨碍了农业生产的发展。新中国成立之后，治理水患成了保住耕田，保住收成的重中之重，第一场攻坚战便是建造长潭水库。当时永宁江上游有一个长约 800 米，深约 30 米的深潭，因处于长潭山与伏虎山之间的深长峡谷中，故名称"长潭"。长潭两岸树木茂盛，杂草丛生。波澜汹涌的永宁江穿谷而过，地势阴森险恶。因这个水库建在长潭，因而得名"长潭水库"。

处于现在长潭水库灌区的温（岭）黄（岩）平原有 120 多万亩耕地，历来盛产水稻，是浙江省主要商品粮产区之一，故有"温黄熟，台州足"之说。由于灌溉水源不足，历年均靠河网蓄水，无其他充足源流补充。1956 至 1957 年，根据调查勘测，在永宁江上游建库，集雨面积可达 441 平方公里。一旦水源充足，就可以为温黄平原百万亩农田提供灌溉用水，河网就可以降低至正常水位，提高滞洪能力，减轻涝情。水库还可拦蓄洪水，削减洪峰。在电力方面，当时温岭、黄岩、临海地区只有 2 个 750 千瓦的火电厂和几个柴油发电机组，建设长潭水库可为温黄临地区 100 多万亩农田提供廉价电能，解决电灌和其他工农业生产及生活的用电问题。因此，在温岭、黄岩两地水力资源最丰富的河流之永宁江上筑建水库，成为当时历史性重要举措。

长潭水库修建工程于新中国成立后的 1958 年 10 月 1 日正式开始，1960 年 2

月 21 日成功合龙竣工。此时的永宁江终于被紧紧地掌控在人民的手里，它再也无法任意咆哮，开始变得温良向善，造福乡梓。对黄岩来说，加快水利建设的改革发展，不仅事关农业农村发展，而且事关经济社会发展的全局。长潭水库基本控制了洪涝灾害并有效地进行了水量的调节和分配。作为生命之源、生产之要、生态之基的水，它事关人类生存、经济发展、社会进步，历来是治国安邦的大事。水利更是现代农业建设不可或缺的首要条件，是经济社会发展不可替代的基础支撑，是生态环境改善不可分割的保障系统，具有很强的公益性、基础性以及战略性。从沙滩村到屿头乡、黄岩乃至整个台州，人们都为长潭水库的建成叫好。沙滩村位于永宁江上游溪流六大溪港之一柔极溪旁，原本不仅时常要遭遇永宁江带来的水灾隐患，而且耕田又经常受到柔极溪带来的山洪冲击。所以，在协力建造长潭水库后，村民不惜千辛万苦，齐心协力在村边的柔极溪上用石头建筑了一条防洪堤坝。

随着社会的进步，长潭水库之前以供给灌溉、发电为主要功能，如今转换成了供给温黄平原三百余万人饮用水的大水缸。尤其在后来由于水库水质安全保障的需要，又致力于水源地保护。为确保入库溪流水质，黄岩西部百姓默默地牺牲了家门口的利益而服从着大局利益，无条件配合黄岩区对黄岩溪、南溪、五部溪、柔极溪、杨岙溪、小坑溪等六大入库溪港进行生态湿地建设，以及遵守了库区禽畜禁养的规定，为长潭水库水质始终达到饮用水标准，也为整个台州的经济社会发展和人民安居乐业做出了无私奉献，有效保障了台州 300 余万人的饮用水安全。长潭水库也带来制约养殖业与种植业的种种问题，因建造水库淹没一些乡镇，还形成了一批移民。1961 年，虽然对移民问题落实有关政策，给予"移民退赔""征地补偿费""林木补偿"等，但部分移民以后的生活出路仍然难以解决。历史欠账太多，再加上上述多种因素制约，造成了黄岩西部农业基础尚不稳固，农民普遍收入较低，农村社会事业发展也相对滞后等问题，成为现阶段黄岩经济社会发展中最为突出的结构性矛盾，也是造成黄岩东西部之间发展不平衡的重要原因之一。所以，长潭水库的修建，在为民造福的同时也给黄岩西部后来的发展留下了许多难题。

如何才能令水库水质保护与水库周边环境发展并行不悖，是台州市和黄岩区政府面临的民生大问题，以及横跨在当地所有人面前直接关乎农业、农村、农民"三农"发展与农民切身利益的关键性问题。台州及黄岩区政府、当地百姓包括沙滩村村民的回答是坚定不移的：一定要在保护好水库水质与保障台州 300 万人饮用水安全的前提下进行发展。

当地政府与广大农民开始积极寻找解决的办法与方案。

首先，黄岩区深化推进水环境综合整治和饮用水源保护，内河水污染恶化趋势得到遏制，主要河道水质改善明显，饮用水源总体安全。根据《台州市人民政府关于印发台州市水污染防治行动计划的通知》（台政发〔2016〕27 号），大力推进"截污大会战"整治工程建设，于 2017 年内完成 98 家工业企业废水达标整治任务。落实《浙江省人民政府关于长潭水库生态环境保护总体实施方案的批复》（浙政函〔2016〕150 号），完成库区其他 7 条入库溪流生态湿地工程立项工作。该工程建设总规模约 9100 亩，总投资约 5.13 亿元，建设周期为 2014—2020 年。对 23 项项目每 2 月开展一期本底值监测，掌握湿地建设前溪流水质情况。与此同时，建立长潭水库行政执法大队，严格落实综合整治、执法监管、自动监测预警、隐患排查整治和应急演练等各项措施。

黄岩的环境保护工作取得了有效成果，沙滩村也在受益的村庄之列。村民认识到：所做的所有绿色环保的工作都是为了强化农业、美丽农村和康健农民，都是为了可持续发展。守好家园首先要坚持绿色发展理念，再大的委屈也要以绿色低碳循环为主要原则，以生态文明建设为基本抓手。现在的治水，与以往的治水方法完全不同。原来治水主要是为了农业生产。而今的治水，是为了百姓的饮用水安全，为了保证百姓的生活质量。不同的治水方式，为百姓谋取利益的目的却是共同一致的。

其次，将绿色发展放在传统农耕发展基础上进行模式创新，是在生态环境容量和资源承载力的约束下，将环境保护作为实现可持续发展重要支柱的一种新型发展模式。具体来说是要将环境资源作为村里经济发展的内在要素，要把实现经济、社会和环境的可持续发展作为绿色发展的目标，最重要的还要将经济活动过程和结果的"绿色化""生态化"作为绿色发展的主要内容和途径。因此，需要踏踏实实，一步一个脚印地去做，而不是去弄虚作假、急功近利、做表面文章、唯形象工程。沙滩村村干部不仅做到了以身作则，做好模范带头作用，还做到了一个都不落下地统一好全村村民的思想。

中国思想家把山川之美同宇宙、社会、人生的根本问题直接联系起来，从根本上贯穿独特而深刻的哲学观念。如"天人合一""天地有大美而无形""天地有大美而不言"等，无一不是从农耕文明中得到的启示。今天，沙滩村依然凭借对耕读理念和方法予以创新的文化自信，积极配合黄岩区政府、屿头乡政府组织力量，把有关专家带到乡村里，勘踏山地，进行中草药种植产业的可行性研究，力图通过科学论证制定可行性方案，培育新品植物基地，科学赋能周边的青山绿水，寻求适合沙滩村乃至黄岩西部种植的主导产品，走出一条既能够确保水源质量、守护良好的生态环境，又能够产生高利润与附加值的农改之路，闯出一条新时代的耕读文化之路。

三、固本强基　行稳致远

山地山林是沙滩人的命根子，也是沙滩村人生活的最基本的保障。经历了改革开放 40 余载的磨砺，村民们久久为功，固本强基，使得村庄的改革发展行稳致远。

1978 年改革开放至 1984 年，花了 6 年时间，沙滩村基本解决了温饱问题，开始实行土地承包，走上了改革之路。土地承包让有了土地使用权的村民开始考虑如何更加合理地使用土地并开始做出规划。特别是针对经济作物，要根据市场的需求调整"种什么"，以及为了提高产品质量而考虑"怎么种"。刚开始，由于承包期短，村民害怕给土地投资得不偿失，不肯花大工本。后来，随着国家几次对土地承包政策的调整，改为可延长 15 年、30 年、60 年以上承包期。承包期试算方案到户后，村民们彻底消除顾虑，立即出现了争相投资土地，修水利，筑田路，施长效肥料，田头栽种竹木的现象。在承包过程中，村民的思想行为变化可以从当时流行的这首顺口溜中得知：

包一年施化肥，包三年施栏肥。

包五年捻河泥，包七年修水利。

承包延长十五年，荒地也能变良田。

过去承包搞三年，满堂河泥无人捻，唐坎塌了无人填，猪栏不肯担到边远田。

现在承包六十年，河泥争着捻，唐坎及时填，猪栏也肯担到边远田。[①]

不仅如此，承包期试算方案到户后，还推动了长潭水库移民户的落实。由于人多地少，原来移民对迁移顾虑重重，而土地承包年限调整后，极大地调动了移

---

① 中共黄岩县委农村工作部 . 黄岩县延长土地承包期工作初步总结 .1984:1 .

民的积极性，1162 户移民便很快地被落实到位。①

1989 年，为了稳定和完善土地承包，黄岩在分田到户的实施中建立了地力补偿制度，按照承包面积给予"农田地力保护补贴"。② 在实行了农村土地承包责任制以后，从 1989 年开始，黄岩财政部门对黄岩西部包括沙滩村在内的 152 个村的低收入农户，给予了农业生产发展直接补助和贴息补助。对有条件的村（沙滩村也在其中）还给了 20 万元的农民互助合作金的垫底资金，解决他们的融资难、融资贵的问题。为了稳定和完善土地承包，2004 年开始，黄岩又实行了种粮农资综合补贴，这些精准的扶贫措施，均有力地支持了西部地区农业生产发展，促进了农民收入的提高。

1997 年，根据中共中央下发的《关于进一步稳定和完善农村土地承包关系的通知》，在第一轮家庭土地承包经营期限到期后，土地承包期再延长 30 年。《通知》指出，集体土地实行家庭联产承包制度，是一项长期不变的政策。③ 这项政策的推出，进一步调动了沙滩村村民珍惜土地的积极性，认识到加强公共农业设施的投入，周边公共环境的治理，都会直接影响到自己所承包的土地的效益，对村镇的集体规划也较以往更为关注，包括道路及公共用房的建设等。沙滩村第一次召开会议讨论如何利用村中闲置房屋和土地是在 1999 年上半年。为了发展和壮大集体经济，经过村里集体讨论，于下半年翻建了 12 间低矮房屋，作为"商办"两用房，即下面两层出租，三楼作为村委会办公开会用房。2001 年，又将闲置和废弃的土地进行整合，盖起了 1500 平方米的工坊出租给小微企业，有效增加了集体经济收入。④

从对沙滩村村民的访谈中得知：2004 年黄岩率先向省里提出免除农业税的想法，立即得到同意，并于当年开始执行，早于第十届全国人大常委会第十九次会议经表决通过的 2006 年开年取消农业税的决定，率先告别了已有上千年历史的农业税。很快，村民们又听到了中央关于 2006 年开始全部免除西部地区农村义务教育阶段学生学杂费的决定。

2005 年末，在中共关于"着重推进社会主义新农村建设"的总体工作要求下，

① 中共黄岩县委农村工作部 . 黄岩县延长土地承包期工作初步总结 .1984:2.
② 黄岩县农村经济委员会 . 关于转发省农研社《关于稳定和完善土地承包若干意见》的通知 . 黄农字〔1989〕17 号 .
③ 台州市黄岩区委办公室 . 中共台州市黄岩区委办公室、台州市黄岩区人民政府办公室转发中共中央办公厅、国务院办公厅《关于进一步稳定和完善和完善农村土地承包关系的通知》的通知 . 区委办〔1997〕38 号 .
④ 根据沙滩村时任村委会主任金回详的口述资料。

黄岩又采取"订单收购"及保护价的方式收购粮食。对果农则实施"农业保险"，向果农承诺，万一遇到自然灾害等，最高可获取93%的经费补偿。这对沙滩村的果农来说，无疑又是一项暖心的政策。"三农"事业的历史性成就和变革，总体还体现在农业供给侧结构性改革取得新进展，粮食生产能力迈上新台阶，新型农业经营主体发展壮大，农村新产业、新业态蓬勃发展，农业现代化稳步推进。而沙滩村供给侧结构性改革则重点体现在承包地所有权、承包权、经营权"三权分置"有了重大进展，并在"三权分置"的原则基础上，及时进行科学合理的村庄规划与空间改造，从提高环境质量出发，用改革的办法推进村庄现有空间布局结构调整，加大村庄整治力度，提高环境空间结构对需求变化的适应性和灵活性，进一步满足了村民的需要和促进了村庄经济的持续健康发展。

2014年12月，中央全面深化改革领导小组第七次会议审议了《关于农村土地征收、集体经营性建设用地入市、宅基地制度改革试点工作的意见》，标志着新一轮土地改革大幕已然拉开。会议指出，坚持土地公有制性质不改变、耕地红线不突破、农民利益不受损三条底线，在试点基础上有序推进。《意见》在农村土地征收改革方面提出：要探索缩小土地征收范围；规范制定征收目录；健全矛盾纠纷调处机制；全面公开土地征收信息；完善对被征地农民给予合理、规范、多元的保障机制等。随之跟进的是浙江省人民政府下达的两个文件，即关于加快推进全省农村宅基地确权登记发证工作的意见以及关于完善农村土地承包制度、搞活承包经营权权能的意见。村民积极配合，在第二轮土地承包的基础上进行挨户丈量建档。至2014年底，沙滩村所有住户完成了农村土地承包经营权登记，合同的签订率达到100%，权证的颁发率也达到100%，实现了全村农民承包地面积、四至、合同、权证"四到户"，证地、证户、证簿"三相符"，并基本形成规范有序、流转顺畅、规模适度的土地流转机制。

在沙滩村新农村建设的初期，由于村庄规划严重滞后，对原有居民点用地不能合理与有效利用，新建住宅大部分都集中在老村外围，而老街却成了脏、乱、差和闲置土地的所在，形成了内空外延的用地状况。就是说，在新村建成的同时又形成了一个破旧的空心村。2015年开始，通过合理规划、土地流转以及给闲置土地赋能等方式，经过一个时期的久久为功，形成了富有活力的社戏广场，使老街一带旧貌换新颜，成了沙滩村乃至屿头乡的文化中心。

在村庄规划改建的资本方面，同济大学规划团队与乡村干部充分发挥了村民的积极性。将人和物，也即村民和村庄，包括村庄中所有的财产物件，都看作构成财富的不可或缺的人力资本和物质资本。特别是通过培养和实践，一支训练有素的改建队伍在村民中脱颖而出。他们身上所凝聚和表现出来的能动性、时效性、自我丰富性和无限可开发性，都成了村庄可持续发展的不可或缺的最大资本和原动力，是推动村庄改革行稳致远的生力军。

2017 年 10 月 31 日，中国的土地承包法修正案草案提请十二届全国人大常委会第三十次会议初次审议。草案明确，国家依法保护农村土地承包关系稳定并长久不变，为给予农民稳定的土地承包经营预期，耕地承包期届满后再延长三十年。此次土地承包法修改的主要内容，包括所有权、承包权、经营权"三权分置"，稳定农村土地承包关系并长久不变，土地经营权入股，维护进城务工和落户农民的土地承包权益等七方面内容。这是继家庭联产承包责任制后农村改革又一重大制度创新。当我们问及村民对此有何想法时，可以看到他们发自内心的兴奋，每家每户都有不同的打算，唯一一致的想法就是尽快再一次调整好自己发展的新路子。

沙滩村改革包括土地承包、进行土地流转、给土地赋能，以及促进产业结构转型发展，证实了一个道理：长期以来农村产业结构的不合理，农业和农村经济结构的单一，农村第二、第三产业的严重滞后，农民只是农村产业种植环节的廉价劳动力而非经营环节的主体，是制约农民收入增长的根本原因之一。因此，开启村庄的新时代，需要新的决断。调整农村产业结构和农业结构，改变农村经济结构的单一性，促进农村第一、第三产业的有机融合，因地置业，构建现代农业产业体系、生产体系、经营体系，建立市场化、多元化的生态补偿机制，增加农业生态产品和服务的供给，在村庄构建起新的价值体系，才能真正扭转农民收入结构不合理的状况，实现脱贫致富，创造出村民喜欢并愿意生活其中的新文明村庄。

四、凝魂聚力　科教振兴

如何更加有效地传承与发展耕读文化，如何开启新时代美丽乡村建设的新征程，也即今后发展的重心是什么，随着改革开放的不断深化，2016 年沙滩村又确定了新的目标：将"以科教振兴推动三产融合"为发展重心，并以此作为特色发展的根本。

沙滩村的美丽乡村建设，是在时任浙江省委书记习近平于 2003 年倡导和主持

"千万工程"的大背景下开始的。当时，是以农村生产、生活、生态"三生"环境改善为重点，以改善村庄生态环境、提高村民生活质量为核心开始村庄的整治建设。改善村庄生态环境、提高村民生活质量，正是农民长期以来希望实现的美好理想，也是沙滩村村民现实生活中最大的诉求。

2015 年，屿头乡"美丽乡村风景区"、北洋镇"美丽乡村综合功能示范区"两个美丽乡村精品区块基本建成。北洋镇潮济村、宁溪镇乌岩头村两个"省级历史文化村落保护利用重点村"和屿头乡沙滩村等 6 个"省级历史文化村落保护利用一般村"建设工作有序开展。同济大学中德乡村人居环境规划联合研究中心落户沙滩村，召开了台州市美丽乡村建设暨农村生活污水治理工作现场会。黄岩区被授予浙江省 2014 年度美丽乡村创建先进区称号。

2016 年 6 月 2 日，浙江省历史文化村落保护利用工作现场会在黄岩区召开，沙滩村作为现场参观点。同年 11 月，中国科协主办的第五届山地城镇可持续发展专家论坛在浙江台州开幕，与会专家对屿头乡沙滩村进行了专题调研，在全省乃至全国范围引起了强烈的反响。

那么，面对着早年因乡政府移址留下的一批闲置的乡署办公用房，以及卫生站、兽医站、粮站等，又该如何将这些资源转化为资本呢，特别是涉及集体经营性建设用地入市和废置宅基地的再生利用，将改造后的废置老屋有选择地进行经营权转让，激活老屋和老街，吸引村内外创业者从事经营活动，从而集聚商户和人气。村民对此需要深入地思考，也需要科学地规划。规划总体覆盖面为屿头乡沙滩村村域范围。同济大学规划团队的适时加入，为沙滩村的深化发展，提供了智力指导和支撑。

同济大学规划团队的村庄发展理论核心由"四个三"和规划先行构成。"三位一体"即产业经济、社会文化、空间环境三位一体；"三适原则"即适合环境、适用技术、适宜人居；"三个层面"即在乡城、村域、村庄"三个层面"分别侧重；"三式规划"即以参与式、互动式、渐进式的方式进行规划。规划先行的意义则在于将顶层设计的工作做在前头，要通过厘清屿头乡全域与沙滩村村域之间的关系，将村庄放在全局的视野中进行科学规划，并在逐年的推进中加以完善，这样才能避免"顾此失彼"，行稳致远。

首先需要梳理沙滩村与屿头乡在实施规划设计中所要考虑的基本方面和要素。

屿头乡在产业方面总的可概括为：黄岩屿头乡是以第一产业为主，工业发展为辅，第三产业正在逐渐起步中。屿头乡山多地少，耕地分散，由于受到地形和地势的影响，居民点分布分散，大多数居住用地沿柔极溪两侧、X219 县道两侧、Y026 乡道两侧以及大大小小的山冲分布。全乡目前经合并调整后共下辖 11 个行政村，98 个自然村。人口数在 600 人以上的行政村，大多分布在柔极溪两侧，高程 200 米以下的低丘缓坡地区，600 人以下的行政村则多分布在西部交通不便利的山地，形成小型、中型、大型与特大型等人口规模等级不同的村庄，沙滩村被列于大型规模等级之中。

沙滩村作为屿头乡政府驻地，是黄岩西部山区的重要集散中心，具有良好的区位条件。沙滩村以第二产业工业为主，解决了很多本地劳动力的就业问题，为沙滩村及屿头乡的发展奠定了坚实的经济基础。第三产业有农家乐和部分休闲旅游项目，近几年，旅游业开始发展。忠应庙片区经规划改造，如前面提及的 20 世纪 70 年代的破败建筑，今天看来，若加以改造，完全可以成为当地特色鲜明并具有很好的观赏和使用价值的建筑。因而，在规划中必须考虑到有助于引导农村劳动力向第三产业转型的因素。

沙滩村的土地使用现状为建设用地主要分布于柔极溪两岸，为 16.44 公顷，占乡域面积的 8.6%。农用地为 159.02 公顷，占总用地的 83.12%。其中园地主要用于橘林种植、枇杷种植和杨梅种植。未利用地为 15.84 公顷，占总用地的 8.28%。现状的建设用地指标为 172.7 平方米 / 人，根据《镇规划标准》（GB 50188-2007），规划目标为减少到 140 平方米 / 人以下。

沙滩村交通系统现状为距离台州市区 35 公里，车程为 1 小时左右，82 省道延伸线（长决线）穿村而过。村域内共有 4 条对外的公路，1 条通往台州市区以及其他县、镇等，1 条通往黄岩西部山区，是去黄岩西部的必经之路，1 条通往屿头村，1 条通往上凤村。

践行"绿水青山就是金山银山"理念的关键要素是人，一方面需要具有一定文化素质的高端人才和具有一定劳动技能的专业技术人才，另一方面还需要有丰富的劳动力资源。要扭转这样的局面，就要加大对山区科技、教育、人才的投入，促进提高生态资源利用水平以及农林、旅游及特色产业的发展，致使生态资源充分转化为经济资源。围绕着"绿水青山就是金山银山"理念，基于黄岩西部包括沙滩村的实际情况，同济大学规划团队认为：以"绿水青山就是金山银山"理念指引经济发展，就是要坚持经济社会效益与生态效益相协调的原则，要让经济与生态相互融合发展，坚持走"经济生态化，生态经济化"道路。必须处理好整体推进和重点突破的关系，以全局眼光和战略思维，运用统筹兼顾的方法，做好经济发展的顶层设计和总体规划，注重经济发展的系统性、整体性和协调性。严格土地用途管制，科学推进各项事业的融合发展。

在这样的规划思路下，在黄岩区、屿头乡政府以及沙滩村全体干部村民的协同奋战下，2018 年 12 月，横跨黄岩西部南北两头的宁溪镇乌岩头村和屿头乡沙滩村的"同济·黄岩乡村振兴学院"南校区与北校区顺利竣工落成。沙滩村从此走上的将是一条集农（林）业、教育培训、旅游服务为一体的产业融合发展的康庄大道，也是一条科教兴村的致富之路，这是一条适合自己发展的路子，也是一个适合自己发展的模式。

"同济·黄岩乡村振兴学院"的建成，被乡民誉为"柔川书院的涅槃重生"，通过现场授课，以村民及农村干部充分参与和受益为前提，为实现培养更多的农村基层干部，培育更多的农业一线有用人才，融合"生产、生活、生态"功能，形成现代农村的办学体系打下了坚固的基础。并且，还将通过校舍与宾馆在时空上的互为转换与利用，共享社会效益与经济效益，使村庄的一二三产业真正融合发展为一个新型的复合载体。

现在，沙滩村以科教振兴为重点抓手，正在为进一步实现黄岩西部的发展总目标而努力：建立起发达生态经济、优美生态环境、和谐生态家园系统良性循环的发展格局，形成可持续发展、可复制、可推广的经济发展模式，既有绿水青山，又得金山银山，有效兼顾生态效益和经济效益，实现"美丽生态"向"美丽经济"的跨越。

史

地

篇

克绍箕裘　踵武赓续

中国
村庄
发展

SHIDI PIAN
KESHAO JIQIU ZHONGWU GENGXU

沙滩村黄氏一族于北宋年间来到美丽的柔川（今黄岩屿头乡），开始了以柔川黄氏家族为主，融合其他姓氏村民诞育和发展的历史。始迁祖黄懋创造了"南稻北植"水长城的伟业，南宋时期黄泰原等先辈打下了坚实的耕读基业，元代黄超然父子所创办的柔川书院，有教无类，闻名遐迩，影响深远。

日复一日年又年，光阴好似箭离弦。沙滩村人继承祖业，效仿前人，改革前行。黄岩西部重重叠叠、高低起伏又望不到尽头的大山，并不能够能阻挡他们追随时代发展的步伐，也阻隔不了他们与外部世界的交流学习，互惠互利。

沙滩村人世世代代，薪火相传，尊时守位、知常达变。他们耕读传家，凭借优良传统激发着后代不断进取，日新斗志。他们用向上的心，刻苦的精神表达着坚强的意志和乐观的人生态度。他们努力奋斗，智慧拼搏，用自己的坚守活出了最有意义的人生。

第一章　村域概况

第一节　地理方位与历史沿革

沙滩村位于黄岩西部屿头乡，由于村落建在沙滩之上而得名。

沙滩村是柔极溪冲积沙石而形成的一块平原滩地，湍急的水流至此方才柔静下来，柔川因此而得名。从沙滩的地貌和古籍记载可以推断，千年之前柔极溪水流经沙滩村上端塌岩时就一分为二。一支靠东沿山流经忠应庙至下家岙，宋元以后，溪水由于山洪或人为的原因而改变流向，此支溪流的溪床涨高，后人遂改溪为田地。另一支溪水受塌岩山体的阻挡，转向石狮坦下礁山，遇阻转折经过屿头后，两支溪水再次汇流一处。

北宋初年，柔川黄氏始祖闽人、时任工部尚书的黄懋受冤被贬至浙江台州北监（今临海北涧），游历道教十大洞天中的第二洞天委羽山之后到达柔川，见柔川之地山清水秀、僻静宜居，就决定隐居于此（也就是今天的沙滩村、下凤村），成了这里最早的住民。亭头坦遗址（始祖黄懋的住址）和黄家花园遗址至今依稀可考。南宋乾道壬辰年（1172），黄懋第十世孙黄希旦亡而为神，下葬之处乡人为其建庙供奉，称其为"黄太尉殿"。宋代宝庆年间赐额庙堂"忠应"，宝祐年间赐黄希旦谥号"显灵"侯。于是黄氏后人又将黄太尉殿进行扩建，建为"忠应庙"。从此，忠应庙香火旺盛，造就了沙滩村的历史声望，带动了沙滩村的历史性发展。

明朝以后沙滩人口逐渐增加，主要居住在沙滩两条溪流冲击的沙丘高地上，明清以后又分散居住在下家岙和董坞两个自然村。那时生产力低下，抵御自然灾害的能力弱，村民面对灾害只能躲避。

新中国成立之后，沙滩村村民自力更生、艰苦创业，于1969年修建起一条长约100米的拦水坝（下庄坝），引柔川溪水进行发电和稻米加工。1967年至1972年间挖平了柔溪中土地改革权属属于屿头村的一块大滩地，修建起约1200米长的防洪大堤，解决了水患问题。大堤内改滩造田 150 余亩，用以解决村民的温饱问题。

1958 年，屿头村一场大火烧掉了很多民房及屿头乡政府用房。屿头乡供销社、医院、粮管所、食品公司等单位从屿头村搬到沙滩村办公经营，沙滩村也是屿头乡乡政府临时驻地，三联白石洋乡政府办公楼建好后，乡政府移址白石洋。

1976 年，屿头乡政府从三联白石洋又搬迁到沙滩村忠应庙处，迎来了沙滩村的又一次繁荣。乡政府、信用社、供销社、食品公司、卫生院、粮站等机构相继在这里建成并投入使用，形成了一条完整的沙滩村忠应庙老街。

1991 年，屿头、沙滩两村在乡政府的主持下，共同编制屿头集镇规划，把下家岙、董坞等自然村并入沙滩自然村。1997 年，沙滩村基本完成扩建后的规划建设。

1992 年白石乡并入屿头乡，屿头乡政府因用地用房需要，于 2002 年迁出沙滩村，搬至沙滩村旁现在的驻地地址。由于忠应庙古街房屋相连，难以拆除，又考虑到原乡政府等公共建筑一时难以改为他用，暂且让它闲置着，沙滩老街也因此得以被原样保留了下来。

今天所见的"同济·黄岩乡村振兴学院"北校区，正是利用了废弃多年的原乡政府信用社、供销社、食品公司、卫生院、粮站等机构建筑改建而成的。可以说，沙滩村与屿头乡乡政府在土地使用与建房改造方面始终保持了统筹兼顾、相依相融的原则，自然而然就形成了你中有我、我中有你的空间格局形态。二者之间又因一边沿柔极溪而下，另一边沿着山脉而上，故呈长条带形状。

屿洋线公路在柔极溪与沙滩村之间穿越而过。现在，村的西头为沙滩老街，村的东头则为屿头乡乡政府和屿头乡卫生院。

屿头乡位于浙江省台州市黄岩区西部，括苍山南麓，北接临海市，西面与仙居县相连，南接黄岩西部重镇宁溪，东以长潭水库为界，并与黄岩区北洋镇接壤。2017 年浙江省 16 家景区达到国家 4A 级旅游景区的标准，黄岩柔川景区榜上有名。这是黄岩区第一家国家级 4A 级景区。屿头乡境内最高峰——纺车岩海拔1173 米，为黄岩全境第二高峰；主干流柔极溪，连绵 20 余公里，为永宁江主要支流，于屿头村注入长潭水库。

屿头乡乡政府（含沙滩村）驻地距县城黄岩 32 公里。全县为亚热带季风气候，柔极溪横贯全县，域内水电资源丰富。区域内多为丘陵地貌，辖域内收入以农业收入为主，其中山林经济比较发达，经济作物主要有毛竹、杨梅、枇杷、蜜橘等。

屿头乡行政村经规模调整，截至 2018 年底将原 22 个村调整合并为 11 个。区域面积达 98.22 平方公里，人口为 13908 人。沙滩村现有人口 1116 人，耕地面积 430 多亩，林业用地 1924 亩，竹林 33 亩。沿着美丽的柔极溪，几年前经过土地流转建起了"四季采摘园"。园内果树品种丰富，小溪两岸柳树成荫，流水潺潺，时值百花盛开之际，尤其是梨花盛开，洁白如雪，蜂飞蝶舞，景象真是美不胜收。历史上这一带统称为"柔川"，1949 年前后建制名为"柔极乡"，1951 年更名为"屿头乡"。当地人解释，"屿头"的意思就是说，山体长年被雨水冲击，冲下来的石头堆积起来，形成了此地。至今，遇到大雨暴雨时，山上仍然还会冲下一些大大小小的石头，人们沿着柔极溪边走，时不时就能见到这些横竖躺着的石头。想象这些石头被暴雨或山洪冲击而下时那番惊心动魄的场景，就能体会溪流柔极则刚的内涵。这些石头也是村民们可就地取材，用来筑堤坝、建造房屋的绝佳材料。

第二节　自然环境与自然资源

沙滩村依山傍水。一年四季气候分明。总的来说，天气偏温、多雨，春秋较短，冬夏较长。优质的空气与水，是沙滩村村民引以为豪并赖以生存的天然资源。沙滩村地处狮子山下，柔极溪旁，位于三面环山的谷地之中。狮子山因远望就像蹲守的狮子一样而得名。

沙滩村周边山地植被繁茂，属亚热带植物带。山地适宜于松、杉、茶、竹等经济作物的生长。山谷平原和山脚缓坡地，以种单季稻及番薯等杂粮为宜。丘陵缓坡地，一般土层较深，土质肥沃，适种柑橘、枇杷、杨梅、桃子等亚热带水果。干旱以伏旱和秋旱最为突出。每年梅雨期过后的在 7—9 月份，受副热带高压气流控制而天气晴热。此间若不遇台风降雨，最易发生连续干旱。而低温阴雨，主要出现在春季、春末夏初和秋季三个时期。水质监测平均评价成果表明：沙滩村及周边所有指标都达到 Ⅰ 类标准，水质较好，水体清洁。

春天，沙滩村往往春雨如丝、如雾、如烟、如潮。从沙滩老街的尽头望去，山峰时隐时现，如同朦朦胧胧的写意山水画。村边远近错落的山，层峦叠嶂。山上的泉水解冻后欢快畅流。雨后春笋，满山遍野。四季采摘园中，溪边杨柳几天不见便会突然泛出一片绿色，煞是迷人。各种各样的果树，如桃树、梨树都会绽开五颜六色的花而令人陶醉。晚春时，春光明媚，到处都有悦耳的鸟叫虫鸣，飘荡着令人陶醉的香草气。社戏广场上的古老樟树春意盎然，在风和日丽下抽出新枝，长出新叶。村民的屋檐下，只见飞燕身形矫捷，忽高忽低地飞来飞去忙着搭窝，引来行人驻足观望。

夏天，沙滩村里不像城里那么炎热。老人们悠闲地在户外坐在的椅凳上摇着蒲扇纳凉；妇女们围坐在一起东拉西扯说个没完。年轻人会选择在屋里开着空调看电视。孩子们会不知疲倦地在空地上追逐玩耍，哪怕是满头大汗；宁静的夏夜，蛐蛐、青蛙联袂欢唱，风吹过，树叶沙沙作响。仰望星空，北斗清晰可辨……

秋天，沙滩村会迎来丰收的季节。沉甸甸的金色稻田自然是主战场，但满山满园的柑橘、梨子、栗子、向日葵等丰硕的果实自然也不能等闲视之。果农在采摘期里每天只能睡上几个小时，采摘、分拣、打包、快递运送，忙得不可开交。这是丰收的季节，也是最欢乐、最有成就感与获得感的季节。

冬天，沙滩村各项生产接近尾声。但是，近几年旧房改建却如火如荼，目的是让新业态早日走进村里。所以村民们争分夺秒、只争朝夕，不畏寒冬，就像蜡梅顶雪怒放，傲视群芳。连续几个冬季，沙滩村都是一片繁忙的景象。

第二章 北宋至民国时期

　　研究沙滩村历史的意义，在于梳理、借鉴其历史经验和发展规律，古为今用，更好更科学地融入当前乡村振兴的时代洪流。此正如梁启超所说："史者何？记述人类社会赓续活动之体相，校其总成绩，求得其因果关系，以为现代一般人活动之资鉴者也。"[①]

　　以科学性和真实性为基础，合情合理地反映沙滩村的历史，应当具备以下三方面的特点：一是以一定的史籍史料为依据，二是有古物或遗址可以做比对，三是要符合当地村民的普遍意愿。即使是神话传说，也不可一概以胡编乱造待之，而是要认识到它们作为在长期的历史过程中被广大村民接受、认同和传颂的故事，具有不同程度的历史真实性和史料价值。比如，关于沙滩村太尉殿供奉的太祖爷黄希旦的神话般传说等等，便是反映沙滩村历史特殊性、综合性、实证性、抽象性或哲学性、价值性、艺术性的整合型社会科学的重要方面，同时也具备了最大程度的历史透析性与参考价值。

　　沙滩村历史是以柔川黄氏家族为主，融合其他姓氏（金姓、赵姓、杨姓等）村民诞育和发展的历史。沙滩村的传统村规民习，无不遵循着柔川黄氏祖训的教诲。村民将柔川黄氏族谱悉心供奉并保存在忠应庙里，视作祖传的精神财富。柔川黄氏宗谱总共经过 11 次修谱。完好保存下来的是 1935 年第十次修谱后的版本，这个版本在之前版本的基础上誊抄增补并重刻重印，其中不免会有笔误等疏漏，给今天对宗族历史的研究似带来一些新的问题。但总的来说，至今柔川黄氏字辈顺序纲宗不乱，为新修族谱，也为沙滩村的历史文化研究提供了活态的依据。

　　第 11 次修谱是在 1935 年第 10 次修谱之后的 2013 年至 2018 年期间，历时整整 5 年。由于老谱年代久远，谱中族人居住地地址不详，又谱上登记的族人大多作古，查询其后人困难等，加上第十次的修谱也存在很多疏漏，很多族人均没有

[①] 梁启超.中国历史研究法 [M].北京：人民出版社，2008:1.

登记入谱等，给第 11 次修谱带来重重困难。面对这些困难，热心的修谱族人尽力一一克服，以满足越来越多的族人寻根问祖、祭奠先祖先贤、弘扬优秀民俗文化的需求。

最初编纂柔川黄氏宗谱者，是从始迁祖一世黄懋开始排序的第十三世后人闷老（1273—1348），字国顺，又字茂华，号遂初。生于北宋咸淳癸酉年十一月十四日辰时，卒于至正丁亥年十二月。在初修宗谱的序中，他阐明了自己修谱的主张及意义：

闷老之纂修家谱也，既作宗谱以明大宗小宗之理，次作传谱以各具其本，末又作年谱以 总序其先后，作文谱以集其篇章，作事谱以广闻见。然后可以参互考订无所不明。盖有条不紊纪实而不泛，非徒炫其多而逞其藻也，其于人伦之至庶几乎有以涉其涯矣。

十三世孙谨识

正是因为有了这本族谱为基本依据和线索，沙滩村的历史便有了"可以参互考订，无所不明"的可能。

第一节　源自北宋的黄氏举家迁徙

北宋时期，台州除了在末期有过短暂的动乱，大体上比较安定，在行政区划上仍旧管辖临海、黄岩、宁海、天台、仙居五县。这时的台州虽然离统治中心比较远，但是，由于北宋从立国之初就受到北方辽国与西夏的遏制，它的中央财政收入仍然同中唐以后一样依靠东南漕运，浙江几乎占岁输漕粮的四分之一，这就迫使北宋政府十分重视这一地区的农业开发。同时，由于北方的陆路对外贸易受阻，北宋政府不得不转而发展东南海上贸易，并开拓海外贸易以扩大财源。中央政权的举措，有利于台州的发展。

北宋大中祥符四年（1011），朝廷派人从福建取安南占城稻三万斛在浙江等地推广。这种稻耐旱高产，一年可以收获两次，又可"不择地而生"，因而成为早籼稻的主要品种。在台州历史文献中，可以找到当时在温黄平原种植间作稻的记载。小麦在北宋时已经传入台州，南宋以后，熟悉种麦技术的北方人大批迁入台州，促进了小麦的普遍种植，对粮食增产具有重大意义。

在台州的历史文献中，有大面积围垦的记载。北宋熙宁七年（1074），著名科学家沈括奉旨考察两浙水利，上奏疏提出："温、台、明州以东海滩涂地，以兴筑堤堰，围裹耕种，顷亩浩瀚，可以尽行根究修筑，收纳地利。"① 宋神宗采纳了沈括的建议，命他"委选官吏"，付诸实施，并允许动用"陂湖遗利钱"以充经费。从此，台州一带的沿海水利工程开始由民办转而得到政府财政支持。

沙滩村黄氏一族的祖先在一千年前（北宋）来到美丽的柔川（今黄岩屿头乡）落地生根、勤耕苦作、繁衍生息，其始迁祖黄懋起了决定性作用。时任工部尚书的黄懋受冤被贬至浙江台州北监，之所以被安置到台州有可能是因为统治者考虑到他是治理水患的能手，在水利工程方面还能派上用场。黄懋从政为官大起大落，颇具传奇色彩，各种因素终使他决定举家从福建迁徙到黄岩柔川。关于他迁至柔川的时间及原因，从现存于沙滩村忠应庙（即太尉殿）中的"忠应庙碑"上可以获知一二。

碑中写道："维黄氏，自尚书府君由闽徙台，始家黄岩之柔山垂二百年。"据此，始祖黄懋迁至柔川的时间当在黄超然于忠应庙立碑之1295年再往前推200年，即1095年左右。当时黄希旦择地建庙的地方就在现在的沙滩村，足以说明居住在沙滩村一带的黄姓居民及村庄历史至迟始于1095年（北宋绍圣二年），距今（2019）已有924年的历史。

另外，柔川黄氏族谱记载："始祖黄懋字志仁，谥忠肃公，宋工部尚书，生于后晋天福丙申年二月初一日子时，卒于宋详符戊申年十月十一日午时。"由此得知黄懋生卒年为936年至1008年，享年72岁。那么，至迟1008年之前，黄懋带领其族人就在柔川开始了他们的新生活，距今（2019）已有1011年的历史了。

又据第九次修纂的族谱记载："黄懋北宋时入仕途为官，初为临津县令，至宋太宗时得到当路张齐贤荐擢为大理寺丞，继而出任河北转运使，因劝农增蓄，被提拔为工部尚书。在工部尚书任上遭受学士王钦若之谗言，被贬鄂州，又移台州北监安置。黄懋亡故后，谥号忠肃公，子嗣皆有封赏。""宋太宗淳化四年，知雄州何承矩及临济令黄懋请于河北诸州置水利田，兴堰六百里，置斗门灌溉。"此版族谱因保存不善霉烂破损，发现后即由黄氏后人手抄记录下这段文字。这段文字内容在不同的宋史籍中得到证实。

宋太宗淳化四年即993年，至于何时被贬鄂州，又具体在何时移台州北监安置已不得而知，但距离黄懋去世时（1008）为15年时间，距今已有一千多年。作

---

① 毕沅. 续资治通鉴：69卷 [M]. 北京：线装书局，2009.

为柔川黄氏始迁祖的他，当在 993 年至 1008 年之间举家迁至黄岩柔川境地，其生活在屿头乡的村落包括沙滩村在内，其历史源头可追溯到 1011 年以上。这也正符合黄懋是宋真宗初年举家迁至柔川的说法，宋真宗初年应该是 997 年或之后的几年。

第二节　始迁祖黄懋与"南稻北植"水长城

忠应庙碑碑文中所写的"蓄而未发"，当暗含了始祖迁至柔川有"隐居下来，积蓄力量，候机待发"之意。据悉，今已有黄氏后人前往福建考证，希望能够考证到有关黄懋及祖上更多的信息，但是信息甚少，只是了解到黄懋是福建兴化府莆田县长溪崇贤里人，被贬官后到了浙江临海，又到柔川之地游历，见此地山川秀美，景色宜人，很是喜欢，因而决定举家迁徙到柔川。黄懋举家迁徙到柔川后，居住在今屿头乡乡政府北边几百米处，距离沙滩村仅不到千米之遥的下凤村，遗址依稀可觅。

身为工部尚书的始迁祖黄懋，除了在治理水患方面有过贡献，还在通过引种水稻而实现积粮备战，最后战胜辽军的战事中取得了彪炳史册的功绩。他的耕读精神以及所做的贡献，至今还在影响着当地的百姓，发挥着巨大的榜样作用。

有关黄懋的信息，可以从黄氏族谱、宋史、黄岩地方志等史籍资料中获得。今人张印栋撰写的《屯田史话》[1]中也有详细引述。特别值得一提的是，黄氏廿九世孙黄奇熹老人，不但对相关文史资料进行了查阅，还对黄懋家乡的相关背景资料进行收集整理，在此基础上撰写了《黄岩柔川黄氏始祖"懋"公》，刊登在 2017 年重修的《柔川黄氏宗谱·补之卷》上。结合文中所叙，再经史料核查，关于黄懋的生平主要有以下记载：

柔川黄氏始祖懋公，字志仁，生于后晋天福丙申年（936）二月初一日，籍闽兴化府莆田长溪崇贤里人 [2]。

宋太宗太平兴国二年（977）赐进士，授沧州临津县令。太宗雍熙三年以张齐贤荐擢大理寺丞、河北转运使 [3]。

---

① 张印栋.屯田史话 [M].北京：社会科学文献出版社，2012.
② 柔川黄氏支系秀溪宗谱支 [G].刻本.1935.
③ 柔川黄氏浚头宗谱：源头序 [G].刻本.1935:39-40.

端拱二年（989），宋辽战事胶滞、防守态势时，临津令黄懋谏言："本乡（指闽地）风土，唯种水田，缘山导泉，倍费功半，今河北州军陂塘多，引水溉田，省功易效，乞兴水田，三五年闲，公私必大获其利。"[1] 这在历史上是首次有人向朝廷谏建"水长城"即通过用南稻北植的方法以御敌。

淳化四年（993）三月六日甲午，知雄州何承矩，请于顺安砦西，引易河筑堤，为屯田。言：近年水潦频降，河流泛滥，坏州城民舍，蓄聚为陂塘，妨种艺，欲咤水利，大兴屯田以便民。诏何承矩视，还奏如懋。命高阳关副总管皇甫继明提举，仍令河北诸郡水潦所积之处，发卒屯田，州长吏按行催管。[2]

此历史事件的大致经过如下：三月廿四日壬子，以六宅使潘州刺使何承矩、内供奉阁承翰、殿直张从古同提点置河北沿边屯田使。大理寺丞黄懋充判官。发诸州镇兵一万八千人，给其役。凡雄、莫、霸州、平戎、顺安等军，兴堰六百里，置斗门，引淀水灌溉。初年种稻值霜不成。黄懋以晚稻九月熟、北霜早而地气迟，江东早稻七月即熟，取其种，课令种之。是岁（994）八月稻熟。初承矩建议沮之者颇众，武臣习攻战亦耻于营茸，既种稻不成群议愈甚，事几为罢。至是承矩载稻穗数车，遣吏送阙，下议者乃息。其后缘边塘泺益增广，御敌、种稻两利，白洋淀真成了鱼米之乡。995年四月何承矩、黄懋于雄州，诱敌深入，全歼入侵的辽军大将耶律阿海数千骑兵。十月又于雄州粉碎复仇敌军。数千军民得到奖励。开筑塘泺、武装屯田及雄州歼灭战鼓舞御敌意志。[3] 宋真宗1004年亲征的这场澶渊之战，也叫澶州之战，结束了唐朝以来百余年来的动乱局面。宋方向辽提供助军银帛达成协议，从此双方结束军事对峙状态，使宋辽之间维持了120年的和平局面。

黄懋向朝廷提议建"水长城"御敌并推行南稻北植的史实，成为我国屯田史上的一段佳话，当然也是沙滩村村民家族史中最引以为豪的故事。所以，村民说起祖先时，时常会提到始迁祖"屯田有功"而升官至工部尚书，又因为"屯田遭忌"受冤迁到柔川（今屿头乡）。屯田是汉代以降历代朝廷为取得军队给养或税粮由官府直接组织经营的一种农业集体耕作制度。战争中，粮食是征战的物质基础。要保证粮草供应，发展农业生产也是十分重要的手段。同时，在中国古代，一些战

---

① 参见《全宋文·卷一四〇·黄懋》。
② 参见《钦定续通典·卷五·食货》。
③ 引自黄氏廿九世孙黄奇熹提供有关黄懋的撰文。

争往往持续时间很长，甚至长达几十年。这种旷日持久的战争需要以长期而稳定的粮食生产供应作为最为重要的前提和保障，因而在距离交战区域不远的地方建立粮食生产基地，这样才能够减少因搬运粮食而导致的损耗。这种方法就是"屯田"，而保证屯田得以实施的制度便是"屯田制"，其管理长官叫"屯田使"。屯田组织性强，耕地面积大，应用先进耕作方法，劳动生产率较高，财政收入率也较高。自此经魏晋南北朝、隋唐、两宋，各代都推行过边防屯田。当天下分裂为几个封建政权时，出于军事需要，屯田就成了重中之重。这些屯田虽多设置在中原地区，但因列国分立，仍然属于边防屯田。黄懋能够根据当时的实际处境，果断提出通过南稻北植的方法来达到御敌的目的，不论对军事谋略而言，还对农耕技术的改造，无疑都不失为重大贡献。更可贵的是，起初南稻北植并非顺利，黄懋却能够坚持，通过具体情况具体分析，"以晚稻九月熟、北霜早而地气迟，江东早稻七月即熟，取其种，课令种之"，终于在第二年"是岁（994）八月稻熟"，成功地造就了令人叹为观止的"水长城"。后来屿头乡农民在治水造田的农事中时有"因地制宜"的创新与创造传统，应该是由于受到他们这位有着很高威望的祖先的影响。当我们谈到黄氏族人的这位始迁祖时，村民对屯田成功还有另外一种解说：黄懋对二十四节气的认识要比一般人深刻，也即并非刻板地按照农历时日进行农事安排，而是根据不同地区不同气候调整处理农耕事务，南稻北植即是最好的例子。黄懋深谙依靠气候来安排生活和生产活动的本质。中国地域辽阔，具有非常明显的季风性和大陆性气候特点，各地气候差异很大，因而要根据实地气候规律务农方才可行。可见，黄懋是深刻认识农耕规律并将其融入事谋略的有识之士之一，他的事迹对今天仍有着不可多得的现实指导意义。

黄懋去世后张相（齐贤）的题词也让我们对其有了更加深刻的印象，"文堪华国，勤并盐梅"八个字，是对黄懋形象最为生动的刻画。一方面，如曹丕所说，文章乃"经国之大业，不朽之盛事"，黄懋能写一手好文章，可令人读后顿觉天清地宁。另一方面，黄懋还是可以委以盐梅之寄的务实可靠之人，而耕读文化的传承就是靠着这样的栋梁之材才逐渐形成了今天如此强大的传统。可见，他举家迁徙至此，对当时柔川农耕兴起起到了重要的支撑作用。

第三节　南宋时期打下的耕读基业

南宋时期的台州黄岩及柔川，迎来了封建社会的鼎盛时期。这个时期起步于五代十国时的吴越国，又经过了隋唐300多年的孕育，逶迤近四个世纪终于到达顶峰。从唐朝末期到五代十国，本是个动荡纷争的年代。五代十国的君主大多是唐末的地方节度使，他们拥兵自立，割据称雄，交兵不息。然而，在浙江割据的吴越国，奉行的却是"保境安民"的基本国策，对中原朝廷恭顺不悖，贡奉无缺，求得长治久安。自唐乾宁四年（897）进入台州，直到北宋太平兴国三年（978）纳土归宋，吴越国统治台州82年间，境内基本上没有发生过战事，社会相对安定，行政区划大体不变。这种政治局势，使台州的社会在唐末的战乱后较快地得到休养生息。

靖康二年（1127），北宋灭亡，康王赵构在河南建立南宋王朝，在金兵的追赶下一路南逃，建炎四年（1130）正月，曾暂驻台州的章安，为时半月余。绍兴八年（1138），南宋定都临安。在此后将近一个半世纪中临安一直是南宋的政治、经济与文化中心，台州成为辅郡，其地方势力成为南宋王朝的重要支柱。相对有利的政治形势，促进了台州经济与社会的发展。温黄平原的水利工程，唐代还只开始于黄岩县城关一带，到了五代时，吴越政权奖励农耕，大兴水利，很快便达到规模空前的状态。与此同时，沿海围涂造田工程也有了很大的进展。

但是，封建社会的鼎盛时期只能说明当时封建政治权益之间抗争的相对持衡，农民生活在本质上并没有得到根本性改变。由于北方沦陷，大量包括皇族在内的贵族大姓南迁。作为京都辅郡，大批中原人氏迁居台州，并定居首县黄岩，输入中原文明。这个时期，黄岩被誉为"小邹鲁"。又据黄氏族谱"黄懋亡故后，谥号忠肃公，子嗣皆有封赏"的记载，此时的柔川黄氏一族因始迁祖黄懋的平反昭雪而重振，并在劝耕、劝农、劝读方面继承先辈遗志，成为垂范当地耕读文化的名门望族之一。

一、黄希旦与忠应庙

如今黄氏后人一部分延续并集聚在沙滩村，应当与忠应庙一直未被迁移有着密切的关系。忠应庙里供奉的黄氏先人，虽然去世时的年龄只有18岁，但至今黄氏后人都称他为"太祖爷"，沙滩村至今还保留着这么一个习俗，即村中凡是涉及与黄氏族人有关的大事，如忠应庙前社戏广场的改建、殿屋的修缮等，村民必到忠应庙进行商议并面呈太祖爷，因而忠应庙在一定程度上又具有黄氏宗祠的性质与功能。见证沙滩村人文历史的重要物质（建筑）文化遗存，当属忠应庙。

忠应庙也称太尉殿，约南宋乾道期间 1172 年初建，至今殿中还保存着距今 700 多年历史的"忠应庙碑"。在民间流传着这样的故事：南宋乾道壬辰年（1172），黄懋第十世孙黄希旦亡而为神，下葬之处乡人为其建庙供奉，称其为"黄太尉殿"。宋代宝庆年间赐额庙堂"忠应"，宝祐年间赐黄希旦谥号"显灵"侯。于是黄氏后人又将黄太尉殿进行扩殿立为忠应庙。这一传说的依据从何而来？黄希旦当时下葬之处是否就是现在的忠应庙后殿之处？忠应庙自扩殿立庙以来就没有倒塌或迁移过吗？现在的忠应庙址是否就是原址？这些问题，沙滩村黄氏后人们都对此深信不疑。村民们都相信黄希旦就葬在忠应庙之后殿，也就是"黄太尉殿"的正殿地下。负责管理忠应庙的老人黄秀琴见我们颇有疑惑，便将我们带到忠应庙大殿的北墙边，指着嵌在墙中的碑对我们说："你能看懂它吗，这当中讲的就是黄希旦的事情。"村民将这块碑牢牢地嵌于忠应庙大殿的北墙之上，他们认为这是保护它不再受到任意移动或损坏的最佳方法。究其原因，原来这块碑曾遭受过"文革"的摧残，被扔在溪坑中用来捶杵洗衣。"文革"结束后，村民逐渐意识到遗留下来的族谱、碑碣、古树、庙宇建筑等等，都是重要的文化遗存也即珍贵的文物之后，才有了后来将这块碑抢救性地藏嵌于墙中这样的举措。虽然村中已无人能够读懂它，村民的保护举措还有待改进，但至少这块碑所幸得以重见天日，重新受到了重视。老人见我们可以释读碑文，于是在之后的一段时间，她和村民非常配合地让我们请来黄岩博物馆的工作人员，对该碑做了拓片。经过对碑文进行文字的核查与释文之后，这才了解到其为元代大儒、柔川黄氏家族十三世传人黄超然（1236—1296）撰写的忠应庙碑文。所以，忠应庙碑是太尉殿中的压殿之宝，是重要的历史见证物。

碑石质，高 1.5 米，宽 0.8 米。碑文字字珠玑，字体镌刻秀美，笔力稳健。碑文末尾的诗歌气势磅礴，荡气回肠。碑文主要陈述了忠应庙大殿供奉之神俊、柔川黄氏家族十世传人、挺特不群之才黄希旦（1156—1172）的事迹，以及忠应庙的冠名来历，同时也表述了黄超然本人对先辈无限的敬慕之情。

以下为忠应庙碑原文句读^①：

世有挺特不羣之才，其生也，患不及用。其用也，患不及盡。生而不用，用而不盡，人皆曰：制于天也。然有穹官峻職，天偶不用之于生前，而特用于身後，若顏卜之修文，郭嘉之中郎，與夫蔣子文之王钟山，柳子厚之侯羅池，蓋无得于此，則有得于彼。不伸于顯，則当伸于幽。天于挺特不羣之才，故不忍使之虚出而虚逝也。

维黄氏，自尚書府君由閩徙台，始家黄岩之柔山，垂二百年，蓄而未發。是生我曾從大父顯灵侯，諱希旦，字仲鲁。侯有神力，視扛鼎扼虎殆不足為戲，擇鉅竹一握即碎。重屋修棟，可挟而動也。為兒時，誦書家塾。晝，覘绯紫数人捧文書若告身者，示之曰："帝命若主此土"，言已忽不見。甫弱冠而卒。方議卜窆，巫言：當有大風拔木處，即吉地也。里中唯今置廟處，木適拔，輀至，即軸折，遂以葵焉。于是，靈響暴著，遠近坌集，迺即墓立廟。

宋寶慶間，賜額忠應。寶祐間，賜謚顯靈。超然惟漢關、張，唐褒、鄂，皆以驍勇雄武號萬人敵。關、張雖功名不終，然犹焜耀史冊。而褒公、鄂公遂圖形凌煙，稱唐虓將。竊聞侯之才，與故老所傳平生行事，蓋軼出關、張、褒、鄂之上，使得時遇主，萬户侯何足道，不幸蚤卒，不少槩見。既生不得為名臣，死遂為明神。風馬雲車，翕忽有無。民水旱必禱，疾病痛楚必請，谷答響，鼓應桴，殆百有餘年而如一日。

嗚呼！天不用侯于生前，而用侯于身後，豈不以长才壯志暴白于一時者有限，豊功盛烈福應于千祀者無窮。向使侯生而及用，用而複盡，則亦已矣。安得英氣凛凛，没而愈彊，使一方永賴到今哉！廟嘗再新，今丹雘已暗，碑犹未植，使侯之英風駿績與前朝褒錫之盛，泯泯弗彰，無以揭當代而昭無極，豈非缺欤！超然少有此意，自揆無拙，不足以稱豐碑，戀不敢為，犹俟筆力少進，心口相謀，謂為之未晚。今年益衰，筆益退，不敢冀複進，若自醜其文，則碑終缺矣，迺卒為之。深恨不能發揚萬一，則又為歌詩以薦祀。其辭曰：

山巖巖兮溪湯湯，篤生異人氣開張。

奇骨神駿如龍驤，謂宜勒勛紀太常。

忽乘白雲朝圓蒼，天官有敕鎮此方。

前朝錫命恩煌煌，靈旗駔馬侯来翔。

---

① 为忠实反应碑文原貌，下文保留碑文中的繁体字和异体字。句读为笔者所加。

吏士整肃不可當，約束魑魅虎豹藏。

我民無斁歲有穰，福及孫子祈壽昌。

簫鼓廟轟進庋堂，割牲釃酒弗敢忘。

山可礪兮水可量，庻祀千載德瀰光。

元貞乙未二月既望曾姪孫黃超然立石

仅仅将碑文句读，村民们仍然难以读懂，于是又将《忠应庙碑》进行了释文：

世上总有一些挺特不群之人才，在世时恐来不及得到重用，在位时恐来不及施尽才华。才干无法发挥或不得尽用便离开人世，人皆说这是受制于天命。然而有一些高官要职，上天偶尔不任命于他们生前，而赐封于他们身后。就像颜回那样的文人学士，郭嘉那样的帅之谋士，又比如蒋歆在钟山殒命后屡屡显灵，被拥戴为阴间王而立蒋王庙，柳宗元辞逝后被追封为文惠侯，百姓们在罗池立庙建碑。他们在世时没有坐享其成，身后则获得了回报。他们的才华没有彰显于生前，却彰显于身后。上天对于出类拔萃之人有所怜惜，终不忍心让他们悄悄降生又白白消逝。

黄氏自从尚书府君从福建迁徙到台州，开始在黄岩柔山安家定居，至今已有两百年了，积蓄着才能而不轻易显山露水。我的曾叔祖显灵侯（1156—1172），名希旦，字仲鲁。曾叔祖有神力，扛举大鼎、掐虎咽喉之类的事对他而言并非难事，他挑些巨竹，一握就碎。就算是重檐楼阁的栋梁，他也能挟住并撼动它。曾叔祖小时候在家塾读书，白日看见几名官员捧着告命书给他看说，"天帝任命你掌管这片土地"，说完就不见了。曾叔祖弱冠之年去世，于是大家占卜商议择地落葬事宜，巫祝说：大风将树木拔起之地就是吉地。乡里只有现在设置庙堂的地方恰好有树木被风拔起，人们将棺材抬到此地时扛棺竹轴就断了，于是将显灵侯安葬在此。此时，灵柩突然发出剧烈响声，远近的人们都聚集到此，在墓穴之处建起了庙堂。

宋宝庆年间（1225—1227），赐额曰忠应。宝祐年间（1253—1258），赐曾叔祖谥号为显灵。我认为汉代的关羽、张飞，唐代的褒国公、鄂国公都是凭借其骁勇善战，雄伟有力，被誉称为万人敌的。关羽、张飞虽然没有成就功名，却依然光照史册。而褒国公、鄂国公的画像被供挂在凌烟阁中予以表彰，被誉称为唐勇将。听闻显灵侯的才能和长老们传说他平生的事迹，觉得显灵侯已是超过了关羽、张飞、褒国公、鄂国公等人而不为过。倘若显灵侯生时能够逢明主赏识，被封万户侯也不足为奇，不幸的是显灵侯早逝，记载甚少。他在世未能成名臣，死后却成了明神。他虽似风马云车来去无踪影，但百姓们遇到旱涝灾害却必向他祈祷，碰到病痛苦楚必求他保佑，显灵侯就如同山谷回声，鼓应槌击那般有求必应，百余年来一直都是如此。

呜呼！上苍不在显灵侯生前而是在他身后重用他，是因为不限他的才华于一时，而是让他的丰功伟绩能造福于更多祭祀之人。若显灵侯在世时得到重用，施尽才能，一生就也结束了，怎么还能像这样威风凛凛，虽然消失于人世，但神力却更加强盛，使得一方水土之人一直依赖至此时呢！庙堂曾再次修缮，绘饰也已经暗淡，却还没有树立碑文。如果显灵侯的英俊风姿、伟大功绩和前朝盛大的恩赐，就这样消失于人世而不予彰显，不向今人和后人告知其绩，难道不是一种缺憾吗！我年轻时就有撰文立碑之想法，但考虑到自己笔力欠佳，不够用作丰碑之铭文，自愧不敢做这件事，想着还是等到笔力渐进与心中所想能完美契合之时也为时不晚。现在年岁已长，更加衰老，笔力愈发减退，不敢希望再有所进步，如果因笔力不足为由，那么立碑终要成为缺憾之事了，于是最终还是写了这篇碑文。只怕还不能尽力发扬显灵侯之丰功伟业，又作了诗歌用以祭颂。

山岩岩兮溪汤汤，笃生异人气开张。奇骨神骏如龙骧，谓宜勒勋纪太常。

忽乘白云朝圆苍，天官有敕镇此方。前朝锡命恩煌煌，灵旗驷马侯来翔。

吏士整肃不可当，约束魑魅虎豹藏。我民无厉岁有穰，福及孙子祈寿昌。

萧鼓嘈轰进侯堂，割牲酾酒弗敢忘。山可砺兮水可量，侯祀千载德弥光。

元贞乙未（1295）二月既望（农历十六日）曾侄孙黄超然立石

有了这篇释文，村民们特别是黄氏后人纷纷传阅，甚至有些村民特意来到碑前叩拜。

忠应庙碑清晰地透露出以下几个方面的历史信息：

一是关于柔川黄氏始祖黄懋迁至柔川的时间，如前所述，距今（2019）已有至少1011年。

二是此碑撰文者黄超然与黄希旦之间的家族辈分关系。从碑的落款"元贞乙未二月既望曾侄孙黄超然立石"与碑文中提到"是生我曾从大父显灵侯，讳希旦，字仲鲁"可以得知，黄超然为黄希旦的曾侄孙，黄希旦是黄超然的曾叔祖，黄希旦与黄超然之间是相隔四代的曾叔侄关系。关于这一点，我们在柔川黄氏族谱中也得到了印证。出于对弘扬与传承黄氏家族优秀传统的责任感，以及对于曾叔祖黄希旦的敬仰之情，黄超然义不容辞，不仅撰文还亲自立石。

三是忠应庙的建庙时间以及"忠应庙"与"显灵侯"称谓的由来。通过碑文得知：黄希旦的事迹与故事，黄超然从小就已耳熟能详。于是，黄超然采用神话演绎的方式讲述了黄希旦短暂而又传奇的一生，以及乡亲们为黄希旦择地下葬的史实。碑文所撰"甫弱冠而卒。方议卜窆，巫言：当有大风拔木处，即吉地也。里中唯今置庙处，木适拔，挽至，即轴折，遂以焉。于是，灵响暴着，远近垒集，乃即墓立庙"，证实了今天沙滩村民所说：黄希旦的墓葬就在庙中后殿地下。另则，建庙时间应当在黄希旦安葬之后不久，即黄希旦去世的南宋乾道八年（1172），距今（2019）已有847个年头了。鉴于黄希旦生前有神力无比之说，誉称武将太尉，所建之庙也就被称之为"太尉殿"，也称"黄太尉殿"。查阅黄岩方志，明朝时柔川有两座太尉殿，而黄太尉殿应当就是现在的忠应庙。

通过碑文"宋宝庆间，赐额忠应。宝祐间，赐谥显灵"的记载，让我们了解了"忠应庙"与"显灵侯"称谓的由来史实，同时也告诉人们：是在宋代宝庆年间（1225—1227）接受了宫廷恩赐"忠应"匾额后，才将原来的太尉殿拓建为忠应庙。而黄希旦受封谥号为"显灵"的时间当更晚些，是在宋代宝祐年间（1253—1258）。也有可能是在此时才将太尉殿扩建为忠应庙。那么，所扩建的忠应庙距今（2019）至少也已经有761年的历史了。根据现在忠应庙的建造结构，即里面（后殿）为太尉殿和戏台天井，外面（前殿）为忠应庙和天井，正好与"将原来的太尉殿扩建为忠应庙"的史实相符合。虽然前殿三门上的"忠应庙"匾额赫然在目，但村民还是习惯将其称作"太尉殿"。按照村民的说法，"太尉殿"是俗称，"忠应庙"是官称，实际上就是"赐额庙堂为忠应"的意思，说明忠应庙碑的内容经世代口口相传，基本的故事内容都已经传承下来，扎根在村民的脑海之中，难以抹去了。

为了进一步证实今天的忠应庙址就是当时的建庙原址，我们又查阅了方志及相关史料，特别查阅了《柔川黄氏族谱》，均无"迁址"一说。我们对藏嵌于今忠应庙中墙上的另外四块碑也进行了释读，分别为清道光二十八年（1848）所立的"忠应庙重修碑记"碑，1982年所立的"太尉殿忠应庙重建碑记"，1999—2000年所立的"太尉殿修建四翻爪碑记"，1994年"忠应庙重建大殿碑记"。同样均无"迁址"一说。

"忠应庙重修碑记"碑，连续共两碑。石质，第一块碑高1.66米，宽0.7米。第二块碑高1.69米，宽0.8米。清道光二十八年（1848）七月既望（农历十六日）

立碑，撰文：郑簏。今并列嵌于正殿殿前西墙壁上。碑文如下：

　　山明水秀之间有神焉，为斯人捍大患，御大灾，农桑工贾，福以康乐，则其庙屋增壮丽焕巍峨，事甚宜也。邑西柔川忠应庙，距县治五十余里，昔人崇□顯顺王，自宋至今七百余载，威灵显赫历久弥昭。国朝乾隆间，王之耳孙培桂公等，鸠工庀材为之修葺，盘龙仪凤，倍于前代，观者善之顾。越岁既久，英灵愈著，丹膲转催，且地当山麓，四野居民去庙稍远，每届小春寿旦远近，诣庙者不下数千人，毂击肩摩错杂无次。里人绍勋、泽山、舜起等忧之，于是合力殚心重修涂墍，复度其殿前隙地，建造两廊，以备停止，而楹庑一新，朝云南浦，暮雨西山，罔不具备。经始于道光二十三年癸卯夏，越二年，甲辰告成，诚可谓尽善尽美者矣。是后也，创其议者□人，肩其事者三人，出其重资并捐募以充工费者亦三人。工既竣复，越四年，戊申余适游于庙中，咸告曰庙之兴修款惟艰哉，尔其志之。余维王之□爽前人载之详矣，余之谫陋，无能复赘，至勋等，财费力殚，获成义举，与诸君子乐捐，姓名俱不可没，谨录巅末，勒诸贞珉，俾后知兴修之难，而加意□□庶几庙□常新，以昭王之赫濯于无穷云尔，是为记。

　　（捐款人姓名以及捐款额省略）

　　　　　　大清道光二十八年岁次戊申七月既望毂旦　邑庠生郑簏拜撰薰沐敬书

　　碑文中清晰地记载了"邑西柔川忠应庙，距县治五十余里，昔人崇□顯顺王，自宋至今七百余载，威灵显赫历久弥昭"，就是说柔川忠应庙距离黄岩县城五十余里，自宋至立碑之时已有七百余年，这与今天忠应庙所在的地理位置信息完全相符。

四、黄超然对人才的考量原则与文化价值观

　　什么人可以称得上是人才，什么人可以称得上是英雄，黄超然在碑文中给予了诠释。其鲜明的人才考量原则与文化价值观，今天看来仍然有许多地方可以借鉴。

　　碑文开头，黄超然便对他认为的真正人才即"挺特不群之才"作了诠释。这些人才在世时恐来不及得到重用，在位时恐来不及施尽才华，在世时无法发挥才干，才干不得尽用便离开人世，黄超然认为这些人就像人们普遍认为的那样，是受制于天命的缘故。跟着，黄超然列举了历史上春秋末期颜回那样的文人学士，三国时期郭嘉那样的帅之谋士，蒋歆那样的显灵王，唐代柳宗元那样的文人志士等，虽然这些人在世时大多都是无名英雄且英年早逝，但是黄超然相信苍天有眼，人在做，天在看，所以死后他们都获得了回报。他借此说明百姓心中敬重的人才，有许多是那些生前默默无闻但做出许多贡献的人。而后，黄超然又列举了汉代的关羽、张飞，唐代的褒国公、鄂国公等人物，他们都是凭借其骁勇善战，雄伟有力被誉称为"万人敌"的英雄人物，意在强调关羽、张飞虽然没有成就功名，却依然能够光照史册。像褒国公、鄂国公的画像被供挂在凌烟阁①中予以表彰，被誉称为有唐一代勇将。这段文字中的意思不言而喻，即人才或英雄并不是仅与功名或头衔挂钩，其英雄称号是靠骁勇善战赢得的。这些人虽然没有功名，但他们的拼搏精神与实战智慧同样能获得人们的尊重与敬仰。显然，这段碑文其实是为了说明黄希旦也是同类型的英雄，一则他还未施尽才华便匆匆过世，二则他虽过世很早，但能够显灵护佑着村里百姓。所以，黄超然尊重当地百姓的普遍意愿，采用神话传说的方式，讲述了人们一直愿意接受的黄希旦化作神灵的这个故事，并借此表达了他关于英雄与人才的价值观。至今，对英灵的崇拜与敬仰，已成了当地传统文化核心价值观之一，牢牢植根在村民的心中。所以，对英雄的故事，沙滩村人总是津津乐道，自豪之情溢于言表。

　　传说中有黄希旦凭借神力在宫廷救火之说。还有一种传说，说的是黄希旦人在村中私塾读书，魂灵却在宫廷救火，有鞋为证，宫廷遣人凭鞋找到了黄希旦。在忠应庙碑中确有记载"庶有神力，视扛鼎扼虎殆不足为戏，择鉅竹一握即碎。重屋修栋，可挟而动也"，并未提及"救火"一事，黄希旦究竟是何时救火又是如何救火的已不得而知。重要的事实是：当地村民一直愿意接受这个故事，至今口口相传，表达了当地村民的普遍意愿。黄希旦的英勇行为，通过口口相传已经成为当地百姓的精神标杆。而忠应庙正是英雄精神的归宿之地，承载着近千年积淀下来的村庄文化。凭借着村民们一次又一次对它的维修保护，忠应庙始终似坚忍包容的老衲，从历史走来，历经沧桑，雄姿屹立。

　　从黄希旦的神话传说中，可以看出当地先民想象力的丰富，这些传说是他们遗留给后代的宝贵的精神文化遗产。"神"其实是一切人为所不能的总和，是一个抽象而具体的概念。由于当时人们无法战胜强大的自然力给人们带来的各种灾害，于是人们就将身边有着超常体力的人幻想成具有超人能力的英雄神，这些英雄神

---

①　凌烟阁是唐朝为表彰功臣而建筑的绘有功臣图像的高阁。位于唐朝皇宫内三清殿旁的一个不起眼的小楼，因表彰"凌烟阁二十四功臣"而闻名于世，后毁于战乱。

既是率领他们去战胜自然和征服自然的领袖，也是他们的保护者和朋友。黄希旦其人以及种种集中在他身上的神灵事迹，由于有黄超然所撰的碑文为依托，故事就被一代一代地流传下来，成为当地人人皆知的掌故。

忠应庙即太尉殿。那么，为何忠应庙又叫太尉殿？何时有了太尉殿的称谓？民间的说法莫衷一是。但是，比较多的说法认为是在明代洪武年间赐额太尉殿，赐封黄希旦为"太尉"，因而以后逐渐就称为"太尉殿"了。就这个问题，我们查阅了相关资料，并没有获得有关明代洪武年间赐额太尉殿，赐封黄希旦为"太尉"的记载。于是，我们走访了屿头乡对柔川黄氏族谱颇有研究的几位黄氏后人。黄氏后人第三十三世孙黄炳军对此做过深入的研究，他在《柔川太尉殿称谓考略》笔记中写道：

忠应庙位于黄岩屿头乡柔极溪畔的沙滩村，当地人俗称太尉殿。庙内供奉显顺尊王姓黄名希旦，字仲鲁，生于宋代，受历朝帝王封赠。南宋宝庆年间（1225—1227）赐额忠应，宝祐年间（1253—1258）赐谥显灵，时称显灵侯，后郡守因祷雨感应申奏封显顺王。

为什么又叫太尉殿，这称呼从何时开始？众说纷纭，有说明永乐年间，有说清代，有说近代，细究均无实据。为此笔者查阅柔川黄氏族谱及当地地方志，偶有所得，与大家共享。

光绪《黄岩县志·金石·钟鼎》载："太尉殿钟款，右钟高三尺六寸，口圆八尺，顶圆六尺，厚八分，上荷瓣，桶足款文三行十二字：景定庚申 腊月重造 隐庵公用。"景定庚申年，即1260年，说明了这口钟的铸造时间。

民国《台州府志·金石》载："在黄岩县柔极太尉殿案寻……疑黄岩方山施氏建杜清献之……今庵废移至彼处者。"府志记述此钟当时在柔极太尉殿中被发现，因"隐庵公用"四字，当时的作者还对钟的来源作了猜测，怀疑是当时黄岩方山一庵所有，因庵废移至柔极太尉殿。笔者认为这个猜测是错误的。

据柔川黄氏族谱《柔川胜迹》载，"隐庵：宫干、提举冢舍，料院北沼之坟在庵后，即隐溪大庵"，又在《隐溪坟山记》中有"约一里许，至溪上则为内舍之坟，诸庵祠亭，隐庵最盛，赡田百余亩。钟鱼铿铿……"由此可见，当时隐溪坟山是柔川黄氏的宗族墓地，隐庵即为柔极隐溪之畔的墓庵，族人的祭祀之所。隐庵在当时很兴盛，有赡田百余亩，而且是有钟的。太尉殿钟"隐庵公用"四字，应是指柔极黄氏之隐庵而非方山。此钟应是柔川黄氏宗墓隐庵之钟，后移存于忠应庙（太尉殿）内。

柔川黄氏族谱《忠应庙祭文》载："大宋淳熙十四年岁次丁未七月庚子朔越二十日己未，奉直大夫知台州军州事兼管内劝农使章冲遣摄参军章宝奉牲礼祷于黄太尉祠下……"说明在淳熙十四年（1187），忠应庙前身就叫黄太尉庙。后在宝庆年间（1225—1227）黄太尉庙受赐额曰忠应，忠应庙名由此始。宝祐年间（1253—1258）赐谥号显灵，时称显灵候。景定庚申年（1260）腊月，族人重造此钟，标上隐庵公用等十二字款。族谱载，在元朝末年黄氏族人黄宏二修谱时，在《遗事杂记》中记："按忠应显灵二诰敕，宋德佑间（1275—1276），丙子兵火之后残灭于爱闻堂，惟章公祭文之板书钉庙楣……"此钟铸成后又过了十五年，原存于柔川黄氏爱闻堂忠应、显灵二诰敕，毁于兵火，唯留下时任台州知州章冲的《忠应庙祭文》。而此隐庵之钟能在忠应庙流传至今世，实则是柔川黄氏族人之大幸。

忠应庙为何会有黄太尉庙、太尉殿的称呼？

明万历《黄岩县志》载："黄太尉庙，在县西柔极，祀里人黄希旦……"由此可以确定，明万历年间（1573—1620），民间就已称忠应庙为黄太尉庙。

据谱载，柔极隐溪坟山所葬如"宫干""提举""料院"等柔川黄氏族人，均是后人用黄氏先人生前的官职来尊称。如宫干是指黄希文（1150—1217），宫干是当时宫室的武官。提举是指黄希愈（1152—1227），黄希文弟邕州左江提举、武显大夫，均是武官。当时民间对武官尊称为"太尉"，如黄氏族谱《承忠府君遗事》记，北宋宣和三年（1121），柔川黄氏六世祖承忠公黄戬（1076—1158），随姚平仲平方腊、吕师囊之乱，就称姚平仲为太尉，如是语："太尉，诚不弃战耶？"而当时姚平仲非太尉之职。《渭南文集》载："姚平仲字希晏，年十八，与夏人战臧底河，斩获甚众，贼莫能枝梧，关中豪杰皆推之，号'小太尉'。"此上两例均能侧证民间尊称武官为"太尉"的说法。希文、希愈是黄希旦的胞亲哥哥，生前乡民尊称为黄太尉。而天生有神力的黄希旦，按常理后人是当作武官来供奉，当时就应有黄太尉之说。因此就有淳熙十四年（1187）称为黄太尉庙的记载。希旦神像所在之厅堂，称之为殿，太尉殿之称谓由此而来。至今，忠应庙主殿上还挂有太尉殿的匾额。

每年的农历三月二十、十月初一、年末，附近乡民还有到太尉殿供奉的习俗，分别对应清明祭祖、纪念黄希旦的生辰、祭祖谢年三事。从习俗来看，忠应庙也承担当地黄氏宗族家庙的功能。是否可以这样推测：因年代久远，沧海桑田，忠应庙日渐兴盛，隐庵渐于荒废，后人为方便祭祀，把忠应庙与隐庵功能合而为一。现在太尉殿厢房还有供有金岙等地的宗支先祖。

综上所述，柔川忠应庙在南宋淳熙十四年（1187）即黄希旦去世后未满十五年时，乡民就已立庙祀之，在当地颇有影响，人称黄太尉庙。俗称太尉殿之名，是因庙之殿而得名，时间与黄太尉庙同。南宋宝庆年间（1225—1227）赐额忠应后，称忠应庙，两名并称至今世。

……

至今，沙滩村一带还常常听到"由殿扩庙"的说法。其实，"由殿扩庙"就是指历史上曾经发生过的这段史实：由"黄太尉殿"扩大建造为"忠应庙"。这不仅证实了太尉殿的悠久历史，也说明了匾额"忠应庙"被悬挂在太尉殿正大门门当上的理由，即此额是唯一的，也是最为重要的宫廷所赐的额。正是因为宫廷所赐，黄氏族人才会在原来黄太尉殿的基础上再扩建出一进院落，于该院落大门也即今天我们所见的正大门门当上悬挂"忠应庙"匾额。里外两块不同的匾额，既提供了由"黄太尉殿"扩大建造为"忠应庙"先后的建造轨迹，也印证了由"黄太尉殿"扩大建造为"忠应庙"的历史事件的发展过程。

二、好"里正"黄泰原与义庄、北沼亭

继始迁祖黄懋之后的两百余年，黄氏后人正如黄超然在忠应庙碑上所写的那样"蓄而未发"。他们默默无闻，小心翼翼地维护着"望族"的光鲜，恪守着"耕读"持家的本性，平稳地应对了历史上发生的各类问题。黄原泰就是一位杰出的代表。他所推行的劝农、劝耕、劝读思想，以及身体力行的种种具体措施，就像春风细雨润物无声一样，在当时帮助乡民平稳度过了因灾荒造成的艰难岁月，有些做法至今仍有可借鉴的实际意义。黄原泰任理正时的处世为人至今受人称颂，被认为是历史上当地最好的村官里正。

至于黄原泰的个人信息，在2017年第十一次重修柔川黄氏族谱时，族人将其相关资料作了梳理。黄原泰为黄氏家族第十一世后裔，官至上舍，字可耀，号北沼（1186—1268）。今天沙滩村太尉殿所供奉黄希旦（显灵侯）的长兄黄希文的次子。

宋乾道七年（1171）五月，为从根本上解决百姓灾年生计问题，朱熹（1130—

1200）曾在五夫（五夫镇位于福建省武夷山市东南部，为朱熹故里）创建"社仓"，社仓是为防灾荒而设置的具有社会保障性质的粮仓。这种做法可以减轻贫民困难，缓和社会矛盾，也减轻了当时朝廷的施政压力，后为许多地方所仿效。他任浙东巡抚时曾巡行台州，亲历过浙东地区连遭水旱灾害，饥民遍野，民不聊生的场面，决定通过增选拔人才以为官以加强农耕治理，力挽不堪情势。

但是，柔川地处山区，富户少，贫户多，许多人又无奈背井离乡，遇到水旱灾害往往几年不得翻身。很长时间，无人愿意出任里正，更无人出资或集资建造社仓。所谓里正，是始于战国时秦国的居民区方圆一里路之长。后世统治者为了巩固专政，在县级以下，设立了乡和里，其中一"里"范围的长官为"里正"。到了宋代，乡里没有正式的政权机关，采取依靠乡间富户人家的办法，即指定地主或商人担任里正、户长或耆长，负责"课督赋税"等。据传，黄原泰而立之年正遇灾荒连年，他便毅然自荐当了里正，一当便当了二十余年，常常用自己家的钱财垫付全乡不足的田赋。当时南宋朝廷规定种麦、种稻可以减免田赋，黄原泰便极尽劝农劝耕之事，鼓励乡民留在家里种粮。乡民对黄原泰多年为贫民代缴垫付田赋非常感激，越来越多的乡民听其劝农之言，全力投入农耕劳动，在贫瘠的山区中终于通过守耕而创造了财富。时任知县王华甫下乡督查时，听了乡民反映黄原泰"其乡义庄少而役重，独立代役二十年，以己田代一都全役"之后，深深地为黄原泰劝耕劝农又办义庄的做法所震撼，当即表彰黄原泰并鼓励他继续好好负责义庄事务。所谓"义庄"，即是农业社会的产物，在一个大家族之中，有的人穷，有的人富，富有的人拿出钱来，拿出一定的田地来办义庄，捐赠人所获田租专用于慈善救助。义庄之中建有学校、公田、社仓、祠堂等设施。此外，黄原泰还做了许多好事善事，为乡里所称颂。如兄弟为争财产而诉讼，他出资平息讼争等等。踏实务农、勤恳务耕的想法和做法，直接为乡民所接受。后来，当遭遇到水旱灾害时，选择流离他乡的人逐渐减少。当地名士车若水有诗为证："十亩山田手自耕，括囊安分是平生。"黄原泰去世后，车若水还为之写了墓志，《万历黄岩县志》为之立传。

车若水（1210—1275），字清臣，号玉峰，南宋台州十大儒之一、著名理学家。后来与黄超然一起，拜著名学者金华王柏为师，深得朱子三传之学。黄氏族谱中收录了车若水为黄泰原所撰写的这篇墓志碑文。

《上舍北沼公墓铭》①原文如下：

　　庚子辛丑歲，涝飢四方，殍死無數。有司大懼，人將相食。

　　北沼黃公，先期鬻銀器運米閩浙，已而大至損半值給糴，自是繼者踵踵，一邑頓寬。邑人撰爲仁德之碑，焚香迎拜其廬。公居柔極，去邑最遠，而視人之飢，拳拳不忍，若己飢之。近地可知也。其都義莊甚儉，且多出役，勢將取及小户公獨力當費二十餘年，上下晏然。郡守王公莘甫寶翁磨究亦及之，有告者曰：彼以己田當一都全稅敬嘆不暇，尚咎之乎？王公驚謝，禮待甚厚，委督一鄉義莊趙公子寅，建社倉亦屬焉。里人兄弟訟財，眾和議不定，公自捐財塞其欲有。賣田千緡，爲僕匿者曰：公出錢，人不得錢，人且訟有司，不值之乎。適遇公，于塗語曰：契券明則公無愧，財物失則人可憐。公曰：恨不早聞斯言再與之。公之善事，如此甚眾。

　　嗚呼，今咸淳戊辰九月壬戌日亡矣，諱原泰，字可耀。其先，自閩徙台黃巖，曾祖章，祖承奉郎汝霖，父承信郎希文，天資厚度量，廣施于人無德色人有不至不爲，忤家事款款不聞聲而集綱維内外，皆有矩度。病且篤作長篇，示諸子理家大要，戒緇黃，左右强進粥，揮之曰：勿撓吾意，熟睡五日而終，壽八十三。娶王氏再王氏皆先卒，葬隱菴山。公亦預營生竁，十二月甲申葬焉。翊龍出壑蟪，匍匐求銘。初，公既入太學，長子澡亦繼入，次舜龍、次翊龍薦于鄉，次荀龍亦入太學，次士龍兩荐浙漕，次逢龍登仕郎。澡，舜龍先卒，舜龍之子庭芝與鄉薦諸孫朋老、森老、彬老、彧老、閭老、彤老女適修職郎，臨安都稅務趙與準，孫女四人，庭芝之子衍，是爲曾孫噫盛矣哉。五福不言貴者不能備也，不言孫子又五福之不能備也。天屬可愛子孫其最乎箕子，既曰好德，則錫之福，而五福復敘好德，當壽康宵固好德之。所由懶也不懶者考終矣。銘曰：天地之憾人生孔勤同胞共體，熟昭其源，厥有昭之，彼蒼不昏，其家芘芘，其子其孫，其孫其曾，既走既言，五福之備，以全歸于九原旹。

玉峯山人車若水撰

　　我们将村民口口相传中的好人黄泰公以及办义庄等事迹与这篇墓志文一一对应，对历史上农村社会以耕读文化为背景所产生的这一"慈善组织"也有了进一步的认识。

　　据传义庄为北宋仁宗时范仲淹首创。范仲淹用俸禄置田产，收地租，用以赡

---

① 为展现碑文原貌，保留其中的繁体字与异体字。句读为笔者所加。

族人，固宗族，系取租佃制方式经营。义庄设有义宅，供族人借居，若房舍需要修理则自行设法。黄泰原创办义庄事业，当有效仿范仲淹之风范之意。在另一篇《祭北沼黄公文》中，黄泰原之才被誉为"可以经国而理民"。义庄的产生根源与宋代社会发生重大变化，在大的时代背景下慈善组织成为一种社会需求有关。在宋以前，虽然贫富的差别一直明显存在，但是贫穷更多的是与个人的社会身份及地位相关，"贫"与"贱"往往并称，穷人并不被认为是一种对国家经济有影响的社会群体。行善只是一种修为之举，以佛教种善可得福报的"福田思想"为基础，并不是为了以解决因贫穷而造成的社会问题。大约从宋代开始，贵贱与贫富脱离开来，社会逐渐摆脱了门第大族的支配。在科举制与政权的紧密结合下，读书人居于最高贵的位置，他们不认为贫穷涉及道德问题，甚至甘心安于清贫。就在这个阶段，经济有了空前发展，社会积累了相当的财富，随之带来经济思想层面的变化，贫民作为一个阶层首次被政府所"发现"。在贫穷清楚地有别于卑贱的时候，贫民问题对宋政府来说成为一个行政问题。自11世纪开始，宋朝开始尝试制定一些长期济贫的政策。由家族或政府创立的非宗教的慈善组织开始出现。这些慈善组织与以往的宗教慈善组织有很大不同，着眼于解决实际的社会问题。范仲淹的义庄便是这类典型的"慈善组织"。寒窗苦读出来的"仕官"凭着"大学之道在明明德，在亲民，在止于至善"的理念，往往对平民百姓比较关注，其改革方略也包含着"厚农桑""减徭役"等惠民措施。义庄便以宗族成员中有能力者捐助的大量田地为财产基础。黄泰原所管理的义庄实际上以他本人捐助的田地为主，他将所有权移交给义庄，不再归任何特定人所有。义庄设有专门管理条例和专门的管理人员，独立运作，具备财团法人的基本特征，并且受到集体监督。抛开巩固宗族的目的之外，这在当时不失为对政府济贫政策的重大支持。"修身、齐家、治国、平天下"是古代儒士的人生理想，家就是国，国就是家，治国以齐家为基础，黄泰原至死时仍然坚持"病且笃作长篇，示诸子理家大要，戒缩黄"。黄原泰自愿当理正二十余年，不仅是对家族的保护，也是为了实现"修身、齐家、治国、平天下"的理想。后来，黄氏后人黄超然谢绝出仕而坚持创办"义塾"，许多孩子因家贫可以免费在义塾读书，其本质与创建"义庄"有着许多相似之处。因此，义庄当时受到了政府的支持、保护，甚至嘉奖。

　　黄泰原以仁德为人处事、劝农劝读的事迹，还可从另一篇《祭北沼黄公文》中了解到。《祭北沼黄公文》①原文如下：

公之才，可以經國而理民，其德，可以感人而動物，其身，則太虛四氣之和，其道，則顯晦行藏之一。翱翔成均垂四十年，仕志不遂。日恬以安，歲久被恩，則可以仕。公志已定，更勸不起晚以家事盡付諸子，獨于義役，任而勿諉。聲樂之好，公力可致，公惡夫嘲雜則亂；臺池築鑿，公力可爲，公懼夫神勞則疲。歲晚好吟，商確好語，久則自娛，絕口不吐。公之喜怒，不見顏色。訓人以義，施人以德。幼飭孝弟長而益修家庭秩七陽春凜秋，外行溫恭，內行純備。求之古人萬石之輩，無僞可去，無薄可敦。求之古人太邱之倫，臨絕琅琅屏斥緇黃識見超卓勇不可當。公之行已一出自然，匪人能奪，蓋受于天遂使鄉曲，若斗若北。雖壽而昌，厥報猶嗇，於乎哀哉！

我姊事公，約爲兄弟。公獨愛我，情意深知。皇考坐疾，我猶未婚，公則翼匕，有父之仁。我志雖強，猶動于氣，公每誨之，有師之義。我有次女，復事公子，朱陳既調雷陳益固我病公藥，我難公赴言念生平，鏤人肺腑。夫何永訣，適在遠道，長號奠前，天亦爲老，於乎哀哉！老或云亡，鄉曲何藉，少壯逞能，風俗難化，安得我公，誘以忠厚。庶使薄夫不有其有。

我歸既遲，我情益悲，一觴寫意，公其鑒之。

姻弟南峰王所拜選

该文从黄原泰其才、其德、其身、其道四个方面来悼念他。今人阅读这篇悼文，会发现故者更像是一位大学者。其实，这位"大学者"的形象就是中国历史上受耕读文化熏陶而事事能够自觉行仁义之道的普通村官形象。当时中国社会的基本形态为农业社会，理想的生活状态就是：农忙时耕田种地，获取生活资料；农闲时浏览书籍，获取精神养料。生活在农村，从事着农耕，但也绝不会放弃读书蒙养之事，黄原泰身体力行践行着耕读传家，以耕读为荣的思想，在当地产生了很大的影响，同时也受到了当地乡民的爱戴。耕读传家久，诗书继世长。耕田可以事稼穑，丰五谷，养家糊口，以立性命。读书可以知诗书，达礼义，修身养性，以立高德。所以，"耕读传家"，这里所说的"读"，对农民而言是指读圣贤书，学懂"礼义廉耻"的做人道理，并非是为了去做官。在中国传统文化中，学会做人，道德至上是最重要的。在耕作之余，或念几句《四书》，或读几句《三字经》《百家姓》《千字文》，或听老人讲讲历史掌故，就是在潜移默化地接受着礼教的熏陶和

---

① 为展现该文原貌，保留其中的繁体字与异体字。句读为笔者所加。

圣哲先贤的教化。

在我国南北朝以后出现的家教一类书中，多有耕读结合的劝导。如被称之为我国历史上第一部内容丰富的家训，即颜之推的《颜氏家训》中包含以下劝导内容：提倡学习，反对不学无术；认为学习应以读书为主，又要注意工农商贾等方面的知识；主张"学贵能行"，反对空谈高论，不务实际等。他鄙视和讽刺南朝士族的腐化无能，认为那些贵族子弟大多只会讲求衣履服饰，一旦遭了乱离，除转死沟壑，别无他路可走。因而他提出"要当稼而食，桑麻而衣"，力主"治国有方、营家有道"之实用型新观念。清初张履祥在《训子语》里说"读而废耕，饥寒交至；耕而废读，礼仪遂亡"[1]，他教子要守耕读，尽职分，过耕读的生活。清代著名文学品评家王永彬的《围炉夜话》谈道："耕所以养生，读所以明道，此耕读之本原也。"[2] 张岱年先生在邹德秀所著《中国农业文化》序言中说："中国古代的哲学理论、价值观念、科学思维及艺术传统，大都受到农业文化的影响。例如中国古代哲学有一个重要的理论观点'天人合一'，肯定人与自然的统一关系，事实上这是农活的反映。古代哲人宣扬'参天地、赞化育'，'先天而天弗违，后天而奉天时'，可以说是一种崇高的理想原则，事实上根源于农业生产的实践，也只是在农业生产的活动中有所表现。"[3]

关于黄原泰的事迹，黄氏族谱中还载有黄原泰之孙彬老撰写的《重修北沼亭记》，以及林弦齐撰写的《北沼亭铭并诗》篇。从这两篇文章中，我们了解到在当地历史上曾经有过一座影响了数代人的"北沼亭"。《重修北沼亭记》[4]原文如下：

柔川黄氏之有斯亭，于今一百五十有三年矣。初，高祖提幹府君，得幽棲之趣，臨川築之，葛巾藜杖逍遙其間。一再傳而至顯祖上舍府君，會湍逐春撞址基，將壞。顯祖懼焉，念遷徙而之他，又患失先祖觀瀾意，乃徙斯亭于所居沼北。榜曰：北沼亭，且以自號，使後之人思其祖及其曾高純孝之慮至深也。又，再傳而至彬，惟塗墁黝削，欄楯蠹缺，若委而弗治，是荒先志也。乃鳩工敬募之，使丹榱綠檻碧瓦之鬻以及沼之菱葉荷花煥然一新。思少時，故老嘗指熙堂舊址而謂彬曰：此亭之舊也，今則擁爲旁洲矣。

嗚呼，崖谷之變，還無常況，土與木之假于人爲者乎。斯亭遠歷五世，歸然

---

① 张履祥. 训子语 [M]. 北京：中华书局.
② 王永彬，徐永斌. 围炉夜话 [M]. 张德建，译注. 北京：中华书局，2016.
③ 邹德秀. 中国农业文化 [M]. 西安：陕西人民教育出版社，1992.
④ 为展现该文原貌，保留其中的繁体字与异体字。句读为笔者所加。

猶存，謂非祖宗神靈之所屆不可也，冀自今子孫尚益保之。

　　大德丙午（1306）四月五日

孫彬老敬書

《北沼亭銘并詩》[①]原文如下：

　　斯亭誰作？北沼之祖。初基，聿危徙自水滸。斯亭誰修？北沼之孫。易朽苴漏，丹膲其昏。彼作矣不有徙之，是曰：水之彼徙之不有修之，是亦毀之。惟北沼翁與國華甫均無忝于爾祖。自始至今，以歲計之百五十有五。有榜，斯揭榜曰：北沼故物維新，昭其克紹，惟翁考室有千餘楹程，其財力萬匕于斯亭，勿私其小視，我斯銘，又詩三十韻。

　　僕也生苦晚，不識北沼人，適翁沒三世，舘我十餘春。
　　坐我水亭上，共我話所因，云翁昔考室，萬間惟一新。
　　豈乏此亭資，移之自水濱，載念先世舊，古物古所珍。
　　用此時憩息，把酒以娛賓，更言高誼事，使僕難具陳。
　　倍價酬鬻業，移粟濟飢民。我聞長歎息，緬想此翁仁。
　　維時華胥老，长子是爲彬，文章與行誼，相繼邁等倫。
　　和鳴九臬鶴，瑞世一角麟，幾番尋幽尚，笑語同良辰。
　　索居兩契闊，所過殊戚欣，華翁竟下世，宿草尚璘珣。
　　重來古亭在，不隨死者湮，人非木石固，百年一窖塵。
　　惟此容人力，心匠徒經綸，國華念祖德，修葺事孔勤。
　　水花照朱檻，亭影蔭金鱗，大字揭方匾，華文紀彩屏。
　　閒關防牧豎，灑掃筵上實，雅知詩書教，要在篤其親。
　　我閱諸題咏，文彩亦大醇，半屬翁曾孫，信美多振匕。
　　厚施未食報，屈久行當伸，仰止水上搆，佳氣浮蒼溟，
　　願言崇繼述，出門敬爾身，乃祖明月業，環珮此遊神。

　　黄泰原通过保护先辈建造的亭子，行教育后代之事，其目的是实现将先辈遗志与耕读精神世代传承下去的愿望。就这一点而言，至今仍然具有现实的指导意义。

---

① 为展现该文原貌，保留其中的繁体字与异体字。句读为笔者所加。

三、杨梅引种人黄光谦与《田园杂记》

每到杨梅采摘季节，屿头乡一带的百姓就有人会提起杨梅引种人。许多人只知道历史上台州开始种杨梅与柔川黄氏族人有关，但具体是谁，又是从何地将杨梅引种到柔川之地已是鲜为人知。

所幸的是，在与黄氏后人、现任沙滩村支部书记黄官森交谈时，有一次偶然听到这个故事。黄官森还告知我们说：原来书院里面教书，听说也用他编的农书。以前老人中有人见过这本书，现在不知在哪里了。他告知，此引种人的姓名应该在黄氏族谱中能够查到。于是，在黄氏后人黄福德先生的帮助下，我们果然在黄氏族谱中查到了这位杨梅引种人。黄氏族谱中记载：

黄光谦（1187—1267），十一世，希愈公四子，字可吉，定远知县，夫人王氏七品孺人。为列祖圹区清荆、嘉禾、垣墙、立碑。从定远引入杨梅首先在黄岩种植。子三：启龙、嗣贤、至孙。卷首有志。

根据这段文字，定远知县黄光谦，从定远引入杨梅首先在黄岩种植这一史实豁然开朗。接着，我们又找到了这位杨梅引种人的圹志。

《定远府君圹志》①原文如下：

公，名光謙，字可吉，生于淳熙丁未二月初十午时，丁卯七月六日卒。當差充濠州定遠令不赴云。弘聞之故老云：光山性豪舉，不事產業。蘄州長者意豁如也。定遠治生，孅嗇深刻。暮年，得末疾數歲而終。初，先祖買井潭山竹園，賣主復以售定遠，定遠受之，先祖敢怒不敢爭。先祖死七日，定遠來牽先人手語曰：汝父交易非是今不幸死，叔公何肯與十歲姪孫較是非，而使亡者不瞑目于地下乎？懷中出券文置靈几上，盱眙徒勞取券文，亟投紙爐烈焰中。今井潭山屬弘，其高誼如此。壽雲甫齠齔定遠獨奇之，曰：此兒當與吾家以謀生治產之方教之。乙丑吾家分析。定遠獨深斥壽雲之失其好惡之。公又如此，是與今之深刻者大異！柔川古無楊梅，種楊梅自定遠始。著《田園雜記》十卷。夫人王氏，臨海義城人，贈安人壽八十餘，珠冠金帔，主閫內之晏者三十餘年，子三人。嗣賢出繼平江黃由尚書府，積官至中順大夫知德慶府事。次起龍，次至孫。至孫病痘，亦能含糊，長知人道。起龍計殺之。噫！起聾之無後宜矣！黃氏居柔川至公十一世，自高祖以上墳墓，或荒于墟，甚者或忘其所。公始爲圻封廣隧，剪其荊棘，樹以

---

① 为展现碑文原貌，保留其中的繁体字与异体字。句读为笔者所加。

嘉木，繚之垣墙，立豐碑以固萬世之安。今之子孫得以歲時之享者，公之力也。
其孝于親，又如此。

曾姪孫 弘識

　　从这篇圹志中，我们得以进一步详细地了解黄光谦的性格、行事风格，特别
是他对教育晚辈所恪守的原则与态度。特别有意思的是，他对当时还是孩童的黄
超然的评价与教育也被写入了其中，让我们从另一个侧面了解到这个家族在耕读
文化、蒙养教育方面有其独特的深厚传统。当然，让我们觉得如获至宝的信息是，
一是证实了"柔川古来没有杨梅树，种杨梅自定远令开始"这一说，二是黄光谦还
曾著有《田园杂记》十卷。这两点便足以说明黄光谦是一位了不起的人，在告老还
乡之后，还能为家乡带回新品种植，并且还能将自己的种植经验与技术编撰成书。
引种杨梅并非一件易事，在园地选择、苗木选择与定植、培育管理等方面都有着
特定的要求，引种下 5 年之后方才结果，10 年才为结果盛期。可想黄光谦在回乡
后的晚年，所坚守的耕读生活是如此的充实与奋进。

　　在黄福德先生的指点下得知：杨梅山在现在屿头村（屿头村为沙滩村邻村）。
屿头村西边这块山地历史上就叫杨梅山。约 20 年前改种橘子为多，现在以种枇杷
为主。尽管现在种植杨梅非当地主要果品，但黄光谦引种杨梅一事已经传播到各
地并被效仿、继承下来。

　　我们又去黄岩图书馆等地查阅黄光谦所著的《田园杂记》，但最终未能查到。
因而，一时也难以证实当时在私塾或书院教学时所用的农书，是否就是这部《田
园杂记》。

第四节　元时期的柔川书院教育

　　台州历史上的巅峰，是在南宋偏安江南的政治形势下最终到达的。因此，它
从开始就处于战争的阴影之下。在剧烈的政治与军事斗争中，台州人多有表现。
许多人的爱国情怀虽然在封建社会中不可能不抹上封建礼教的忠君色彩，然而仍
然有着耀眼的光辉。到了南宋末期，虽然大局已经无可挽回，仍然有许多台州人
在坚持抗元，"永不仕元"，包括本节提及的大儒黄超然。随着南宋王朝的灭亡，
台州历史上这辉煌的一页也随之飘落，开始了漫长、多事的下坡之路。

　　如前所说，南宋以后，随着政治与经济中心的南移，文化中心也从中原移到

东南沿海，台州的文化事业获得了加速的进步。首先是教育事业的兴旺。北宋初年，台州开始建立州学，各县陆续建立县学。南宋以后，读书求仕成风，官学兴盛。同时，私人办学在南宋时也蔚然成风，书院兴起，或称学馆，或称学塾，进行启蒙教育，作用显著。南宋景定三年（1262），知州王华甫在临海县东湖建上蔡书院。此后至元明时期，书院较大的有临海县的"溪山第一书院""观澜书院"，黄岩县的"柔川书院""樊川书院""南峰书院""云阳书院"，天台县的"竹溪书院""龙溪书院""顾欢读书堂"，仙居县的"上蔡书院""桐林书院"，宁海县南乡（今属三门县境）的"五峰书院"等。

一、大儒黄超然

图3　黄超然像

黄超然（1236—1296），柔川黄氏第十三世传人。黄超然的影响力，来自他本人的学识修为与人生态度，对他所在地域乃至全国都产生了很大的影响。受到黄超然直接影响的莫过于其子黄中玉。从黄中玉为父亲黄超然所作的圹志碑文中可以直接了解黄超然生平的主要业绩，同时也能读到黄超然与众不同的方面。该圹志碑现藏于黄岩区博物馆。

《寿云先生黄公圹志》[①]原文如下：

先君讳超然，字立道。先世尚书公，縣闽徙台之黄巖。曾祖讳希愈，武顯大夫。祖讳應時，忠翊郎。父讳景龍，太學内舍生。先君，内舍公次子也。少孤，能自立卓，鄉相清獻公奇之，俾與廷評太祝交。長從碧栖陳公遊，雅相器重。平生謹踐修，尚氣節，孰義槩，喜交遊，以故多爲俗子所訕嫉。庚午，預鄉薦。癸酉，復爲薦首。□□杜門著書，益研于《易》。至能前知死期，手書別親知，端坐爾歿。屬纊而身不欹，人以比尹師魯焉。

先母李，勤儉恭淑，事先君卅餘載，育中玉與長妹二人。先君進之，迺于其終。卜兆何奥之原，躁所居三里。將以丙申八月庚申封，而先君不及待矣，遺命中玉曰："爾母之兆，其即以爲吾兆。而爾母祔時日，謹勿易也！"遂忍死封焉。嗚呼痛已！

先君生于端平丙申正月癸酉，卒于元貞丙申二月辛丑，享年六十一。先母生于端平乙未三月辛酉，卒于至元丁亥正月甲戌，享年五十三。先君有《易通義》八

---

①　为展现碑文原貌，保留其中的繁体字与异体字。句读为笔者所加。

卷、《發例》三卷、《識蒙》一卷、《或問》三卷行于世,《西清集》十卷藏于家。學者宗之,稱曰壽雲先生。男二:中玉、宜僧。女二在室,孫女一。奉襄事逼,無所求銘以發幽光,姑述梗槩。嗚呼,吾尚忍執吾筆也哉!

男中玉泣血謹志,忝眷童應椿填諱并書蓋

常川陳端刊

根据碑文所记载的黄超然夫妇的生卒年,其享年分别应当为60岁和52岁,但碑中却分别记有61岁和53岁。经当地乡民解释,方知黄岩一带民间历来将出生之时算作一岁,所以在计算年龄时往往在实际年龄上再加上一岁。黄超然十岁时父亲去世,也可以理解为他在九周岁时父亲就去世了。

根据柔川黄氏族谱的查对,黄超然的父亲黄景龙,字茂先,官内舍国论,生于南宋开禧乙丑年(1205)六月廿一日午时,卒于淳祐乙巳年(1245)五月十五日。也即黄超然九周岁时父亲去世,故墓志文中撰为"少孤"。但是,少年的黄超然却有自己的主见,不需依赖他人而显得卓尔不群。年少时他受业于蔡梦说和车瑾,两人皆是黄岩名师,教授濂洛之学。南宋景定三年(1262),著名理学家王柏任教于台州上蔡书院,黄超然是门人,成为朱熹第四代弟子,后来回乡创办柔川义塾。墓志文中提及的"《易通义》八卷、《发例》三卷、《识蒙》一卷、《或问》三卷行于世,《西清集》十卷藏于家"则应当是黄超然一生学问的主要代表性著述。

今屿头乡一带村民对黄超然赞誉有加的,是说他做学问"安居恬静,不以贫穷动其心",并经常用这句话教育子女,意思是要用功读书,生活再困难也要坚持将书读下去。又如墓志文中提及黄超然"庚午,预乡荐;癸酉,复为荐首"之史实,也在今天百姓中广为流传。宋末,黄超然两度被举荐乡贡,却"性识高明,不以功名易其志",而热心于创办义塾,当时"生徒远至,诲人不倦"。他规定学生鸡鸣即起,闭门读书至午时,不得会客办事,培养出一批有志之士才。《天一阁藏明代方志选刊:黄岩县志》中也提到了西清道院:"西清道院在柔川。黄超然建。为藏修之所,自为记。"[1]

50岁时,黄超然自筑西清道院专心著述,居室如蜗牛之庐,门前修竹百株,将二程(程颐、程颢)、朱子所注经书中意犹未尽和缺漏之处补注完善。如此的心境与境界,在黄超然所作的《秋夜》诗中给予了自白:

秋夜园林风露凉,虫声无数出颓墙。

---

[1] 天一阁藏明代方志选刊:黄岩县志 [G]. 影印宁波天一阁藏明万历刻本. 上海:上海古籍书店,1936.

前朝旧事过如梦，一抵清秋一夜长。

黄超然去世后，台州府因其学行高深，奏《谥议》于朝廷，以赞词"寿考且宁曰康，好古不倦曰敏"而谥其号"康敏"。据传，另一位时称台州名儒之一的潘时举，也对黄超然敬佩不已，写下了赞颂黄超然的诗《咏黄超然》，为我们进一步了解黄超然提供了依据：

> 百株修竹西清友，隐士当年设讲筵。
>
> 学贯朱程推性理，道由桃李出柔川。
>
> 无求不愠琴书乐，有得无憎奥义传。
>
> 大易之名倾后世，志行莫景颂超然。

明洪武十八年（1385），方孝孺慕名亲赴柔川为《黄氏宗谱》作序，撰颂词曰"道本濂洛、学贯朱程，著书立说、大易之名，世革不仕、志行莫景。"

黄超然在他的有生之年，读书、教书与撰书无不成功。劝耕、劝农、劝读是当地教育的根本，也是贯穿教育始终的纲领。黄氏祖先黄懋北宋时入仕途为官，就是因劝农增蓄，被提拔成为工部尚书。黄超然继承了祖辈的传统，言传身教，身体力行，有教无类，责无旁贷，在乡里劝学堪比劝耕，所办义塾闻名遐迩，为其长子黄中玉接手义塾并辟为柔川书院打下了稳固基础，所产生的历史影响至今根深蒂固。

黄中玉管理柔川书院，在书院中祠祀"二程"与朱子，并设立讲堂。子承父业，同样以劝耕、劝农、劝读作为教育的根本和贯穿始终的纲领，柔川书院因此而发扬光大，蓬勃发展，较之前也更加远近闻名，产生了更为深远的历史文化影响。用沙滩村村民的话说，我们的祖辈都是这样过来的，村里的日子再苦再穷，也要让孩子去读书。从小就要养成口不离书，手不离活的习惯。读书才会明事理，勤奋才会有出路。

二、柔川书院

在今沙滩村向东 1 千米处，为了适应摩托车和汽车过往，曾经的石板桥已被改修成平整的水泥道，以此处为观测点，村民能清晰告知有关"书院"的地望所在，即距此西北方向四五十米之地便是下风村，就是始迁祖黄懋及其后几代人居住的地方。传说，那时候孩子们上学读书从家出来，首先要经过这座石板桥，从石板桥再向北沿着被乡民叫作"书院小路"的蜿蜒山路越过去，最终抵达书院。山坡并不很高，山路也并非陡峭，到达坡顶时便会看见一大块"岩板头"（当地乡民的叫法），即一块裸露而平坦的大岩石。这块岩石是乡民用来晒干菜、番薯干的地方。据传历史上孩子们在书院读书下课时常常在此嬉戏。从这块岩板头往下坡再走十几米即到了闻名遐迩的柔川书院。今天，传说中的柔川书院已荡然无存，但口口相传下来的"书院"地名和"书院小路"路名却保留了下来，成为当地乡民心中永远无法抹去的历史记忆。

黄中玉本人留存于世的资料并不多，最近有人发现了黄中玉的石刻墓碑圹志。但遗憾的是，圹志中并未提及柔川书院。经查阅《柔川黄氏族谱》，其中对黄中玉的记载也只是一鳞半爪：

> 黄中玉，字思成，一字思仪，官提点正堂。娶童氏，继娶夏氏。生卒俱失，葬东山。子三。

《天一阁藏明代方志选刊：黄岩县志》中略记有柔川书院："柔川书院在柔极山中。黄超然子中玉建。中祀二程子、朱子，配以超然潞国公张翥记。"

于是，我们又查阅了《柔川黄氏族谱》，其中果真载有《柔川书院记》，该文由张翥即张潞国公撰写。

《柔川书院记》[①]原文如下：

> 書院之設，肇于唐而盛於今。自三代有學，後之有國者法古皆有學而通都大邑，民生必眾，則長材秀民有非一儒宮可周教事也。於是有鄉學，有社學，猶古之黨庠術序也，又於家有教者焉。五季濁亂，士去其業，多林居野處執經講授，及時寧平。遂即，其所置書院，賜飭額，列學官。蓋以俊秀有造，於是風化有嚮，於是朝廷所以納民於法度之域，必由學校不可一日而墜也。
>
> 今柔川書院建于黃氏之塾，故家閱宋工部尚書懋，始徙台之黃巖州柔川裡爲州望族。九世爲承奉郎汝霖，生兩淮提舉希愈，提舉生光山令應時，令生太學內舍景龍，龍生壽雲先生超然。先生幼有高志，聰明博達，讀書不舍，晨夜研精探奧絕出流輩。兩預鄉解世革不復仕，期以立言自見衣粗啖粺一不屑意。於是推本先天圖翼以邵子皇極經世著《易通義》二十卷，發程朱二傳註未盡之意，別爲《或問》五卷、《發例》三卷、《釋蒙》五卷，其於消息造化之機，應事接物之際旁及老莊之書，孫吳之法，醫方蓇算，農圃家言，抉其隱微，衍以新說。至於諸史考詳，必實，不從虛文也。故學于門者往往於道，有聞若他所著《西清文什》十卷、《筆

---

① 为展现该文原貌，保留其中的繁体字与异体字。句读为笔者所加。

談》十卷、《地理撮要》十卷、《凝神會要歷》十卷，與《歲計錄》載賓祭工役器用施捨周恤之宜二十一條一一皆可法。嘗曰：與其多術以詔後，曷若及吾身而面命乎？乃搆義塾於裡，生徒遠至，誨之不倦，燕坐凝然，雖狋滑輩見輒斂退。其聞先生之風者鹹起慕焉。

卒年六十有一。子中玉初庵山長，克承先志，闢塾爲書院。中祠祀二程子、朱子侑以先生。東西兩廡爲師生之舍，後堂爲會講行禮之所，庖湢器物悉。其絃誦時發袊珮翔集。

有司以聞，部使者叒而上中書下禮官議，如章請謚先生曰"康敏"，置山長掌院之教事。夫方兵革之時，人無定居，乃立書院侶。迂濶非當務，然豈知盜賊之興邪說得乘隙而入，忘其秉彝好德之心，耕鑿有生之道，而流於凶悖污辱之行。使之習知有親，有義，有序，有別，有信在人心之本。然若因啟迪順導之，孰忍棄於匪類哉。今爲吏者，不知教爲民者者，不知學苦之飢寒逼之災禍，又莫能思患預防之故至此極。嗚呼！斯民也三代之所以直道而行者。若良有司能明先生化民成俗之方，恢宏學校以風勵之民思王化，今時亦易然也有不與起而自新者哉。

余故因黃氏之舉而詳言之爲記。

张潞国公

《柔川书院记》释文如下：

设立书院，始于唐代而兴盛于当今。自夏商周办学以来，后者皆以国法在各地办学，民众从之，然而出众之才要有施教儒学的场所才可从事教学事业。于是，就有了乡学、社学，就像古时乡里有乡学，郡县有郡学，国家有太学一样。家里还可设有私塾教学。五代浊乱之季，士大夫弃官归隐，许多人身居山野拿着经书讲解，及时将时局安定下来。随即，他们建造书院，朝廷赐额匾，封学官。有了这些才俊之士，社会风尚得以改变。于是朝廷认为，纳民于法度之域，必以教书育人作为前提保障。

今柔川书院源于黄氏之私塾。已故祖先宋工部尚书黄懋开始举家迁徙来到台州黄岩柔川至今，已经成为州里的望族。第九世承奉郎黄汝霖（字元泽，1125—1202）生育了两淮提举黄希愈（次子，字仲韩，1152—1227），黄希愈生育了光山令黄应时（长子，字可宗，1179—1244），黄应时生育了太学内舍黄景龙（长子，字茂先，1205—1245），黄景龙生云寿先生黄超然（次子，子立道，号云寿）。黄超然先生幼有高志，聪明博达，读书不舍，晨夜研精探奥，绝出流辈。他两度被举荐乡贡却因朝代有变不复出仕，认为自己仅仅做到粗衣淡饭是不够的，于是还研究撰写帮助理解邵子所述皇极经世先天图的经世之著《易通义》二十卷，印发程朱二传注未尽之意，别为《或问》五卷，《发例》三卷，《释蒙》五卷。他在研读各种信息与事物时，能够触类旁通，融会贯通地参考老庄之书、孙吴之法、医方卜算、农圃家言，挑出其隐约细微之处，予以新的解说。至于诸史考详，必是实事求是而不弄虚作假，所以在他的门下学习往往也行此道。听闻他所著的《西清文什》十卷，《笔谈》十卷，《地理撮要》十卷，《凝神会要历》十卷与《岁计录》记载的重大祭祀、土木工程所需的器皿用具、财物施舍以及周济抚恤之类的标准共21 条，一一皆可效法。黄超然先生曾经说：通过书籍告诉后人许多技艺，又怎么比得上我当面教导呢？于是他就在乡里建立义塾，学生们大多从很远的地方前来求学。先生不知疲倦地教导，学生们专注地静坐听讲。即使有蛮横刁滑的人到来，看到这番情景也就收敛退却了。听闻先生的风范，人们都会肃然起敬。

　　黄超然先生 61 岁仙逝，长子黄中玉为初庵书院的山长，为了继承和发扬父亲的遗志，将义塾拓展为（柔川）书院。书院中祠祀二程子（程颢、程颐）、朱子（朱熹）以佐助先生，东西堂屋用作师生的宿舍，后堂为会讲行礼之所，厨房卫生间等日用起居用具样样齐全，时间一到，青年学子们便集聚在一起拨弦吟诵诗词文章。

　　朝廷派督察官核准了上至中书、下至礼官的奏书，如章请谥先生曰"康敏"，任命书院院长掌院之教事。正值兵荒马乱的时节，人们居无定所，便设立书院为伴。虽说空谈并非当下要务，但又怎知盗贼兴起，歪理邪说乘虚而入，人们忘却了坚守信念、追求德行的本心和务农求生的规律，反而流于凶暴悖逆、卑鄙耻辱的行为。应当让人们学习知晓人心本性是有亲情，有仁义，有秩序，有尊别，有信念的。如果能通过启发加以引导百姓，谁又忍心放任他们成为匪类呢？今天当官的人，不知道教化百姓，不知饥寒劳苦，却用灾祸逼迫人们，又不能思考预防祸患的措施，以至社会发展到这样极端的地步。呜呼，这人民啊，正是历代以来能够沿正道而行的原动力。如果良官能够明白先生教化百姓、形成良好风尚的方法，弘扬学校来劝勉百姓思考天子的教化，那么现在的形势正适合用教育来稳定社会。难道有不与正道同行就自觉改正错误的人吗？

　　所以我因黄氏的善举而详细叙述，写了这篇文章。

张潞国公

这篇书院记不仅让我们了解到柔川书院当时的盛况，也了解了当时创办书院的举步维艰，因社会局势变化而带来的负面影响。书院的影响力主要凭借黄超然这位"永不仕元"的文人，随着黄超然的故世，估计书院在办学后期遭遇了麻烦或被外来（官方）力量所终止。由于关于黄中玉及他主持柔川书院的历史史料几尽缺失，黄中玉圹志碑也没有提及书院之事，所以柔川书院究竟维持了多久，至今无法确定。

《柔川书院记》撰稿人张翥（1287—1386），字仲举，后自号蜕庵，晋宁（今山西临汾）人。封张潞国公。张翥为元末诗词大家，有《蜕庵集》和《蜕岩词》传世。有关他的生平与学问，至今有不少研究。《元史》载[①]：

其父为吏，从征江南，调饶州安仁县典史，又为杭州钞库副使。翥少时，负其才隽，豪放不羁，好蹴鞠，喜音乐，不以家业屑其意，其父以为忧。翥一旦翻然改曰："大人勿忧，今请易业矣。"乃谢客，闭门读书，昼夜不暂辍，因受业于李存先生。存家安仁，江东大儒也，其学传于陆九渊氏，翥从之游，道德性命之说，多所研究。未几，留杭，又从仇远先生学。远于诗最高，翥学之，尽得其音律之奥，于是翥遂以诗文知名一时。已而薄游维扬，居久之，学者及门甚众。至元末，同郡傅岩起居中书，荐翥隐逸。至正初，召为国子助教，分教上都生。寻退居淮东。会朝廷修辽、金、宋三史，起为翰林国史院编修官。史成，历应奉、修撰，迁太常博士，升礼仪院判官，又迁翰林，历直学士、侍讲学士，乃以侍读兼祭酒。翥勤于诱掖后进，绝去崖岸，不徒以师道自尊，用是学者乐亲炙之。有以经义请问者，必历举众说，为之折衷，论辩之际，杂以谈笑，无不厌其所得而后已。尝奉旨诣中书，集议时政，众论蜂起，翥独默然。丞相搠思监曰："张先生平日好论事，今一语不出何耶？"翥对曰："诸人之议，皆是也。但事势有缓急，施行有先后，在丞相所决耳。"搠思监善之。明日，除集贤学士，俄以翰林学士承旨致仕，阶荣禄大夫。

孛罗帖木儿之入京师也，命翥草诏，削夺扩廓帖木儿官爵，且发兵讨之，翥毅然不从。左右或劝之，翥曰："吾臂可断，笔不能操也。"天子知其意不可夺，乃命他学士为之。孛罗帖木儿虽知之，亦不以为怨也。及孛罗帖木儿既诛，诏乃以翥为河南行省平章政事，仍翰林学士承旨致仕，给全俸终其身。二十八年三月卒，年八十二。

---

① 参见《元史·卷一百八十六·列传第七十三·人物》。

从以上文字中可以得知，张骞也是一位难得的才子与性情中人，似乎与黄超然有着某种共同的特质，宁愿放弃官位也要恪守自己的主张。黄超然 50 岁时将义塾交付给其子黄中玉，自己又回到西清道院著书立说。所著各种理学著作等都成了柔川书院的教材读本。《柔川书院记》为张骞所撰并张表于当时的书院之中，是合情理之事。他为柔川书院撰文说，在宋元之际社会动乱之时，开办书院何其难也。而黄超然道德高尚、学术渊博，使民间一些悍猾之辈，"闻先生之风者，咸起慕焉"，对改变乡风民俗起了表率作用，印证了至今沙滩村流传于民间的说法：黄超然严格规定学生，每日清早鸡鸣时即起床洗漱，进入书斋读书，上午不得会见宾客及议论家事，必待午后方可。张骞认为地方官员"能明先王化民成俗之方，恢宏学校"才是好官，也说明他与黄超然有着共同的政治主张。在赞颂黄超然之举的同时，也表达了他对当时世风日下的愤恨之情与忧虑之心。

《柔川书院记》中还提到朝廷派督察官核准了上至中书、下至礼官的奏书，如章请谥先生曰康敏，追任书院院长掌院之教事等，当证实了元朝至元二十三年（1286），集贤学士程钜夫奉旨下江南为朝廷征求贤士，地方官将黄超然的事迹上报的史实。黄超然去世后，以布衣身份受朝廷所赐谥号"康敏"。

《柔川书院记》是柔川书院曾被列为黄岩县五大知名书院之一的重要历史佐证文献之一。

第五节　明、清至民国时期的柔川黄氏家族

明代至民国，黄氏家族的信息资料非常有限，似有隐匿之意。唯有明代大儒方孝孺为《柔川黄氏宗谱》撰写的序文，以及《寿云公赞》为我们留下了依稀可寻的一些线索。这两篇文章被刻印在 1935 年第十次修谱后的《柔川黄氏宗谱》之中，所以得以留存了下来。

《柔川黄氏宗谱·序》原文如下：

柔川黄氏，先自闽徙，北宋冬官，肇基于此。六世承忠，义勇君子，殄寇除残，名标青史。暨乎南渡，子孙日盛，有提干官，生子贤圣。圣者为神，庙祀忠应，贤者居官，廉能鲠竞。朝有名臣，野多义士，积德贻谋，燕翼孙子。科甲累累，印绶耳耳，巷号乌衣，门盈朱紫。势方寝兴，名贤挺生，道本濂洛，学贯朱

程。注书立说，大易是明，世革不仕，志行莫京。厥子提点，克继先志，厥孙郡伯，克光先事。逮子有猷，奏廷请谥，历膺显官，世叨荣赐。嗟嗟烈祖，有秩斯祜，申锡无疆，及尔斯所。女德幽贞，士行醇雅，家学渊博，驰名江夏。不宁唯是，更有他传，临之芙蓉，仙之东园，邑之西桥，金溪岐田，金华瓯越，诸胤蔓延，厥有膴仕，岂乏英贤，世系辽隔，卒不尽言。噫嘻此疆，何发之祥，非甚盛德，厥后奚昌。余忝邻戚，偶过其乡，阅兹世谱，景彼贤良。谁敢溢诔，匪曰夸张，约略叙此，用志无疆。

时大明洪武十八年岁次乙丑

邑邻后学方孝孺撰

方孝孺为《柔川黄氏宗谱》作序的时间为 1385 年，离黄超然去世已有 89 年时间。因没有直接提及"柔川书院"，只是提到后人克承先志之事宜，估计此时的柔川书院早已经关闭。从方孝孺撰写的《寿云公赞》中我们可以看到，因为黄超然的缘故，方孝孺对黄氏家族刮目相看，也是他愿意为《柔川黄氏族谱》作序的重要原因之一。他在文中特意强调了"玉峰鲁齐，师友渊源，台学至是，益大以蕃"，意思是说寿云翁黄超然以孔孟之学为本，学问传授都有其本源，整个台州学说到了他这一代，因为受其影响，变得更加壮大繁盛。反之，也可以理解为方孝孺当时所处的台州，治学方面已经世风日下，大不如前了。虽然黄超然长子黄中玉克承先志，可是从治学来说，还是未能超越黄超然，其中的原因未必简单，大到周遭社会环境，小到个人安身立命，国家的动荡不宁、战事连绵等，自然会对家族以及个人的命运产生影响，甚至是起到了决定性的作用。

再来读一读此时有明一代方孝孺对黄超然的评价。《寿云公赞》原文如下：

六经之理，易为最玄，假年学易，在圣犹然。高溺于虚，卑成滞数，闽洛未兴，孰识其故？惟寿云翁，得易之精，翊闽溯洛，通义以名。下极象爻，上窥卦画，进退吉凶，与道消息。高明之学，博达之才，用之天下，呼风吸雷。迄宋历元，遇坎而止，禄不可荣，俭德之否。玉峰鲁齐，师友渊源，台学至是，益大以蕃。谁哉被衣，没有显谥，公德在人，延于世世。

宁海方孝孺正学撰

方孝孺对黄超然的人生态度、治学成就大加赞赏，今天读来仍然掷地有声、立场鲜明。作为明朝大臣、学者、文学家、散文家、思想家的方孝孺，众所周知他的死因是遭到燕王朱棣辱杀，有"杀孝孺，天下读书种子绝矣"一说。燕王朱棣誓师"靖难"，挥军南下京师。惠帝派兵北伐，当时讨伐燕王的诏书檄文都出自方孝孺之手。建文四年（1402）五月，在燕王进京后文武百官多见风转舵投降燕王，而方孝孺却拒不投降，结果被捕下狱。后因拒绝为发动"靖难之役"的燕王朱棣草拟即位诏书，被朱棣杀害。方孝孺强忍悲痛，始终不屈。《明史》中记载，他最终被施以凌迟，死于江苏南京聚宝门外，时年46岁。距为《柔川黄氏族谱》撰写序文仅有17年。方孝孺为《柔川黄氏宗谱》作序文和《寿云公赞》，除了有牵线人的关系之外，从思想、志行、问学上敬佩黄超然当是主要的原因，尤其他对黄超然鲜明的"世革不仕"之政治态度更是佩服有加。这与他自己的节义观和不屈的性格有着相似之处。方孝孺为《柔川黄氏宗谱》撰文作序和撰写《寿云公赞》是否后来对柔川黄氏家族直接起到"诛连"，至今不得而知，但从《钦定胜朝殉节诸臣录》中可以了解到当时统计的殉节人物名单。所谓的殉节人物就是受诛连遭杀的人，竟然其中还有山樵市隐。

凡立身始末卓然可传而又取义成仁、撄拄名教者，各予专谥，共三十三人。若平生无大表见而慷慨致命、矢死靡他者，汇为通谥：其较著者曰忠烈，共一百二十四人；曰忠节，共一百二十二人；其次曰烈愍，共三百七十七人；曰节愍，共八百八十二人。至于微官末秩、诸生韦布及山樵市隐，名姓无征、不能一一议谥者，并祀于所在忠义祠，共二千二百四十九人。

方孝孺的名字被列在《钦定胜朝殉节诸臣录》中卷十二《建文殉节诸臣》中。中国历史上有独立人格的士人，遭辱杀或殉道的为数并不少。方孝孺就是为他的思想而宁愿的人。当时姚广孝曾劝明成祖给读书人留个种子，但是明成祖最终还是将他灭了九族，甚至留有方孝孺片纸只字也要被判有罪，其根本目的是要灭掉方孝孺的政治思想。所以，黄氏族人在方孝孺事件发生之后，至少轻易不会将方孝孺所写的这两篇文章彰显于世而招来杀身之祸。相反，要生存下来的无奈之举就是选择再一次的"隐居"，这样才能逐渐退出朝廷的视野。直到清康熙以后，政权基本稳固，即使曾经反抗激烈的明遗民群体也逐渐趋于平静。清朝政府在其统治趋于平稳的同时，开始有意消除以往的"华夷"观念。尤其在乾隆帝即位后，"反清复明"之说已基本消去，清政府也希望自己的政权在危难时刻有众多宁死不屈的忠臣义士为其分忧。《钦定胜朝殉节诸臣录》就在这样的背景下应运而生，方孝孺及家人的名字均被列入其中，方孝孺获得了"忠臣"的称号而得以受到褒扬。这也应该是柔川黄氏族人于1935年第十年修谱时又敢于将方孝孺为《柔川黄氏宗谱》所作的序文和所撰写的《寿云公赞》编入其中的原因。

　　但是，文人志士、良民百姓遭受同样冤屈的悲剧在清末仍然还在上演，而且愈演愈烈。"白榜银冤案"便是始终未得到翻案的历史沉冤，它终于导致黄岩、临海在历史上出现"绝榜二十五年"的罕有现象。"白榜银"即用白纸书写所征钱粮赋税的榜文。自明代万历初期推行"一条鞭法"后，把各州县的田赋、徭役以及其他杂征总为一条，合并征收银两，按亩折算缴纳。这样大大简化了税制，方便征收税款。清沿此例，田赋不收实物而收税银，人丁税与田赋同时折成银两征收，用"白榜"公布，告示乡里。民国《临海县志·卷之四十一·大事记》中记载了顺治十八年（1661）七月台州知府郭曰燧与宁台温兵备道杨三辰等制造"白榜银"大冤案的事件。这是清代早期典型的抗清志士所遭受的"文字狱"迫害。

　　另外，元、明、清时期，随着国家的重心向北转移，在选拔人才方面，与偏安一隅的南宋相比，自然偏向北边了许多。因而，对当时的台州黄岩而言，有识之士得到提拔重用的机会也相较以前少了许多。可想而知，原本明时就受到与方孝孺有着这样不可张扬言说之关系的影响，黄超然的政治态度不可能再度应景，再加上清时临海、黄岩这段屈辱的历史，对于素来崇文尚武、以教化天下为己任的柔川黄氏家族而言，无疑更是一次致命的打击。柔川黄氏家族走向隐落，其原因也就昭然若揭。应该说，柔川黄氏家族隐落所折射出来的方方面面问题，也是当时社会没落的真实反映。

第三章 社会主义革命和建设时期

由于帝国主义、封建主义、官僚资本主义的长期压榨和残酷剥削，加上连年的战争摧残和国民党败退时的疯狂掠夺和破坏，1949 年新中国成立之初，政府面临着农业落后，工业基础薄弱，基础设施被破坏殆尽，物质奇缺等经济问题。

全国薄弱的经济基础在农业领域表现为生产力水平极度落后与劳动生产率极其低下。在黄岩西部山区，更是以手工个体劳动为主的传统农业占了绝对优势，小农经济仍然是当时社会经济的主体。

黄岩政府响应国家的号召，采取了一系列根本性的、突破性的措施。一是在改革耕作制度方面下功夫。平原地区从原来的间作稻双熟制（即早稻寄晚）改成双季连作稻，形成一年三熟（早稻、晚稻、春花）制，山区亦从单季稻改成稻、麦或薯或蔬菜的双熟季。二是不断更新水稻品种。三是不断改良农具和机具。四是推广先进生产技术。五是不断更新农药。这些措施的综合效应是农业生产水平大幅度提高，农村面貌逐渐改变。

同时，还有一条根本性的、战略性的重要措施，就是建设农田水利基础设施。1954 年天赐湖水库建成，为全县之首。1958 年秀岭水库竣工，同时长潭水库动工，1962 年建成。随后，佛岭水库建成，小水库遍地开花。1973 年疏浚永宁江部分河段，取直特产汇等五个弯道。1975 年疏浚西江。这一系列的水利工程都是前所未有的，不但大大提高了防治水旱灾害的能力，解决了农田灌溉用水的问题，而且，在工业用水、居民生活用水以及改善小范围气候环境，保持生态平衡，优化生态环境，人水和谐等等方面，全方位地发挥了长远的作用，为黄岩人民提供了优越的生存与发展的客观条件。

沙滩村在自新中国成立至 1978 年改革开放这一社会主义革命和建设时期中，与国家的发展同呼吸共命运，同样经历了四个历史阶段：基本完成社会主义改造的七年（1949 年 10 月—1956 年 9 月）；开始全面建设社会主义的十年（1956 年 9 月—

1966 年 5 月）；"文革"的十年（1966 年 5 月—1976 年 10 月）；伟大的历史转折（1976
年 10 月—1978 年 12 月）。

第一节　基本完成社会主义改造的七年
（1949 年 10 月至 1956 年 9 月）

1949 年 5 月 29 日，黄岩和平解放，当时沙滩村的人口仅有 600 人左右，生活
艰难。随着国民经济的恢复与发展，沙滩村依靠集体的力量，农业生产有了较快的
恢复与发展。主要农产品产量显著提高。如水稻的种植，从原来亩产三百余斤增长
到亩产六百余斤。果树的品种与数量都有所增加。特别在果树种植的管理上引入先
进技术，如柑橘、枇杷等不仅在口感上赢得上乘，在外形上也逐渐胜人一筹。但
是，由于沙滩村地处黄岩西部山区，加上人均可耕种土地面积不到两分地，虽然在
尽地力方面已经有所改善，但山多、地薄、民困的局面一时仍然难以脱去，始终困
扰着当地村民。据沙滩村村民回忆，当时的沙滩村相比起邻村已经算是稍好一些
了，不过村民还是饥一顿，饱一顿，天天要愁下一顿。

随着城乡物资交流的逐渐放开，利用私营商业的积极作用，以逐步完善商业体
系，在当时逐渐形成为一种基本共识。对吃不饱饭的村民而言，直接能换回钱的方
法就是上山砍柴，烧炭，然后去集市卖掉，用卖掉的钱再去买米。还有，就是上山
伐竹，替人做竹筏换钱。这算是手艺活，当时的收入也是非常的微薄。最苦也是收
入最少的活就是"担柴"或叫作"背柴"，即用人工的方法将砍好的柴和烧好的炭背
着运下山。尽管在如此艰苦的情况中，沙滩人认为比起 1949 年以前"没有依靠，没
有盼头"的日子要安稳多了，尤其集体收入的逐年提高使得村民更加坚定地相信：
只有跟着共产党，才能彻底打翻身仗。沙滩村村民依靠自己的力量，发动了全村男
女老少，没日没夜地干，终于修建起一条长约 150 米的拦水坝（下庄坝），引柔川溪
水进行发电和稻米加工。又在柔溪两岸修建了防洪大堤，解决水患的问题。修完大
堤后，立即又在大堤内改滩造田两百余亩，用来种粮以作为村民的基本口粮，但还
未能够完全解决温饱的问题。

1949 年 9 月通过的《中国人民政治协商会议共同纲领》的规定，对生产资料私
有制的社会进行改造，在新中国成立以后很快就开始进行了。1953 年 6 月，中共中
央政治局正式讨论和制定了中国共产党过渡时期的总路线。1954 年 2 月 10 日，中

共七届四中全会通过决议，正式批准了党中央政治局提出的党在过渡时期的总路线。1954 年 9 月 15 日至 28 日，第一届全国人民代表大会第一次通过了《中华人民共和国宪法》，把中共中央在过渡时期的总路线作为国家过渡时期的总任务确定了下来。这是一条社会主义建设和社会主义改造同时并举的路线，被概括为"一化三改"或"一体两翼"。一化是逐步实现国家的社会主义工业化，这是主体。三改即逐步实现对农业、手工业和资本主义工商业的社会主义改造，这是两翼。工业化是社会主义改造的基础和目的；社会主义改造是工业化不可缺少的条件和手段。这对于刚刚取得国家政权、尚缺乏建设经验而又处于世界工业化浪潮中的中国共产党来说，第一次编制全国性大规模的建设计划，其难度可想而知。1953—1957 年发展国民经济的计划是中国的第一个五年计划。沙滩村紧跟国家战略的步伐，开始了"三大改造"进程。首先开始了农业的社会主义改造，经历了从"互助组"到"初级农业生产合作社"（简称初级社）再到"高级农业生产合作社"（简称高级社）的建制过程。

1953 年春，沙滩村建立起"农业生产互助组"。主要是为了解决农业生产中各自的劳动力、畜力、农具不足的困难。实际上，沙滩村一直保持了这样的传统，在农忙季节，自然会有几户农民临时组织起来，进行换工互助，农忙过后，自行解散。

1954 年下半年，在乡政府的号召下，沙滩村建立起"土地合作社"，也就是"初级社"。村里将社员土地作价入股，统一经营。耕畜与大中农机具等生产资料归村里统一调配使用。社员参加社内劳动。初级社的总收入，在扣除当年生产费用与农业税等以后，所余部分作为社员的劳动报酬和土地等生产资料的报酬分给社员。村中大小事宜均通过社员大会来解决。虽然土地和其他主要生产资料仍然是属于私有的，但由于实行统一经营，并且开始积累公共财产，因此社会主义因素和优势在其中开始显现，具有了半社会主义性质。它是合作农业经济的一种形式，是中国农民走上社会主义道路的决定性步骤。

1956 年上半年，沙滩村建立起高级农业生产合作社（简称高级社），实现了土地等主要生产资料的公有和社员个人消费品的按劳分配。村民社员私有的土地全部无偿转为集体所有，社员私有的耕畜、大中型农机具则按合理价格由高级社收买，或为集体财产。社员的生活资料和小农具以及家庭副业所需的工具等，仍属社员私有。高级社在有计划分工和协作的基础上组织社员参加社内的劳动。同样，高级社的总收入，在扣除当年生产费用与农业税等以后，所余部分作为社员的劳动报酬和土地等生产资料的报酬分给社员。村中大小事宜均通过社员大会来决策。由于高级社实现了土地等主要生产资料的公有制和按劳分配，因此它已经完全成了社会主义性质的合作经济组织。较初级社相比，高级社能够较大规模地进行农业基本建设和采用新式农机具，为改变农业生产条件，实现农业技术改造创造了有利条件。

　　至 1956 年末，全国基本实现了对农业、手工业和资本主义工商业的社会主义三大改造，多种经济成分并存的经济结构已经转变成为单一的公有制经济，基本建立了以生产资料公有制为基础的社会主义制度。此后直到十一届三中全会前，中国实行的均是以高度集中、统一管理为主要特征的计划经济体制。

第二节　开始全面建设社会主义的十年
（1956 年 9 月至 1966 年 5 月）

　　社会主义改造完成后，我国开始探索一条适合中国国情的社会主义道路。探索中国如何建设社会主义道路，主要面临两大问题：一个是社会主义条件下的阶级斗争问题，一个是社会主义建设中的规模速度问题。反右派斗争扩大化、"大跃进"、"人民公社化运动"以及"文化大革命"，使得 1958 年到 1978 年，我国在阶级斗争和建设的规模速度两大问题上都一再发生严重失误，导致在社会主义道路的探索过程中遭遇了波折。

　　1958 年 8 月，《号召全党全民为生产 1070 万吨钢而奋斗》和《关于在农村建立人民公社决议》这两个文件将"大跃进"和"人民公社化运动"推向了高潮。农业浮夸风中的放高产卫星如小麦亩产 8000 斤，以及"一大二公"与"一平二调"，至今还令一些老农不堪回首。"一大二公"具体是指第一人民公社规模大，第二人民公社公有化程度高。所谓一平二调，就是"平均主义和无偿调拨物资"的简称。人民公社化运动，否认公社之间、公社内部的合作社之间、社员之间存在着既有的经济差别，贫富拉平，大搞平均主义，不仅把原合作社集体所有的土地、农具等生产资料随意无偿调拨和分配，还把农民的房屋、农具、家禽牲畜等都收归集体所有，否认农民的私有财产权；同时，对农民的个人生活物资，比如粮食等，实行平均主义的分配方式，否定了按劳分配原则。其结果导致：一是人民公社采取大规模运动的方式，严重超过了承受能力；二是广泛存在的共产风严重挫伤了人们的积极性。

1958年9月，在党中央指引下，原黄岩县农村仅一个月的时间就全面建立了农村人民公社组织。但人民公社在很短的时间内就暴露出了不少问题。1959年，党中央觉察后，对人民公社的体制与经济政策进行了一次初步的调整，1961年又继续进行调整，1983年又把政社分设，既终止了农村人民公社的体制，又摘了人民公社的牌子。①

同年9月15日，黄岩县委作出以区为单位建立大公社的决定。规划全县共建立10个人民公社。其中三甲区、金清区、新桥区、头陀区、院桥区、乌岩区、宁溪区各办一个公社，桐屿区同路桥镇合并，洪家区同海门区合并，澄江区同城关镇合并（包括西江人民公社）。

同年9月19日，县委召开由县、区、乡、社的两千多人参加的四级干部大会，会议主要是解决所谓共产主义思想问题，发动大办人民公社（并宣布了县委大办人民公社的规划和大炼钢铁的群众运动）。②

当时的屿头乡属于宁溪区。建立大公社的决定下达后，沙滩村即成了宁溪人民公社下面的生产大队，即沙滩大队。经过宣传发动，广大干部群众对办人民公社的政治热情和积极性远远超过了合作化运动。当时的口号是"共产主义是天堂，办好公社就能上"，到处是一片口号声、欢呼声。处在山区的宁溪人民公社干部群众写道："苦战三年后，面貌一片新，工厂像森林，粮食堆成围，果木绿荫荫，牛羊结成群，队队装电话，户户亮电灯。"由于当时对大办人民公社的好处和前景进行了不切实际的宣传，再加上广大人民群众对我们党、对毛泽东的热爱，他们完全相信生产关系的变革即组织人民公社更会给他们带来好处。经过宣传发动，在短短的几天中，广大干部群众要求办人民公社的决心书，全县共写了20多万份。至9月29日，全县就全面实现了人民公社化。总农户180112户全部加入了人民公社。最大的澄江人民公社规模为32366户，最小的宁溪公社8525户，其余都在1万至2万户。③当时，黄岩按照国家的要求实行"四社合一"，即把供销社、信用社、手工业社、农业生产合作社合并起来，并将国家在当地的一些企事业单位也统统下放给公社管理。因此，公社是政治、经济、文化、军事全面结合，不仅要管党、管政权、管工农业

① 叶明照.黄岩农村人民公社组织起讫过程回忆[G]//政协浙江省黄岩区委员会文史资料和学习委员会.黄岩文史资料：第29期.台州：政协黄岩区委员会，2015.
② 叶明照.黄岩农村人民公社组织起讫过程回忆[G]//政协浙江省黄岩区委员会文史资料和学习委员会.黄岩文史资料：第29期.台州：政协黄岩区委员会，2015.
③ 叶明照.黄岩农村人民公社组织起讫过程回忆[G]//政协浙江省黄岩区委员会文史资料和学习委员会.黄岩文史资料：第29期.台州：政协黄岩区委员会，2015.

生产，还要直接管理社员的生活。

人民公社在生产资料上实行的是单一公社所有制。把条件各异的村、农业生产合作社、乡合在一起，公社内部无代价地平调土地、山林、农具、物资和劳动力。原乡与乡、村与村之间在别处的"插花田"、山林等被无偿地送给所在的乡或者村；原各农业生产合作社的公共积累、储备粮食等也被公社统一平调；各农业社的生产资金、股份基金，随数交给公社；种子按公社统一标准留出；各农业生产合作社的债务分别清理偿还，属于小社用于当年的生产债务由小社归还，属于基本建设债务，由公社归还；社员自留地由生产队接收种植，自留桔归公社；社员小片山林、果木园和屋边、田头零星果木，一律归公社所有；社员少量家庭副业，在不影响集体生产的前提下，允许继续经营，个体农民、手工业、小商小贩的生产资料，也一律归公社所有，社员私人房屋公社初期规定暂不动，以后折价归公；原先社员入农业生产合作社的生产资料价款未归还的，由公社分期归还；社员家中未入社的生产资料，均应折价入社；供销、信用社、手工业社，原则上单独核算，利润统一上缴给公社；原来国营、公私合营转入公社管理后，实行单独核算，利润也上缴给公社。

人民公社从成立之日起，就刮"一平二调"①的共产风，使农业生产力受到了严重的破坏。"一平二调"的共产风共刮了六阵，带来了六次的大破坏。广大社员反映："共产风刮到房屋要拆倒，刮到田里长青草，刮到山上树砍光，刮到牧场猪死光，刮到分配收入少，刮到'三包'都拉倒，刮得群众心死掉。"这六阵风的第一阵风是1958年人民公社成立后的大办钢铁，建小高炉，公社要求每户献砖50块，为此，全队锅灶一夜拆光，还拆了砖墙，挖了坟墓。第二阵风是借发展社有经济为名，无代价平调劳动力，统去资金及稻草、生猪，拆去房屋等。第三阵风是1959年大搞工具改革，再次统去劳动力、水车、稻船、房屋及其他物资。第四阵风是大办食堂，再次抽去劳动力，统去房屋、生猪、稻桶、豆腐桶、木桶、淘锅耷、柜桌、碗、锹、秤等，自留地连地带菜全部归食堂。第五阵风是1960年夏的收翻晒稻谷大集中，生产队把各小队的工具全部统去。第六阵风是1960年底的生产队造大楼，拆掉民房、祠堂，砍掉大树，以及无偿抽调劳动力，社员称它是"败家楼"。由于生产没有搞好，食堂又管理不善，用粮无计划，造成了严重的浪费，社员意见纷纷，导致食堂难以维持。

1959年春天，黄岩县委发动对公共食堂进行一次全面的整顿，社员对用粮办法

---

① "一平二调"是"平均主义""无偿调拨"的简称。

也作了修改，实行"统一用粮，指标到户，实物到堂，凭票买饭，节约归己"的原则。但不管怎样整顿和改变用粮办法也无济于事，广大社员尤其是一些老年社员，一直持反对态度，其心情可想而知。

1960年3月，中共中央《关于加强公共食堂领导的批示》下达后，黄岩县委立即传达了中央文件。然后县委又在会上作出《关于办好公共食堂的决定》，发给公社、大队，上报地、省委。决定的内容大体如下：一是各级党委必须加强对食堂的领导；二是公社、大队和县级机关干部下乡，一律参加食堂用膳；三是食堂应建立蔬菜基地；四是实行炊具机械化，提高劳动效率；五是食堂管理人员要廉洁奉公；六是建立食堂管理制度，实行单独核算；七是实行计划用粮；八是做到饭菜多样化，全县除粮食供给制外，要求扩大供给制部分，应在"七一""八一"前实行伙食供给制；九是食堂讲究卫生，消灭"四害"；十是以公共食堂为中心，建立好洗衣组、妇产院等集体服务事业。此外，县委还对农村公共食堂制订了八项守则，包括严禁贪污、多占，不准克扣社员饭票，食堂工作人员应是贫下中农积极分子，国家供应的物资一律到食堂，干部和社员同等享受等，也在会上作了宣布。会后即5月21日，县委将《办好农村公共食堂十项决定》和《公共食堂的八项守则》向公社、大队下达了正式文件，上报地、省委。虽然此时针对办好公共食堂费了九牛二虎之力，也做了大量工作，但由于缺粮、缺钱，不少食堂还是未能够办下去。

党中央对农村人民公社化的做法于1959始进行了两次政策调整。第一次调整是在颁发《人民公社管理体制的若干规定（草案）》之后实行"统一领导，分级管理"的制度。黄岩县进行了"调整公社体制下放权力"的试点，确定以生产队为基本核算单位，不搞公社统一核算，规定基本核算单位一般以原来的高级社为单位；现有的生产队也尽量不要变动；在确定基本核算单位后，进行定领导人员、定劳动组织、定生产任务、定分配计划、定劳动报酬形式。经过整顿，全县的公社体制作了一次初步调整，人民公社基本核算单位调整后为636个，164036户，每队平均258户。此时的屿头乡又从乌岩区脱离出来，调整为屿头人民公社，沙滩村仍然为沙滩大队。

1959年4月，为了纠正"一平二调"共产风，加强对人民公社清账工作的领导，县委研究报请地委批准，成立了算账领导小组。对无偿占有的物质进行了部分退还。6月8日，县委根据4月中央政治局上海会议关于《人民公社18个问题》的指示精神，发出了《关于加强生产小队经营管理的意见》。生产小队规模不宜过大，一般以 29 户左右和 20~30 个劳动力为宜，小队下面可设临时作业组；对土地、劳动力、耕牛、农具实行"四固定"，固定给生产小队使用；生产队对小队进行包产，包产内统一分配，超产部分除去 10% 作为生产队积累外，其余归小队自己分配；生产队安排种植面积，留出 3%~5% 给小队自行安排，包成本有节余也归小队所有；对小队有权经营副业生产等作了 8 条规定。沙滩村当时也是按照这样的做法，在一定程度上调动了村民的积极性，初步纠正了"一平二调三收款"的错误。

1959 年 8 月，中国共产党举行第八届中央委员会第八次全体会议。8 月 16 日，中共中央发布了八届八次全会《公报》和《关于反对右倾思想的指示》后，黄岩全县开展了"反右倾"运动和批判"人民公社办糟了"的错误说法。通过"反右倾""拔白旗"运动，并同时开展对"落后队"的改造，又造成了对一批干部的错误处理。因此，1959 年 9 月以后，大跃进之风和"左"的一套仍然继续盛行，再一次严重地挫伤了广大农民的生产积极性，使农业生产连续几年减产减收，加上自然灾害，导致"三年困难时期"。黄岩县出现了一大批逃荒之人。

第二次调整是从 1960 年下半年起，党中央决定对国民经济和农村人民公社的体制和有关政策实行调整。此次调整从适应农业生产力出发调整生产关系，恢复遭受到严重破坏的农业生产力，搞好综合平衡，正确处理农业、轻工业的、重工业的关系和城乡关系，加强农业第一线。因此，这次调整取得了很大的成绩。10 月，结合黄岩的实际情况，县委对农村人民公社也相应作出"坚持队为基础，公社三级所有"的决定；坚决贯彻按劳分配原则，供给制部分最多不超过社员分配总数的 40%；粮食产量要根据过秤入库的实际产量安排三者关系；加强计划管理，合理使用劳动力；严格执行"三包一奖"[①] 责任制等十项具体政策。

1961 年 1 月，党中央召开中央工作会议和八届九中全会，正式通过了对国民经济进行"调整、巩固、充实、提高"的八字方针，强调要"大兴调查研究之风、实事求是、一切从实际出发"。3 月，又下达了《农村人民公社工作条例（草案）》（通称"60 条"），调整人民公社体制和政策，彻底纠正"一平二调"共产风的错误。

根据"60 条"和中央的一系列指示，联系黄岩的实际，黄岩县委采取有力的措施，对公共食堂，彻底纠正"一平二调"共产风，人民公社的体制和有关经济政策的调整等一项一项地认真抓落实。当时，沙滩村主要采取的措施是，第一解散了公

---

① 　"三包一奖"制是包工、包产、包费用和超产奖励的简称，是中国农业生产合作社在统一核算、统一经营的前提下，对生产队实行的一种生产责任制。

共食堂，第二彻底纠正"一平二调"错误做法，进行彻底算账并进行退赔。

黄岩县的 10 个人民公社原是以区为单位办的。按照中央"60 条"的条例，县委对第一批建立的 29 个小公社进行了试点工作。根据试点情况，于 1961 年 9 月 14 日县委印发了《关于建立小公社工作的意见》，改为一乡一社，并确定以生产队为基本核算单位，落实了人民公社的"三级所有，队为基础"的新体制。1962 年 2 月 13 日，中共中央又一次正式作出决定，下达《关于改变农村人民公社基本核算单位问题的指示》。到 1962 年底，黄岩县调整为 77 个公社，1089 个大队，10450 个生产队，落实以生产队为核算单位的有 976 个大队，9395 个生产队，还有 113 个生产大队，1055 个生产队仍属大队核算，大队对生产队实行"三包一奖"的办法。沙滩村再次被定位为生产大队，即沙滩大队。由于"五风"和三年自然灾害，严重挫伤广大社员群众的生产积极性，给工农业生产也带来了严重的减产减收，给人民群众的生活造成极大的困难。1960 年底，沙滩村获得县里拨出的救济款与疾病治疗费若干，与全县人民共渡难关。

1962 年 2 月 13 日，中共中央正式发出了《关于改变农村人民公社基本核算单位问题的指示》。进一步确定了农轻重的顺序，突出农业的基础地位。由于采取了一系列的调整政策，农村形势稳定，农民生产积极性得到进一步调动，沙滩村在曲折徘徊中得到了恢复与发展。

第三节 "文革"的十年
（1966 年 5 月至 1976 年 10 月）

1966 年，正当我国基本完成调整经济的任务，开始执行发展国民经济第三个五年计划的时候，"文化大革命"发生了。

人民公社的体制和政策曾两次作了调整，虽然对调动广大农民群众的积极性，对恢复和发展农业生产起了一定的作用，但它是在肯定人民公社的前提下进行的调整。因此，对纠正"左"的错误是不够彻底的，造成在"文革"的十年竟使农村工作发展到"左"上加"左"。沙滩村同样经历了大批"资本主义""唯生产力论"和"工分挂帅"，推行"政治评分""搞大寨式记工"等。此外，还提出"割资本主义尾巴"，限制集市贸易和多种经营的发展。沙滩村的集市一度被取消，按全县要求统一改为每月 5 号与 10 号逢市。1970 年 2 月 10 日，黄岩进行了改革全县集市日，但当时群众反响强烈，不久自发又恢复了传统惯例集市日。

"文革"给中国经济带来无法弥补的重创，延缓了社会主义现代化进程，拉大了和世界先进国家的差距。尤其是农业结构的不合理，致使农业劳动生产率低下，农业经济效益下降，农民生活陷入更加困苦的境地。沙滩村同样也受到了很大的影响。原来保存在忠应庙中的一套完整的《黄氏宗谱》（1935 年版），被作为封建主义的"四旧"（旧思想、旧文化、旧风俗、旧习惯）拿出来当众烧毁，忠应庙部分建筑被破坏推倒，太尉殿厅堂前的柱子被切割取下，铲去了存留在上面的最古老的楹联。忠应庙碑也在被推倒后被丢弃到溪坑中任由用来洗刷衣服。村中保留下来的珍贵历史文物，包括物质与非物质文化遗产在这一时期均遭到了不同程度的破坏。尽管"闹革命"似乎要取代农业生产，但是村民们仍然竭尽全力守住了农耕这条底线，以"抓革命，促生产"为纲，为保家园做出了努力。

直到 1976 年，"文革"被宣告结束，广大农民群众的积极性才得到了调动，农业生产得到比较快的恢复和发展，粮食生产连续几年获得丰收。一系列切合实际、顺乎民心的政策，加快了村民的步伐，促进了农业的发展。

第四节　伟大的历史转折
（1976 年 10 月至 1978 年 12 月）

沙滩村村民清楚地记得，粉碎"四人帮"的消息传到村里，村里一片欢腾。人们奔走相告，预感严寒即将过去，春天就要来临。但是，"文革"留下的后果非常严重，要在短期内消除这场内乱造成的思想上的混乱并非易事。在大是大非面前，保持清醒的头脑，需要从根本上澄清问题的本质所在。这对于广大农民而言，最为直接的判断依据就是"如何才能过上好日子"，诸如究竟什么是"资本主义尾巴"、什么是"资本主义道路"等直接关乎农民生产或生活方式的基本问题，都是农民希望能够厘清的原则问题。

沙滩村村民还记得，当时乡里还派来干部组织村民讨论关于真理标准的问题。在讨论中，沙滩村村民与全国人民一样，本着"实事求是"的态度，向"两个凡是"提出了挑战，尤其是结合村里实际情况进行讨论时，往往会使讨论变成非常激烈的争论。长期以来，孰是孰非在村民的心中其实是有一杆秤的，因而当这场讨论在全国范围内很快便取得压倒性胜利，很快也就影响到村里，实事求是的优良传统和思想路线得到了村民的认同和拥护，因而实事求是的风气也逐步得以恢复。

村民中开始有人做起小买卖，集市的货品交易出现多样化形态，包括村民之间的物物交易、手工制品类的商品交易等，在获取有限的经济收入贴补家用之外，也极大地激活了农村市场，逐步向满足市场需求的方向发展。此时，市场管制逐渐放宽，不合理的市场管理条款逐渐得到纠正。村民开始迈开脚步，积极尝试各种方法为村集体也为自家谋取基本的保障与利益。这种变化与发展很快地印证了邓小平后来所总结的话："搞建设，也要适合中国情况，走出一条中国式的现代化道路"，"要使中国现代化，至少有两个主要特点是要注意的。一个是底子薄；一个是人口多，耕地少"。村民们也逐步认识到，在这样的国情下搞四个现代化建设就必须从国情出发，符合经济规律和自然规律，量力而行，实事求是，循序渐进，讲求实效，使生产发展与生活改善密切结合起来。在农村实现经济体制改革，实际上是二十多年来农村生产力一直要求突破"左"的农村政策的结果。在"左"倾错误影响下，我国农村的落后面貌长期没有大的改变。为了能够解决吃粮的基本需要，农民群众曾在1957年、1959年、1962年实行过包产到组、包产到户的生产组织形式。由于当时被认为这是"走资本主义道路"，致使这种自发的形式在一次次政治运动中受到压制，屡起屡落。

这两年的转折，不仅是在思想上的认识有了根本的转变，调动了农民的积极性，在实际的生产运行中也促进了农业的恢复和发展，更为重要的是，这两年的转折期为后来所进行农村体制改革做了必要的准备，并为后来的改革开放敞开了大门，成为农村广大领域拨乱反正最为重要的探索性成果。

1978年，我国的国民经济在经历徘徊发展、跌宕起伏、曲折停滞后，终于走上了改革开放的康庄大道。沙滩村也终于迎来了真正解决温饱问题、逐渐实现小康的改革开放的发展时期。

经

济

篇

耕读兼营　改革探路

JINGJI PIAN
GENGDU JIANYING GAIGE TANLU

中国村庄
发展

耕　读　　致　　远

脱贫致富，是深藏在沙滩村人心中的最为迫切和最大的愿望。脱贫致富没有捷径，必须摆脱"等待、依靠、讨要"的思想。因此，努力探索一条适合自己发展的路径才是脱贫致富的根本所在。

改革开放 40 多年来，与浙江省内绝大多数村庄一样，沙滩村的经济与社会也发生了翻天覆地的变化，村庄的面貌明显改变，村民的生活水平大幅提高。一个昔日衰败贫困的穷山庄，正日益焕发出勃勃的发展生机，并以其独特的地理区位条件和历史文化资源，吸引着越来越多的旅游者、投资者和创业者。

不仅如此，沙滩村人还意识到：扶贫先扶智，就是说短期的脱贫可通过勤劳务工和增加收入来实现，而实现长远的脱贫致富、由富渐强，还要靠坚守绿色发展理念，更加科学合理地使用农业资源，深入融合发展第一、第二、第三产业，以及全面提高村民自身的文化素养。

第一章 改革开放初期的经济发展 [①]

众所周知，20 世纪 80 年代是中国农村改革轰轰烈烈、如火如荼的时期，而 1978 年是中国农村经济改革开启的元年。在此之前的将近 20 年中，中国农村主要实行的是政社合一、三级所有、以生产队为基础的人民公社制度。后来，随着农村经济改革的逐渐推广和深入，人民公社逐渐解体，乡与村的行政建制得以恢复并取代了人民公社、生产大队和生产队的行政建制，农村的经济活动与社会管理模式也随之发生了巨大变化。因此，观察 20 世纪 80 年代沙滩村的经济状况及其变化，必须放在这样一个大背景下。

第一节 零起点的改革发展
——以 1980 年沙滩村的主要经济数据为证

下面将重点介绍 1980 年沙滩村的经济状况。之所以选择 1980 年进行重点介绍，有两个原因：第一，1980 年，刚刚兴起的农村改革春风还没有吹到沙滩村，因而沙滩村依然保留着人民公社的生产体制，其各种经济数据非常真实地反映了那个时代的经济状况。解读这些数据，不仅能够使人们对当年农村的贫困状况有深刻的了解，而且有助于人们理解广大农民对改革发自内心的迫切愿望。第二，在 1982 年以后的几年，随着家庭联产承包责任制的推行和人民公社的解体，集体经济功能逐步弱化，而该过程在集体经济账目上也有充分反映，因此可以通过比较，使人们对这一阶段的农村经济活动特点有一些更为全面的认识。

---

① 沙滩村迄今保留着十分完整的 20 世纪 80 年代的会计资料，十分宝贵。本节内容主要根据这些资料进行分析。但十分可惜的是，20 世纪 90 年代的相关资料却已经遗失了。

一、1980 年沙滩村的主要经济收入和支出

表 1 直接取自于 1980 年沙滩村会计账目中的最后一项——收益分配[①]。该表综合归纳了 1980 年沙滩村集体经济活动的全部收入和支出，因此能够最全面地反映出当年沙滩村集体经济的活动状况。以该表为依据，图 1 和图 2 分别计算了相应的收入结构及支出分配结构。从这些图表中可以看出：

1980 年，整个沙滩村的集体经济毛收入不足 11 万元。考虑到在 1980 年，集体济活动还是沙滩村最主要的经济活动[②]，且全村人口约 1000 人，这点毛收入无疑是很低的。

在全部收入中，农业收入居第一位，占总收入的比重高达 62.7%；其次是林业收入，占比接近 24%；农林牧三项合计占比达 88%；相比之下，工副业收入只占不到 11%。显而易见，1980 年的沙滩村还是一个典型的农业经济体。

在上述毛收入中，各项生产的直接成本达 42139.66 元（包括农业、林业、牧业、工副业和农机的支出），占整个毛收入比重的 38.75%。扣除这些生产成本，1980 年沙滩村的净收入只有 66616.45 元。如按 1000 人平摊，则人均年收入不到 67 元。

但是，在剩下的可分配收入中，按照当时的管理体制，还需要扣除管理费、税金和各种集体提留，因此真正作为劳动报酬分配的只有 52358.32 元。按此换算，实际上村民的年人均收入不到 53 元。村民的贫困状态由此可见一斑。

表 1　1980 年沙滩村收益分配表

摘　要	收方金额 / 元	付方金额 / 元
农业收入	68191.85	
林业收入	26015.68	
牧业收入	1528.91	
工副业收入	11780.00	
其他收入	1238.07	
农机收入	1.60	
农业支出		34335.35
林业支出		2304.81
牧业支出		617.51
工副业支出		2339.07

[①]　表 1 除了对原始账目中个别栏目的上下顺序做了调整以便于分析外，其余内容完全照抄原账簿。
[②]　在当时的经济体制下，农民私人的经济活动还受到很大限制，除了可以种一小块自留地以及上山捡点柴外，其他绝大多数经济活动都是被禁止的。

续表

摘　要	收方金额 / 元	付方金额 / 元
农机支出		2542.92
管理费		647.86
其他支出		23.53
税金		1523.02
社员投资（劳动报酬）		52358.32
当年提存公积金		4000.00
当年提存公益金		2500.00
当年提存储备粮金		1900.00
当年提存生产费基金		2663.72
当年提存折旧费基金		1000.00
合计	108756.11	108756.11

数据来源：沙滩村 1980 年会计账簿

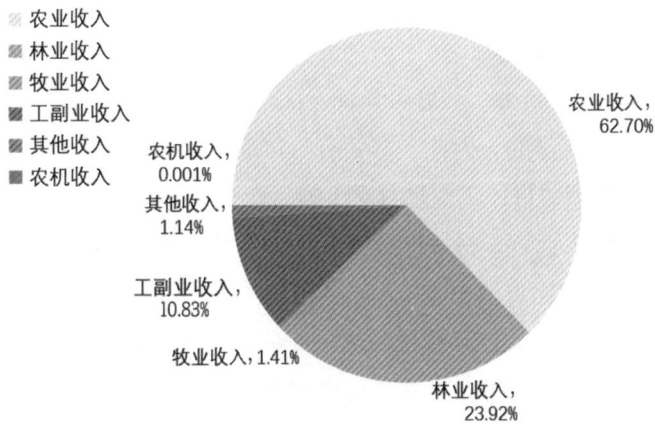

图 1　1980 年沙滩村的收入结构

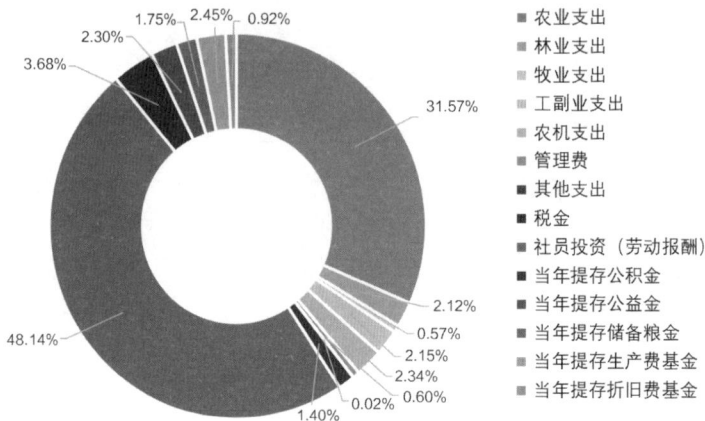

图2　1980年沙滩村的支出分配结构

　　从劳动生产率的角度看，假定沙滩村的人口规模为1000人，15岁以上（不包括15岁）和65岁以下（包括65岁）的劳动人口占比70%，每个劳动力每年平均出工250天，则可以计算出每个劳动力参与集体生产的年平均报酬只有74.8元，日平均报酬只有约0.3元①。毋庸置疑，这么低的劳动报酬是完全无法让村民依靠集体经济来养活自己的。因此，尽管有自留地等少量生产资料可以作为生活来源的补充，但绝大多数村民仍然过着吃不饱、穿不暖的日子。

　　此外，就集体收入而言，村集体提留五项合计共为12063.72元，约占总收入比重的11.1%和净收入比重的18.1%。虽然该比重并不低，但由于总收入少，因此提留的实际数额也很少。显而易见，这一点点钱，只能维持简单再生产，而完全不足以扩大再生产。从某种角度看，这也是在人民公社时代，沙滩村的经济长期难以发展的重要原因之一。

二、1980年沙滩村的产业结构

　　表2、表3、表4、表5分别给出了1980年沙滩村详细的农业收入、林业收入、畜牧业收入和工副业收入。透过这些表格，人们将能够对1980年沙滩村的产业结构与收入来源有许多更细致的了解。

---

① 该劳动报酬水平与《沙滩村——中国当代村庄的浙江样本研究之纪录片》中所采访的村民的口述基本一致。此外，从该纪录片的访谈中还可以获知，当年黄岩一带地下交易市场中，稻米的价格大约是0.4~0.5元一斤，因此村民生活的窘迫可想而知。

首先，从表1中可以得知，1980年沙滩村的农业收入主要来自于一年夏秋两季的粮食生产。这也是整个沙滩村最主要的收入来源。1980年沙滩村的农业收入要占到其总收入的62.7%，粮食生产在沙滩村的整体经济中具有举足轻重的地位，是全村的支柱产业和老百姓赖以生存的最重要的基础。但是，从表1中也可以看出，沙滩村并不具备一个比较完整的农业种植体系。因为在沙滩村的种植结构中，没有棉花与油料这两种基本农作物。这说明，在1980年，沙滩村不可能做到在基本农产品供应上的自给自足，因而即使为了维持最低水平的生活，每家农户也需要想方设法获取一定数量的货币收入，以满足最基本的商品交换。但是，由于相对于全村的人口规模而言，表1所示的粮食收入水平显然并无多少剩余可言，因而绝大多数农户也并没有剩余的粮食可以出售。因此，获取货币收入的来源只有另外两种渠道：其一是村集体经济通过其他农业生产取得收入的货币分配；其二是农民通过出售各种家庭生产获取的货币收入。不过，这两种来源的收入数量都是非常有限的。从图1中可知，一方面，是沙滩村集体在其他经济领域内的收入水平也是很低的；另一方面，在那个时代，对农民个体经济活动的限制非常严厉，因而在合法的渠道范围内，农民也只有很少的家庭农产品可用于出售或参与市场交换。

表2　1980年至1981年初沙滩村的农业收入 ①

日　期	摘　要	收入 / 元
1980.5.15	花生种退田（回）	35.82
1980.6.30	除虫菊出售	41.50
1980.10.3	葵花副产品	793.98
1980.10.23	大麦1785.5斤，文麦21553斤，小麦3879斤，洋芋10227斤，蚕豆35.5斤	4202.39
1980	夏季生产收入	27236.50
1980.11.30	田料人初干	2.00
1980.12.31	牧场出售菜头	24.28
1981.1.16	牧场出售菜头	40.78
1981.1.30	秋季麦收入	33407.12
—	夏季秸秆972.46，秋季1435.02分户	2407.48
	累计收入	68191.85

数据来源：沙滩村1980年会计账簿

---

① 表2至表5中的"摘要"栏内容较简略，有些表述较难理解，但限于历史资料有限，只能原样抄录，请读者见谅。

表 3　1980 年沙滩村的林业收入

日　期	摘　　要	收入 / 元
3.3	出卖栋树 1130.00 元，栗树 2.00 元，棕榈 15.20 元，杉毛 561.14 元	1835.38
3.4	杉树出卖社员	3467.80
3.5	杉树出卖社员	3946.50
3.6	杉树出卖社员	1884.10
3.7	杉树出卖社员	955.20
3.12	杉树 331.90 元，栋树 274.40 元，20.00 元	626.30
3.21	栋树	16.50
4.8	广法树收 100.00 元，二妹栋树 17.00 元	117.00
5.6	杉树 25.00 元，栋树 22.00 元，栋树 39.00 元，笋 0.2 元	86.20
5.6	茶叶 4507.67 元，笋 4.04 元，栋树 118.00 元	4629.71
5.15	茶叶出售	422.05
6.1	茶叶 1933.30 元，木材 74.50 元	2007.80
6.30	茶叶出售	535.01
6.31	木材 13.30 元，茶叶 2144.64 元	2157.94
6.32	砍树罚款	52.00
7.24	茶叶陈师傅 30 元，供销社 176.64 元，162.93 元	342.57
8.4	杉树	295.70
8.10	茶叶 288.1 元，树收 3.9 元	292.00
8.16	梨出售	51.73
9.5	未报枫树前收人梨定金	15.00
9.10	橘定金	60.00
9.28	梨出售	169.38
9.28	板栗	358.20
10.19	桔 30.00 元，板栗 600.00 元	630.00
10.30	梨另售 8.64 元，食品组木材 154.66 元	163.30
11.30	橘收 500.00 元，棕榈	540.30
11.30	树收	7.00
12.31	棕榈 7.00 元，栗树罚款 6.00 元	13.00
12.31	中心校树，栗树，棕榈	71.51
12.30	社员预领竹木	266.50
累计收入		26015.68

数据来源：沙滩村 1980 年会计账簿

表 3 展示了 1980 年沙滩村林业收入的详细构成。林业是当年沙滩村集体经济的第二大来源，其数额要占到全村收入的 24%。从表 3 可知，林业收入主要有三块构成：第一块也是最大的一块是林木（主要是杉木）出售，其用途估计是用于农民建房。这说明林地也都是属于集体的，且当年并未禁止山林砍伐。第二块是茶叶生产。第三块是水果生产，包括橘子、板栗、梨等等。从各种数据看，这三块收入应该也是真正能够为村集体挣得货币收入的最主要来源。

表 4　1980 年全年及 1981 年 1 月沙滩村的畜牧业收入

日　期	摘　要	收入 / 元
4.8	小猪出售	31.45
5.15	母猪屠杀出售	123.54
6.1	母猪屠杀出售	150.44
6.30	仔猪	88.40
6.30	母猪屠杀出售	9.81
7.24	猪出配种，小猪	134.20
8.28	猪出配种	8.00
9.5	杀小猪款	58.90
9.10	小猪款	13.50
9.28	小猪款	60.27
9.28	仔猪款	707.75
10.19	仔猪款	28.00
11.30	秀仁小猪款	98.45
1981.1.30	正华仔猪纳入收益分配	16.20
累计收入		1528.91

数据来源：沙滩村 1980 年会计账簿

表 4 给出了 1980 年全年及 1981 年 1 月沙滩村的畜牧业收入。该收入在沙滩村总收入中的占比非常小，只有 1%，这说明该产业的规模非常小。而从表 4 可知，该产业的内容也很单一，就是养猪。但是，从表 4 的收入记载中，却可以看到一个有意思的现象，即集体养猪的收入并不是来自于出售生猪，而主要是来自于出售仔猪。这反映出，沙滩村集体的养猪模式与当年很多村庄一样，即村集体并不修建大规模的生猪养殖场，而只负责促进仔猪的繁育，同时把生猪的养殖交给农民。养猪由此成为农民家庭副业的一个重要组成部分。至于为什么会形成这

样一种模式，以及这种模式在当年经济体制下的合理性，则是一个很值得研究的课题。因为从今天的角度看，这样一种模式既不符合规模经济的发展要求，也会带来广泛的面源污染，因而明显是不足取的。

表5记载了1980年沙滩村的工副业收入。但该表记载的内容非常繁杂，远远超出了对工副业的一般定义。不过若仔细梳理，仍然可以辨析出，1980年沙滩村的工副业其实就是两项，即酿酒和麦粉加工，其中酿酒是主要的。换句话说，1980年沙滩村的工副业主要就是粮食加工业，且规模很小。当然，尽管如此，估计这也能为村集体带来一点宝贵的货币收入。

综上所述，可以得出以下几点基本结论。第一，总体来看，1980年沙滩村各产业的生产力水平都很低。人民公社虽然实现了生产资料的集体所有，为规模化生产创造了一定的条件，但实际的生产效率却并不高。第二，1980年的沙滩村，农业和林业可以说是两个支柱产业，且在集体经济层面，吃饭主要靠农业(种粮)，花钱主要靠林业。第三，由于可供交易的剩余农产品很少，因此货币化分配所得在农民收入所得中占比很低。对农民而言，砍柴、养猪等家庭副业显然是获取货币收入的一条重要渠道。但由于严格限制，这方面的收入也很少。第四，1980年工副业在沙滩村还仅仅只有粮食加工业，加工方式也多为手工作坊，现代意义上的工业基本为零。

表5　1980年沙滩村的工副业收入

日　期	摘　要	收入／元
3.3	加工厂、耕机运入、车队投入	1664.91
3.12	民兵训练投入、车队1—2月份	412.98
4.8	麦粉加工	37.49
4.8	开会投工	214.80
5.6	兴林投工90.00元	90.00
5.6	耕平厂400.00元，根法永寿投工22.90元	422.90
5.15	观菜投工，公路工具拆旧费	700.00
5.15	加工厂收入	265.95
6.1	酒厂133.41元，加工138.28元，运车入566.19元（三四月）投工109.75元	947.63
6.30	酒厂出售酒	238.54
6.30	粉干厂，1979年加工费	300.00
6.30	汉荣投工54.00元，连点32.00元，加工厂111.48元	197.48

日　期	摘　要	收入 / 元
6.30	根法 36.00 元，荷生 100.00 元，兰芳 117.00 元投工	253.00
7.24	石厂末 122.58 元，贡酒 13.70 元	136.28
7.24	投工 80.03 元，90.00 元，40.00 元，车队 402.78 元，米粟 45.00 元	847.78
8.4	全冬 90.00 元，兴林 45.00 元，吴兰 26.40 元，炎森 68.5 元，大牛 27.00 元，末兰 12.00 元，计收 19.80 元	318.50
8.10	出卖交酒 140.42 元，加工厂 124.52 元	264.94
8.16	粉（耕）厂加工费	200.00
8.16	法胜 27.00 元，兰冬 45.00 元	72.00
9.5	投工	16.00
9.5	酒厂 777.65 元，车队 7—8 月投工，加工费	1497.76
9.10	酒厂 133.49 元，官庆投工 100.00 元	233.49
9.26	菇菌	110.00
9.28	开会投工，加工费	101.72
10.17	来杉 54.00 元，永寿 0.4 元	54.40
10.30	加工费 106.3 元，汉荣投工 54.00 元	160.30
11.30	车队投工，粉（耕）厂加工费	1351.18
12.31	投工，加工厂加工费	400.16
12.31	运队 12 月，1 月投工	269.81
	累计收入	11780.00

数据来源：沙滩村 1980 年会计账簿

第二节　花了六个年头解决温饱问题

从以上 1980 年沙滩村经济状况的数据可了解到：当时沙滩村走上改革之路是非常艰难的，一穷二白，基础薄弱，起点很低。回忆起沙滩村最初的改革起步，许多干部与年龄稍长些的村民都会深切地告诉我们："从 1978 年到 1984 年年初，我们整整花了六年时间来解决温饱问题啊。"说起温饱，村民们会为他们曾经有过成功抗灾的历史而骄傲，他们总是提起曾经的先辈"里正"黄泰原，并流露出敬佩的感情。但是，曾长期困扰他们的一个问题是，为什么在同样的地方后来变得那么穷，连温饱都还没有得到解决。那么，穷的根本原因在哪里？这六年时间他们都经历了什么，给他们留下了哪些思考与教训？

长期以来，沙滩村始终以村为单位进行统一分配的做法，对于人丁数量上以黄氏家族成员为主的群体而言，已经是约定俗成的分配模式。村民向来"有难同当，有福同享"。尽管村民心中很清楚，由于吃大锅饭的现象混迹其中，很大程度上阻碍了广大村民的积极性。所以，改变还得从"分配环节"做起。村委会经多次商议，在全国改革大潮的推动下，提出了"勤劳致富"的口号，希望尽早实现多劳多得的目标。首先，从解决村里农业基础设施匮乏的问题着手，以村里集体承包、农具公用、内部核算分配的方式迈出了改革的第一步。按照"上班"出勤点到的做法，按照每月 26.5 天计算，少到 1 天即扣去 5 天的报酬。这样做的目的是鼓励按时出勤，保障按时出工的村民能够获得基本所得。该做法在实行了两年之后开始被村民干部又作为新问题提到会议桌上进行讨论。

第一种意见：这样做让村民至少比以前更齐心了。承包是与每个人捆绑在一起的，但可以尝试再细分出承包小组，让提前完成者照样按满工出勤天数拿取报酬，这样便于促进承包小组之间的相互竞争。

第二种意见：这样做只是解决温饱问题的一种办法，正因为每少到一天就要被扣去 5 天报酬，导致村里所有人都只能困死在村里，无法走出去。为什么村民不可以流动起来，出去打工？同样，也可以让别人到村里来打工，只要有可能，村民可以尝试到外面去做生意。只有采取多种经营方式，才有可能获得更多的收入。

经过讨论，第一种意见很快得到落实，村里根据村户的实际情况和自愿结合的方法划分出若干"操作小组"。取名为"操作小组"是为了与以前的"生产小队"不重名，以体现对这种新做法的重视。事实证明这样做确实又进一步调动了村民的劳动积极性，提高了劳动效率，操作小组之间默默地展开竞赛，不仅在速度上，还在劳动的质量上发挥出主人翁的作用。第二种意见则对村民的触动更大，更多的村民们开始意识到"有难同当，有福同享"本来是为了更好地生活，而不是为了延续或死守"大锅饭"。于是，村里开始选派能人先走出去，先去"摸着石头过河"，探索多种经营的路子。有的村民靠亲戚朋友的介绍，开始到城里打工，做起了小本生意。这些尝试都为 1984 年沙滩村真正开始实行家庭联产承包责任制打下了基础。

1983 年末至 1984 年，在当时提出"靠山吃山，向山林要饭吃"的错误思想与过激口号的引导下，沙滩村经历了一场对山林的破坏性开发，不光是砍柴烧炭，大量地砍树卖木材，虽然挣回了钱，但是却导致了山林植被与生态严重失衡。很快，山林便开始水土流失，树木枯死，酿成山林被人为毁坏的悲剧。用老村委会主任金回祥的话说："1986年以后就遭报应了，人为毁坏山林开始出现水土流失。水土要靠生态来保护，包括长潭水库这个源头。后来幸亏大力抓开发性生产，就是把以前开光的荒山都要给植上树，要植树造林弥补损失。农民已经承包了土地，包括山林，山林毁坏水土不保自然会殃及每家每户。"

所以，花了六年时间解决了温饱问题，对沙滩村而言，不单单经历了奋发图强以实现衣暖食饱，还险些毁掉整个山林生态，至今村民只要提起这段经历都还会感到后怕，觉得对不起祖宗，险些败坏了祖业。通过这喜忧参半的六年时间，更加值得一提的是村民用深刻的教训换来了对改革发展的新认识。比如认识到"解决温饱问题并不等于解决了贫困问题"，"观念滞后与能力不足"是除了物质匮乏之外导致生活贫困的主要原因之一。长期以来，社会的分配机制不科学，通吃大锅饭，缺乏科学发展观，对赖以生存的山林过度砍伐，都是阻碍农业发展的根本原因。改革开放首先从思想上解放了农民，使广大农民很快意识到可以甩开膀子、捋起袖子去干了。但是，如何科学地干，如何科学地尽地力，村民却是用了这六年甚至更长的时间，才真正明白过来。沙滩村人开始意识到，改变"观念滞后和能力不足"导致的"收入贫困"，更是一场攻坚战与持久战。

花了的六年时间，沙滩村人从根本上转变了观念，更加坚定了跟党走的信念。他们已经不再疑惑该如何对待这块世世代代赖以生存的土地和山林，而是决心要以保护山林和开放的姿态加入到改革的大潮中。他们清楚地意识到：绝不能再以砍伐树木来取代基本的农业生产，换取一时的高额收入。首先要恢复绿色植被，将良好的果园生态重拾回来，不仅要把粮食生产搞上去，而且要将村里的副业搞起来，多种经营方式并举，才是永久解决村民温饱问题的关键。脱贫不只是解决一时的温饱问题，而是在提高村民守法挣钱能力的同时，集聚村庄的特色资源，把握市场经济规律和更多的合作机会，寻求能够持续走下去的有效途径，包括吸引城市资源，走城乡融合之路。不仅如此，还要在提高挣钱能力的同时，同时提高村民的受教育程度与村民的身体素质，使其全面发展，才算让农民真正走上了幸福、安全的康庄大道。这些想法与做法，后来都成为沙滩村改革发展的重要方面，即通过实施收入的再分配和公益福利政策，以达到改善村民生活状况的目的。

第三节　20世纪80年代沙滩村集体收入状况

　　20世纪80年代，与全国广大农村一样，沙滩村也经历了一场深刻的经济体制变革。1982年始，沙滩村开始了第一轮土地承包，承包期为15年。其结果就是传统的集体经济逐渐式微，个体经济、民营经济蓬勃成长。与此同时，村里的产业结构、就业结构也发生了深刻变化，农民开始逐渐富裕起来。

　　第一，在收入总额上，整个村集体1989年的收入只有5981.82元，即只有1980年108756.11元的5.5%；第二，在收入结构上，1989年的收入中只还存有少量的林业收入、工副业收入和其他收入，而农业收入与畜牧业收入已经完全消失。这说明，随着家庭联产承包责任制的逐渐推行，到1989年，沙滩村除还有少量的集体林业和工副业生产外，农业与畜牧业已经完全退出了集体经济的范畴；第三，在变动的时序上，1982年是一个最重要的年份。正是在这一年，沙滩村开始推行家庭联产承包责任制，首先是从农业即农地承包起步[①]，随后逐渐推广到林地的承包和工副业的重组。总体上，经过10年的努力，初步完成了这一伟大的历史变迁[②]。

　　以上主要从村集体的视角分析了20世纪80年代前后沙滩村的经济状况，其中虽然也对村民的收入状况进行了一些估计，但都是很粗的。但是，在20世纪80年代初，即实行家庭联产承包责任制前后，村民的生活状况究竟如何，这显然也是一个需要回答的问题。然而可惜的是，在村委会的资料里，现在已找不到当年村民的收入分配记录了。不过有一份资料即1983年的社员分户账簿却很值得人们关注。它详细记录了1982年和1983年（开始实行家庭联产承包责任制后的头两年）全村215户家庭亏欠村集体的债务状况（包括粮食和现金）。因为如果考虑到在当年的情况下，绝大多数村民的借债对象只能是村集体的话，则该份债务资料实际上便可以在一定程度上代表全体村民的家庭负债状况，并由此映射出半数左右村民当年的生活状况及其变化。

　　表6、表7分别是根据上述资料整理出的1982年和1983年沙滩村村民负债

[①]　1982年集体经济收入中之所以还有农业收入和畜牧业收入，是因为有一部分收入需跨年结算。

[②]　20世纪80年代的土地承包只是农村集体土地制度改革的第一步。因为对于农民而言，它只改变了土地产权中的使用权和收益权，而尚未改变继承权和处置权，且第一轮土地承包中由于承包年限短，因此还存在不少弊病。但即便如此，这一步仍然具有重要意义，因为它开辟了一个崭新的年代，不仅大幅度地提高了农业生产力，而且为我国所有其他领域的后续改革奠定了重要基础。

状况一览和村民欠款数量分布。

表6　1982年和1983年沙滩村村民负债状况一览

负债	1982年超支欠粮/斤	1982年超支欠款/元	1983年超支欠款/元
全村总负债	3674.00	21959.32	15661.08
负债最大值	306.00	1422.66	1362.49
负债最小值	1.50	2.05	3.50

表7　1982年和1983年沙滩村村民欠款金额分布

单位：户

欠款额	1982年	1983年
1001～1500元	2	2
501～1000元	5	3
301～500元	17	9
201～300元	15	14
101～200元	23	19
1～100元	61	37

　　1982年的农民负债情况显示，村民既有欠现金的，也有欠粮食的，且全村现金负债的村民有122户，占全村总户数的比例高达56.74%，粮食负债的村民也有34户，占全村总户数比例达15.81%。并且，原始数据显示，在所有欠粮户中，只有5户是只欠粮不欠钱的，其他29户则是既欠粮也欠钱。此外，还可以看到，在欠款户中，欠款达200元以上的欠款大户有39户，约占所有欠款数的1/3，其中甚至有2户的欠款数量超过了1000元。综合这些信息，不难看出，在沙滩村开始实行家庭联产承包责任制的第一年，多数农民家庭的经济状况受历史因素的影响，还是很拮据的。所谓"花钱靠贷，吃粮靠借"，正是这种情况的生动写照。但到了1983年，这种情况便开始有了明显好转。首先，1983年的所有农户都开始不欠粮了；其次，全村合计的欠款数也大幅减少，即从1982年的约21960元下降到了1983年的约15660元，其下降比例达到了1982年欠款总数的29%，且几乎所有欠款户的欠款数量都有所减少。与此同时，欠款户数量也明显减少，即从123户减少到了84户。尤其是100元以下的小额欠款户，更是从61户大幅减少到37户。这说明，尽管家庭联产承包责任制才实行了两年，但效应已经开始明显显现，

即绝大多数村民的家庭经济状况都有了明显好转。当然，即使这样，站在今天的角度看，当时的村民依然是十分贫穷的。

第四节　第一轮土地承包与黄岩在全国首发的两份农村改革文件

1982 年始，沙滩村开始了第一轮土地承包。随着家庭联产承包责任制的推进，"我要种什么"的想法与计划，成为沙滩村农户脱贫致富非常重要的环节，许多闲置的土地都被重新用来种植经济作物。承包虽然调动了村民在"尽地力"方面的积极性，但由于可耕土地资源的匮乏，仅靠种粮食和果树，年收入仍然只能维持在温饱线上。村民渴望通过多种经营来获得收益。随着农村改革的不断深入，可耕土地资源匮乏反而促使了商品经济的迅速发展。加上沙滩村是屿头乡的乡所在地，同时也是乡村店铺经营与集市所在地，这对于沙滩人来说是个得天独厚的商机，不少村户开始尝试在门前做起小买卖。这对后来调整经营思路，拓展业务范围，极大地改变单调的店铺买卖方式，丰富经营手段与促销方法打下了基础。

黄岩农村包括西部山区涌现了一批由群众自愿集资、自觉组织的合作经济新形式，即"合股企业"和"个体经济"。这些企业由于经营劳动者与生产资料直接结合，责、权、利密切相关，深得农民认同，具有较强的生命力，很快发展成为乡镇企业的重要组成部分。但是，这些企业和个体经济由于当时在具体经济关系上缺乏明确的政策规定，在巩固和发展上就受到一定程度的影响。为此，当时的黄岩县委农村工作部经过调查研究，制订了《关于合股企业的若干政策意见》和《关于个体经济的若干政策意见》①，并经中共黄岩县委与黄岩县人民政府批复，于 1986 年 10 月 23 日印发了该文件，这是全国地方党政关于股份制的第一个系统的政策性文件，具有里程碑的意义，不仅促进了台州经济的发展，在全国也产生了很大的影响。屿头乡包括沙滩村自然不例外，也受到了该项政策的鞭策与鼓舞。

《合股企业的若干政策意见》明确阐释了合股企业的属性，即合股企业是指个人、集体和国家相互提供资金、实物、技术等生产要素，合股经营，实行共担的企业。除此之外，还包括以下内容：如何按照政策规定订立书面协议；如何登记；股东投入的财产，如何管理和使用；企业除了股东外，可以根据生产需要聘用工人；如何进行合股企业经营获得的利润分配等；

---

① 《合股企业的若干政策意见》与《关于个体经济的若干政策意见》文件具体内容详见本书"文献篇"第一章。

同时，黄岩县政府强烈地意识到党的十一届三中全会以来，随着农村改革的不断深入，商品经济的迅速发展，还涌现了一批个体经济，这对于促进城乡经济的发展同样起到了积极作用。这种经济形式的产生和发展，是与我国多层次的生产力水平相适应的，它是我国社会主义经济的必要补充。在后面一个相当长时期内，允许它的存在并有一定的发展，是解放生产力，建设中国特色社会主义的需要。因此，必须保护引导和促进其健康发展。为此，黄岩县政府同时又颁发了《关于个体经济的若干政策意见》，该文件明确阐释了个体经济的属性，即凡是个人或家庭占有一定数量的生产资料，独立从事工、商、运、建、服等业的生产经营，盈亏自负的个体工商业户和私人企业，均属个体经济。就个体经营者如何从事合法经营也予以了诠释，并强调了个人经营者，在政治上，与国营、集体经济的成员具有同等的政治地位，应受社会尊重，不得歧视等。

这两份文件颁发之后，沙滩村老会计黄荷根回忆道："那时候一开会就是研究上面下来的文件，大家积极领会文件精神，经常有村民跑来咨询文件条例，村民凑几十元、一两百元就可以起家做生意了，能凑上万元的话就做大生意了。村里家家户户联合起来，该种地的种地，该做生意的去做生意，除了关照好地上的农活之外，还要做些别的事业，这样就能够富起来了。这两个文件其实也是具体告诉我们如何规范地做好个体户经营者……"

第二章 20世纪90年代沙滩村的经济结构变革

沙滩村在1982年实行家庭联产承包责任制之后，确立了农村集体经济的基本模式，即以家庭承包制为基础，家庭经营和统一经营相结合的双层经营体制。依靠农户承包费、少量机动地和其他集体所有的资源，来为农户提供服务。但是，由于农户缴纳的承包费和所需的农业服务的总量有限，导致集体经济发展仍然迟缓。

村办企业是乡镇企业的雏形，承接了改革开放的经营性集体资产。它的快速生长，有效利用了部分农业剩余劳动力，成为农村多种经营不可或缺的组成部分。20世纪80年代末在黄岩地区所引发的第一批投资办企业的热潮逐渐影响到沙滩村。20世纪90年代至21世纪初，沙滩村部分村户向第二、第三产业转型迈出了突破性的一大步。

1993年，中共中央发布一号文件，规定在原定的耕地承包期到期之后，再延长30年不变，开启第二轮农村土地承包。第二轮承包，不仅仅是承包期限的延长，还具有两个重要特点：一是强调"增人不增地，减人不减地"，杜绝了土地承包关系的违规调整；二是严格控制"机动地"。

1997年，第二轮农村土地承包在全国铺开。中央提出"在第一轮承包到期的地方，都要无条件地延长30年不变。"第一轮承包的时间是从实行家庭联产承包时算起的15年。沙滩村的第一轮土地承包时间是从1984年算起，按15年计算，到1999年结束。第二轮农村土地承包再延长30年的话，将要到2030年结束。国家对新一轮土地承包期统一确定至2027年12月31日止。第二轮农村土地改革包括沙滩村在内，其三步走"确权、赋能、搞活"是一个艰难长期的过程和坚持深入改革探索的过程。

同年8月，中共中央办公厅、国务院办公厅联合发布了《关于进一步稳定和完善农村土地承包关系的通知》，强调各地"原则上不应留'机动地'"。在这一阶段中，带给集体经济发展亮色的是集体所有制的乡镇企业的发展，也构成这一阶段集体经济发展的突出特征。乡镇企业得以发展，受益于城乡关系的开放、生产要素的逐步市场化，技术引进和劳动力流动等方面的制度突破。乡镇企业快速发展离不开市场化的推进，沙滩村靠发展集体乡镇企业，将企业收益用于村庄公共基础设施和福利事业，并给承包农户提供服务。集体所有制的乡镇企业的收入来源不再依赖对集体所有的土地资源的利用和通过为农业服务赚取利润，而是运用集体建设用地自办或和城市外来资本合作兴办第二、第三产业。这一阶段，乡镇企业获得了迅速发展，开辟了集体经济发展的非农化和市场化路径。

第一节　打响村办企业头一炮

沙滩人开始外出调研市场，计划着如何办成一些小的加工厂和乡镇企业。

打响村办企业头一炮的人是金卫祥，曾任沙滩村村委会主任，现任沙滩村党支部副书记。他从部队转业回家后，先是在公安部门派出所工作，但几年后便回村尝试创办工厂。"经商是很难说的，有的人可能浮起来，有的人可能沉下去。结果我亏了好几十万，就回到了村里。回来以后，村民们仍然相信我，他们对我说：还是你来当村委会主任吧。按道理来说，我们村是屿头的经济文化中心，乡政府就在沙滩村，沙滩村可以发展的，怎么到 20 世纪 90 年代了还是那么穷呢。那时一点集体收入都没有。1998 年老百姓又把我重新推上去当沙滩村的村委会主任，一干便干了九年，三届。"金卫祥告知我们："我自己实实在在地当了这么长时间的村委会主任，按照现在的话说，要有责任与担当，你当村委会主任以后就要对村民负责，并不是说只是名义上的村委会主任，关键的问题是要让老百姓真正获得实惠，使经济条件往上提升，这个是我当时所思考的，一定要让后面的新任村委会主任也这么干。"就在这样的责任与担当下，在黄岩城关镇的支持下，1986 年金卫祥带领大家率先办起了两个小型加工厂，专门加工工艺玩具和塑料制品。据他回忆，最开始，黄岩城关镇镇政府送了屿头乡两台很小的注塑机。就是凭借这两台小型的注塑机，屿头乡培养出第一批生产工人和销售人员。这是沙滩村开办乡镇企业零的突破。起先，村民都指望工艺玩具厂给村里带来效益，认为工艺玩具的销路会很好。但是，由于玩具生产所需要的材料都是木头，或者是山上林中自然长成的蚕茧，考虑到所用的材料会导致又一次的生态破坏，所以村民最终还是决定关闭了这个工艺玩具加工厂。办成功的反而是塑料制品加工厂，两台小小的注塑机不仅培养了几批技术工人，慢慢地，20世纪90年代初，在原有生产的基础上进一步扩大了再生产，成了后来的塑料制品厂。"后来随着政策改革，企业又逐渐进行了改制，成为民营企业，但是还是靠这个塑料加工厂起步的。在黄岩西部山区，我们这里就成了民营企业的发源地。农民一批批地学技术，之后自己筹钱再办起自己的小厂，挣到钱了，就再去引进更好些的设备，再去学习新的技术，逐渐地就扩大起来了。到了今天，我记得屿头乡大大小小一共有四十一家塑料厂。"金卫祥的脸上浮现出自豪的成就感。

沙滩村村委会主任黄志洪，今年刚满40岁，却已经当了近20年的村委会主任了。村民选他当村委会主任，主要是因为他带领着村民办起了塑料制品厂，通过努力发展成为今天的知名企业——浙江非非猫日用品有限公司。进入厂房，车间整洁有序，工人们有条不紊地工作，训练有素。样品间里琳琅满目，目不暇接，挂满了各种新老产品。

回忆起当时创业的艰难和成功的喜悦，黄志洪的话匣子打开后便难以收拢："因为是村委会主任，我就有着带领大家致富的责任，我开的厂子就必须要成功地办下去。厂里大部分工人都是村民，从刚开始年收入几千元到现在年收入四五万，我们靠的是不离不弃共同创业，靠的是提高细节方面的质量。因为我们十几年来就专注在一个小小的塑料挂钩上，工人们靠的是熟能生巧的手工劳动，精益求精的服务意识，同样是塑料挂钩，我们现在已经可以卖到全国，远销世界了。但是，一个企业不发展的话，就会被淘汰，我现在的主要精力都放在产品的研发上，我聘用的专门技术人员都是大学毕业的高才生，有的是硕士、博士，他们只要负责出创意，他们的工作时间可以相对灵活，这与计件制的工作性质完全不同。"黄志洪村委会主任的一番讲解，说明他已经成为一位成熟的农民企业家了。

沙滩村从利用两台小型注塑机开始加工半成品，发展到今天，已拥有10家村办企业，形成了有效产业链，就业人数达261人，总产值达11050万元，极大地解决了沙滩村委会主任期贫困的问题，同时也成功地将原本要外出打工的村民留在了村里，实现了许多村民既能就近上班又有固定收入的愿望。加上20世纪90年代后，乡镇企业普遍进行产权制度改革，沙滩村所办企业先后改制为股份制民营企业，这使部分村民先一步走上了农村工业化的道路。

沙滩村在第一轮土地承包后所做出的努力与获得的成功，除了归功于黄岩政府率先出台的这两份文件，从政策上给予了改革的鼓励和保障外，还与沙滩村村民干部团结进取的精神，以及村民顽强好学的良好民风有着直接的关系。

第二节　稳定和完善土地承包

农村土地承包政策，是党的农村政策的基石，农村土地承包关系的稳定与否，直接关系到农村的改革与发展和稳定。人多地少是沙滩村的一项基本村情。因农业相较于其他行业而言收入过低，村户越来越倾向于就业做工人。沙滩村党支部书记黄官森对我们说："由于我们黄岩西部山区土地资源匮乏，包括沙滩村在内，光靠种田种果子不能有多大的收入，即使农村产品改造，也没有多大收入。所以，我们要想方设法增加农民收入，要把村子环境整治好，适当搞些旅游业，增加村民的收入，要想办法使我们农村的农民不用到外地打工，在家就可以找到活干，挣到钱。要不然，村民都外出的话，这会导致村里耕地撂荒，果树也无人照料。"

为了使想种地的农户有更多的地可耕，使农业向集约化、规模化发展，提高耕地的利用效率，提高农户的财产性收益，需要农村土地的流转，这也是为了进一步稳定和完善土地承包。1989 年，黄岩在分田到户的实施中建立了地力补偿制度，按照承包面积给予"农田地力保护补贴"。黄岩财政部门对黄岩西部 152 个村包括沙滩村在内实行农村土地承包责任制的低收入农户，给予了农业生产发展直接补助和贴息补助。对有条件的村（沙滩村也在其中）还给了 20 万元的农民互助合作金的垫底资金，让他们自助自互，解决他们的融资难、融资贵的问题。时任乡长郭韬韬告诉我们："乡政府不断发挥西部农业综合开发的政策优势，施行土地承包经营权流转，努力增强农业经营活力，持续加强农业基础设施建设，先后投入 444.5 万元建成了沙滩村、三联村、屿头村、联一村、布袋坑村、田料村等村的果园操作道和林间道路共 63.5 公里。乡政府还通过严格执行农业奖补政策，发放各类农业、林业补助 290 万元。大学生村官电子商务服务团以'帮农民买，帮农民卖'为宗旨，通过线上线下两种模式帮助农民增收。"

为了进一步稳定和完善土地承包，从 2004 年开始，黄岩又实行了种粮农资综合补贴，这些精准的扶贫措施，均有力地支持了西部地区农业生产发展，加快了农民收入的提高。

与此同时，沙滩村黄氏祖先留下的忠应庙也发挥出从未有过的经济作用。"文革"结束后，村民们虽依旧非常贫困，但他们竭尽全力对忠应庙进行了修缮保护。因而，方圆百里来寻根祭祖的人又多了起来，他们捐款不多，但也积少成多，成了沙滩村集体收入的一部分。当我们问及忠应庙的主要负责人黄秀琴老人，平时作为忠应庙的管理者，她是怎样管理忠应庙事务的，她的回答朴实、认真："（我）在庙里负责了 22 年。以前在庙里也只能是马马虎虎地做，因为很穷，没有钱打理。那时大家的经济条件都很有限，对庙的支持也都是很少的，有心无力。现在大家条件都好起来了，对庙的支持也多起来了。庙里的碑一块块打起来，每年庙里面的收入，我讲给你听：现在有钱资助进来，比方说一百块钱，我们可以用来打匾或者打碑，就给他开村里的发票。村里的发票要和这个碑（匾）对应起来，如果村里的发票开出去了，而碑却没有打出来，这个钱就掉外面了，一定有问题了。我们一年到头，全年的账结起来公布，让信众看到这个功德碑，知道这个钱投下去是真实的。所以，我们庙里开支这方面都做得很认真，不管买什么都要三证（指收款证明，用途付款证明，实物证明）齐全，没有三证齐全不可以拿来做账。村里如果没有确认，我们就不会认这个账。如果会计没有三证齐全，那么会计负责任。我这个人不识字，我不这么严格我怎么管得住。我就是用这个方法来管理的。这样才对得起乡民。"她还告诉我们："现在政府方面对我们沙滩村很关心，对我们庙里也很关心。现在村里的所有干部，都对庙里很支持。我现在这么大岁数了还在这里，也是因为受到大家的支持。在经济这方面，靠的是各位信众对庙的支持。这外面的广场原先都是小屋，都是民房，因为造了这个广场，广场建起来，戏棚搭起来，我们庙里拿了 80 万元支持村里。靠上面的支持，也靠村里的支持才有了今天这个样子。"80 万元，对致力于脱贫的沙滩村而言显得尤为宝贵，而将它用于社戏文化广场的改建，更是难能可贵的惠民举措。

总之，沙滩村在部分劳动力转向非农产业并有稳定收入的同时，在充分尊重村民意愿的基础上，采取多种形式，适时加以引导，以保证农业适度规模经营。在屿头乡乡政府的带领下，在坚持家庭联产承包责任制长期稳定的基础上，不断完善和健全双层经营体制，鼓励和引导集体经济，逐步壮大经济实力，从而增强集体经济组织为农户提供生产、经营和技术服务的实力。

第三节　土地流转与闲置土地赋能

从访谈中，我们对沙滩村在土地承包改革中，很好地贯彻运用了土地流转的改革举措有了进一步的了解。通过土地流转，沙滩村抓住了扭亏为盈的机会，为彻底打赢翻身仗迈出了一大步。1994年沙滩村村民就有了形成现在村庄规模的这种设想。沙滩村在屿头乡是第一个拿出乡村规划的村子。这说明了沙滩村此时已基本具备更新村庄面貌的经济能力和条件了。

村民回忆起过去的木板老房子，大风一起，瓦片都在上面飞。遇到下雨，外面下大雨，屋里下小雨。"1994年沙滩村搞住房规划，房子共有四排，老百姓都盼着住上这种水泥结构的房子。"老村委会主任金回祥深切地说："现在住房应该是够了，但是宅基地越来越值钱了。按照国家的规定又给村民进行了土地确权，让农民自主给土地赋能。所以，这个地基分到谁手里，谁都很高兴。只要合理合法地拿到手里面，即便不再造房子了，也仍然可以支配这块地。这就是农民的自主权有了保证。沙滩村大的改观，还得感谢美丽乡村建设。现在整洁卫生，房子排得比较整齐，村民的身体也越来越好了。"金回祥又说："那个时候我作为村干部，整天想的就是：要改变群众的住房条件。另外，如何去发展村一级的集体经济？当时农保地是不能动的，后来政策变了。现在村委会主任在经营的那个大厂和房地基，原来是农保地，当时一共是17亩存留地，我就向乡政府说，把那个存留地调出去一半，调出去的这一半变成农民用的建设用地，土地性质就改变了。我们后来在调整的时候将它盖成了铁皮棚出租，租金成了村里集体经济重要的收入之一。后来，我们又在存留地上建起了一栋三层的楼房，一共21间房子。村里办公、开会都在那里。那里上面是办公用房，下面是商铺。当时这栋房子的造价是33万多元。每个商铺租期是三年，第一个三年租期招标，招了21万元。接下来三年是46万元，现在三年租给人家的租金是80多万元。1998年，就这么一个村，集体经济不足两万块，不穷才怪呢。我当了9年村委会主任以后，村集体大概一年收入一共是四五十万元吧。这么大一个村，农田水利建设等基础设施建设都需要花钱，还有包括干部的务工一分钱都没有，那也是不行的。所以这四五十万元，虽然不是大钱，但却能支付村里的日常开支，办些小事情。造这个三层楼的时候，当时向银行贷款，我是贷款人，书记是担保人，我们下决心要建起这个房。当时的想法就是借鸡生蛋，把集体经济搞起来，为彻底打赢翻身仗先迈出这第一步。现在建设美丽乡村，我们沙滩村又迈出了一大步。还有一个情况，当时屿头乡乡政府计划从沙滩村搬迁到屿头村那里去。计划搬走的原因是在沙滩村落实不了乡政府需要扩建的土地。但是问题是，地名权属于民政部门管，按照民政部门管理条例，乡政府要迁址的话，即从这个村迁到另一个村的话，必须经过省民政厅审批。若在同一个村改址的话，省民政厅审批原则是可以的。于是我就对乡长说，你们就不要走了，就在我们沙滩吧。当时我的想法：村里有乡政府在，其实也是无形的资产，我们村完全可以与乡政府共谋发展。于是我们立即召开了村民代表大会，有五六十个人参加。有的村民不理解，他说：'你现在当村委会主任是老百姓选你，是信任你才让你当村委会主任，你为什么要把土地给乡政府？'还有村民问：'现在房地基价钱不是又涨高了吗。我们为何出让？'我说：你们大家想一想，乡政府是看不见的无形资产，如果乡政府搬走了，其他的部门也有可能要跟着走，真的走了，我们再用更多的土地也很难换回来。再说乡政府要拓展的用地也是精打细算的。经过给百姓做工作，群从与乡政府之间达成了默契，乡政府立刻也就同意留在了沙滩村。在村民们的支持下，乡政府扩展施工非常顺利，我们共同营造了一个良好的环境。又经共同规划，更快地实现了村子的整治，在原来的规划四排的基础上重新规划为五排，完全改善了村民的住房条件，基本满足了共同发展的用房要求。更可喜的是，现在又利用当时未拆的乡政府旧房屋，改建成了"同济·黄岩乡村振兴学院"，真的是变废为宝了。美丽乡村建设不仅仅是完善了老沙滩街和太尉庙，还有沙滩新村。这个村子原先还没有完全形成现在的这个样子，到现在已经有 4 个年头了。中间我们经历了规划，老区房屋拆除，到现在一排排的新村崛起，这是一个漫长的过程，并不是说一下子全部改造好了。"

金回祥的这一席话，其实是概括讲述了沙滩村在农村土地承包之后，得益于"土地流转"政策以及给闲置土地的赋能，其集体经济收入逐步提高的事实过程。可以说，沙滩村从 1994 年开始做村庄规划，到 2018 年年末"同济·黄岩乡村振兴学院"的落成，共进行了村集体参与下的 5 次主要为土地流转及闲置土地赋能的改革。

第一次进行土地流转时，沙滩村将农保地（存留地）8.5 亩流转成为建设用地，目的是保证村办企业的顺利开展。

第二次的土地流转与赋能，是在存留地上花了 33 万多元建起了一栋三层的楼房，一共 21 间房子。除了用作村里办公、开会的场所外，下面两层作为商铺。商铺出租的经费所得成了村里集体经济的基本来源，以及村里日常开支的来源。

第三次进行的土地流转是为了让屿头乡乡政府不再迁走。流转也即用了 11.6 亩土地作为屿头乡政府建设用地。作为屿头乡所在地，又经与乡政府的共同规划，更快地实现了村子的整治，在原来规划四排村民住房的基础上重新规划为五排住房，很好地改善了村民住房条件，基本满足了与乡政府与共谋发展的用房需求，并与乡政府共同营造了一个良好的环境。

在中央关于加快推进农村宅基地确权登记发证工作以及关于完善农村土地承包制度搞活承包经营权权能的政策指引下，沙滩村所有村户都进行了"宅基地按框拍电子照"，即在第二轮土地承包的基础上挨户进行丈量建档。宅基地和集体建设用地使用权是农民及农民集体重要的财产权利，关系到每个农户的切身利益。通过宅基地和集体建设用地确权登记发证，依法确认农民的宅基地和集体建设用地使用权，可以有效解决土地权属纠纷，化解农村社会矛盾，为农民维护土地权益提供有效保障，从而进一步夯实农业农村发展基础，促进农村社会稳定与和谐。因此，在村民的积极配合下，至 2014 年底，沙滩村所有住户完成了农村土地承包经营权登记，合同的签订率达到 100%，权证的颁发率也达到 100%。实现了全村农民承包地面积、四至、合同、权证"四到户"，证地、证户、证簿"三相符"，并基本形成规范有序、流转顺畅、规模适度的土地流转机制。

第四次进行的土地流转，是 2015 年对柔极溪旁暂时闲置的 78 亩土地进行赋能开发。屿头乡政府出资委托沙滩村以村的名义对该区块的土地进行政策处理，收归村集体，给予该处土地新的赋能，并开发改造成了"四季采摘园"。在整个开发过程中，屿头乡政府委托同济大学规划团队进行规划设计，乡政府和沙滩村共同参与建设，走出了一条将零散土地统一规划、统一管理、统一收益的乡与村捆绑经营的新路，整个采摘园的全部收益将为乡与村共同所有，实现了将土地盘活的目的，并获得了村、乡环境共治的双赢。

第五次土地流转与赋能，是 2018 年根据中央深化改革的政策，沙滩村在屿头乡政府的协调下，利用屿头乡政府搬迁后留下的废旧的乡办公署、粮仓、卫生所、供销社等约 30 亩地，改建成"同济·黄岩乡村振兴学院"的北院区。北院区配套功能部分用地约 20 亩，以北侧园地、西侧田地以及周边边角地等沙滩村民闲置、荒废的用地为主。在北院区规划建设过程中，屿头乡赋予这些土地新的功能，其做法主要是通过屿头乡统一出资进行预征收后，委托黄岩区旅游投资平台公司（黄岩区国营公司）进行改造。将原先村民的荒地、废地、坟地，建设为学院配套的生态停车场、游步道（果园操作道）、绿化、施工便道等设施。这 20 亩土地涉及 85 户村民，50 多座坟穴搬迁。在政策处理过程中，屿头乡和沙滩村两委组成政策宣传组，进村入户，深入村民田间地头，与村民分析学院建设和闲置荒废地块的利弊，讲述沙滩村持续打造美丽乡村给村里带来质的飞跃等益处，短短一周之内，所有涉及预征土地的村民都想通了，经过他们积极主动的配合，土地预征协议签字率很快便达到 100%。这个速度和完成率在黄岩西部乡村首屈一指，也印证了乡村振兴给人们带来的实实在在的发展红利。"同济·黄岩乡村振兴学院"北院区建成之后，通过招聘选拔，沙滩村村民中有 38 人成为该院员工。这些新员工通过岗位培训学习，于 2019 年春节过后正式上岗，以崭新的姿态投入到学院的工作中。

事实证明，沙滩村的每一步经济发展都和中国经济的阶段性发展相契合，都得益于中央对土地改革政策的不断调整。

第三章　经济发展现状

至今，沙滩村正以科教兴村为目标稳步地向前发展。"同济·黄岩乡村振兴学院"北院区在沙滩村的植入，不仅为沙滩村带来了稳定的人流量，也为沙滩村营造了一道靓丽的风景。游客来到沙滩村，也可以入住与北院区学员宿舍连为一体的"枕山宾馆"，领略那里特别的氛围。

2018年，我们对沙滩村目前的经济发展现状做了基本调研和评估，通过以下数据和分析，为大家呈现沙滩村经济发展的现状与面貌。

第一节　人口与就业

一、人口

表8和表9分别给出了沙滩村户籍人口的详细数据[①]和近10年来的人口数量变化。从中可以看出，近10年来，沙滩村的人口状况总体上十分稳定，总户数略有减少，总人数则稍有增加。显然，这种状况的存在与当前国家的土地政策、户籍政策、生育政策和经济发展水平密切相关。例如，虽然近10年来，随着我国城市化的快速发展，越来越多的农村劳动力已经进城就业，且农村人口落户城市也已经越来越容易，但由于农村土地资产价值的日益上升，以及农村宅基地价值变现的困难等一系列原因，真正愿意放弃农村户籍的家庭还是很少。再如，随着农村经济发展水平和收入水平的提高，一方面人口寿命不断提高，另一方面生育意愿却逐渐下降。因此，虽然老龄人口逐渐增加，但总人口的增量却很少，人口老龄化趋势已经日益明显。为了更清楚地说明这一点，根据表8的数据，绘制出了

---

① 在搜集沙滩村人口数据时，我们曾力图了解村民的受教育状况，并依此分析该村的人力资本状况。但非常可惜的是，虽经多方努力，但仍然无法获得该数据的完整资料。

表9、表10。

表8   2018年6月沙滩村户籍人口年龄与性别分布状况

单位：人

年龄	人口		年龄	人口		年龄	人口	
	男	女		男	女		男	女
1岁	1	0	31岁	0	3	61岁	10	4
2岁	0	1	32岁	10	3	62岁	6	4
3岁	6	2	33岁	7	8	63岁	13	4
4岁	9	4	34岁	11	6	64岁	11	8
5岁	5	4	35岁	6	8	65岁	6	7
6岁	4	4	36岁	9	6	66岁	4	11
7岁	6	5	37岁	9	9	67岁	8	3
8岁	5	6	38岁	7	12	68岁	7	7
9岁	6	6	39岁	5	10	69岁	6	7
10岁	4	4	40岁	4	5	70岁	4	5
11岁	9	2	41岁	5	5	71岁	6	7
12岁	8	3	42岁	6	14	72岁	6	7
13岁	3	6	43岁	14	9	73岁	6	2
14岁	9	4	44岁	8	8	74岁	0	5
15岁	5	6	45岁	10	13	75岁	2	3
16岁	11	7	46岁	10	8	76岁	5	2
17岁	8	5	47岁	15	14	77岁	3	1
18岁	8	5	48岁	11	7	78岁	2	0
19岁	7	4	49岁	8	9	79岁	2	2
20岁	12	5	50岁	8	8	80岁	1	1
21岁	6	9	51岁	12	13	81岁	5	6
22岁	6	6	52岁	10	12	82岁	6	5
23岁	6	3	53岁	11	7	83岁	3	4
24岁	5	6	54岁	12	13	84岁	2	4
25岁	7	2	55岁	7	9	85岁	4	1
26岁	2	8	56岁	8	11	86岁	1	0
27岁	8	6	57岁	18	12	87岁	1	2
28岁	8	5	58岁	7	14	88岁	0	2
29岁	2	2	59岁	5	9	89岁	0	2
30岁	5	7	60岁	10	9	90岁及以上	5	6

数据来源：屿头乡户籍管理中心

表9 2008—2018年沙滩村户籍人口变化

年份	户数 / 户	户籍人口 / 人	户籍人口年均增长率 /%
2008	312	1067	—
2012	309	1097	7.03
2018	304	1116	4.33

数据来源：① 2008 年和 2012 年的数据引自《黄岩实践——美丽乡村规划探索》，同济大学出版社，2015 年 5 月第 1 版；② 2018 年的数据来源于屿头乡户籍管理中心。

表10 2018年6月沙滩村户籍人口的年龄与性别结构（分组统计）

单位：人

年龄	人口		年龄	人口		年龄	人口	
	男	女		男	女		男	女
1—5 岁	21	11	31—35 岁	34	28	61—65 岁	46	27
6—10 岁	25	25	36—40 岁	34	42	66—70 岁	29	33
11—15 岁	34	23	41—45 岁	43	49	71—75 岁	20	24
16—20 岁	46	26	46—50 岁	52	46	76—80 岁	13	6
21—25 岁	30	26	51—55 岁	52	54	81—85 岁	20	20
26—30 岁	25	28	56—60 岁	48	55	85 岁以上	7	12

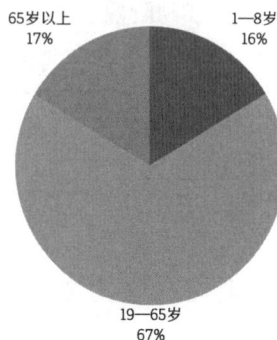

图3 沙滩村适龄劳动人口比重

由表10和图3可以看出，沙滩村人口的年龄与性别结构有以下三个特点。

第一，从年龄结构看，呈现两头小、中间大的状态，人口峰值在41—60岁之间，即1959—1979年出生的人口数量最多，而这些年正是国家尚未全面落实计划生育政策的年代。不过，值得注意的是，这些年也是 1949 年以后中国农村经济最为困难的一段时期。相比之下，40 岁以下的人口数量，除了在 11—20 岁的男性人口中出现畸点之外，其他年龄段的人口基本上都处于稳步减少的状态。其原因显然与计划生育政策的推行有关。由此也可以看出，1949 年以后，影响沙滩村人口变化的主要因素，当首推国家的生育政策，其次才是经济发展水平等其他因素。

除此之外，在人口的年龄结构中还有两点也是值得注意的。首先是 11—20 岁的男性人口异常增加，且明显多于同期保持平稳变化的女性人口，性别比例也因此严重失调。这种情况的产生，估计是因为当时在沙滩村曾经出现过一阵性别选择的生育风潮。由于农村根深蒂固的重男轻女思想，在胎儿性别鉴定技术未受合理控制的情况下，村民的生育热情也因此一度高涨。其次是近两年来，虽然国家大幅度调整了生育政策，从限制二胎到放开二胎甚至鼓励二胎，但新生婴儿的数量却明显偏少。这在一定程度上也可能预示着，随着当代沙滩村育龄夫妇从业结构、生活方式的改变与文化程度的提高，其生育观念也已经发生很大变化，年轻夫妇不愿多生已开始成为家庭文化的主流。

第二，从性别结构看，除了在 11—20 岁的人口中男性明显偏多之外，其他年龄段的性别结构大都是较为平衡与合理的。

第三，从适龄劳动人口的结构看，若将 19—65 岁界定为适龄劳动人口，则迄今为止，沙滩村还处于明显的人口红利阶段，其适龄劳动人口的比重高达 67%，家庭平均的抚养压力与赡养压力均比较轻。但值得注意的是，如果未来 20 年出生人口不能有效增加，则老龄化问题将会日益突出。

第四，从社会结构看，在沙滩村中，黄姓村民占据大多数，即黄姓是村中的大户。统计数据显示，在全部 304 户人家共计 1116 位村民中，黄姓村民共有 189 户、611 人，分别占总户数的 62.2% 和总人口的 54.7%。这说明，多数村民具有一定的血缘关系或亲缘关系。

二、就业

表 11 来源于屿头乡驻村干部搜集的一组数据，反映了沙滩村目前就业的一种大致情况。根据该表可以看出，若按就业地域区分，该村 40 岁以上的中老年人基本上都留在本乡本村工作，而 20—40 岁的青年人和中年人则绝大多数都外出工作。其各自所占总就业人口的比重与村适龄劳动人口的比重基本一致。如与该乡

其他村相比，应该说沙滩村外出工作的人所占比重还是较低的。据解释，这种状况出现的主要原因在于：（1）村中企业相对较多；（2）地处屿头乡经济文化中心，商业相对较为领先。此外，最引人注意的是，若按行业区分，目前在沙滩村全职从事农业的纯农户（主要从事水果和蔬菜的种植，养殖业由于水源保护的原因已经全部取缔）极少，而大多数农业生产活动都是兼职完成的。这就意味着，尽管地处偏僻山乡，但从就业结构和产出结构看，以及从社会意义和经济意义上说，沙滩村现在几乎已经不能算作是一个以农业为主业的村庄了！

表 11　2018 年沙滩村适龄劳动人口的就业分布

整体情况	就业分布	比重	备注
留乡工作人口占 60%（多为 40 岁以上的中年人）	村办工厂	90%	全村共有 6 个塑料厂，4 个纸盒厂（现有 5 个工厂关停）；留乡村民多数为工厂工人，年龄普遍在 40 岁以上
	商业个体户	10%	全村有 8 家个体户，主要经营零售小店、餐饮店等；收入水平居全村中上等，具体收入未知
外出工作人口占 40%（多为 20—40 岁的中青年人）	务工人员	70%	只在黄岩市区务工；行业为制造业（塑料厂、模具厂）和服务业（餐饮）
	个体户	10%	主要从事餐饮、零售行业
	农业种植	10%	种植西瓜、红提等水果
	企业主	7%	近 2 年由于环保要求趋严，村内企业主逐步迁移至四川、江西办分厂，主要是塑料厂和模具厂；有 6 户长期在苏州从事家具制造业（10 年以上）
	淘宝创业	3%	在黄岩市区从事塑料、模具等电商生意，多为 20 岁左右的年轻人

资料来源：屿头乡派驻沙滩村驻村干部郑国友提供

第二节　经济产出与经济结构

一、农业

沙滩村尽管总面积较大，但农业用地尤其是耕地很少。表 12 给出了近年来沙滩村的耕地变化状况。从中可见，按户籍人口计算，目前沙滩村的人均耕地面积不足半亩，且呈现出逐年减少的趋势。因此不难想象，单靠耕地作为生产资料是完全无法维持村民们日常生活需要的，更不要说如何让村民们富起来了。

表 12　沙滩村 2014—2016 年耕地面积

单位：亩

年份	本年年末数	水田	旱地
2014	459.04	394.90	64.14
2015	440.74	376.60	64.14
2016	440.74	376.60	64.14

资料来源：屿头乡派驻沙滩村驻村干部郑国友提供

　　表 13 给出了沙滩村 2014—2017 年农业收入情况。从中可以看出这几年沙滩村的农业总收入若按人均计算，则户籍人口的年平均农业收入大约在 5000 元左右。

　　就农业产出结构而言，在几类农业作物中，产值最高的是水果，其产出约占农业总产出的 70%~75%，其次是蔬菜。这也是沙滩村农产品中商品化程度最高的两种作物。例如，沙滩村的白沙枇杷市场口碑一直很好，多年来十分畅销。也正因如此，目前沙滩村农业收入水平的高低，基本上就取决于这两类作物的收成好坏。至于其余的农作物，主要用于满足沙滩村村民自身的食用需要。

表 13　沙滩村 2014—2017 年农业收入

单位：万元

年份	粮食作物	油类	甘蔗	蔬菜	水果	总收入
2014	60.85	1.25	4.41	92.75	318.02	477.29
2015	48.73	1.31	4.44	96.27	366.49	517.24
2016	51.19	1.41	7.42	86.87	417.25	564.14
2017	54.50	1.39	7.53	120.95	317.37	501.74

　　注：1. 根据统计资料，沙滩村无林业和牧业产出。

　　　　2. 由于缺乏计算口径，使得畜牧业的收入无法计算。

　　　　3. 官方统计局未公布 2017 年的农产品单价，只能采用 2016 年的单价进行计算。

　　　　4. 2017 年水果类别中的柑橘无数据，可能因此导致 2017 年的总收入较低。

　　此外，在表 13 的注 1 和注 2 有关林业和畜牧业的说明中，还有两点值得注意。首先是林业，在近年的统计资料中，沙滩村无任何林业产出，但沙滩村有山林面积 1924 亩，且在 1980 年至 2012 年的沙滩村经济统计中也是有林业产出这一项的[1]。对此的解释是，由于保护森林和生态的需要，除种植水果之外，与林业

---

①　对此可参见：杨贵庆 . 黄岩实践：美丽乡村规划探索 . 上海：同济大学出版社，2015：32.

有关的其他生产活动现在大多已被禁止了①。其次是畜牧业，其生产情况和林业不同。因为在相关资料中，是可以看到相应的家畜和家禽的养殖活动的，如表14所示，但只是由于缺乏计算口径，因此无法估算其产出价值。不过，2018年以后，受环保要求的影响，沙滩村的养殖业也已基本上消失了。

表14　沙滩村2014—2016年畜牧业每年产出

年份	年内生猪出栏量/头	生猪年末存栏量/头	年内出栏家禽量/只	家禽年末存栏量/只
2014	38	75	874	184
2015	69	62	1210	365
2016	86	42	1304	351

二、工业

沙滩村的工业主要是制造业，共有10家企业，其2013—2017年基本情况如表15所示。2018年以来，由于环保风暴的影响，多数企业逐渐关闭，生产活动陷于停顿。

表15　沙滩村工业企业基本情况一览表

年份	土地面积/平方米	厂房面积/平方米	年固定资产投资/万元	员工总数/人	工业总产值/万元
2013	7990	8700	—	281	8820
2014	7990	8700	—	287	9660
2015	7990	22620	2100	620	10620
2016	7990	22620	1560	560	10750
2017	7990	22620	1900	560	10550

注：该表中的员工总数、工业总产值与表16中的数据差异较大；员工总数中既有本村人员，也有外地人员。

资料来源：屿头乡派驻沙滩村驻村干部郑国友提供

在产品分类上，这些企业主要生产塑料制品和纸箱。10家企业中，6家企业生产塑料制品，4家企业生产纸箱。这些纸箱大多为塑料制品生产企业提供配套包装服务，因此同属一条产业链。就产业结构而言，这属于一种非常典型的"一村一品"的产业集聚类型。在这10家企业中，开办年份最早、规模最大的当属浙

---

① 在沙滩村实地考察时，可以看见还存在一些零星的林产品售卖，但规模很小。

江非非猫日用品有限公司（详见本章末尾"专栏一"），其所有者是目前的村委会主任。表 16 提供了 2017 年这 10 家企业的基本情况。

表 16   2017 年沙滩村工业企业基本情况一览表

企业名称	主要产品	土地面积 / 平方米	厂房面积 / 平方米	员工总数 / 人	工业总产值 / 万元
浙江非非猫日用品有限公司	塑料制品	2800	11000	160	2800
黄岩福运塑料制品厂	塑料制品	600	2200	20	1400
黄岩屿头益胜塑料厂	塑料制品	800	2800	10	2000
黄岩绿亮塑料制品厂	塑料制品	520	1040	—	—
黄岩尔东塑料厂	塑料制品	1300	2700	38	3000
黄岩旭晔塑料制品厂	塑料制品	530	—	8	300
黄岩米正纸箱厂	纸箱	320	640	9	500
黄岩长风纸箱厂	纸箱	320	640	4	120
黄岩万事发纸箱厂	纸箱	320	640	5	130
黄岩安平纸箱厂	纸箱	480	960	7	300
合　计		7990	22620	261	15500

注：员工总数指在当地工厂就业的员工人数，而非企业的全部员工人数。这其中多为本村村民，但也有部分屿头乡其他村的村民和外来打工者。

资料来源：屿头乡派驻沙滩村驻村干部郑国友提供

由表 16 的数据可知，2017 年沙滩村的工业总产值大约是 15500 万元，如按通常的加工深度即增加值与总产值之比为 1∶6 计算的话，则 2017 年沙滩村的工业增加值大约是 2500 万元左右。村民的人均工业增加值大约是 2.24 万元[①]。

三、服务业

如前所述，沙滩村是屿头乡乡政府所在地，加上近年来旅游业有所发展，来往人员较多，因此服务业领先于一般行政村，但不论是就业还是产出，目前的总体规模还很小。服务业的具体内容有零售、餐饮、民宿、理发、旅游景点服务等等。个别餐饮产品（如阿玲馒头和雪芳馒头）在当地享有较高的知名度，附近的乡民会经常前来订购。从业人员中，有些是专职的，有些是兼职的，如旅游景点的保洁服务和土特产的加工、售卖等等。

从长远看，沙滩村的旅游业有一定的发展前景。其原因在于：第一，村内的

---

① 由于很难得到企业详细的经营数据，故此处只能采用这种十分粗略的办法来估算沙滩村的工业产出。

太尉殿和保存完好的老街是当地知名的传统文化旅游景点，逢年过节香火一直较旺，且近年来随着太尉殿及其周围景观的逐渐修复，开展各种文化活动的条件逐步改善，旅游价值进一步提升，因而在平日也有一定的旅游吸引力。第二，对外交通条件和交通区位不断改善。近年来，随着高速公路的开通，从黄岩城区到屿头乡的乘车时间已缩短至1小时左右，而屿头乡的旅游资源较多，因此沙滩村作为屿头乡的地理中心，完全有可能打造成屿头乡的旅游集散中心。

第三节 土地资源与使用

土地是农村和农民最重要的生产资料。以下表17和表18分别给出了沙滩村2013年和2018年的村域现状用地平衡表。比较表17和表18可以看出，近5年来，从用地面积的角度看，沙滩村总的变化不大，土地总面积只略微减少了约1.5公顷，但用地结构却发生了较大的变化。其一是城乡建设用地与水域加河流水面用地增加较多，前者达4.36公顷，后者达2.45公顷，而未利用地减少较多，达5.28公顷，尤其是自然保留地的减少更是多达7.74公顷。由此可以认为，这几年沙滩村建设用地与水域加河流水面用地的增加基本上是通过开发自然保留地来获取的。其二是农用地的内部结构也发生了较大的变化，即园地增加了15.73公顷，而耕地和林地分别减少了11.14公顷和4.56公顷。因此，从产出结构的角度看，这意味着，沙滩村粮食与蔬菜的产出能力将有所下降，而水果的生产能力将有所上升[①]，因而农业的产出结构总体上有一定优化。

从表17和表18中可以看出，农用地面积基本不变，说明沙滩村做到了"守住耕地这根底线不能动"。而城乡建设用地的增加，是因为利用原乡公所旧房改造建设"同济·黄岩乡村振兴学院"沙滩北校区时，对原有坟地进行了迁移，并且对原坟地周边闲置的土地进行了合理有效地流转。基于沙滩村是屿头乡的乡所在地，乡与村之间的用地状况始终是你中有我，我中有你，与屿头乡的其他村庄在建设用地上有明显不同的特征。

---

① 这一点在表14的数据中可以得到一定的印证。因为从表14中可以看出，与2014年相比，沙滩村2015年、2016年与2017年粮食收入都是明显减少的，这显然与耕种面积减少有关；但蔬菜收入2017年与2014年相比却有大幅增加，这既可能与耕种面积变化有关，也可能与菜价变化有关。因为蔬菜价格的市场需求弹性远大于粮食的市场需求弹性。此外，2015年与2016年水果收入都是稳步增加的，但2017年大幅减少，而这很可能与园地产权性质的变化有关。

表 17   2013 年沙滩村村域现状用地平衡表

用地类型		面积 / 公顷	占比
农用地	小计	159.02	83.12%
	耕地	32.06	16.76%
	园地	51.95	27.16%
	林地	75	39.21%
建设用地	小计	16.44	8.60%
	城乡建设用地	13.45	7.03%
	交通水利用地	2.99	1.56%
未利用地	小计	15.84	8.28%
	水域与河流水面	6.57	3.43%
	自然保留地	9.28	4.85%
全部土地		191.3	100%

数据来源：《黄岩实践——美丽乡村规划探索》，同济大学出版社，2015 年版

表 18   2018 年沙滩村村域现状用地平衡表

用地类型		面积 / 公顷	占比
农用地	小计	159.042	83.78%
	耕地	20.92	
	园地	67.685	
	林地	70.437	
建设用地	小计	20.219	10.65%
	城乡建设用地	17.809	
	交通水利用地	2.41	
未利用地	小计	10.559	5.56%
	水域与河流水面	9.017	
	自然保留地	1.542	
全部土地		189.82	100%

数据来源：屿头乡派驻沙滩村驻村干部郑国友提供

第四节 村民收入、福利与家庭财产

一、收入①

从前述沙滩村的就业结构和产业结构的介绍中可以看出，在沙滩村，95%以上的村民家庭收入主要来自劳动收入，大约3%的村民的家庭收入主要来自开办企业的经营收入和财产收入。

关于收入水平，准确的数据很难获取，只能在一定的假设条件下加以估算。例如，关于劳动收入，可以将所有劳动者大致分成三种类型：其一，纯农民，指在本乡和外乡单纯从事农业生产和经营的劳动者；其二，兼业型农民，指平日以在乡里的企业——包括工业和服务业——工作为主，同时兼顾承包地和自留地耕作的劳动者；其三，纯打工者，指全年基本上在屿头乡以外的地方务工，且基本上放弃务农活动的劳动者。在这三种类型中，据估计，兼业型农民的数量最多，接近50%，纯打工者次之，纯农民最少。不仅如此，由于兼业型农民大多数都已年过四十，且劳动技能和体力与纯打工者和纯农民相比也要逊色不少，所以可以视为劳动收入水平最低的一种类型。因此，这里就以对兼业型农民收入水平的分析为基础，来估算沙滩村的人均收入水平。整个估算过程分成四步。

第一步：估算兼业型农民的非农劳务收入。对此，目前唯一可以获取的资料是专栏1中有关在浙江非非猫日用品有限公司就业村民的工资信息。从该专栏中可以看到，在该企业生产一线工作的员工，年龄大多在40—65岁之间（超过65岁的有2人），且绝大多数为女性。其中年纪最小的出生于1976年，年纪最大的出生于1944年。这些员工中，2018年多数的月工资收入为2500~3000元。这也是该企业最低的工资水平了。以此为依据，同时一方面考虑到非非猫日用品有限公司是村里最大最好的工厂，因此其平均工资水平可能也是村中所有工厂最高的，另一方面考虑到在服务业中就业的兼业型农民收入通常要比在工厂就业的兼业型农民高②，所以可以认为所有兼业型农民的非农劳务收入平均大约为每月2500元。这样，按照每年工作10个月计算，其年收入大约为2.5万元③。

---

① 由于数据搜集等方面的原因，此处有关收入的描述与分析与国家统计部门的标准有一些差别。按照国家统计部门的标准，农户收入由四部分组成，即经营性收入（主要指农户的农产品收入）、务工性收入、财产性收入和转移性收入。有关各项收入的具体定义可参见国家统计局相关文件。
② 对此可参见表4中的有关说明。
③ 从表6中可知，沙滩村的农产品收入中，80%以上为水果和蔬菜，因而其商品化程度很高。

第二步：估算兼业型农民的农业收入。前文已述及，按照户籍人口计算，沙滩村人均农业收入约为 5000 元。因此，假定该收入中农业生产成本占 50%，同时考虑村里适龄劳动就业人口占总人口 67% 以及兼业型农民占总劳动力数量的 50%，则可以估算兼业型农民的全年农业收入平均每人大约为 7500 元。其中，扣除 20% 自用部分，则余下的 6000 元为货币净收入。

第三步：估算兼业型农民的劳动总收入。显然，该劳动总收入应等于务工劳动收入与务农劳动收入之和，即 25000 元 +7500 元 =32500 元，其中货币净收入为 25000 元 +6000 元 =31000 元。

第四步：估算沙滩村的人均可支配收入水平[①]。前文已述及，兼业型农民的收入水平在三类劳动者中是最低的。因此，考虑到以下两个因素，可以认为其他两类劳动者的年收入将不会低于 4 万元。这两个因素为：第一，外出务工的机会成本和目前江浙一带打工者的平均工资水平；第二，外出务工者的身体状况和技能状况（多为 20 岁至 40 岁的青壮年劳动力和 40 岁以上的男性劳动力）。因此，在所有以劳动收入为主的劳动者中，假定兼业型农民与其他两类劳动者之和各占 50%，并以兼业型农民的每年货币净收入 31000 元和外出务工者的最低年收入 40000 元为基础，则这些劳动者的平均可支配年收入大约为 35500 元，再按照沙滩村适龄劳动人员占户籍人口总数 67% 的比重，则可以计算出沙滩村 2018 年户籍人口人均可支配收入将不会低于 23800 元。并且，这里还需要说明一点的是，上述计算过程并没有纳入那些开办企业的适龄劳动者的收入。这些人虽然占比很少，但其收入通常远远高于普通劳动者。因此，如果考虑该类人员，则沙滩村户籍人口的人均可支配收入还会高出一些。

作为比较，表 19 列出了 2016—2018 年浙江省、台州市和黄岩区农村的人均可支配收入。从表中可以看出，不仅农民人均可支配收入是逐年增长的，而且黄岩区的农民人均可支配收入要高于台州市和浙江省。这是可以理解的，因为台州市在浙江省内属于沿海经济发达地区，而黄岩区在台州市也属于经济发达地区。当然，沙滩村在黄岩区属于经济较为落后的山庄，但对比表 11 的数据，应该说上述关于沙滩村的收入水平估算结果是可信的。

[①] 在计算农民可支配收入时，通常还需要考虑财产性收入（如农民出租房屋的收入）和资本性收入（如农民在银行等金融机构的收入），但鉴于沙滩村的实际情况，此处这两项均不予以考虑。

表 19　2016—2018 年浙江省、台州市和黄岩区农村人均可支配收入

单位：元

地　区	2016 年	2017 年	2018 年
浙江省	22866	24956	27302
台州市	23164	25369	27631
黄岩区	23404	25834	28276

资料来源：2016—2018 年浙江省统计年鉴、台州市统计年鉴和黄岩区统计公报

二、社会福利与集体福利

与我国绝大多数农村一样，沙滩村村民享有的社会福利，主要包括三个方面，即义务教育、合作医疗与养老。其中，九年义务教育的基本费用主要由地方政府承担；参加合作医疗的费用 2016 年以前曾由村集体收入承担，2016 年以后则根据要求由村民自己承担。目前，义务教育已经 100% 普及，合作医疗的参保率也已经达到 100%。在养老方面，村里专门盖了一座老年人活动中心，供老人们休闲和娱乐。绝大多数老人都实现居家养老，只有一户五保户由村里负责供养。"幼有所学，老有所养"在沙滩村早已实现。

这里尤其需要指出的是，2012 年以来，在乡村振兴战略的指引和当地政府的努力下，通过政府的转移支付和多种形式的资金投入，屿头乡的公共基础设施建设和公共服务水平有了很大提高，不仅村容村貌发生了很大变化，而且宜居性也有了很大提高。

三、家庭财产

从现场调查情况看，可得出以下结论。首先，所有村民都拥有经过确权的自留地、宅基地及房产，且大多数村民都已搬进了村里统一修建的联排式的居民楼；其次，绝大多数村民家庭都已用上了电视机、电冰箱、洗衣机、电饭煲等家用电器，半数以上的家庭安装了太阳能热水器和空调，1/3 左右的家庭购置了乘用车。一到逢年过节，大批外出务工人员返乡，村里便到处都停满了车。总体而言，村民的日常生活方式已经日益城镇化，且多数村民的生活水平已经大大超过了全面小康的标准[1]。

---

[1]　农村全面小康的标准为：①人均年可支配收入超过 6000 元（1990 年不变价）；②第一产业劳动力比重低于 35%；③农村小城镇人口比重高于 35%；④农村合作医疗覆盖率达到 90%；⑤农村养老保险覆盖率达到 60%。

四、困难救助

当然，尽管当时大多数村民的生活已经超过了全面小康标准，但总有一些村民会由于年老、生病等原因，生活仍然陷于贫困状态。这些人员又分为两类：一类是完全丧失劳动力且无依无靠的特困人员；另一类是部分丧失劳动力或有一定家庭依靠的低保户。根据村委会提供的资料显示，2018 年列入第一类的沙滩村村民只有两人，且都已年过 70 岁，列入第二类的共有 13 户 24 人。两类人相加，整个村的贫困发生率不到 3%。对于这些贫困户，根据国家政策，将由政府提供最低生活补助。补助标准则根据社会经济发展水平和物价水平每两年调整一次。例如，2015—2016 年黄岩区的补助标准为每人每月不低于 660 元；2017—2018 年的补助标准为每人每月不低于 720 元；2019—2020 年的补助标准为每人每月不低于770 元。具体发放时，先由村委会核定每家的实际收入状况，再计算出相应的补助数额，然后报乡政府备案和实施。

此外，除了上述两类人员，村委会还会关注一些低保边缘户，即尚未达到规定的低保标准但实际收入偏低或因种种原因（如生病）而出现生活困难的家庭。2018 年，沙滩村中被列入低保边缘户的共有 10 户 27 人。对于这些家庭，村委会也会通过多种渠道对其进行帮扶，以保证这些家庭得以维持基本生活。

第五节　集体资产与收入状况

沙滩村的集体资产主要是两块，一块是集体土地，一块是集体房产（见专栏2）。这两块资产也是沙滩村集体收入的最主要来源。其中土地收入主要来自于租赁给企业办厂的租金收入；房产收入主要来自于部分村集体产权房的出租收入。2014—2017 年，每年土地出租大约能获取收入 9 万多元，房屋出租大约能获取收入 42 万元（2 万元一间，共 21 间）。2018 年略有减少，两项收入合计 45 万元左右。这主要是由于受环保要求影响，租赁土地和房屋以供在当地从事生产活动的消费意愿明显下降。具体的租赁活动由村委会负责，通过招标确定承租人。

上述集体收入主要用于村内各种公共基础设施的建设和村民的公共福利开支，以及维系村委会的日常运作。应该说，村集体收入的存在，在村庄治理中具有重要作用。它既是凝聚村民的重要条件，也是村委会开展各种活动的重要基础，不仅体现了村集体的价值，而且是贯彻国家的方针政策、振兴村庄发展的一种不可或缺的保证。

专栏一：浙江非非猫日用品有限公司

1. 公司概况

公司为屿头乡最大的企业，企业主为沙滩村村委会主任。企业主要生产粘钩以及厨房卫浴所用的各种塑料制品，产品销至全国，年销售额超过5000万元。目前公司旗下共有9个子公司，主要分为制造公司、销售公司、研发公司，已实现全产业链生产。沙滩村的工厂主要负责产品生产环节。

沙滩村工厂一共有170名员工，其中男性35名，女性135名，多为屿头乡各村村民，也有外来务工者。

2. 工厂岗位设置与工资水平

表20给出了有关工厂的岗位设置与工资水平的相关情况。从中可见，员工的月平均工资应该在3000元以上。

表20 2017年沙滩村工业企业基本情况一览表

职能	工种	人数	年龄特征	月薪	文化程度
基层	印花工	12人	40岁左右	3000～3500元	初中
	打机工	32人	50岁以上	约4000元	
	包装工	70人以上	50岁以上	2500～3000元	
	杂工	10人	50岁以上	约4000元	
管理层	销售	约50人	30岁左右	约6000元	专科
	设计、技术			约6000元	
	行政、财务			约3000元	

注：以上信息由同济大学陶小马教授研究团队经调研获得

3. 部分在职的沙滩村村民信息

部分在职的沙滩村村民信息如表21所示。

表21 部分在职的沙滩村村民信息表

工种	姓名	性别	出生日期	月薪
打机工	王梅香	女	1955.2.18	约4000元
	张茶花	女	1964.5.31	

续表

工种	姓名	性别	出生日期	月薪
杂工	黄官甫	男	1956.6.2	约 4000 元
印花工	王玲枝	女	1975.7.1	3000～3500 元
	冯伶利	女	1963.5.5	
包装工	赵荷兰	女	1960.2.20	2500～3000 元
	陈金招	女	1963.1.21	
	廖玉香	女	1954.9.9	
	赵云方	女	1967.1.8	
	牟彩云	女	1959.2.19	
	黄素芹	女	1962.3.13	
	张雪娟	女	1966.11.6	
	黄杏春	女	1948.1.2	
	符红平	女	1976.10.19	
	陈秀云	女	1964.10.28	
	郑素玲	女	1973.9.29	
	应福清	女	1963.5.21	
	张国富	男	1962.12.8	
	杨金凤	女	1944.4.5	
	王金花	女	1972.6.19	
	黄雪云	女	1967.1.19	
	王仙女	女	1973.3.2	
	黄顺达	男	1952.5.12	

数据来源:由同济大学陶小马教授研究团队经调研获得

专栏二: 沙滩村的新街和老街

沙滩村的新街始建于 1994 年,它是根据村里集体群策规划,在保存沙滩老街建筑的基础上,将全村原有其他几个自然村落全部拆迁合并后所形成的新的人口集中居住区,居住了全村的绝大多数人口。相比于原来的自然村,新街的各种基础设施都大大改善,村民的居住条件由此得到了很大提高。

新街宅基地面积的分配主要根据家庭人口数量。其中,家庭人口数量在 1~3 人的,可分配一间;4~6 人的,可分配两间;7 人以上的,可分配三间。每间的宅基地面积为 47.5 平方米,建筑高度可根据各家意愿自愿选择,或 3 层或 4 层。

2018 年新街上的房价大约在每平方米 1500 元左右。据此估算,村民一间房的价值大约在 20 万元。

　　沙滩老街是在沙滩村原有的几个自然村中唯一保留下来的自然村。原因主要在于其毗邻太尉殿并具有较完整的历史建筑，因而具有一定的文化保留价值和经济利用价值。按照规划，改造后的沙滩老街将主要发挥教育功能、历史文化传承功能和旅游集散功能，是屿头乡即黄岩区西部的旅游中心，以及未来沙滩村的支柱产业承载地。

　　在沙滩村新街上，除了村民的居住用房以外，还建有20多间的集体用房。在这些集体用房中，有21间两层楼的房屋作为集体资产向外租赁，用于开办各种商业服务，如餐饮、便利店、仓库等等。其租金是沙滩村集体收入的主要来源之一。

第四章　影响经济变化的主要方面

　　沙滩村在经历了改革开放 40 多年以来的努力奋斗之后，其村庄面貌与经济变化无疑是巨大的。由此，接下起来需要讨论的一个问题就是，究竟是通过什么方式和途经造就了这种巨大的变化。对此要详细解读，还需要深入研究，即需要做很多深入细致的田野调查，限于工作条件与时间限定，本书只能在力所能及的范围内，根据所能搜集到的资料并结合整个国家变迁的大背景与大方向，尝试从以下几个方面做出回答，抛砖引玉，以飨读者。

第一节　家庭联产承包责任制与深化土地制度改革

　　农村家庭联产承包责任制是我国改革开放迈出的第一步，也是在经历"文化大革命"巨大破坏后恢复国民经济包括农村经济的战略起点。该承包制首先兴起于 1978 年的安徽农村，其主要优点，就在于通过对人民公社集体土地所有制中土地使用权和收益权的调整，打破了"干多干少、干好干坏一个样"的大锅饭式的分配制度，从而极大地激发了广大农民的生产积极性，大幅度地提高了农业劳动生产率和农民收入水平，产生出了所谓"一包就灵"的经济效果。

　　1982 年 1 月 1 日，中共中央发布 1 号文件，在对其时党内依然存在的浓厚的"左"倾思想路线和"文化大革命"残留影响坚决批判的基础上，正式肯定了当时农村正在出现的包产到户、包干到户等各种形式的生产责任制。由此，家庭联产承包责任制这一中国农民的伟大创举开始迅速地在广大农村得到推广。

　　如前所述，沙滩村是从 1982 年开始实行该承包制的。其效果则如各种数据分析所显示的那样，十分明显。不仅如此，这种效果在对村民的直接采访中更是有着非常生动的表现，这在每次我们对村民进行采访时都能够深切地感受到。例如，村民黄君玲在采访时对我们说："早知道这样，早点分田到户，我们也不会这样穷了"。这充分说明了承包制对于农民生产积极性的激励作用和对农民收入的改善作用，以及农民对该种制度的由衷的拥护。因为正是这种制度，使得原来吃饭要靠借粮的许多村户，第一次有了充足的粮食，不仅自己能吃饱，而且还有余粮可卖。显然，这对长期贫困的农民而言，无疑是一种巨大的变化，并由此燃起了他们对生活的希望。因此，与全国农村一样，家庭联产承包责任制显然是当之无愧的撬动沙滩村经济发展的最重要的初始推动力。

当然，1982年沙滩村引进实施的家庭联产承包责任制，在土地制度设计上还是比较简单并存在不足的。这主要表现在两个方面：其一是承包期太短，只有3年；其二是没有解决土地的处置权和继承权问题，因而仍然没能使农村集体土地的产权完全与农民的利益捆绑在一起，并由此使农民在土地使用上出现了一些不当行为，如不爱惜土地、忽视对土地的投资等等。但是，党中央很快就发现了这些问题，并在之后的几十年里，不断采取一系列措施，在确保农民利益的前提下，持续深化农村土地制度的改革，从而推动了农村经济与农民收入一波又一波的提升与发展，农民也开始渐渐富裕了起来。

例如，在第一轮土地三年承包即将到期以前，政府及时修订了土地承包制度，其中最重要的就是把承包年限从3年延长到了15年（1997年以后又继续延长了30年），从而打消了农民的承包顾虑，给农民种地吃了定心丸。农民的耕作行为也因此发生了很大变化，开始争相向土地投资。当地农民为此还专门编了顺口溜：

过去承包搞3年，满塘河泥无人捻，塘坎塌了无人填，猪栏不肯担到边远田。

现在承包15年，河泥争着捻，塘坎及时填，猪栏也肯担到边远田。

不仅如此，随着承包期的延长，农民还逐渐认识到，不只是增加对个人承包地的投入，而且加强对农业公共设施的投入以及村庄周边环境的治理也都会直接影响到自己所承包土地的效益，于是纷纷开始关注村庄的建设。

到了2013年初，针对农村土地使用出现的新情况和新问题，全国两会再次给土地改革定下了清晰的方向与目标，即加快农村土地征收改革与完善土地流转制度，逐步建立城乡统一的建设用地市场，实现农村集体经营性建设用地与国有土地享有平等权益，确保农民的土地权益。此后，中共中央办公厅和国务院办公厅又在2015年1月联合印发了《关于农村土地征收、集体经营建设性用地入市、宅基地制度改革试点工作的意见》，拉开了我国农村土地制度改革进入新一轮试点阶段的序幕。借此，沙滩村也开展了新一轮的土地确权活动，并给每户农民颁发了土地确权证书,确认了农民对承包地、宅基地和集体经营用地不仅有使用权和收益权,而且有继承权和一定程度的处置权,从而进一步保证了农民的土地权益,巩固了农民的经济基础,并为沙滩村及其村民下一步的经济发展提供了重要条件。

不难看出,推动沙滩村经济发展的最重要的因素,始终是农村土地制度的改革。因为如果没有土地制度的改革,其他经济发展措施都将是无源之水、无本之木,是难以为继的。

第二节　城乡关系与就业制度变革

在农村经济体制改革取得成功的推动下,1984 年 12 月召开的中共十二届三中全会决定在城市也开始进行经济体制改革,并颁发了《中共中央关于经济体制改革的决定》。该决定开明宗义地指出:"我国经济体制改革首先在农村取得了巨大成就。长期使我们焦虑的农业生产所以能够在短时期内蓬勃发展起来,显示了我国社会主义农业的强大活力,根本原因就在于大胆冲破'左'的思想束缚,改变不适应我国农业生产力发展的体制,全面推行了联产承包责任制,发挥了八亿农民的巨大的社会主义积极性。目前农村的改革还在继续发展,农村经济开始向专业化、商品化、现代化转变,这种形势迫切要求疏通城乡流通渠道,为日益增多的农产品开拓市场,同时满足农民对工业品、科学技术和文化教育的不断增长的需求。农村改革的成功经验,农村经济发展对城市的要求,为以城市为重点的整个经济体制的改革提供了极为有利的条件。"

对于农村而言,该决定的重要意义在于,它不仅充分肯定了农村改革已经取得的成就,而且充分肯定了下一步农村经济应该向专业化、商品化、现代化发展的方向,从而为打破计划经济时代的城乡二元结构,实现农副产品生产的自由流通和城乡关系的全面调整打开了大门。自此,不仅农民手中的各种农副产品可以名正言顺地进入城市进行销售[①],从而使农民在"种什么、怎么种"的问题上有了更多的选择权和更好的收益性[②],而且使得各种生产要素得以在城乡之间逐渐开始流动。其中,最重要的流动便是开始重新允许农民进城打工,并由此创造了中国社会的一个独特的社会群体——农民工。

---

① 在今天,可能很少有人还会记得,在上述决定出来之前,农民个人到城市销售农副产品是被严格限制的。
② 这一点在《中国当代村庄的浙江样本研究之纪录片沙滩村》中对村民的访谈里也有很好的展现。

从历史上看，农民进城打工是工业化与城市化进程中一种十分自然且不可避免的现象。但在我国，由于20世纪50年代"大跃进""人民公社化运动"的错误决策，农民进城打工在1960年之后是被严格禁止的。由此，农民开始被严格地束缚在农村，即只能在农村劳动。然而，这种束缚在经济上带来的损失是十分巨大的。因为在中国大部分农村地区，尤其是长三角地区的农村，人多地少是一种普遍现象。例如沙滩村，人均耕地不过两三分。因此，依靠这么一点土地，农民再怎么勤劳，除了实现温饱之外，也不可能获得更多的收入。与此同时，农村产生了大量的隐性失业，即劳动力的浪费。而要改变这种状况，最关键的措施就是要实施工业化和城市化，并通过制度变革，使大量多余的农村劳动人口能够从土地中解放出来，参与到劳动生产率更高、财富创造能力更强的工商业活动中去。沙滩村的事实也充分证明了这一点。

在调研中，接受访谈的村干部都表示，从20世纪80年代后期开始，随着国家人口管理政策与就业政策的逐渐放开，便有村民陆陆续续地到城里打工，并慢慢形成风气，先是男性中青年，然后扩展到女性中青年。时至今日，正如表4中数据所展示的，绝大部分20—40岁的中青年村民已经在城里就业，并且是村里平均收入水平最高的一个社会群体。一般情况下，哪家在城里打工的人多，哪家经济就比较富裕。这说明，30多年来，带动沙滩村致富的重要因素，不仅在于农业和农村自身的发展，而且更在于工业和城市的发展，以及城乡关系的大幅度调整和城乡二元社会结构的改善。因此，正如中央文件所多次指出的那样，要解决"三农"问题，并不仅仅是农村与农民的事情，而必须依托整个社会的全面发展，因而是一项涉及整个社会的系统工程。

第三节　非农产业和民营企业兴起

在沙滩村，工业化的影响不仅表现为大量村民外出打工，而且表现为本村制造业的渐渐兴起。并且，相比于屿头乡的其他行政村，沙滩村的制造业是发展得较好的。因此，相比于其他村，沙滩村村民外出打工的比例也是比较低的。

农村工业化，即在农村中兴办工业企业，是我国工业化过程中的一个独特现象。之所以如此，主要与前述提到的我国在改革开放初期所面临的计划经济体制遗留的城乡分割的二元化结构息息相关。在该二元化结构条件下，城乡之间商品、资本、技术与劳动力的流动均受到了严格限制，因此对于土地稀缺但通过家庭联产承包责任制的改革而开始有了少量资本积累的农村而言，要想继续致富，一条重要的路径就是利用本地的各种廉价资源，自己开办工厂。尽管这种做法从长远来看，似乎既不合理也不经济，因为它不符合制造业空间集聚的各种基本要求，并会产生环境污染等多种负面效应，但在特定的历史条件和制度条件下，却是一种理性的选择。因为相比于局限在搞农业上，办工业的劳动生产率要高得多，农民收入的提高也要快得多，因而很容易受到农民的欢迎。

前已述及，20 世纪 80 年代初期沙滩村除了几个小规模的集体农产品加工作坊外，基本上没有制造业。但自 20 世纪 80 年代末期开始，部分村民开始利用集体企业经营承包制带来的机会自办工厂。在多次尝试，多次失败后，最终在塑料制品行业站稳了脚跟，并越做越大。截至 2017 年底，沙滩村共有 10 家制造型企业，其中 6 家塑料制品厂，4 家为塑料制品生产配套的纸箱厂，共租用集体土地约 12 亩，雇佣员工 260 余人，年产值达到 1.55 亿元（见表 9），年上缴土地租金 9 万多元，成为沙滩村最重要的支柱产业，以及村民与村集体收入的一个主要来源。

在这 10 家企业中，大多数员工都来自沙滩村，且年龄大多在 40 岁以上，文化、技能较弱，并以女性为主。对这些员工来说，在家门口就业的好处是很多的：一是能够照顾家庭，如照料老人和孩子；二是能够兼顾农业，种种粮食和蔬菜；三是生活成本低，省去了租房和交通方面的费用；四是收入也不错，除去日常开销还有结余。这些企业也因此成为沙滩村内最重要的就业吸纳者。

当然，沙滩村的企业能够在激烈的市场竞争中存活下来，并比周边其他村发展得要好，是与企业创办者们的顽强拼搏分不开的。这里尤其需要指出的是，从各种基础条件看，沙滩村办工厂的条件其实并不好。因为沙滩村地处黄岩西部山区，过去很长一段时间对外交通条件都很差，近几年来虽然有所改善，但与山区外相比仍有明显差距。因此，这些创办者确实都是村里的一些能人，能在不利的环境中找到一条发展路径。例如，目前沙滩村的村委会主任，就是村里最大的一家塑料制品厂——浙江非非猫日用品有限公司的创办者。这种情况在目前的中国农村是非常普遍的。换句话说，一个村庄有没有能人，往往也是这个村庄的经济能否健康发展的重要因素。就这一点而言，"能人"的发现及培养也是农村经济发展不可忽视的一个重要因素。

此外，近几十年来，除了制造业，沙滩村的零售业、餐饮业和其他服务业也伴随着经济体制的改革与经济环境的改善而有一定程度的发展。由于沙滩村是屿头乡政府所在地，且有太尉殿等享誉周边的旅游资源，因此人员往来相对较多，服务业也较周边其他村更为发达。近几年每年的服务业产值大致都在四五百万元。

第四节　政府系列惠农政策

沙滩村的经济发展，除了依靠村民自己的努力外，黄岩区政府的一系列惠农政策也起到了很大促进作用，且这种作用在 1989 年之后日益增强。黄岩区政府之所以要给予沙滩村的经济发展以帮助，主要有两个层面的原因。

第一个层面是，区政府需要积极落实国家制定的大政策。改革开放以来，国家一直把解决"三农"问题视为是国家发展的重大战略问题。从邓小平同志开始，40 多年来，历届中央领导几乎每年都要对"三农"问题做出批示，强调做好"三农"工作的重大意义，并发布中央一号文件，根据国家改革开放大局和总体经济形势，制定详细的"三农"政策和具体的工作要求，指导各地开展工作。对此，黄岩区政府始终积极贯彻，认真执行，并力争在各项工作中走在前列。例如，黄岩区为了贯彻中央精神，在经济蓬勃发展的同时切实减轻农民负担，早在 2004 年就在全国开了一个好头，即第一个取消了农业税，率先把"工业反哺农业、城市反哺农村"的要求真正落到了实处，并由此对浙江省和全国在 2005 年与 2006 年相继取消农业税发挥了重要的推动作用。而对于广大农民来说，取消农业税，更是让他们充分感受到了党和政府对农民与农村的关心，减轻了农村发展的经济压力和工作压力。

第二个层面则与沙滩村所处的特殊地理位置——黄岩西部山区暨长潭水库上游水源保护地——有关。山区的经济发展条件与生活水平一般较差，这是不言而喻的，因此政府通常也会给山区较多的扶持与帮助，这也是容易理解的。但对于沙滩村来说，其地理位置的特殊性不仅在于其地处山区，更在于其地处长潭水库上游水源保护地。1958 年修建的长潭水库，其最初主要是为了防洪抗旱以及浇灌农田，因而是一座典型的农用水库。但是，20 世纪 80 年代以后，随着台州地区工业化与城市化的快速发展，长潭水库的功能也发生了质的变化，即它成了整个温黄平原 300 万人民的最重要的饮用水源，因而对水质的要求大幅度提高。但这样一来，却对沙滩村的经济发展带来了严重影响，因为水源保护的要求在很大程度上限制了沙滩村对许多经济活动的选择和开展。因此，从公平性的要求出发，地方政府必须给予沙滩村一定的经济扶持。

在具体形式上，黄岩区政府给予沙滩村的经济扶持可以分为两种类型：一种是间接的扶持；一种是直接的扶持。

间接的扶持主要体现在对涉及沙滩村发展的各种公共基础设施——主要是交通基础设施——建设的支持上。在改革开放之初，沙滩村的交通条件是非常差的，道路很少，等级也很低，到黄岩城区主要通过水路，且几十公里的路程要走上大半天。而从20世纪90年代开始，道路越修越多，且等级也越来越高。现在县道可以直通沙滩村，而省道与高速公路离沙滩村也很近，到黄岩城区乘车只要两个小时就足够了。显而易见，交通条件的改善、人流物流的畅通为沙滩村的发展插上了有力的翅膀。

直接的扶持又可以分成两种类型：一种是对经济活动的生产性扶持；另一种是对困难村民的生活性扶持。至于生活性扶持，主要是对困难户与低保户的补助，以保证他们的基本生活不受影响。毫无疑问，无论是生产性扶持还是生活性扶持，都对沙滩村的经济发展起到了很大的促进作用。而沙滩村村委会，也在争取政府扶持方面起到了很大作用。

第五节　美丽乡村建设

2005年10月，党的十六届五中全会正式了提出建设社会主义新农村的重大历史任务，并把"生产发展、生活宽裕、乡风文明、村容整洁、管理民主"作为建设新农村的具体要求。2008年1月，作为落实中央精神的具体举措，浙江省安吉县在县委十二届三次全体（扩大）会议上，正式提出"中国美丽乡村"计划，出台《建设"中国美丽乡村"行动纲要》，提出用10年左右时间，把安吉县打造成为中国最美丽的乡村。按照这一计划，安吉县将建设"村村优美、家家创业、处处和谐、人人幸福"的新农村，并由此将安吉打造成全国生态环境最优美、村容村貌最整洁、产业特色最鲜明、社区服务最健全、乡土文化最繁荣、农民生活最幸福的地区之一。"十二五"期间，受安吉县"中国美丽乡村"建设的成功影响，浙江省制定了《浙江省美丽乡村建设行动计划》。自此，美丽乡村建设活动开始在浙江省如火如荼地开展起来，并迅疾传播到全国。

　　沙滩村及其所在的屿头乡是从 2013 年开始开展美丽乡村建设活动的。但在活动初期，对于美丽乡村到底应该怎么建，村民与村委会也没有明确的认识，在村庄建设规划上甚至一度走过弯路。然而幸运的是，不久之后，沙滩村就找到了一个很好的合作伙伴——同济大学规划设计团队。在屿头乡政府指导下，沙滩村迅速调整了村庄建设规划，合理运用土地流转政策，采取将闲置土地赋能的做法，结合沙滩村独特的资源环境优势，重新定义了沙滩村未来的发展方向与功能，把开发旅游业、建设屿头乡旅游集散中心和农村干部教育基地作为经济建设和产业结构调整的主要方向。5 年多来，在黄岩区和屿头乡两级政府的大力支持下，该规划正在逐步实施。截至目前，黄岩区与同济大学合办的乡村振兴学院已经落成启用，太尉殿的修缮与沙滩老街的部分建筑改造已经完成，一座占地 69 亩、兼具旅游与水果生产功能的"四季采摘园"已经开门迎客，一条蜿蜒 10 多公里的登山旅游步道也已初步成形。整个村庄的面貌有了很大变化，不仅建筑与自然景观更漂亮了，而且人气也越来越旺，出现了不少新的业态和新的商铺，多年冷清的村庄逐渐焕发出了新的活力。沙滩村也因此成了浙江省内乡村改造的典范，多次受到浙江省和台州市的表彰。

　　当然，目前沙滩村美丽乡村的建设还只是初步的，其对经济活动的影响尚难以量化评估，但可以确信的是，随着该建设活动的不断推进，沙滩村必将更有魅力和活力。

生

活

篇

淳善为本　勤事稼穑

中国村庄发展

SHENGHUO PIAN
CHUNSHAN WEIBEN QINSHI JIASE

沙滩村人认为：人活于世，只要不懒，天道酬勤。只要存善，天必佑之。人立于世，不仅需要勤奋自强，更要有一颗善良之心。如此，才能自强不息，厚德载物，走得更顺更远。

习近平总书记在庆祝改革开放40周年大会上也讲道："正是这种'天行健，君子以自强不息''地势坤，君子以厚德载物'的变革和开放精神，使中华文明成为人类历史上唯一一个绵延5000多年至今未曾中断的灿烂文明。以数千年大历史观之，变革和开放总体上是中国的历史常态。中华民族以改革开放的姿态继续走向未来，有着深远的历史渊源、深厚的文化根基。"

正是凭着这种"业不可不勤，人不可不善"的理念，沙滩村人学到并掌握了赖以谋生的技能和方法，靠着自己的努力和奋斗，创造未来，改变命运。同样，沙滩村人靠着"凡事善为先"的处事方式，以及良好的品行口碑，赢得了周边村民对他们的尊重和认可，这也成了沙滩村人生活中最为珍贵的资产之一。

如今的沙滩村，村美，人更美。他们的生活充满阳光，对未来更是充满了希望。

第一章　治水先治山　青山生绿水

随着社会的发展，"治水"的侧重点由大型水利工程建设转向"最后一公里"的综合高效利用，即由农业生产用水转向生活用水。长潭水库就是如此，今天已经成为供应温黄平原三百万人口用水的大水缸。但不变的是，"治水"始终是摆脱贫困、拔掉"穷根"的关键因素之一。水是流，山是源，治水必先治山，一座青山可孕育百条绿水。

第一节　变"挖山"为"治山"

治水先治山，古今中外皆然。人类根治水患的共同经验都是治山。

1982 年始，沙滩村开始了家庭联产承包制。本书"经济篇"中通过对 1982 年与 1983 年的"负债表"进行比较得出：1983 年的农民负债项中已经没有了粮食这一项，几乎所有欠款户的欠款数量都有所减少，即所有农户都开始不欠粮了。与此同时，欠款户数量也明显减少，即从 122 户减少到了 84 户。尤其是 100 元以下的小额欠款户，更是从 61 户大幅减少到 37 户。尽管联产承包责任制才实行了两年，但效应已经开始明显显现，即绝大多数村民的家庭经济状况都有了明显好转。可是，沙滩村因为急于脱贫，于 1983 年末至 1984 年错误地理解"靠山吃山，向山林要饭吃"的口号，对山林进行了破坏性开发，不光是砍柴烧炭，还大量地砍树卖木材，让青山剃了光头，让沙土横溢出来。村老支书金回祥深有感触地告诉我们："我以前在乡政府工作的话，乡政府的主要职责除了计划生育，还有一项令我至今难以忘怀的重要任务——植树。那个时候开发山林叫开发新生产。什么叫开发新生产呢，1983—1984 年山林遭受过一次极大的破坏。当时老百姓没钱花，就往山里要钱，老百姓把山上的木头砍下来，拿去卖掉，有的烧成炭拿到城里去卖。后来到 1986 年以后就遭报应了，受到人为毁坏的山林开始出现水土流失现象。水土要靠生态来保护，包括长潭水库这个源头。后来幸亏大力开发新生产，就是把以前开采过度的荒山都给植上树，要植树造林弥补损失。农民已经承包了山林，山林毁坏自然会殃及每家每户。所以，那时大家白天植树，晚上检查工作，每天跑遍每个村，落实任务，查看落实情况。天天都要点数树苗，分配种植，每家每户都很配合，大家都非常珍惜国家提供的树苗，也珍惜这样的机会。"所以，细细回想改革开放初期的这6年（1978—1984），真是耐人寻味。

由于前一度的过度砍伐，屿头乡成片的山林水土流失严重，树木开始枯死，甚至影响到长潭水库的水源。于是，1985至1987年间，这里开展了一场轰轰烈烈的大规模护山造林运动，变"挖山"为"治山"。正如人们所说："假如我们不积极地去弥补，前期土地承包的收益就都全部又归零了。先人留下浓荫树，后辈儿孙好乘凉。我们是败了祖上留下的基业啊，今后如何向子孙交代！"当时称这场运动为"开发新生产"，从乡里到村里动员了全体村民到荒山植树育苗。所有的树苗都由国家提供，每个村都收到了种植任务，必须完成所规定种植亩数。黄岩县政府组织各乡镇给农民讲道理，主要从保持水土、抵挡风沙、经济建设三个方面给农民讲解植树造林的好处。植树造林是新造或更新森林的生产活动，它是培育森林的一个基本环节。植树造林可使水土得到保护，哪里植被覆盖率低，哪里每逢雨季就会有大量泥沙流入河里，把田地毁坏，把河床填高，把入海口淤塞。要抑制水土流失，就必须植树造林，树木有像树冠那样庞大的根系，能像巨手一般牢牢抓住土壤。而被抓住的土壤的水分，又会被树根不断地吸收蓄存。一亩树林比无林地区要多蓄水20吨左右。治山治水不栽树，有土有水保不住，治水必先治山，青山才会生绿水。植树造林镇风沙，遍地都是好庄稼。植树造林还能防风固沙。风沙所到之处，田园会被埋葬，城市会变成废墟。要抵御风沙的袭击，必须造防护林，以减弱风的力量。风一旦遇上防护林，速度会减弱70%~80%。如果相隔一定的距离，并行排列许多林带，再种上草，这样风能刮起的沙砾也就减少了。植树造林还能为人类提供许多有用的东西，比如水果、药材都是林产品，茶叶、橡胶、新碳等都是树木的贡献。这些道理，村民不但听得懂，而且记得住。从村民滔滔不绝地为我们讲述，便能够看出他们对自己曾经闯下的大祸有多么后悔。沙滩村村民回忆道："只有共产党最实事求是，知错就改，帮助我们将祖业又还给了我们。国家用飞机往我们这里的山上撒树种。那时候，我们大家都没日没夜地种树，把树看得和自己的生命一样。种树的头几年，大家情愿不吃也不去山上讨吃，连笋子都舍不得去挖一个。"

当我们问起种下的树需要多长时间才能够恢复到原来的模样，一位老农回答说："那次种树以后，我们就再没有去砍过树，这才有了今天这样的光景。还能看到这样的光景就是福气了。"看来，只有时间和岁月才能抚平大山大水的伤痕，人的生命如此短暂，唯有懂得珍惜，生命才有意义，生活才有盼头。经过挫折的沙滩人如今更加珍惜青山绿水，因为他们真正明白了"靠山养山，方能吃山；靠水治水，方能吃水；治水先要治山"的道理。

第二节　变"治水"为"护水"

在我们对村民进行访谈时，常常听到这句话："水的问题不解决，就谈不上脱贫"。这句话，对沙滩村而言，有着针对不同时代背景的两种解读。

第一种解读：水患一直是这个地方的天敌，遇上水患，就会颗粒无收。靠天吃饭的农民，只有排除水患才能获得好的收成。过去治水主要是为了农业生产。先听听村民金仁福说的这段话："以前的沙滩村是一个很穷很穷的村庄，穷的原因之一是水患无穷，一下雨就会把田地都冲掉。以前没有大坝。最早的沙滩村党支部书记是金阿根，后来我爸爸接班当了书记，他做的一件大事就是开始造大坝。那时候沙滩村那么穷，要什么没什么，就凭一双手，一副肩膀，我们从石狮坦村的对面围垦到下面，围造起来了一条大坝，这条大坝造了十几年啊，伏年伏冬、春耕时，一边耕田一边造大坝，就是东坞围上去，围到桥头的那座大坝，它是沙滩人民用辛勤劳动和血汗换来的。大坝造好之后，由于解决了水患问题，收成才逐渐好了起来。……田地也就有保障了。慢慢地，一年种两季稻了，后来我们解决了温饱的问题。大坝下面是坑上田，水利是不通的，后来横渠到了下家峧，那是一个自然村，我们沙滩也是一个自然村，也就是说这边的三百多亩土地良田都可以得到灌溉了。那个时候干部和村民都是很辛苦的，大大小小的石头要自己抬上来放在大坝上。那个时候我还小，只有十几岁，每周读书回来，礼拜六、礼拜天都要到大坝上背五六斤重石头。那时候背石头是发竹签的，一斤石头一根签，好像几十个签记一个工，三毛多钱一工，大家拼命干一天也就是挣到三毛多钱。"

沙滩村村委员会副主任金回军对我们说："砌石头这个活儿，我们祖祖辈辈都会做。我们的大棚、我们房子的石墙，都是石头砌起来的。特别是村边柔极溪上的那条大坝，都是我们村民自己用石头砌起来的。当时经常发洪水，大家没有钱，也没有更好的方法，我们就采用就地取材的方法，用石头砌起了大坝。大坝从乡政府那里开始，一直到后面，长长的大坝都是我们自己砌起来的。当时算是很大的工程了。现在就不一样了，有挖土机这些设备，在短时间内就可以建成。但是原来要花很多年，用我们的双手搬，双肩扛，很不容易，一段一段地做，全靠人工肩扛挖挑，石头不论大小都是逐块逐块扛上来的。有些石头大的很大，靠的就是愚公移山的精神。这个大坝建设了好长时间，我小的时候也去扛石头，真的很苦，手脚起泡出血是常有的事。早年建造这个大坝是真苦啊，所以我们现在把这个坝叫作'人工坝'。"

老村委会主任金回祥告知我们："以前我们在柔极溪上建过一座桥，后被洪水冲掉了。我经过仔细观察，发现原来是因为这里溪流的宽度窄了一点，洪水冲到这里，水位就提高了，就把桥面冲垮了。后来，我们把溪面扩开，再将桥加宽了一段，以前70米，现在加到83米，事实证明我的这个想法以及改建的土办法是对的。有许多事情好像是很难做到的，当时只要勇于探索，还是能够做到的。"

在沙滩村人过去的生活中，水是一道关乎生存与发展、脱贫与致富的永恒的命题。各项治水工程耗去了他们生命中的大部分精力和财力。为了过上好日子，他们风餐露宿，与洪水搏斗，终于使这一片土地成了风调雨顺的满满粮仓。

对沙滩村村民来说，长潭水库、柔极溪仍然是绕不开的两处水源。如今，沙滩村人对治水问题有了新的解读，治水的重心转向了"护水"。长潭水库的功能转换了，对柔极溪的防污要求提高了，所以现阶段治水的关键是要确保饮用水的质量并达到4A景区环保标准。因而，又必须放弃一部分养殖业和种植业，甚至还需要退耕还林，营造湿地，关停部分"低、小、产"企业。村支书黄官森对我们说："这就是我们的生活，不同的时代，要用不同的方法治水治山。今天如果水缸被污染了，就意味着我们的好日子也就到头了。俗话说：一朝脱贫，千年治水啊。"

村民黄根福说："我们沙滩村现在最头痛的情况就是水库水质下降，这里的厂基本上都不给办了。这对于我们村民的经济收入是很致命的打击。说实话，碰到这样的情况，我们也很犹豫，为什么呢？不光我们自己村的村民，还有其他村的村民，是到我们村里的厂挣钱养家的，如果厂停办了，那么这些村民就没地方挣钱了，甚至有的村民家里连小孩子读书都困难了。要想解决这个问题是很复杂的。

但是，我们还是要以大局为重，还是要落实好上面的政策，首先要保护好饮用水的质量……我们希望一方面保护好水的质量，一方面又能够让大家挣到钱，生活一天天好起来。总要想出两全的办法，才能走出这个瓶颈。"

老村委会主任金回祥更是着急地对我们说："我们大家都希望有专家帮助我们解决好这个矛盾，让我们既有好的水质，又能照样办企业，发展种植业、养殖业，甚至还能发展旅游业。……区委发文强调台州有600多万老百姓，其中300多万老百姓要吃这个水，这个是大局。我们也要喝水库的水。我们都应该有这样的大局意识，但是我们同时也意识到2020年要实现全面小康，做到不能落下一个人是何等的不容易。牺牲少部分的利益，保全全局利益也只是暂时采用的办法，而非长久根本的办法。根本的解决方案一定要是既能够保护好长潭水库的水质，又能够发展好水库周边的产业，让台州600多万老百姓一个不落地有获得感与幸福感。"

村委会主任黄志洪说："为了落实对水库水质的保护，可能周围的厂区都要拆除停业。我的心态有时候也在调整。通过学习、摸索，感觉很多的资源还在浪费着。怎么将旅游资源发挥出来？中国人有想法的真的太多了。所以我自己要去找商机，实现新的做法，可能会提高和改变现在的状况。从环保要求开始提出时我就有想法了，我就想到村民要赶快往其他方向发展，因为我们必须生存。产业转型中的风险会很大，即使不能在村里办厂了，我的心态也会很平衡。只要政府对我们有什么要求，我们一定会努力协调，做好工作。我相信，政府绝对不会亏待我们。这么多年了，政府帮我们搞美丽乡村建设，从来也没有亏待过我们。……我们中国人很强大也很聪明，我们农村人，同样能干过城里人。产品一定要做到国际水准。我一直很自信，所以我相信只要我们努力，其实我们沙滩村乃至整个屿头乡，真的是有很多宝藏可以挖掘的。我们觉得农村里有的东西比城里的还好，有的东西他们也许找不到了。"

屿头乡乡长郭韬韬说："我们屿头乡所处的位置是在饮用水源长潭水库的上游，所以对我们的产业发展，特别是二产就限制得非常严格。我们屿头乡党委、乡政府应该严格遵循上级有关的环保条例。对第二产业，特使是针对低小产的企业，我们就采用退出机制，甚至通过强制的手段让他们退出屿头乡。我们对三产这一块，主要还是通过'旅游+'来进行改造，比如旅游加农业、旅游加体育，旅游加文化，通过这些'旅游+'的形式，对屿头乡全境进行全域旅游的打造，通过这几年的发展，我们建起了布袋山3A级的景区，柔川4A级的景区。通过柔极溪这条母亲河，以柔极溪为一条带子，沿溪打造一条不同种类不同风格的多个旅游景点，形成一条柔极溪旅游经济带。通过这条经济带，促进我们全乡旅游的发展。通过这个全域旅游的发展，使老百姓家家户户能够享受到全域旅游所带来的改革红利。"

治水，这条路任重道远。看着眼前沙滩村的小桥、流水、人家，当你在这样的青山绿水中感受那份宁静致远的时候，会想到村民曾为此付出的艰辛吗？若不是通过在实地采访调研，又怎能了解村民的心声，体会他们的宽宏胸怀与坚忍不拔。只有当水利惠民的成果温暖到广大人民的心里时，大家才会理解"一朝脱贫，千年治水"这句话的真正含义。因此，找到科学的方法，对黄岩西部人口—资源—环境—经济系统进行研究，探究以人为核心，以土地为对象，以水为基础的"人—地—水关系模型"以及长潭水库区域资源环境可持续发展的理论、模式、策略和政策建议，对库区资源环境开发、治理和保护的各个领域进行具体的、基础性的研究等等，是目前黄岩西部迫在眉睫的工作重心。相信这些惠民的研究成果也将会转化成广大山区农民期盼获得的最大红利。

第二章　阳光大道　前程似锦

改革开放打破了僵化的思维，打破了封闭的局面。改革开放将处在泥泞中的中国引向了光明大道，人民群众的思想进一步得到解放，致富脱贫的信心也愈发坚定，"实事求是""发展才是硬道理"的观念深入人心。改革开放 40 余年的光辉历程启示我们：一个国家、一个民族要振兴，就必须在历史进步的逻辑中前进，在时代变迁的潮流中发展。

第一节　要致富，先修路

俗话说，要致富，先修路。有了路才有了出路和希望。沙滩村地处偏远的黄岩西部山区，以前道路坑洼不平，泥泞难行，村民的日常生活极为不便，"出行难"是多少年来让村民烦恼痛苦的一件事。说起往事，沙滩人最为难忘便是上山砍柴，担柴下山，再挑着柴到长潭水库以外的集市去卖，用卖掉的钱买米回家。日复一日，年复一年，遇到刮风下雨或天寒地冻的日子，照样不能歇脚，否则，一家人就会挨饿。这样的生活，几乎家家都经历过。修路，修出一条平坦的路，一条致富的路，成为当时沙滩村人心中的梦想。

对山里的村民而言，路的概念是多种多样的。为出行或游客所用的叫作"游步道"，为生产所用的叫作"操作道"。村内的道路称为"街道""村道"，出了村的道路过去称"远道""马路"，现在称为"乡道"或"公路"。公路又分为"国道""省道""县道"等。大大小小的路，哪一条路都很重要，只要有条件，哪一条路都得修好。

自 20 世纪 80 年代以来，屿头乡公路从无到有，取得了不凡的成绩。屿头乡现有公路里程总计 96.7 公里，位列黄岩第三位，其中包括：穿镇公路两条，里程 22.85 公里；乡道、村道 24 条，里程 73.85 公里。全乡 11 个行政村均纳入通村公路网。鉴于屿头乡公路处于山地地形，弯多路窄，沿线用地空间稀少的实际情况，屿头乡在全线绿化提升的基础上，本着方便游客村民的宗旨，多次进村入户做工作，征得沿途多个区块的闲置用地，再用"布点"的方式，打造精致的乡村公路服务节点。在沿线共设置了两个休闲驿站和六个村入口节点，根据实际情况建设特色公交站亭、村口标识小品、小型生态停车场、公路休息区等硬件设施，全方位做好服务功能配套提升，并且各类建筑均采用仿古的设计风格，突出乡土气息，使休闲驿站和入口节点成为美丽公路沿线的亮点。其中，入乡口主节点休闲驿站，处于长决线和屿洋线交汇处，在这里除了设置停车场，小型服务区以外，还会建设大型观景平台，与柔极溪生态湿地相连，让游客、村民在此休息整顿的时候还能充分眺望长潭水库。不仅如此，根据未来全域旅游发展进程，屿头乡计划在集镇口、洋坑村等区域建设旅游集散中心，与整条美丽公路一起，打造成贯通屿头乡西部的旅游通廊，充分发挥带动功能，为屿头乡旅游发展输送更多的鲜活血液。

2013 年 6 月，在屿头乡与宁溪镇之间开通了一条 860 路公交车线路。该公交车的始发站为屿头乡田料村，终点站为宁溪公交首末站。途经沙滩村，设有"沙滩村"和"屿头乡政府"站两个站头。这两个站头，分别处在村中与村东头的位置。对于沙滩村村民及屿头乡政府公职人员的上下班和出行带来很大便利，被村民誉为"惠民专用车"。该路公交车实行无人售票制度，全程票价 2 元。每日共往返 14 班，极大地方便了村民与游客。

为了从生产实际出发，沙滩村还尽力改造田间、果园"操作道"。2016 年，沙滩村通过"一事一议财政补奖项目"获得黄岩区财政补助 25.1 万元，加上村里自集经费，总共投入 38 万元建设了 3080 米的果园操作道，使崎岖陡峭的山间果林有道可走，有路可辨，保障了村民的安全，也提升了村民劳动的效能与效益。

更有意思的是，在美丽乡村的建设中，村民又拾回了久违的生活情趣，将被丢弃的石板重新铺回到沙滩村老街上，用各种鹅卵石拼铺出各种图案装点小路，让老街重新焕发出勃勃生机。

第二节　车在景中行

长期以来，修路总是摆脱不了"重短期造价、轻全面持续""重主体、轻环境"的思想，加上山区地质条件限制、建设进度要求、设计观念滞后等原因，修好的道路仍然会存在转弯不畅、路面破损、高坡低坑、外观生硬等众多问题，被老百姓戏称"就像拉链条，开合随意"。这种"修路形象"导致屿头乡现有的路网已经严重制约美丽乡村的发展建设需求。对此，屿头乡党委和政府将美丽公路建设融入全域景区化进程中，按照生态、便民、富有乡村气息的要求，全面掀起了"公路革命"。经过与乡里各村村民的共谋发展，共同努力，同时也为了共享机遇，不仅将公路修成了"美丽公路"，还将它修成了"生态公路""绿色公路"。基本满足了社会进步与人民生活质量提高后对公路品质的更高需求。

村民对我们说，现在修路，更多的是要考虑营造安全舒适的出行环境，满足人的出行需求，让人们一路开车，还能一路欣赏景色。所以，为了突破"修路即为通车"的传统造路思维，必须改"修路即为通车"为"修路与造景并举，交通与旅游共进"的新理念，作为引领高起点规划的指导思想。所以又请了业内颇受好评的浙江大学建筑设计学院，以屿洋线为基础对屿头美丽公路进行整体设计。从长潭水库边的入乡口一直延伸到西北高山中的洋坑村，改造公路全长 16 公里。覆盖境内沙滩老街、古樟群，以南宋古墓为代表的人文资源区域和以柔川 4A 景区、布袋山 3A 景区为代表的自然资源区域，串联沙滩、石狮坦、布袋坑等多个美丽乡村，打造一条以古村、山林等自然人文资源为特色的休闲体验型风景道，化"车在路上行"为"车在景中行"，以满足当前人们出行和旅游的需要。

在具体的做法上，屿头乡政府发挥各村力量，打破"先施工，后绿化，先破坏，后恢复"的传统做法，将生态绿化和景观营造相结合。将屿洋线分成三段，按不同的功能需求进行改造，以最小的环境代价营造最优质的交通服务。

一是以集镇区域为起点打造宜宾路段。采用局部道路拓宽，两侧增加非机动车道和慢行道的方式，完善道路功能。并结合小城镇综合整治工作，在沿线建设屿头形象标识、柔川文化景观小品，提升沿溪路段绿化水平，统一沿路商铺立面，形成一侧环境优美、一侧商贸繁华的迎宾氛围。

二是以出镇口到布袋山为主线打造景观型路段。以提升道路两侧绿化为主，打造景观节点为辅，营造全线良好的道路环境。比如在途径的三联村路段，沿山的一侧，采用毛石矮墙对道侧进行防护，提高美观性和安全性，沿溪的一侧，搭配植物以丰富溪岸绿化景观，拓展视觉空间；在梨坑村入口处，利用鹅卵石浇筑花池，分隔道路和入户庭院，一侧种植变化丰富的灌木、草花，另一侧辅以观叶和观花类绿植，营造立体绿化效果，从整体上营造良好的道路景观形象。

　　三是以布袋坑至洋坑为延伸打造特色型路段。旨在通过营造道路两侧特色景观，突出屿头山水文化的底蕴。如在垟坑村路段利用毛石挡墙和村名标识相结合的方式，通过多层次绿化、乡土景观小品、文化展示墙的设置，将屿头特有的柔川南宋文化融入沿线的建筑外形中，充分体现鲜明的地域文化特色。在鹰嘴岩区块发挥视野辽阔的特点，建设观景平台，可眺望群山、溪谷，向游客充分展示屿头乡秀丽的山水风光。

　　沙滩村是屿头乡乡所在地，乡口也即村口处就能眺望长潭水库，远山层峦叠嶂，风景宜人。如今的沙滩人不再为出行苦恼，相反，他们会在出行的公路上不时地向我们炫耀那里的秀美山庄和一路上风光无限的地域特色。

第三章　幸福生活从哪里来

　　2015 年 2 月 27 日，习近平总书记在中央全面深化改革领导小组第十次会议上指出：要科学统筹各项改革任务，推出一批能叫得响、立得住、群众认可的硬招实招，把改革方案的含金量充分展示出来，让人民群众有更多获得感。"获得感"一词由此迅速流行，而且使用范围出现固化趋势，多用以指人民群众共享改革成果的幸福感。[①] 在党的十九大报告中，习近平总书记首次将人民获得感、幸福感、安全感并列提出，深化了对改革目的和发展归宿的认识。获得感、幸福感、安全感三者之间既相互关联，又相互渗透，成了衡量改革发展成败得失的基本指标。

第一节　生活方式的改变

　　沙滩村村民的生活方式，包括劳动生活、消费生活，以及精神生活如政治生活、文化生活、宗教生活等活动方式，当然也包括了村民家庭的日常生活活动方式，简单地说就是衣、食、住、行以及闲暇时间的利用等，都无不与他们的生产方式有关，是由生产方式所决定的。长期以来，村民在以农业为主的生产活动范围中尊时守位、知常达变，顽强地生存下来。直到 1978 年改革开放，才逐渐发生了深刻的变化，包括村里新业态的植入，生产活动和生产方式跟着也都发生了变化，原有的生活方式自然也就发生了很大的变化。其特征表现为既保持了原有生活方式的状态，又加上了现代生活的丰富色彩，就像是沙滩村的村貌，既有明显的历史文化的痕迹，又具有现代美丽乡村的风格。生活方式的变迁主要反映在以下四个方面。

----

① 2015 年 12 月，语言文字期刊《咬文嚼字》发布 2015 年度"十大流行语"，"获得感"排第一；2016 年 5 月 31 日，教育部、国家语委在京发布《中国语言生活状况报告（2016）》，"获得感"入选"十大新词"。

第一，劳动方式从以前体力为主的手工劳动向以机械化、电气化、数字化为主的高技术劳动转变。例如，由于果树的挂果期有时间上的限定，果农一边要摘果子，一边又要忙于包装、运输，直到卖出去，收入才算是到了自己的口袋里。但是，过去在这个过程中，农民往往由于劳动方式是以手工为主而忙不过来，常常眼巴巴地看着果子烂在了地里。现在借助机械化加网络的优势，事先可以凭借网上已经预订的销售数量，与快递公司达成"农忙快递协议"，以解决快速送货到订户手中的难题。农忙期间送饭及临时处理紧急事务基本做到了以车代步，大大减轻了劳动强度而加快了劳动速度，提高了劳动效益。在一茬接一茬的收获季中，村民们会相互帮助，快速形成生产服务一条龙。村民都深知，作为果农，其一年的收入，除了栽培技术之外，很大程度上取决于对各项农事的安排以及对数字技术的运用。生产活动从劳动密集型向技术密集型的转变，现代技术装备的普及，农民劳动的智力化、社会化程度的提高等方面，在沙滩村村民的生活方式中已经悄然产生了巨大的作用。

第二，消费方式从自给型向商品型转变，从单一化向多样化转变；消费结构由生存型向享受、发展型转变。随着自然经济的解体，农业生产越来越呈现出工业化、商品化趋势，农民的商品性消费所占比重越来越大，消费服务趋于社会化，消费活动已从自家走向更广阔的社会领域。如前所说的果树种植与销售，沙滩村的村民在种植枇杷的过程中，对于疏果较以前更细致，在一定的时候将枇杷套上特制的牛皮纸袋，以保证枇杷的外形光鲜。这就是商品化、市场化带来的变化。

第三，在村民从前的日常生活中，只能在农忙季节过后才有一点闲暇。但由于生活窘迫，即便是农事淡季也要为生活奔波，想尽方法挣钱，苦不堪言。现在由于生产方式及工作性质均发生了很大变化，生活的作息时间与内容也就发生了很多变化。沙滩村自从办起了企业，村民办起了店铺、作坊之后，许多村民按照上下班时间来安排作息，不仅工作与生活有了基本的规律，休息时间相对也有了保障。随着工作与劳动的效率提高，总的闲暇时间也逐渐增多，由以往单调贫乏的"日出而出，日落而归"向既有着规律又丰富多彩、高层次、个性化的生活节奏转变。农业劳动生产率的提高及经营管理效率的提高，为劳动时间的缩短提供了条件。村民生活水平不断提高，家用电器的普及使用，让农村妇女从繁重的家务活中解放了出来。过去烧饭烧水要用柴，村民要上山拾掇回来再劈柴整理后才能用，既费事又辛苦。

2014 年，沙滩村通过"一事一议财政补奖项目"获得黄岩区财政补助 30 万元，加上村里自集经费，总共投入 60 万元，于 2015 年 12 月完成了"沙滩村自来水改造工程"，极大地满足了村民日常生活取用水的需求。村民们在逐渐从繁重低效的生产与生活中解放出来之后，身心健康指数大大提高，老人、妇女有了更多的活动空间，在社戏广场常常可以见到村民自发进行的文化娱乐活动，包括下棋、跳舞、唱戏等，还有的村民每天会结伴去登高望远。大众信息传播工具的普及，更是让村民们不出门就能知天下事，不仅让生活平添情怀，更使生活内容变得丰富多彩起来。又由于村中部分年轻人在周边城市打工，随着交通道路的发展，他们利用闲暇休假时间往返于城乡之间，也成了一部分村民生活方式的内容之一。

第四，自从改革开放第一轮土地承包以来，农民对于土地的珍惜与使用土地的积极性、责任心大幅度提高。尤其是新一轮深化农村土地制度改革以来，党和政府明确要顺应农民保留土地承包权、流转土地经营权的意愿，将土地承包经营权分为承包权和经营权，让所有权、承包权、经营权三权分置并行。这一继家庭联产承包责任制后农村改革又一重大制度创新发布以来，更加激发了农村基本经营制度的持久活力，也更加调动了村民的积极性，村民主人翁意识与担当意识大大加强。村民越来越自觉地参与管理村里的经济活动和社会事物，参与村中大小事务的决策与表决。比如，2014 年，村里因美丽乡村建设的需要，经村里干部和村民的集体讨论，决定从忠应庙捐助款项中拿出 80 万元资助社戏广场的改建，取得了很好的社会与经济双重效益。随着村庄的发展，一条连接屿头乡沙滩村至宁溪镇乌岩头村的徒步旅游线"演太线"正在建设中。这条徒步旅游线途径前山头村、引坑村、蒋家岸村和五部村四个自然村落，全长约 9.6 公里。沙滩村为了配合这条徒步旅游线的建设，规划建设"沙滩村演太线接待中心"。2017 年经村干部与村民讨论，表决通过：除了黄岩区财政通过"扶持村级集体经济项目"资助 150 万元经费之外，村里再投入 50 万元用于建设该接待中心。

不论是村干部还是普通村民，对国家政策、国家政治、国际时事变化，在关注程度与提高自我学习能力上，都表现出很高的积极性，每当遇到外地来考察、游玩的不同人群，他们都会主动与之交流，讲解村中故事，及时了解与吸取他人的长处，以便自己能够与时俱进。

第二节　生产方式的更新

进入沙滩村，即刻会被社戏广场所吸引。社戏广场集历史风貌与现代气息于一体，常常是村民尤其是老人休憩与谈天的好去处。他们称赞社戏广场"好望好望"①，话虽不多，脸上却溢满了幸福感。

沙滩村所经历的种种改革事项，诸如兴修水利、新建道路、家园改造、厕所革命与垃圾分类等，不仅对人类从进入工业文明以来造成的社会发展偏离进行了纠正，还让村民认识到生态是影响人类社会文明的基石。沙滩村是具有悠久历史文化传统的古村落之一，村落选址未曾有过大的变动，村民世代居住在此，创造了灿烂的耕读文化，因此沙滩村具有科学、文化、历史以及考古的价值。

有专家认为，像这一类有着较长历史与独特的民俗民风的村庄，是与一般所指的文化遗产大不相同的另一类遗产，即一种生活生产中的遗产，同时又饱含着传统生产和生活，兼有物质与非物质文化双重遗产特性。

在沙滩村里，正是这两类遗产互相融合，互相依存，同属一个文化基因，是一个独特鲜活的整体。沙滩村的老屋及老物件，无论历史有多长，都不能简单地将其只当作文物来看待，更不能将它们束之高阁。建设美丽乡村，倘若只是一味地注重保护建筑的物理形态和历史景观而忽略村落活态的精神文化内涵，就等于忽略了本质。如果为了复原建筑而使其脱离村民的生活，就可能导致村庄最后徒具躯壳，形存实亡，失去建设美丽乡村的本质意义。

沙滩村自改革开放以来，已经基本改变了长期以来传统农业生产的基本方式，即在自然经济条件下，依靠人力、畜力、铁器等进行手工劳动，靠世代积累下来的传统经验发展，以自给自足的自然经济居主导地位。原来，沙滩村村民主要以种植水稻为生，农产品有限，农业生产多靠经验积累，生产方式较为稳定、单一、保守。传统农业生产因此一直水平低、剩余少、积累慢，产量严重受到自然环境条件的局限。这种对于物质资料的获取方式，在生产过程中形成的人与自然界之间，以及人与人之间的相互关系的体系，已经逐渐被现在迅速发展的新的人与自然界之间，以及人与人之间的相互关系体系所替代。也就是说，沙滩村的物质生产方式和社会生产方式（社会经济活动方式）已经发生了根本的变化。

———————————
① 当地方言，意为"好看""美丽"。

随着城镇化进程的发展，种植水稻已经不再是沙滩村村民的唯一主要的谋生方式，其原有的物质生产方式对许多村民而言已经不再适用了。即便仍有农户还在种植水稻，仍然保持着原有传统农业生产的特点，其机械化程度也比原来大大提高，因而生产效率也得到很大提高，村户中有许多人逐渐可以腾出手来进行多种经营，挤出时间参加各类培训，逐步走向"生态农业"和"现代农业"的道路，从而正在向优质、高产、低耗的农业生态系统转换。

从党的十六大报告提出"统筹城乡经济社会发展"到党的十六届四中全会胡锦涛在党的十六届四中全会上，针对农业问题所提出的"两个趋向"的重要论断："农业是安天下、稳民心的战略产业，必须始终抓紧抓好。纵观一些工业化国家发展的历程，在工业化初始阶段，农业支持工业、为工业提供积累是带有普遍性的趋向；但在工业化达到相当程度以后，工业反哺农业、城市支持农村，实现工业与农业、城市与农村协调发展，也是带有普遍性的趋向。"之后，进一步推进了"工业反哺农业、城市支持乡村"；在党的十七大提出"形成城乡经济社会发展一体化"的基础上，党的十九大提出乡村振兴战略，首次将"城乡融合发展"写入党的文献，标志着中国特色社会主义工农城乡关系进入新的历史时期。现在的沙滩村，村中有工厂，有商店，有民宿，有旅游信息中心，还有同济·黄岩乡村振兴学院北院区培训中心等。在其中就业的村民，物质生产方式显然已经与原来完全不同了，如工厂所采取的生产方式往往是集约式的，不同于原来的以家庭为生产基本单位所呈现的分散型状态。正如习近平总书记在 2017 年底召开的中央农村工作会议上指出的那样：农业强不强、农村美不美、农民富不富，决定着亿万农民的获得感和幸福感，决定着我国全面小康社会的成色和社会主义现代化的质量。走中国特色社会主义乡村振兴道路，必须重塑城乡关系，走城乡融合发展之路；推动新型工业化、信息化、城镇化、农业现代化同步发展，加快形成工农互促、城乡互补、全面融合、共同繁荣的新型工农城乡关系。由于沙滩村随着新业态的不断扩展，尤其是同济·黄岩乡村振兴学院落户沙滩村之后，它的功能首先是对新农村人才的培养与集训，将原来只限定在城市的教育培训资源引入村中，以村庄为基点再辐射到整个乡、区甚至全国，同时在村中还赋能了丰富多样的经济、文化浸润活动。在教学培训工作假期或休息天，还充分利用空余房间接待游客团队或散客，不仅增添村里来客，提升人气，还给村民带来了商机。这样的"城市支持乡村"之举措，不仅实现了社会效益与经济效益的共赢，同时又很好地满足了各个方面的需求。

　　在进行物质资料生产所必备的三个基本要素中，第一个要素是人的劳动，即劳动力的支出，主要是指具有一定生产经验和劳动技能的劳动者有目的地改造自然的活动。它是生产的最基本的要素。随着中国改革开放以来社会的发展，新一代农民已经成长起来，包括沙滩村的村民。他们以开放的心态、国际化的视野包容外界，吸纳新鲜事物。在村庄的治理改造中，在创办村办企业或工厂时，他们敢于走出去，甚至到国外去学习观摩先进的生产工艺，拓展国际市场。敢想敢做，勇于实践，争当时代的弄潮儿。新一代的沙滩村村民即青壮年劳动力已经明显发生了变化，从他们的身上可以看到"开放、应变"的特质。

　　进行物质资料生产所必备的三个基本要素中的第二个要素是劳动资料，即劳动手段，主要是指人们在生产过程中用以改变和影响劳动对象的一切物质手段和物质条件，包括生产工具、生产场所、道路、河道等，其中最重要的是生产工具。今天的沙滩村，各种车辆可顺利通行，不再像以往靠徒步上山下山运输物品。网络已经全部覆盖，可以方便地进行线上服务，舆情管理。道路建设方面，县道、乡道和村道三个层次的公路网已经形成，成为保障农村社会经济发展最重要的基础设施之一。

　　三个基本要素中的第三要素是劳动对象，即劳动者在生产过程中所加工的一切物质资料。劳动对象的数量、质量和种类对于生产力的发展有很大的影响。对于沙滩村村民来说，随着社会的发展与科学技术的进步，他们不断意识到仅仅靠种水稻是不能致富的，还可以引种果树，也可以考虑种植中草药，并且通过对各种天然物品的加工，以及通过发现不同的劳动对象，扩大劳动对象的范围，用村民的话说，要找到更多适合本地种植的东西才能增加收入，甚至变废为宝。不同的业态自然为村民带来了不同的劳动对象，其中有一些仍然靠的是村民的种植技术、自身的经验和体力，但越来越多的"活"还要凭借村民的文化水平、认知能力、组织能力、协调能力才能将劳动对象很好地转化为劳动成果。比如在旅游业的经营活动中，劳动对象成了"服务对象"，即人，这与在地里干活就会完全不一样，沙滩村的村民正在经历着这样的变化，从而让自己能够华丽转身。

第三节　传承至今的传统家常手艺

生活理念与生活方式的不断更新，并未让农民放弃他们沿用至今的传统家常手艺。相反，这些手艺已经帮助一部分村民走上了脱贫致富之路。

先人的智慧逐渐积累形成了一整套传统的、可赖以生存的知识、策略与方法。这就是所谓的"家乡的味道能养育家乡的胃"。沙滩村人长年食用的这些食品，虽不贵重，但也已经成了可以到市场上推销的经典食品。这些食品包括：香浓味淳、手工地道的豆腐类食品及菜肴；品种丰富、烹制多样的竹笋干、鲜制品；口感特别、耐饥实惠的面饼类，如麦鼓头、麦饼、馒头；易于收藏，烧煮方便的干货土产，如绿豆面、米粉干、番薯干、菜干、萝卜干等；尽天时地利人和之缘的纯天然食品，如莳药、土蜂蜜等等。这些食物的采收、加工、储存以及效用都有规律可循，与春夏秋冬四时、二十四节气息息相关，更是村民们的家常菜肴和随用小吃。

一、打年糕

关于年糕应该何时做，怎么做才好吃，村民用了四句话告诉我们：冬至前后打年糕，宜放宜吃不变质；春分一到水变黄，做来米糕酸津津。

二、笋

春来毛笋发得快，鲜肉咸肉一起炖。小炒冬笋赛过肉，腌好笋干夏有吃。

苦竹笋，不嫌苦。五月六月忙挖掘，腌制一番压缸里，吃了上顿有下顿。

三、鱼

长潭库里大头鱼，溪坑水里小鲜鱼。大鱼炖豆腐，小鱼油泡泡。老人小孩都爱吃，来客吃了盘净光。

四、小满时节受关注

小满时节，夏熟作物的籽粒开始灌浆饱满，但还未成熟，只是小满，还未大满。民间农谚："小满不满，干断田坎""小满不满，芒种不管""小满大满江河满"，说明小满节气的气象特征。

五、立夏尝三鲜

立夏日，屿头民间"尝三鲜"。地三鲜（新蒜苗、新蚕豆、新竹笋），还有烧乌糯米饭、吃麦饼等习俗。

六、过端午节

芒种节气间恰逢传统节日端午。家家户户挂艾草、吃五黄（黄鳝、黄鱼、黄瓜、咸蛋黄和黄酒）、吃粽子。

七、麦鼓头

麦鼓头主要原料是麦粉或面粉、笋菜干。现在作为沙滩村小吃，曾经也被当作主食。将和好的麦粉形成碗口状，放入笋菜干馅后收口成团子状。用手把团子压平后再用擀面杖擀成大饼状。当大饼放在锅里烙到一定程度时，内部的水分蒸发成气体，整个饼就鼓鼓地膨胀了起来，鼓起来之后，再给它反复翻面继续烙，烙到两面都呈现焦黄的颜色即可。"麦鼓头"也因制作时的"鼓胀"而得名。

八、绿豆面

绿豆面制作工序包括柳糊、和面、揉面、拗面、洗面、剪面、晒面等步骤。虽然名为绿豆面，但其实是由番薯粉制成的。成形后的面，颜色与绿豆相似，因而得名。制作绿豆面也要处处把握节奏，掌控时间。首先是搅糊，用温水拌匀一盆番薯粉，然后将拌好的番薯粉倒进沸腾的大锅里，再使劲搅拌，直到番薯粉变成了半透明的深绿色，粉糊便搅拌好了。然后是和面，一勺下去，青绿色的粉糊在桶中跳跃，沾上桶中的白面粉，白绿相间，煞是可爱。和粉揉成团，这就很考验师傅的技术了，水分多一分则干，少一分则软，都会影响绿豆面的口感。揉好的面团需要放到用炭火加热的锅里继续揉，揉到手感柔顺、色泽光亮的程度方算完成。接下来就是拗面了。揉好的面团会被放置在一个底部有很多小孔的铁皮小桶里。老师傅手握木槌，力量均匀地敲击面团。面团从铁皮桶的小孔中漏下去。一条条垂下来的粉条溜进热锅，立马就变了颜色。等到面条浮上水面，另一人默契地用长筷子将面条迅速夹出，浸入冷水。这样，绿豆面就能更好地保持韧性，不会轻易断开。这个过程称作"洗面"。洗面过后，则是剪面。一把面的多少及长短，在剪面时就要把握好，一个好的剪面师傅，能把一把面的重量控制在一斤左右。剪好的面，均匀地铺满一根根竹竿，就被放到房间里阴干定型。番薯的吃法有许多，其中绿豆面最受欢迎。

九、番薯肚肚

番薯肚肚，顾名思义是用番薯的中心部分（肚）做的，口感柔韧，富有弹性。它晾晒时的模样肉嘟嘟，看上去非常可爱，于是山民在"番薯肚"的后面又加了一个肚字，读起来更加亲切，听起来又形象生动。

番薯肚肚的加工过程，已经深深地留在许多人对家乡的记忆中。在冬日暖阳高照的晴朗日子里，勤劳的山民一大早打开了地窖或山间的番薯窖洞，让洞内的湿气挥发透后再钻进窖内，将窖藏着的一块块粘着黄泥的红皮番薯搬出来，一担担挑到自家的晾场上，倒进盛满水的大粉桶内开始清洗、削皮，一块块白净的去了红皮的黄心番薯，经过火灶上大锅翻滚沸水的蒸煮变得松软，挨挨挤挤在一起。番薯肚肚的雏形就是将成块熟透的薯块小心翼翼地捞出来，待到冷却后，用菜刀将一整块绵软的薯块对切开，再分成四份，有条不紊地排列在团箕上，搬到太阳底下晾晒。待水分挥发到一定程度的时候就可以将它们收纳起来，以保持番薯柔韧甘甜的口感效果。所以，地道的番薯肚肚是不宜久放的，是用来尝鲜的日常农家小吃。

十、番薯庆糕

番薯庆糕是粗粮细做的典型代表。其原来的叫法为"番薯蒸糕"，但台州方言中的"蒸"与"庆"的读音几近相同。不知是谁先将番薯蒸糕写作"番薯庆糕"，"庆"字带有喜庆的色彩，大家欣然接受。制作时，在番薯粉中掺入糯米粉和红糖，用蒸笼和箬（竹）帽盖住蒸约 10 分钟，撒上糖桂花、芝麻粒，带有番薯香和桂花香的番薯庆糕便可出笼了。粗粮细做的番薯庆糕，浅尝之下，口齿间留有一股番薯香味。这种用原始蒸笼和箬帽当盖而蒸的传统深得民心，能唤起许多人的乡愁记忆。

十一、酿酒

沙滩村村民历来保留着自己酿酒的习惯。家家户户过年前都要酿上几坛白酒，将酿好的酒放入地窖或阴凉之地存放，原来还有存放在山洞里的。存放时间为三年。过年喝的酒，一般就取三年前酿制存放的酒。

酿酒工艺也叫作烧酒技术，一般由本村烧酒技术得到村民公认的人来烧制。烧制时，每家会指派家人帮忙一起烧制。大约 100 斤米可烧制出 50 斤白酒（烧酒）。白酒度数在 50 度到 70 度之间，18 度以下的称为"米酒"。

十二、土蜂蜜

沙滩村种植的主要果树有枇杷树、橘子树、梨子树，故当地以枇杷花蜜和百花蜜为主要土蜂蜜品种。尤其是枇杷花蜜远近闻名，随着沙滩村的知名度越来越高，土蜂蜜的销售量也跟着逐年增加。

沙滩村的民风也一样，并不因为生产方式与生活的变化而失去本性，村民依旧淳朴热情，秉持着大山古老而坚韧的气质，这里的手艺，仍然在村民的手中代代相传。村中许多年轻人，虽然已经为了理想走出大山，走向大城市，但他们说起家乡的这些食品，仍然回味无穷。

社

会

篇

村级治理　重中之重

SHEHUI PIAN
CUNJI ZHILI ZHONG ZHONG ZHI ZHONG

中国村庄发展

村级治理现代化是推进国家治理体系和治理能力现代化的题中之意，事关党的长期执政和国家长治久安，事关"四个全面"（全面建成小康社会、全面深化改革、全面依法治国、全面从严治党）战略布局在农村基层的实践。

2004年前后，黄岩区围绕村级组织运行规范化、制度化，探索实施村党组织领导的法治德治自治机制，着眼加强基层党组织和基层政权建设，形成并实施了村级组织管理"三化十二制"。

"三化十二制"是制度治村的创新集成，涵盖了村级组织运行、村民自治和村务监督等方方面面内容，系统性、规范性和集成性较强。具体来讲，"三化"是指村级组织运行规范化、村民自治法治化、村务监督民主化，"十二制"是指与此相配套的十二个操作层面的制度。

沙滩村能够很好地贯彻1978年改革开放以来党和国家关于"三农"问题的一系列政策，这与在村级治理中主导推行并落实"三化十二制"的具体做法是分不开的。

第一章　村庄治理结构

2004 年 6 月 9 日，习近平同志在黄岩区考察调研时充分肯定了关于村级组织管理"三化十二制"的做法，他说：

上面千条线，下面一根针。我们所有工作的基础都在基层，基层如果很稳定，很有活力，很有战斗力，改革发展稳定就有了保证，党的路线、方针、政策，每个时期的工作任务，都能得到认真的、实在的贯彻落实。提高党的执政能力建设，要注重夯实基层基础。基础不牢，地动山摇，党的执政地位就不稳固；政令不通，一级哄一级，中央精神到了下面就"空转"，落不到实处。提高党的执政能力，加强基层基础，就是要强化村级党组织的战斗堡垒作用，体现村党支部的领导核心作用。黄岩的党建工作做了一些试点和探索，普遍推行"三化十二制"，这个制度好，明确了基层党的建设和政权建设的关系、坚持党的领导和实现村民自治的关系、科学管理和民主监督等各种关系。定位明确了，关系处理好了，才能形成合力，产生战斗力，发挥效力。黄岩这个措施比较好，有很多实际的经验，取得了好的效果，可以进一步探讨、总结、完善、提高，进而推广。

至今，黄岩从区领导到农村基层村干部一任接着一任干，坚持一以贯之地深化落实"三化十二制"，村党组织领导的法治德治自治机制更加健全，已经成为全国基层党建鲜活的"黄岩样本"，为推进基层组织建设"整乡推进、整县提升""全面进步、全面过硬"提供了有益借鉴。自 2004 年以来，沙滩村在村庄治理方面也积极努力地按照"三化十二制"运行，因而取得了明显成效。

第一节　村庄治理制度

"三化十二制"的主要内涵如下。

（一）**村级组织运行规范化**。村党组织能否有效领导管理村委会、村监会等其他组织，是村级组织有效运行的关键。村级组织运行规范化通过明确各个村级组织工作职责，细化整体运行流程，强化了村党组织在村级管理中的领导核心地位。

与此相配套的是以下四个操作层面的制度。

一是村党组织工作制度。明确村党组织的地位、职责和作用，规范"三会一课"（定期召开支部党员大会、支部委员会、党小组会，按时上好党课）、"党员活动日"、村干部值班坐班、农村党员发展管理、村级后备干部培养、党员联系户等制度，切实加强党组织自身建设。

二是村委会工作制度。明确村委会必须在村党组织的领导下开展工作，主要承担发展经济、管理村集体资产及公共事务、维护社会治安等工作。村委会要坚持民主集中制，按照少数服从多数的原则决定问题。

三是村党组织领导其他组织制度。村委会向村党组织定期报告工作，村党组织根据报告情况提出意见与建议。同时，加强村党组织对共青团、妇联和老人协会等群团组织的领导和管理。

四是村务联席会议和联章联签制度。确定村务联席会议为村级管理的重要议事机构，明确会议内容和程序。村级重大事项和大额财务支出，必须经村党组织书记和村委会主任共同签署意见并加盖公章后才能付诸实施。

（二）**村民自治法治化**。村民自治制度是农村基层民主建设的主要形式，是村民参与村级治理的主要途径。《村民委员会组织法》是遵循并通过村民会议、村民代表会议，以及民主恳谈会等形式保证村民行使知情权、参与权、决策权、监督权，把村民自治纳入法制化轨道。

与此相配套的是以下四个操作层面的制度。

一是民主选举制度。《村民委员会组织法》和《浙江省村民委员会选举办法》对候选人资格条件、村委会选举的方式、程序作了具体规定，同时也明确了不称职或者严重违纪的村委会等成员的退出渠道。根据规定，涉及以下五类情形的人员不能予以提名（简称"五不能"）：①受到开除党籍处分未满五年，受到党纪政务处分影响期未满的；②涉嫌严重违纪违法正在接受立案调查的，被判处刑罚正在执行期间的，因故意犯罪刑满释放未满五年的；③欺压群众、横行霸道，涉及"村霸"、宗族恶势力、黑恶势力、群众反映强烈的；④有违背社会主义意识形态行为的，组织或参与邪教组织、非法宗教活动的；⑤参与或指使他人以暴力、威胁、欺骗、贿赂、伪造选票、虚报选举票数等不正当手段参选，用各种方式操纵、干扰选举的。涉及以下六类情形的人员不宜予以提名（简称"六不宜"）：①有违法用地、违章建房行为尚未整改，以及近 5 年内有严重损害生态环境、违反计划生育政策多生育行为被查处的；②煽动、组织、参与非法上访，或长期无理上访，影响社会稳定的；③有恶意失信行为被法院纳入失信被执行人名单且未撤销的；④因聚众赌博、嫖娼等被处以治安拘留及以上处罚，或有涉毒问题的；⑤道德品行低劣，影响较坏，在群众中没有威信的；⑥现任村"两委"干部不认真履行岗位职责，不能履行岗位职责，或长期外出，每年累计在村时间达不到 180 天的。

二是民主决策制度。实行"村账笔笔清、村事件件议、村务人人明"工作规程，决定村级重大事项要按照"五议两公开"程序。村级一般事务的决策，由村务联席会议共同商议决定。

三是民主恳谈制度。民情恳谈会一年至少举行两次，村民对村级组织工作提出的意见建议，村"两委"（村党支部委员会、村民委员会）主要负责人要当场作出答复，并负责会后整改落实。

四是自我管理制度。要求村民应当自觉遵守村民自治章程和村规民约，明确修订原则和程序，进一步使村民的权利和义务制度化、规范化。

（三）村务监督民主化。健全村务监督制度，是推进基层民主管理、促进乡村治理法治化的重要内容。村务监督民主化旨在以民主的方式调动村民参与村务管理的积极性，通过定期公布、委托代理和依诺管人等方式，对群众关心的重要事项实施有效监督。

与此相配套的是以下四个操作层面的制度。

一是党务村务公开制度。明确规定党务和村务公开的内容、形式、时间，要求村党组织、村委会依照法规和政策按时公开党务村务，村监会、村级班子成员要认真落实村务监督要求。

二是村级财务管理制度。乡镇街道建立村级财务服务中心，在坚持村集体资产所有权、资金使用权等五项内容不变的前提下，村财务委托乡镇街道村级财务服务中心代理。同时，明确村集体资产、村建设工程和项目、村经济合同管理方式及要求。

三是村干部履诺考评管理制度。围绕村级组织换届选举"三项承诺"制度落地，结合中心工作和村民诉求，实行以"商诺、承诺、亮诺、履诺、评诺"为主线的考评管理机制，规范村干部履职履责。

四是党员干部道德诚信考评制度。实行党员干部道德诚信考评，依托大数据，通过规范征集办法、科学量化评分、实行激励惩戒，衔接党员"先锋指数"评价体系、畅通党员进出口渠道，引导党员做社会主义道德的示范者、诚信风尚的引领者，推动党员发挥先锋模范作用。

针对村级运行中最易引发矛盾的财务管理、民主决策和村务公开等三方面问题，全面实施"村账笔笔清、村事件件议、村务人人明"工作规程，通过引入责任追究、流程管理和定期清结等相关措施，细化完善了"三化十二制"运行中的一些具体举措。为了做到村账笔笔清，沙滩村建立了严格的程序规范。年初，要编制年度财务预算，经村民代表会议审议通过后，报屿头乡财务服务中心备案；年终，村级财务服务中心根据各村资金实际使用情况编制决算报告，送村民代表会议审议。在资金使用过程中，实行村级财务委托代理和出纳乡聘村用制度，在审批、公开、监督等重要节点，都有明确细致的操作规范，实行"一月一结账、一季一圆账、半年一封账"。凡村里重大事务，现在都按照"村事件件议"工作规程办事，村里要干的事、要花的钱都要让大家知道。

沙滩村探索实施了党员干部道德诚信引领工程，完善党员考评管理制度，探索实施村干部任期履诺考评制度，这些制度创新都是围绕强化党员干部责任担当展开的，特别是干部在村级治理中的主体作用，以"商诺、承诺、亮诺、履诺、评诺"为主线，建立村干部任期履诺考评机制，实行"一年一诺、一季一督、半年一考"，考评结果与奖惩、入党、退出等挂钩。根据该考评制度，每年评估一次，评估结果将作为党员干部评先评优、奖励惩处的重要依据。除了该考评制度，还有一条明显的变化，便是将村务公开制度修订为党务村务公开制度，对党务公开内容、公开形式、公开时间、公开程序作了详细的规定，强化对村党组织的监督。

第二节 村庄治理主体

随着 1998 年 11 月《中华人民共和国村民委员会组织法》的颁布实施，村委会直选翻开了沙滩村村级治理的新篇章。目前，由沙滩村党支部委员会、沙滩村村民委员会、沙滩村村民监督委员会、沙滩村村股份经济合作社、沙滩村驻片领导、沙滩村驻村干部构成了沙滩村治理主体与治理结构。

沙滩村作为实行股份合作经济较早的村庄之一，与黄岩区当时经济发展中大部分党员群众一样，民主意识较强，参与村级治理的政治冲动亟须引导和规范。针对这些问题，黄岩区先后探索推行了民主议事日、村"两委"联席会议、村委会向村党组织报告工作、村级重大事项联章联签、印章使用管理等制度做法，逐步厘清村"两委"的职责定位，规范了村级组织运行机制，有效消除了村委会直选伊始出现的一些乱象。但具体实践中，一些制度和做法比较零散，相互交叉，缺乏系统性。有了"三化十二制"之后，沙滩村随之步入了起步阶段，逐步摸索出一些经验做法。

2005 年，根据黄岩区政府《关于实施村主职干部评议评优制度的意见》等，进一步推动了沙滩村"三化十二制"的落细、落小与落实。

2011 年以来，针对村级运行中最易引发矛盾的财务管理、民主决策和村务公开等问题，实施了"村账笔笔清、村事件件议、村务人人明"工作规程，通过引入责任追究、流程管理和定期清结等措施，破解村中存在的难点问题。

2012 年，探索实行了党员干部道德诚信引领工程，完备了村里党员发展、管理、退出等一系列制度，并有效对接先锋指数考评，完善党员量化考评管理。

2014 年村级组织换届结束后，又针对村干部选人与干事不衔接、承诺与践诺相脱节、考核与奖惩失于软等问题，对接换届"三项承诺"，实施了村干部任期履诺考评管理机制，更新优化了民主评议村干部制度。

2016 年 6 月，根据下达的《黄岩区村级管理"三化十二制"实施细则》（修订版），沙滩村开展了对"三化十二制"的深化学习，对先进经验进行对照学习和借鉴，基本保证了"三化十二制"制度体系在村里的生机与活力。

第三节　村庄治理组织

解放后 1951 年，将"柔极乡"改建制为"屿头乡"，沙滩村归属屿头乡。

1953—1957 年发展国民经济的计划是中国的第一个五年计划。沙滩村紧跟国家战略的步伐，开始了"三大改造"进程。首先开始了农业的社会主义改造，经历了从"互助组"到"初级农业生产合作社"（简称初级社）再到"高级农业生产合作社"（简称高级社）的建制过程。

1958 年 9 月，在党中央指引下，黄岩县委作出以区为单位建立大公社的决定。规划全县共建立 10 个人民公社。其中三甲区、金清区、新桥区、头陀区、院桥区、乌岩区、宁溪区各办一个公社，桐屿区同路桥镇合并，洪家区同海门区合并，澄江区同城关镇合并（包括西江人民公社）。公社下面设的大队原则上就是原来的乡政府，生产队原则上就是原来的村或农业生产合作社。沙滩村此时成为宁溪人民公社下属"沙滩大队"。

1961年9月，中共黄岩县委根据中共中央的决议，按一乡或数乡一社的指导思想办农村人民公社，作为试点。9月14日黄岩县委印发了《关于建立小公社工作的意见》，改为一乡一社，并确定以生产队为基本核算单位，落实了人民公社的"三级所有，队为基础"的新体制。沙滩村此时成为屿头人民公社下属"沙滩大队"。

1978年改革开放以后，随着农村经济政治体制改革的深入，1983年10月12日，中共中央、国务院发出《关于实行政社分开建立乡政府的通知》。黄岩县委遵照中央的批示，对乡、村组织形式进行了改革。乡建立乡党委和乡政府，村建立党支部和村民委员会，从此摘掉了人民公社的牌子。沙滩村现在为屿头乡辖属"沙滩村"。

改革开放以来，我国村民自治的发展迅速，成为推动社会主义民主政治建设、促进农村的发展及稳定、巩固党的执政基础的重要力量。"村民自治"的提法始见于1982年我国修订颁布的《宪法》第111条，规定"村民委员会是基层群众自治性组织"。"四个民主"（民主选举、民主决策、民主管理、民主监督）的提法始见于1994年民政部下发的关于开展村民自治示范活动的通知之中，是我们党对人民群众的民主实践所作的高度提炼和精辟概括。从"村民自治"到"四个民主"，可见对基层民主的认识是逐步完善、逐步提高的。

沙滩村从1982年开始实行民主选举，以后每三年进行一次换届选举。按照宪法、村委会组织法、实施村委会组织法办法和村委会选举办法等法律法规，由村民直接选举或罢免村委会干部。村委会由主任、副主任和委员三至七人组成，每届任期3年，届满应及时进行换届选举。选举实行公平、公正、公开的原则，把"思想好、作风正、有文化、有本领、真心愿意为群众办事的人"选进村委会班子。也就是说，选出一个群众信赖、能够带领群众致富奔小康的村委会领导班子。

村民自治关乎民主决策，所以沙滩村凡涉及村民利益的重要事项，如乡统筹的收缴方法，村提留的收缴和使用，享受误工补贴的人数及补贴标准，从村集体经济所得收入的使用，村建道路等公益事业的经费筹集方案，村集体经济项目的立项、承包方案及村公益事业的建设承包方案，村民的承包方案，宅基地的使用方案等，都会提请村民会议或村民代表会议讨论，按多数人的意见做出决定。从历年村委会的会议记录中可以查到所有当时讨论后的决议。

沙滩村基本上做到了村级民主管理，把日常村务的参与权交给村民，结合村中实际情况，全体村民讨论制订了村规民约，把村民的权利和义务，村级各类组织之间的关系、职责、工作程序以及经济管理、社会治安、村风民俗、规定得明明白白，是村民和村干部自我管理、自我教育、自我服务的综合性章程。同时，沙滩村还不断努力推进村级民主监督，由村民监督村中重大事务，监督村委会工作和村干部行为，把对村干部的评议权和村务的知情权交给村民。[①]

沙滩村民主选举的时间为每三年一次，每次都在 3 月下旬举行。2016 年 3 月，同步进行民主选举并产生了"四大班子"，即沙滩村党支部委员会、沙滩村党支部委员会、沙滩村村监会成员、沙滩村村股份经济合作社。再经屿头乡党委及乡政府决定委派沙滩村驻片领导共同进行村庄的管理。

2018 年 10 月，中共中央印发《中国共产党支部工作条例（试行）》，规定村、社区党支部委员会每届任期 5 年。2018 年 12 月 29 日，第十三届全国人大常委会第七次会议表决通过关于修改村民委员会组织法的决定：村民委员会由每届任期 3 年改为 5 年。届满应当及时举行换届选举。村民委员会成员可以连选连任。同时，表决通过修改城市居民委员会组织法的决定，居民委员会每届任期 5 年，其成员可以连选连任。黄岩屿头乡将紧跟国家的政策方针，组织村民学习了解该决定。

---

① 关于"沙滩村村规民约"，详见本书"文献篇"第一章。

第四节　党的坚强堡垒作用

多年来, 在黄岩区和屿头乡区乡党委及政府的领导下, 沙滩村坚持深化落实"三化十二制", 始终紧扣全面从严治党这条主线, 突出强化村党组织领导核心地位, 强化村级法治德治自治和强化党员干部履责担当有机结合, 为村里带来了新变化、新气象, 取得了积极成效。书记作为农村"一把手"已深入人心, 村委会、村监会等村级组织向村党组织看齐, 并在其领导下开展工作。在屿头乡党委的带领下, 沙滩村开展了一系列党的活动, 创新了党在广大群众中开展工作的模式。

"党徽闪光行动"

"党徽闪光行动"包含"党徽亮起来""党员站出来""党组织强起来"系列活动。

其中"党徽亮起来"活动, 在沙滩村公共场所及外墙醒目处放置发光的党徽, 并规范党组织办公活动场所内外设计, 在党组织场所亮党徽、竖党旗, 充分体现党组织在基层的政治核心地位。

"党员站出来"活动, 不仅仅让党员亮身份, 还亮了承诺、亮了形象。在沙滩村里, 党员的姓名、形象照及一句话承诺内容都张贴在党员活动室、党员责任区域公示牌、村"三务"公开栏等位置, 让党员主动亮明党员身份, 发挥先锋模范作用, 主动接受群众监督。沙滩村除党员家门口张贴"党员家庭"标识牌, 党员活动室和"三务"公开栏列明一句话承诺外, 还在景区古树旁、园圃旁、店铺门口张贴责任党员的姓名、形象照及一句话承诺内容。

"党组织强起来"活动, 则是具体落实浙江省农村基层党建 20 条 [①] 要求, 结

[①]　浙江农村基层党建经验 20 条具体如下: 1. 省市县乡四级党委书记任期内"四个走遍", 带动各级干部"走村不漏户、户户见干部"。2. 建立市县乡党委书记抓农村基层党建责任清单和年度党建报表制。3. 选派干部驻村联户全覆盖。4. 实行两个"提高 20%"政策稳定乡镇干部队伍。5. 乡镇基层党建工作专门力量普遍达到 3 人以上。6. 坚持对村级党组织实行评星定级, 鼓励晋位争先。7. 每年按照 5%~10% 倒排软弱涣散村党组织开展集中整顿。8. 在村"两委"换届选举中明确"五不能、六不宜", 争取选好带头人。9. 以高于当地农民人均纯收入 1.6 倍确定村主职干部基本报酬。10. 县级党委直接抓村"两委"干部集中培训。11. 组织农村党员每月集中活动、每半年评议、每年评定不合格党员。12. 每个乡镇建立党内关爱基金, 关心帮扶农村老党员和生活困难的党员。13. 全面推行村务联席会议制度, 实行"五议两公开"民主决策。14. 建立农村基层小微权力清单, 规范村干部用权行为。15. 实行村干部坐班、值班, 为民服务全程代理制度。16. 村级组织运转经费按照不少于 5 万元或 10 万元实行财政兜底。17. 大力扶持经济薄弱村发展集体经济。18. 以用促建, 在全省所有村建立便民服务中心, 使村级活动场所真正成为党群服务阵地。19. 全面清理村级组织"机构牌子多、考核评比多、创建达标多"的问题, 为基层减负减压。20. 全面建立村务监督委员会, 架起党群干群"连心桥"。

合党员活动，从软件和硬件两个方面着手，对基层党组织领导能力、制度建设、服务功能、"堡垒指数"等方面进行提升改造，增强党组织的服务力和战斗力。对于基层党建二十条，从乡里到村里，每位党员尤其是党员干部都要铭记于心。事实证明，建立"三级书记一个群"也是让"党组织强起来"的有效途径之一。区委书记（以及副书记、分管工作的常委和职能部门负责人）、乡镇党委书记（以及乡镇相关负责人和工作人员）、村支部书记（以及村"两委"相关负责人）全部进入同一个主题微信工作群，有事情随时沟通协调，任务完成情况及时反馈，形成三级书记联动攻坚工作模式。由于他们都在群里，谁的能力强、谁的主意好，大家都能及时动态掌握，这一小窍门成为破解干部不作为问题的好模式，组织部门也从中发现了一批优秀的基层干部苗子。在推进同济·黄岩乡村振兴学院建设及演太线金廊工程等重大项目建设中，屿头乡组建了由乡党委书记和有关负责同志、项目所在沙滩村党支部书记、有关专家和项目负责人等组成的微信工作群，并邀请区级有关领导和部门负责人进群，共同跟踪工作推进情况，及时研究解决遇到的难题和节点性问题，起到了多方联动、交流学习和增进了解的作用。

"党建联盟"是屿头乡党委牵头在村里开展的一项党建工作提法。

下面以"演太线"建设项目为例说明具体做法。"演太线"是指从沙滩村出发，途径前山头村、蒋家岸村、引坑村、五部村四个村，最后抵达乌岩头村的一条旅游徒步线，因沙滩村的太尉殿与蒋家岸村历史上的演教寺而得名。在这条线的建设过程中，屿头乡党委以重点项目为中心，由沙滩村、石狮坦村、引坑村、前山头村、蒋家岸村各支部，综合每个村的基层党建、旅游资源、村情村史、项目建设等要素，组成"柔川乡村振兴党建联盟"，整合美丽乡村党建资源，通过组织共建、活动联办、资源共享、难题联商，以示范型党组织为龙头，抱团作战、合力攻坚，互学互鉴补短板，构建资源互享、力量互融、优势互补、工作互帮的联合发展格局，通过该项目的联合实施，服务屿头乡经济社会发展，助推屿头乡实现乡村振兴宏伟目标。在此过程中，沙滩村支部通过组织共建，提升党建基础能力，通过以强带弱帮助引坑村党组织实现了良性转换，鼓励领头雁互学互鉴，分享乡村振兴项目开发、组织建设、人才培养等多方面的经验，有效提高了各村领头雁个人素质和领导水平。

"党建联盟"还通过活动联办丰富了组织生活。沙滩村支部率先轮值召开工作例会，举办党建活动，其中"重走红色路，践悟明初心"主题党日荣获台州市级村（社）

党支部主题党日十佳案例。"活力柔川话担当"主题党日活动也为央视节目《新闻调查》在乡村振兴一期中提供了素材。通过人才资源共享还促进了人才回流，吸引联盟党员回乡创业。比起以往单独公关，难题联商起到了事半功倍的效果。

随着互联网尤其是智能手机的高速普及，网民规模不断扩大，在享受互联网带来的信息获取、交流沟通、公共服务、参政议政以及商务交易、网络金融、网络娱乐等便捷的同时，也给网络生态治理带来了新的挑战。为创新网络生态治理方式，进一步延伸网信工作触角，突破舆情管理"最后一公里"，着力破解农村网络生态治理盲点，巩固党在基层的执政基础，屿头乡根据市区要求，2017 年 9 月在全乡各村全面推行网络"理事长"制度，建立了村级网络"理事长"队伍。在沙滩村设置屿头乡网络理事长工作室，建立"1212"工作机制，开展网络理事长培训活动，做大做强网上正面舆论引导，充分发挥网络"理事长"在服务村民、宣讲政策、管理网情、维护社会稳定中的重要作用，弘扬正能量，为经济社会建设营造积极健康向上的网络舆论氛围。

屿头乡网络理事长"1212"工作模式：1 个网络理事长工作室；2 项基本职能——网络服务和网络管理；12 项履职职责——网络代销、网络代购、网络支付、网络收款、网络挂号、宣讲政策、整理网民意见、辨清模糊认识、化解怨气怨言、改正错误看法、报送舆情信息、帮助戒除网瘾。

第二章　村庄秩序运行

在中国现代化以及改革开放的进程中，农村社会秩序也即村庄秩序正处在从解构到重组的过程之中。促使这一过程变化的主要力量有两个方面：一是以实行家庭联产承包责任制和建立社会主义市场经济体制为核心的经济改革方面的力量，二是以推行村民自治为核心的政治改革方面的力量。而这两方面的力量又是具体靠基层政府的主导与市场力量的参与方可发挥积极推动作用。在这个过程中，农村的村庄秩序能否保持相对有序，将成为农村社会是否安定，现代化能否在农村顺利实现的关键所在。

第一节　基层政府主导

沙滩村得以很好地贯彻 1978 年改革开放以来党和国家对于一系列"三农"问题的政策，以及落实 2004 年以来下达的"三化十二制"等，与屿头乡乡政府的主导作用是分不开的。

中共中央 2003 年底正式将"三农"问题写入工作报告。在新的历史阶段，农业、农村、农民问题的核心是农民收入问题，它直接关系到全面建设小康社会宏伟目标的实现。屿头乡乡政府紧跟中央的步伐，将解决好农业农村农民问题作为乡政府工作的重中之重，并且认识到城乡发展一体化是解决"三农"问题的根本途径，使屿头乡政府掌握了谋划全局的主动权。屿头乡乡政府在实践中感觉到，真正做到落实好政策，让农民真正受益，产业和新村是新农村建设两大要素。新农村建设，就是要让农民群众住上好房子，更过上好日子。新村是载体，产业是支撑，两者相辅相成、相互促进。新村没有产业支撑就是"空心村"，产业没有新村带动就难以发展壮大。通过"三化十二制"的运行机制，村庄建设与治理明显有了起色，而沙滩村是其中收益最大的一个村庄。

2018 年 8 月 27 日，中共台州市黄岩区委组织部、中共台州市黄岩区委宣传部、中共台州市黄岩区委政法委员会、台州市黄岩区司法局、台州市黄岩区民政局联合颁发了关于印发《黄岩区村（社区）基层治理"三治融合"30 条工作标准》的通知。该"通知"是为深入贯彻落实党的十九大精神和中央、浙江省委、台州市委、黄岩区委有关创新基层社会治理、创新发展新时代"枫桥经验"的决策部署，聚焦加强基层组织建设，持续深化村级治理"三化十二制"，打造"三治融合"（自治、法治、德治相结合）黄岩模式，经研究提出该工作标准。要求各乡镇街道要按照"全覆盖、实用性、有示范"的要求，成立领导小组，落实专人负责，全面推进自治、法治、德治相结合的乡村治理体系建设，不断夯实基层执政基础。坚持自治为基，强化村党组织领导核心地位，加强群防群治组织建设，推动村规民约法治化、务实化、特色化。坚持法治为本，推进民主法治村（社区）建设，健全农村法律服务体系，加强对网格员的法律知识培训，使之成为基层普法宣传的重要骨干。坚持德治为先，传承和弘扬和合文化，挖掘运用当地乡土文化，将和合文化融入矛盾调解、乡村服务治理、流动人口服务等工作之中。大力弘扬和合家风家训，促进人居和合、人文和合，营造崇善向上的氛围。区级层面建立"三治融合"联席会议机制，成员单位由区委组织部、区委宣传部、区委政法委、区农办、区司法局、区民政局、区农林局等单位组成，区委组织部、区委政法委为召集单位，每半年召开一次联席会议，有事随时召开。

"通知"详细提出了基层治理"三治融合 30 条"工作标准，标准分为党建引领、自治建设、法治建设、德治建设四大部分，共 30 个项目，每一个项目都有详细的工作标准分解说明，包括具体做法以及指标要求。该工作标准为村社治理提供了一份详细的"操作手册"，有助于将制度落到实处。为进一步完善"三化十二制"治村机制，更好地为实现"村账笔笔清、村事件件议、村务人人明"提供可操作指南。如党员道德诚信 A 级不低于 20%；村主职干部年初履职承诺，年中和年终述职述廉，承诺内容和考评结果公开；村级原始档案齐全规范，"小微权力清单"落实有力，制定"村监督会监督清单"，公布并对照操作；党员干部道德诚信引领工程、村干部履诺考评机制、民主恳谈等村级治理"三化十二制"中的成熟经验，以及村干部停职教育等创新举措，都细化成了"三治融合 30 条"工作标准中的一个个具体指标和要求。"三治融合 30 条"也是落实习总书记所作的党的十九大报告提出坚持农业农村优先发展，实施乡村振兴战略，按照"产业兴旺、生态宜居、乡风文明、治理有效、生活富裕"总要求去做的具体方法。要建立健全城乡融合发展体制机制和政策体系，加快推进农业农村现代化就必须实施乡村振兴战略。乡村振兴战略是进入中国特色社会主义新时代大的背景下，以习近平同志为核心的党中央在深刻把握我国国情，深刻认识我国城乡关系变化特征和现代化建设规律的基础上，着眼于党和国家事业全局，着眼于实现"两个一百年"的目标导向和解决城乡发展不平衡的问题导向，对"三农"工作做出的重大战略部署。实施乡村振兴战略，治理有效是基础。必须把夯实基层基础作为固本之策，建立健全党委领导、政府负责、社会协同、公众参与、法治保障的现代乡村社会治理体制，坚持自治、法治、德治相结合，以自治"消化矛盾"，以法治"定分止争"，以德治"春风化雨"，实现乡村稳定、和谐、发展的最终目标。

所以，"三治融合30条"就是为了推进村民的自治建设和的法治建设，乡村德治建设，为了让每个村民都能将政策理解透彻，有具体章法可依。

第二节 市场力量参与

精准脱贫最终要靠市场化的力量参与。换句话说，精准脱贫就是要逐步实现"精准脱贫市场化"。沙滩村的干部群众自改革开放初期解决温饱问题始，就有一种强烈的市场竞争意识：真正脱贫不可能通过国家直接平均地给村民补贴。补贴仅限于最基本的生存保障，但这不可能实现脱贫的目标。广大村民可能会在短暂的"脱贫幻觉"之后重新陷入贫困。国家有限的补贴，对偏远山村的农民而言当然是雪中送炭。但农民实际上更需要大雪过后仍然可以继续去赚钱的本领。要实现脱贫，最终还得回到市场中，靠市场机制来发挥作用，靠市场的杠杆进行平衡得失。而市场机制的主体是企业或者说是"事业"。这样不仅可以改"输血"为"造血"，引导资金脱虚入实，同样也是符合各方利益要求的最优选择。因此，精准脱贫的攻坚战需要企业的参与，需要根据实际状况实现转型发展。

一、"同济·黄岩乡村振兴学院"北院区落户沙滩村

"同济·黄岩乡村振兴学院"北院区坐落在屿头乡沙滩村，依托黄岩生态资源优势、历史人文优势和"美丽乡村"建设优势，与同济大学开展战略合作，充分发挥理论支撑和智力支持作用，按照"校风严谨、师资优良、硬件完备、管理规范、

环境优美"的建设理念，着力构建集乡村振兴理论研究、实践指导及人才培养三位一体的综合性学习教育平台，将打造成为"两山"重要思想实践样板基地，为推进乡村振兴战略提供黄岩实践和黄岩样本。

"同济·黄岩乡村振兴学院"北院区占地面积约 50 亩，建设资金投入达 3500 万元，自 2018 年 3 月开始启动政策处理到 2018 年 12 月正式投入运营，历时仅 9 个月，创造了屿头乡村振兴加速度。

北院区主体部分约 30 亩地，由老乡政府、老卫生院、老供销社三块构成，原本是屿头乡公共基础设施建筑更新换代后闲置的公共用地和废弃建筑。在同济大学的规划引领和现场指导下，这些闲置的资源被赋予了新的使命——学院教学与培训的功能，以及乡村旅游业态，比如食宿、参观等功能。其做法主要是在屿头乡统一出资进行预征收后，委托黄岩区旅游投资平台公司（黄岩区国有公司）进行改造。将原先村民的荒地废地，建设为学院配套的生态停车场、游步道（果园操作道）、绿化、施工便道等设施。

"同济·黄岩乡村振兴学院"北院区建成之后，通过招聘选拔，沙滩村村民有 38 人成为该院员工。这些新员工将通过岗前培训学习，于 2019 年春节过后正式上岗，以崭新的姿态迎接新学年的开学。同时，入村企业的发展能使村庄社区就业最大化，亦能通过岗位、技能培训提高村民的素养，成为村民自我教育的一种重要载体。村民们更是期待即将到来的一批批学员，会给村里带来人气，带来更多的商机。

二、四季采摘园

屿头乡四季采摘园位于沙滩村，柔极溪北岸，占地 78 亩，三面临溪，呈半月形，2016 年建成，是国家 4A 级景区柔川景区的重要组成部分。园内广布梨树，并分区块种植胡柚、柿子、蓝莓、向日葵等作物。园内沟渠环绕，引入柔极溪水穿园而过，园路以旧石板和溪石铺装而成，并设有特色的自行车道，供游客和周边住户散步休闲。整个四季采摘园区块曾经是农民的耕地和闲置的荒地，2015 年屿头乡出资委托沙滩村以村的名义对该区块的土地进行政策处理，收归村集体并改造开发成四季采摘园，不涉及农用地土地性质变更，解决国土审批难题。与此同时，在这个过程中，通过雇佣村民，带动村民产生工资收入，而这些村民也正好是能接受这个工资水平的人，他们贡献劳动力，获取相应报酬。

整个改造过程中，屿头乡委托同济大学规划团队进行设计，乡政府和沙滩村共同参与建设，走出了一条将零散土地统一规划、统一管理的乡村捆绑经营模式，整个采摘园所有收益归乡与村共同所有，从而实现双赢。

第三节　村民群众参与

家庭联产承包责任制形成了农村经济与社会运作的新秩序，这一农村基本经营制度确立了农民的独立自主地位，带来的不仅是农村经济秩序的变革，更对农村政治和社会秩序的有效运行产生了重大影响。最能够体现农民独立自主地位的是"农村土地确权"。

2014年12月，中央全面深化改革领导小组第七次会议指出，坚持土地公有制性质不改变、耕地红线不突破、农民利益不受损三条底线。之后进行的农村土地确权，保障农民权益，成为新一轮土地改革的重中之重。每块地的土地权需要经过土地登记申请、地籍调查、核属审核、登记注册、颁发土地证书等土地登记程序，才能得到最后的确认。"农村土地确权"有助于依法确认和保障农民的土地物权，形成产权清晰、权能明确、权益保障、流转顺畅、分配合理的农村集体土地产权制度。因此，在村里每家每户的土地进行确权过程中，工作人员把拿尺、圈围、丈量、记录、敲桩等每一个环节，每一处细节，都做得非常仔细，尽心尽力做到精确测量，确保村民的利益得到最大程度的保障，让农民放心，让农民满意。而农民也自觉自愿地配合与参与这次的土地确权，其积极性也是空前高涨。

对于新村建设房屋面积的分配，村委会先讨论形成分配方案，再经村民表决通过：按照家庭人数计算，三个人可分到一间屋（50平方米），四个人可分到两间屋（100平方米），七个人以上为三间屋（150平方米）。

家庭联产承包责任制下的农民，主体性地位大大提高，对村农自治提出了更高要求，村委会干部要更加尊重农民意愿，按照农民的利益诉求，在农民的监督下执行民主管理和决策。党和国家政治民主化的改革促成了农村基层民主变革的新生政治生态环境，给村民自治留下了广阔的基层空间，把权力下放给基层人民，在农村就是下放给农民。黄岩区党委组织部部长龚维灿深有体会地对我们说："1982年，国家宪法认可了村民自治，开始在农村实行基层群众自治制度，由农民自己选举产生农村管理者。这不仅破解了怎样让基层有人干事，有章理事，有钱办事这一难题，也让老百姓真正做到了选好人、办好事、花好钱，真正实现了让组织放心、让群众满意。"

沙滩村每年进行干部履诺年终考评的考场就设在村里的文化礼堂。房柱上的对联"一诺示予千民看，且看干部干不干"赫然在目。会上，当村党支部书记和村委会主任向全体村民汇报当年年初所承诺的工作进度后，村民们会就一些热点话题进行现场提问，村党支部书记和村委会主任对此要做出回答，直到村民们满意为止。会场气氛热烈、紧张。述职结束，村民要在履诺满意度测评表上打分，有的村民还会写下自己对村里计划的建议与意见。实行这样的村干部履职承诺考评制度不但加强了村干部的责任心，也提高了村民对村干部承诺的信任度，以及对村里大小事务的参与度。

第三章 村庄公共服务

第一节 村庄建设

一、美丽沙滩村的规划与建设

浙江省从 2003 年起，在全国率先开展"千村示范、万村整治"工程，已取得了明显成效。浙江省所开展的"新农村"和"美丽乡村"建设，在全国范围均起着引领作用。沙滩村的美丽乡村规划践行，正是在这种形势下的积极探索。从 2013 年 2 月起，同济大学杨贵庆教授团队与黄岩区共建"美丽乡村"规划教学实践基地，结合实地调研，积极开展屿头乡沙滩村的规划建设工作，很快与屿头乡政府、沙滩村村民达成了共识。

当时，沙滩村村域面积 191.3 公顷，总人口 1116 人，常住人口 872 人，下辖一个自然村即东坞村。沙滩村作为屿头乡政府的驻地，它经历了漫长的历史发展时期。原有围绕忠应庙（太尉殿）的老街巷、村民住宅和 20 世纪六七十年代的乡公所等一系列集体权属的公共建筑和场地，现在基本处于衰退和被废弃的状态。进入 21 世纪，沙滩村村庄建设从空间格局上发生了很大变化，基本"抛弃"了原有的老街巷，开辟了新区，增加了新的乡政府、卫生院、菜市场和多层住宅等一系列新建筑，这更加速了原有老街巷村庄设施的弃置。东坞自然村位于村庄西部，与新区和老街巷隔溪（柔极溪）相望，现在的居住建筑年久失修，不适合居民居住。

基于美丽乡村建设的目标，将沙滩村努力将第一产业向有机农业转化，培植第三产业，依托现有历史文化资源发展旅游及相关服务业，吸引人口回流，改善人居环境，希望将自身打造成生态环境优美、村容村貌整洁、产业特色鲜明、乡土文化繁荣、乡村居民幸福的美丽乡村。

规划要求，要对先人在当时落后生产力条件下形成的师法自然、天人合一的朴素智慧予以提炼，并对如何进行物质空间建构以适应当今现代乡村生活，并体现地方风貌特色进行深入研究，通过采取"三式规划"即参与式、渐进式、互动式的规划方法，为村庄的再生注入新的活力。

有了这样的共识，屿头乡、沙滩村与同济大学规划团队齐心协力，共同努力，经5年的奋战（至2018年底），取得了显著成绩与明显地辐射效应。

二、厕所革命与垃圾分类

2017年11月20日，习近平总书记主持召开十九届中央全面深化改革领导小组第一次会议，审议通过了《农村人居环境整治三年行动方案》，其中一项主要任务就是继续推进农村改厕工作。"如厕"小事关系大民生，厕所因此也要经历一场革命。

2017年以来，屿头乡投入140余万元，在沙滩村等9个村新建了生态公厕，其中沙滩东坞公厕是以三星级厕所标准打造的。在风景如画的屿头乡，生态公厕也成了一道靓丽的风景线。村民夸它们既"漂亮"，又"贤惠"，外表或古朴，或高雅，或美观，或大气……建设者尽心敬业地在细节上下功夫，工艺上更是采用了先进的污水处理系统，比起以前的厕所更节水，更节能，更环保。

为进一步推进沙滩村生活垃圾分类处理工作，实现农村生活垃圾减量化、无害化、资源化，改善农村人居环境，结合沙滩村实际情况，村两委特制定了"屿头乡沙滩村垃圾减量化资源化处理示范村工作实施方案"（以下简称"实施方案"），于2017年3月11日在村里颁布并实施。

"实施方案"明确了今后垃圾分类处理工作的总体目标，即按照因地制宜、科学布局、以点带面、分步推进、源头分类、循环利用的原则，有计划地推进农村生活垃圾分类投放、分类收集、分类处理工作。最终实现农村生活垃圾分类收集处理和综合利用工作全覆盖，建成农村生活垃圾分类投放、收集、运输以及处置运行体系。

"实施方案"中也清晰地告知了垃圾的分类方法。本着简便易操作的原则，将村中生活与生产垃圾分成两类：一是可腐烂垃圾。主要包括：剩菜剩饭、菜梗菜叶、动物骨骼内脏、茶叶渣、残次水果、果壳瓜皮、笋壳、谷壳、枯枝烂叶和饲养动物的粪便等。二是不可腐烂垃圾。主要包括：破旧陶瓷品、纸类、塑料、玻璃、金属和织物等。

"实施方案"还对村中每一户农户作了主要任务的布置。在环卫设施改造建设方面，要求每家农户配备可腐烂和不可腐烂垃圾桶一套；根据需要配备，原则上按每150户一辆的标准改造或添置垃圾分类收集车；使用微生物发酵方法对部分垃圾进行资源化处理，借助设备、菌种，经设备发酵、堆肥处置，实现可堆肥垃圾资源化和减量化。

在保洁队伍建设方面，原则上按常住人口计算，对每150户居民配备保洁员（垃圾分拣员）1名，负责每天定时统一收集，进行分装运输。在收集过程中，要负责对农户垃圾分类的指导和监督，确保可腐烂垃圾和不可腐烂垃圾严格分类。

在考核机制建设方面，要建立保洁员（垃圾分拣员）考核制度。开展保洁员（垃圾分拣员）工作绩效考核，根据工作成效给予一定奖励。考核内容主要是：是否实施了分类运输，堆肥房分类是否彻底，堆肥房及周边卫生是否清洁，垃圾车是否得到运行维护等。

方案要求建立村级环境卫生"红黑榜"制度。由村委牵头，组织各村民小组开展交叉检查，每月评出先进户、促进户（后进户）若干名，将评选结果在村"红黑榜"上公布，对先进户给予一定奖励。评比内容主要是垃圾源头分类、门前三包（包卫生、包绿化、包秩序）、门内达标、无乱堆乱放、无陈年垃圾、无污水横流等。

方案要求建立网格化管理制度（村级）。建立以"村、组、户"联查为内容的网格化管理制度。村主要负责人为总负责人，划分若干个区块，每个区块下设若干个网格小组，每个小组由1~2名村民代表或若干村民组成。将所有党员、妇女代表按照就近、方便、区域化管理的原则，纳入各网格小组，每名党员、妇女代表联系3~5户，负责垃圾分类处理的政策宣传、工作指导、巡查监督和考核评比工作。

"实施方案"还制定了严格的工作步骤。宣传发动阶段（2017年10月上旬前），召开全村生活垃圾分类处理动员会，举办垃圾分类处理培训班，明确工作任务。通过各种途径开展垃圾分类处理工作的宣传。根据目标任务，及时召开党员、村民代表、妇女队伍培训会，将农村生活垃圾分类的宣传资料分发到户，11月中旬完成发酵有机垃圾处理机器的安装。项目实施阶段（2017年11月中旬前），全面推进农村环卫基础设施建设（改造），落实保洁人员，建立垃圾分类投放、收集、运输、处理工作体系，并完成分类垃圾桶、分类垃圾收集车等的采购。总结提升阶段（2017年12月底前），对分类收集处理设施建设和分类收集处理实施情况进行全面检查，总结工作经验，建立长效管理机制。将我村垃圾分类投放、收集、处理工作纳入常态化运行和日常考核。

"实施方案"最后还明确了此项工作的保障措施。一是加强领导，明确职责。村生活垃圾分类处理工作领导小组负责生活垃圾分类处理工作的相关指导、组织、协调、督促。要高度重视环境卫生和农村生活垃圾分类处理工作，由村主要负责人负总责，切实做好农村生活垃圾分类处理的指导协调、推广、实施工作。二是加大投入，强化保障。安排专项资金专门用于农村垃圾分类处理终端设施建设和垃圾分拣执行情况的以奖代补。三是加强考核，长效管理。建立农村生活垃圾分类处理"四定二保"（定目标、定时间、定责任、定奖惩，确保推进快、效果实）目标管理责任制，做到目标明确到村，时间明确到月，责任明确到人。建立考核管理制度，每月组织一次对垃圾分类处理工作的明察暗访，对工作做得好的给予适当奖励。

三、电力、邮政与网络通信

电力：沙滩村的电力由国家电网黄岩宁溪供电所供给和进行日常的维护保障。

村邮站：沙滩村邮站目前工作人员1名，由村民黄君玲兼管。主要工作是帮村民缴纳手机费和代收发邮局报纸、信件和快递物品。

网络通信：1990年左右，"中国电信"进入村庄，实现了村村通电话。2002年，网络布线进入了村庄，并对村庄进行了全覆盖。2015年，网络进行光纤扩容量，并对村庄进行了覆盖。沙滩村无一例外，为全乡之首。2011年，"中国移动"也进入了屿头乡，同时也对沙滩村进行网络全覆盖。村中除了部分老人之外，手机已经成为村民日常生活中的基本工具。如前所述，屿头乡根据市区要求，2017年9月份在全乡各村全面推行网络"理事长"制度，建立了村级网络"理事长"队伍。有线电视现在正在向网络数字电视转型，拥有电视机的村户人家比例达到97%。

四、公共基础设施与道路交通

2007年1月16日，国务院办公厅下达转发了农业部《村民一事一议筹资筹劳管理办法》的通知。这是为规范村民一事一议筹资筹劳，保护农民的合法权益，促进农村基层民主政治建设和推进社会主义新农村建设，根据有关法律、行政法规的规定所制定的原则与办法。"一事一议制度"，是指在农村税费改革这项系统工程中，在取消了乡统筹和改革村提留后，原由乡统筹和村提留中开支的农田水利基本建设、道路修建、植树造林、农业综合开发有关的土地治理项目和村民认为需要兴办的集体生产生活等公益事业项目所需资金，不再固定向农民收取，采取"一事一议"的筹集办法。沙滩村通过"一事一议"的筹集办法，先后推进执行了 2 个"一事一议"项目。

2012 至 2015 年期间完成的第一个项目为"沙滩村自然水改造项目"。总投资额为 60 万元人民币。

2016 年完成的第二个项目为"沙滩村果园操作道 3080 米"。总投资额为 38 万元人民币，其中获得黄岩区财政补助 25.1 万元。

这两个项目都是在遵循群众自愿原则，以群众直接受益为前提进行的。因此，项目进行顺利，彰显出了社会效益与经济效益的双丰收。

扶持村级集体经济发展，壮大村级集体经济实力，是新时期新阶段对农村"统分结合、双层经营"基本经济制度的完善，是推进农业适度规模经营、优化配置农业生产要素、实现农民共同富裕、提高农村公共服务能力、完善农村社会治理的重要举措，也是挖掘农村市场消费需求潜力、培育农村经济新增长点的重要手段，对于统筹城乡发展、促进社会和谐、巩固执政基础和全面建成小康社会具有重大意义。就扶持村级集体经济发展试点的工作，2015 年 10 月 12 日，财政部下发了《扶持村级集体经济发展试点的指导意见》。在贯彻该指导意见的精神下，2017 年沙滩村又推进执行了"扶持村级集体经济"项目："沙滩村演太线接待中心 10 间 4 层"项目。总投资额为 220 万元，其中获得黄岩区屿头乡财政补助 150 万元。项目正在建设中，预计项目投入运营之后，既能保证村级集体经济收益，又能发挥好村级集体经济在集镇公共服务功能上的积极作用。

第二节　社会福利与社会事业

2006 年沙滩村开始实施"农医保"，即"新型农村城乡居民医保"合作医疗。

沙滩村第一年实施"农医保"时向村里每人筹资 50 元。至 2019 年，"农医保"参保标准提高为 1218 元，其中个人缴费 418 元，政府补贴 800 元。至今，沙滩村

"农医保"应参保村民为 918 人，实际参保村民为 897 人，参保率达到 98.14%。

村民看病除了享受"农医保"的福利外，还有两块福利，一是基本公共卫生服务，二是家庭医生签约服务。基本公共卫生服务为全部免费，全民享有，内容包括 13 项：居民健康档案管理、健康教育、疫苗接种、0~6 岁儿童健康管理、孕产妇健康管理、老年人健康管理、高血压患者健康管理、2 型糖尿病患者健康管理、严重精神障碍患者管理、肺结核患者健康管理、中医药健康管理、传染病及突发公共卫生事件报告和处理、卫生计生监督协管等服务。

黄岩区屿头乡卫生院坐落在屿头乡政府行政楼院对面，与沙滩村唇齿相依，位于沙滩村新村的东头，沙滩村东大路 5 号。该卫生院属于公益一类事业机构，服务于屿头乡经合并后的 11 个行政村。目前屿头乡户籍总人口为 13908 人，其中常住人口约 5000 人。屿头乡卫生院作为唯一一家乡级卫生院，多年以来，坚持以乡为范围，以人的健康为中心，以家庭为单位，通过开展健康体检、健康教育、家庭医生和居家护理等多种服务形式，提供基本医疗、预防保健和公共卫生等服务，是当地百姓，特别是沙滩村村民就医咨询的唯一综合性卫生院。

卫生院总占地面积 1496.20 平方米，其中业务用房面积 770.13 平方米。屿头乡卫生院现有在岗卫技人员 17 名，其中正式在编人员为 12 人。2018 年拥有专业职称人数 12 人（中级职称 3 人）；拥有彩超、生化分析仪、血细胞分析仪、心电图仪及心电监护等先进设备。医院设置全科、内外科、儿保科、妇科、中医科、化验室等科室，2018 年医院还配置了公共母婴室。

截至 2018 年 5 月底，累计门诊人次达 11203 人次，为辖区内居民进行健康体检人数达 1356 人，办理居家护理 3 例；开展公共健康知识讲座 5 次，健康咨询 4 次；免费发放慢性病药品总额 19.75 万元，家庭医生签约 1732 人，规范签约率 12.40%，其中重点人群签约 1310 人，重点人群签约率达 32.60%。家庭医生签约费用为百姓每年人均自付 20 元，享有在卫生院一般诊疗费全额报销，优先转诊上级医院，报销比例提升 3%~5% 等 7 项优惠及便利。

就 2018 年的工作来看，在社会事业方面，取得以下成果。屿头乡政府重视群众生活保障，全年帮助处于低保、低保边缘，身患残疾的困难群众达 1203 人次，共发放最低生活保障补助、农医保补助、残疾人补助、公益林补偿等资金 500 多万元。推进"最多跑一次"改革，乡便民服务中心设立综合业务窗口、出件窗口和网办区，实现一窗受理，自助办件。强化"四个平台"（综合工作平台、市场监管平台、综合执法平台、便民服务平台）建设，建立乡社会治理综合指挥室、心理咨询室、网格化管理办公室，全年接收各类信息 1820 条。完成民兵整组、夏秋季征兵和退伍士兵登记工作，2018 年征召 7 名新兵入伍，征兵人数创历年新高。完善"两站两员"（"两站"指乡交通管理站和农村交通安全劝导站，"两员"指道路交通安全协管员和交通安全劝导员）制度体系，实现了全年乡交通安全事故零伤亡。开展"平安屿头"建设，组织禁毒、反邪教、消防安全、安全生产各类宣传活动 23 次，发放宣传资料 5000 余份，组织平安巡防近百次，执行消防安全整治行动 31 次，进行消防演练 12 次，有效地保障了社会的和谐与稳定。沙滩村作为屿头乡的典范，事事做在先，许多方面都跑在其他村的前面。

在农业经济方面，2018 年取得如下成果。屿头乡大力推进农业基础设施提升和产业结构调整，全年农业总产值达 9800 万元，同比增长 7%。杨梅、枇杷等精品果业快速发展，全年枇杷产量达 1470.2 吨，同比增长 23%，杨梅产量达 1604.6 吨，同比增长 10%；农村基础设施不断完善，田料、屿头两村 1 万米田园果园操作道项目、白石村 111.3 亩土地垦造项目，以及里岙、引坑等 9 个村 1896 亩耕地质量提升项目相继完成，并引进外部资本，建设白石牡丹庄园，探索观光农业新路径，促进农业发展动能激活；农业技术推广和支农惠农政策有效落实，涉农补贴合理发放，农业技术培训有序开展，包括沙滩村在内的村级土地确权工作已经全面完成。

在休闲旅游方面，2018 年取得如下成果。屿头全年各景区、农家乐、民宿累计接待游客达 50 万人，同比增长 8%，旅游总收入达 1700 万元，同比增长 6.25%，均创历年新高。相继完成枕山酒店（柔川店）、宋韵文化园二期、"演太线"徒步金廊二期、布袋山景区景观质量提升等项目，基本形成以柔川景区为核心的全域旅游发展格局。利用"旅游+"模式，先后举办 2018 年柔川景区闹新春、第二届柔川旅游文化节、首届布袋山农民丰收节等活动，间接带动农家乐、民宿以及农产品增收近 800 万元。沙滩村被评为浙江省 AAA 级景区村庄。

在生态建设方面，2018 年取得如下成果。扎实推进长潭库区环境整治、小城镇综合整治、美丽乡村、卫生乡镇等工作。完成前礁村、82 省道乌猪岭隧道北侧、长潭水库周边 38 米线以下消落带退耕还林工程和长潭水库湖滨缓冲带生态修复工程，修复库区生态环境 10 万平方米。完成了 5 个村庄农村污水管线提升改造项目，关停搬迁二级水源地范围内企业 26 家，整改六小行业 21 家，呵护水清岸绿的长潭库区环境。改造联一入乡口景观和82省道沿线建筑立面，建设6个村庄美丽庭院，改造41座老旧公厕，设置一个垃圾分类处理站和"智慧小镇"（智能垃圾分类）系统平台，进一步改善乡域面貌和卫生形象，年中成功创成省级卫生乡镇。

2018年的重点工作为有序推进破难攻坚项目，引入区旅发集团改造老乡公所、老供销社和老粮仓等，在沙滩村老街建成"同济·黄岩"乡村振兴学院（沙滩村北院），深化校地合作，探索双向人才培养模式，打造乡村振兴新热点。开展"四好农村路"建设，完成大岩岗至牛角丘3.7公里的边沟路肩硬化工程以及共计21公里的7条乡、村道路提升改造，新建石狮坦、联一等3座桥梁，促进农村路网更加便捷；加速扶贫项目实施，申报并建设5个扶贫项目、7个一事一议项目、1个移民项目、6个水利项目，惠及14个村；高效落实中心工作，全乡地质灾害点整治全部完成，柔极溪综合整治二期工程推进3公里，"三改一拆""治危拆违"工作累计拆除量达到30089平方米，各项任务指标均超额完成。

不仅如此，在基层党建方面，2018年屿头乡还成功完成了行政村规模调整，原22个村调整为11个；积极响应"千企结千村"工作，对原18个集体经济薄弱村转化成果进行有效巩固；不断深化"两学一做"（学党章党规、学系列讲话，做合格党员）学习教育常态化、制度化和"三化十二制"，13个党支部主题党日活动有序开展。持之以恒抓好从严治党，创建沙滩村"清廉村居"示范点，完成联一、兴安、两岸、布袋山四村的基层农村作风巡查，全年共查处党员干部违纪案件7起，党纪处分7人。大力开展宣传工作，发布微信公众号文章208篇，在国家和省市区媒体上刊播216篇文章，其中屿头乡包括沙滩村的乡村振兴工作先后被中央电视台《新闻调查》《焦点访谈》等节目报道。由"中国当代乡村的浙江样本研究—台州市黄岩沙滩村发展研究"项目负责人，同济大学王荔教授执导的纪录片《沙滩村》（上、下集）公开播映，并上线由上海市委外宣办指导，上海广播电视台主办、SMG版权资产中心暨上海音像资料馆承办的"中国视听档案资源共享国际交流平台"，向国际讲好中国故事，传播好中国的声音。

第三节 教育

一、历史上的柔川(屿头乡)教育

详见本书"史地篇"。

二、扫盲

1951年,屿头乡积极响应号召,开始扫盲工作。后续,每年都会根据上级部署开展相应的扫盲工作,如到村里开办识字班,组织村级会计文书培训等。至1994年前夕,全乡各村均办有各自的小学,由民办教师进行教学。至目前为止,60岁以下的村民基本达到小学毕业以上学历,全乡基本完成扫盲工作。

三、幼儿园

目前屿头乡有一所幼儿园,即"屿头乡中心幼儿园"。屿头乡中心幼儿园是在原屿头小学校舍的基础上改建而成,于2011年9月经区编办批准由教育局创办的全日制公办乡级中心幼儿园。2014年被评为省二级幼儿园,是屿头乡唯一一所幼儿园。幼儿园坐落在风景秀丽的长潭湖北畔,也是黄岩区最西部的山区幼儿园之一。占地2800平方米,建筑面积约1275平方米,户外活动场地653平方米,绿化面积450平方米,园舍整洁明亮,环境优美,户外场地宽敞,幼儿教育基础设施完善。目前幼儿园有教职工7人,园长1人,专任教师4人,其中在编教师3人,教师持证率100%,大专及以上学历占100%,共有小、中、大三个教学班,在园幼儿35人。全体教职工勤勤恳恳,分工合作,志在规范办园,使我园的保教质量和服务水平不断提高,教育事业不断提升,得到家长、社会的好评和上级领导的肯定。在区级比赛中幼儿童话剧、幼儿建构大赛、幼儿美术大赛等活动中均有获奖;教师团队的多篇论文在区级各类活动中获奖。近年来,先后被评为省二级幼儿园、合格乡镇幼儿园。

四、小学

目前屿头乡有1所小学,即"屿头小学"。1994年以前,全乡各村均有小学,由民办教师教学。1994年,由于乡镇撤并调整,原白石乡和原屿头乡合并,对教育机构也进行规模调整，撤销原各村的民办小学，只留下三联小学和屿头中心小学两座。2006 年，教育机构第二次布局调整，三联小学和屿头中心小学合并为现在的"屿头小学"，位于台州市黄岩区屿头乡屿头村。

学校前身为黄岩县屿头中学，创建于 1931 年，2006 年布局调整后与三联小学、屿头中心小学合并，校舍位于原屿头中学。屿头小学现有班级 6 个，学生126 人，教职工 20 人，其中学科专职教师 20 人，25 岁以下的教师 18 人，师资水平较高，是一支有干劲、易于转变教学观念、具有创新意识的教师队伍。学校基础建设基本完善，多媒体设施齐全，为实现教学现代化提供了可靠的保障；图书室和阅览室为学生查找资料、丰富知识、拓展视野提供了桥梁和平台。学校曾先后获得黄岩区学生品德"百校创示范"活动示范学校、中小学生日常行为规范达标学校、黄岩区绿化美化合格学校、黄岩区平安校园等荣誉称号。

为进一步规范义务教育阶段学校招生入学行为，促进义务教育均衡优质发展，推进教育公平，根据《中华人民共和国义务教育法》和省、市有关义务教育阶段招生工作的文件精神，结合黄岩区实际，制定了《黄岩区 2018 年义务教育阶段学校招生工作实施意见》。按照《黄岩区 2018 年义务教育阶段学校招生工作实施意见》（黄教〔2018〕34 号）的精神，整合各乡镇街道信息，黄岩区委又发布了《2018 年黄岩区义务教育学校学区划分》通知。根据该通知规定，屿头小学学区将涵盖屿头乡各村，各村适龄儿童目前均进入屿头小学就读，无条件接受义务教育。

五、初中与高中

屿头初中为原黄岩县屿头中学，创建于 1931 年。2006 年布局调整后，与三联小学、屿头中心小学合并，撤销屿头中学。目前，屿头乡没有设置初、高中学校。

1985 年 5 月 27 日《中共中央关于教育体制改革的决定》指出，义务教育，即依法律规定适龄儿童和青少年都必须接受，国家、社会、家庭必须予以保证的国民教育，为现代生产发展和现代生活所必需，是现代文明的一个标志。

2006 年 6 月 29 日，中华人民共和国第十届全国人民代表大会常务委员会第二十二次会议修订通过了《中华人民共和国义务教育法》，自 2006 年 9 月 1 日之日起施行。

为了规范学校管理，巩固普及九年制义务教育的成果，提高义务教育质量和办学水平，根据《浙江省义务教育阶段学生学籍管理办法（试行）》，结合黄岩区实际，黄岩区特制订了《黄岩区义务教育阶段学生学籍管理实施细则（试行）》。该《细则》早在 2004 年 9 月 1 日起施行，由教育局普教科负责解释。可以说，在九年制义务教育方面，黄岩也跑在了全国的前例。

为进一步规范义务教育阶段学校招生入学行为，促进义务教育均衡优质发展，推进教育公平，如前所述，根据相关规定，宁溪初级中学学区将涵盖宁溪镇、富山乡、上郑乡、屿头乡各村。目前屿头乡包括沙滩村村民子女在小学毕业后均进入宁溪初级中学就读，无条件接受九年制义务教育。

随着九年制义务教育的深入扎根与发展，以及教育质量的普遍提升，加上农村生活水平的普遍提高，沙滩村村民子女考上大学的人数逐年增多。据统计，近五年来（2013—2018）沙滩村考上大学（含大专）的有 42 人之多，村民的文化素质明显有了大幅度提升。加上同济·黄岩乡村振兴学院落户沙滩村，"科教兴乡，教育强村"的理念将越来越深入人心，这将形成一种强大的文化自觉，引领和推动该乡村各项工作再上新台阶。

文

化

篇

文化自信 风采激扬

中国村庄发展

WENHUA PIAN
WENHUA ZIXIN FENGCAI JIYANG

"两手抓，两手都要硬"，邓小平的这一理论术语在 20 世纪八九十年代一度被高频率使用，可谓是家喻户晓。党中央一直提倡的"统筹""协调"，便是这一思想的延伸。而这，正是"五位一体"建设的中国特色社会主义事业总体布局思想的起源。

随着改革开放的不断深入推进以及我国经济社会各方面的高速发展，党和政府对精神文明建设的认识不断加深，开始从"两手抓"（一手抓物质文明建设，一手抓精神文明建设）战略方针向"三位一体"（富强、民主、文明）战略布局转变，并在新世纪以后结合新时期的要求逐渐转变为以"经济建设、政治建设、文化建设、社会建设"为核心的"四位一体"战略布局。在强调"四位一体"的同时，党和政府在重视环境保护、生态保护的实践中，提出了生态文明和生态建设的概念，最终形成了"五位一体"的总体布局。"五位一体"的总体布局，即"社会主义经济建设、政治建设、文化建设、社会建设以及生态文明建设"。它们之间，经济建设是根本，政治建设是保障，文化建设是灵魂，社会建设是条件，生态文明建设是基础，是相互影响、相互作用的五个不可或缺的方面，在社会主义新农村的建设中尤其能够彰显出以习近平为核心的党中央在执政治国中不断发展并完善的理论与思想的核心价值观。

第一章　公共文化空间

公共文化空间不能只是满足于村民自发的、浅层次的文化娱乐活动，而是在目标管理与文化提升上要不断更新。文化对于沙滩村而言，应当是世代村民在社会历史发展过程中所创造的物质财富和精神财富的总和，特别是指所创造的精神财富，如村民的英雄观、村中传统的蒙养教育与耕读文化观念，以及存于民间的传统知识与生存策略等等。所以，不能只把文化看成游艺娱乐，还要赋予其教益的功能。文化空间，也不只是指用来承载与文化活动相关的某物质或某设施用具的空间，更重要的是，它是人类精神与心灵的栖息地，也是人类任其思想翱翔的无垠世界。

第一节　社戏广场

沙滩村有史以来便有自己的社戏广场。社戏广场包括旅游咨询信息中心、忠应庙、戏台、四株八百年以上的古樟树、廊道座椅、广场、村两委会行政会议活动小楼、沙滩老街文化礼堂、"同济·黄岩乡村振兴学院"北院区以及公共厕所等设施。

社戏广场为沙滩村老街与新村的中心枢纽地。而沙滩老街与忠应庙的背后山前，则是新建起来的"同济·黄岩乡村振兴学院"，形成了沙滩村乃至屿头乡的文化教育重地。它的形成开启了沙滩村科教兴村的历史航程，从历史悠久的耕读文明走来，驶向未来更加壮美的现代科学新农村。

社戏广场留存至今的关键原因是历史上未曾迁移过的忠应庙。忠应庙如前所说，它所供奉的并非观音菩萨或玉皇大帝，而是柔川黄姓氏族先人黄希旦，一位具有神力的救火英雄神俊少年。少年去世时只有17岁，但村民都尊称他为"太祖爷"。详细内容已在本书"史地篇"中叙述，在此不再赘述。这一历史因由，决定了忠应庙在实质上具有宗祠的意义及功能。与中国农村社会中普遍存在的祠堂一样，忠应庙是沙滩村民祭祖和瞻仰祖先德能的地方。忠应庙供奉着先人黄希旦，因黄希旦就埋葬在紧贴着忠应庙的背后山墙之下，所以，忠应庙也担负着"正俗"的功能，成了家族宗亲联系、汇聚、议事、定规、处理族里大事和"正本清源、认祖归宗"的活动场所。据村民告知，以前有办理婚、丧、寿、喜等大事时，也会利用忠应庙里外宽敞的场地作为活动之处。忠应庙具有的这种宗祠性质的功能延续至今。例如，忠应庙前的社戏广场曾一度几乎成为垃圾堆放之处，恶臭熏天。当社戏广场改建时，为了合理形成在忠应庙前的围合式中心场地，又保留太尉殿中原来的戏台不移动，需要在中心场地新建一个戏台，但新建戏台的设计为面向东方，改变了原来戏台朝北（面朝黄希旦塑像）的方向，这便引起村民反对，认为新建戏台朝东而不朝着太祖爷黄希旦似有不妥。于是，村民们便集聚在忠应庙，在面呈太祖爷黄希旦将事由说明之后才达成统一意见，同意新建戏台面朝东方，社戏广场因此顺利得以改建，成了我们今天所见的广场布局。

忠应庙还具有"教化"的功能。历史上，元代大儒黄超然所创办的义塾，后改为柔川书院名震一方。忠应庙是否曾被作为学堂不得而知，但族谱的保存收藏地就在忠应庙内。近年来，宗族大小会议也都是在忠应庙社戏广场召开。柔川黄氏族旗也被悬挂在忠应庙的大门口。这就充分说明了忠应庙还是族人进行礼制、礼法、礼教宣传教育的活动场所。

社戏广场、忠应庙事实上还是村中传统意义上的道德法庭，是处理家族内部事务、树优立榜、赏勤罚懒、化解纠纷、处理矛盾的地方。因此，在社戏广场东边村两委会小楼墙上便悬挂着黄氏族人中的优秀代表肖像，有黄懋、黄超然、黄仲虎、黄准等，以供大家瞻仰或学习。

对今人而言，祭拜的含义又有了文化意义上的提升。祭拜是为了表达崇敬和缅怀，感悟宽厚与仁爱，继承和发扬先辈的遗志，而不仅仅只为了获得祖先的庇护和保佑。敬祖是活着的人对逝去的人的追念，是人类特有的精神依托与精神安慰的有效方法。因而，社戏广场也就成了村民之间情感交流的场所。在这里进行的一系列传统、健康、有益的活动，进一步促进了村民之间融洽度，最终达到互帮互敬，团结友爱，共同进步、共同发展的目的。

社戏广场也是传承和发展乡俗文化的平台。忠应庙就是家族变迁史的佐证，是柔川黄氏家族的精神家园。通过了解忠应庙，包括它的建筑风格、文化起源、社会历史作用，先祖的开拓创业精神，历代贤达明智的进取意识等，能够了解家族起源、传承、变迁的历程。而掌握家族乃至民族的历史，是为了影响和教育族人，特别是教育子孙后代与时俱进，勇于开拓，不断进取，为家族、社会、国家多做贡献，使家族、社会、国家更加兴旺昌盛。通过祭拜活动，加深认识"树本有根，水本有源"的道理，懂得养育之恩比天高，比海深，应当孝敬父母，尊敬师长。这些都是村民特别强调的方面。在沙滩村，当老人体衰多病需要照顾的时候，往往会有很多的人去倍加关心呵护他们，包括侍汤奉药，洗衣送饭，问寒问暖，让老人在人生的暮年切身感受到子女的孝顺与敬俸，安享晚年。

另外，通过了解忠应庙的由来，了解祖先开拓创业的历史，历代贤祖的品德风范与功绩，知晓过去的社会历史状况，继承先祖品格作风，就能做到知过去、想未来。沙滩村村民告知我们，在古老的耕读文化中有一点至今仍然很管用，那就是为人行事谦虚谨慎，不骄不躁，不张扬，不急躁，待人接物不卑不亢，有礼有节，伸张有度，这样才能够使自己永远立于不败之地。这与教育、引导孩子从小养成良好的行为习惯是相辅相成的。就像沙滩老人常说的那样："坐在社戏广场中，看着这几株古樟，真是厚积薄发、有容乃大啊。我们做人也是一样，根深叶自繁。要多学习、少抱怨，知足常乐就好。"实际上，沙滩村以社戏广场、忠应庙为中心的宗族文化，在新时代党的领导下，已经逐渐转化为对推动新农村建设起积极作用的创新型社区新文化。

第二节　文化礼堂

浙江省建成的文化礼堂已有数千座，响应了"物质富裕了，精神更要富有"的号召。这一基层的文化平台，把文明乡风"种"进了农民心田。如何利用文化礼堂传承乡土文化、弘扬现代文明？人们的经验是：硬性植入不如潜移默化，"送文化"不如"种文化"。农村文化建设，需要基于对农村和农民的理解、尊重。只有在潜移默化的熏陶中，农民的思想境界才能一步一步高尚起来。[①]

沙滩村的文化礼堂，依托于经改造复活的沙滩老街上的老屋。这样，既避免了大兴土木，又实现了村民少花钱多办事的愿望。借沙滩老街之深厚的文化基因发力，激活沙滩村传统文化中的正能量，使老街老屋成了沙滩村乃至屿头乡的

---

① 把文明乡风种进农民心田　浙江文化礼堂激活正能量 [N]. 人民日报，2014-12-30.

文化重地和传播先进文化的殿堂。这条沙滩老街并不长，用村民的话来说，只有"一脚头"，即距离仅一步之遥。但是这"一脚头"中的每一间老屋，都会让人驻足停留，内容竟然如此丰富。

在沙滩老街从东往西走，路过的第一间是"三径书屋"。"三径"意为归隐者的家园或是院子里的小路，容易让人联想起当时黄超然决然"入元不仕"而安于做学问的样子。书屋本不大，只有50平方米，分上下两层。图书与书桌的摆放井然有序，散发着现代书屋的气息，其装饰效果，不仅年轻人喜欢，老年人也觉得非常适合自己，是个读书议事的好地方。有了这个书屋之后，常常有一些外地游客过来，当他们下一次再来时还会带上几本书捐赠予它，以实现自己一个小小的行善之愿。

接下来将路过两间老屋，门的上方分别悬挂着"厚德沙滩"与"柔川宋韵"两块匾额，两间老屋实际上是文化礼堂的展览室。在其中一间屋里，一边悬挂着"村规民约"，另一边则悬挂着"柔川黄氏祖训"与始迁祖黄懋的人像，两边彼此之间内容上的传承关系脉络清晰，是挂在墙上的教科书。

"柔川黄氏祖训"的内容如下：

事亲必孝，事长必敬；

兄友弟恭，夫义妇顺；

冠婚丧祭，秉礼必慎；

士农工商，择术必正。

毋听妇言而乖骨肉，毋作非法而犯典刑，

毋以众而暴寡，毋以富而欺贫，

毋好赌而荡产业，毋即匪僻而坠家声。

制行唯严以律己，处世毋刻以绳人。

苟能行之昭昭，自积报于冥冥。

眷兹训辞，实系废兴，诵之再三，尔其深听。

祖训是历代祖先对子孙的教诲。柔川黄氏家谱中的"祖训"则是初编柔川黄氏宗谱者、黄氏第十三世后人闿老（1273—1348）借祖先的名义写下的，并将该"遗训"写入族谱世代传承，以便从精神上维系家族的统一和团结。所以"祖训"的精神，从根本上说是在于维系宗族关系，以求宗族势力的发展壮大。黄氏闿老所确立的是非善之别舍和个人行为标准，已经为世代黄氏家族成员所认同接受。

另一间屋展示的是赵伯沄墓葬发掘的情况介绍。该墓是距今 800 多年的南宋古墓。出土墓志铭显示的时间是南宋绍兴年间（1131—1162），墓主人是赵伯沄与其妻李氏。赵伯沄是北宋开国皇帝赵匡胤的七世孙。从墓中清理出了 66 件赵伯沄陪葬用的丝绸服饰。服饰形制丰富，涵盖了衣、裤、袜、鞋、靴、饰品等，并且纹饰题材多样，包含双蝶串枝、练鹊穿花、云鹤莲花等。织物品种齐全，有绢、罗、纱、縠、绫、绵绸、刺绣等品种。这批丝绸文物堪称"宋服之冠"。除了大量保存极好的衣物外，也有少数其他随葬品，如玉石挂件、铜镜、香盒等物。其中一件玉璧，刻有"大唐皇帝昇谨于东都内庭修金箓道场，设醮谢土，上仰玄泽，修斋事毕，谨以金龙玉璧投诣西山洞府。昇元四年（940）十月日告闻"字样，知为南唐开国皇帝烈祖李昇的投龙玉璧，传世近三百年后，作为古物玩好，为赵伯沄收藏并随葬，尤为难得。

墓志铭是由赵伯沄为其妻李氏撰写的，所载李氏的生卒年月日和下葬时间，与《黄岩西桥赵氏宗谱》记载的赵伯沄妻李氏的信息完全吻合，更印证了墓主是赵伯沄，同时说明了《黄岩西桥赵氏宗谱》的可信性。据 1993 年重修《黄岩西桥赵氏宗谱》卷七，墓主人赵伯沄，系宋太祖七世孙，南宋初，其父赵子英始徙居台州黄岩县，遂为邑人，绍兴二十五年（1155）生，嘉定九年（1216）卒，赠通议大夫，同年与李氏合葬。该宗谱记载，赵伯沄是赵子英的第六个儿子。赵子英是赵匡胤的六世孙，在南宋初曾任台州府黄岩县丞。此外，据南宋《嘉定赤城志》记载，赵子英曾于绍兴五年（1135）任台州府黄岩县丞。赵伯沄，也是黄岩县城西门外五洞桥的修建者，南宋《嘉定赤城志》卷三"桥梁"载："孝友桥在（黄岩）县西一里，修六十丈，广三丈，跨大江别浦……庆元二年圮于水，县人赵伯沄纠合重建，筑为五洞，桥面亦五折，取道当中，坎两旁以窍水，翼栏其上，视旧功十倍焉，今但呼西桥。"五洞桥，至今犹存，今为浙江省文物保护单位。赵伯沄墓葬所在地屿头乡前礁村，就在距沙滩村不远的"大坟"地方。屿头乡（柔川）历史上的三大氏族即皇族"赵姓"、望族"黄姓"以及一门忠烈杨家将的"杨溪杨氏"后世，一直以友邻相居，同命运、共患难。

接着往沙滩老街西走，你将看到的是"沈雷剪纸名家创作基地"。选择沈雷剪纸创作基地（工作坊）植入沙滩老街是因为沈雷是土生土长的黄岩人，剪纸造诣很高，成就颇丰，现今为中国民间文艺家协会剪纸艺术委员会副主任、浙江省民间艺术研究会剪纸分会会长。让沈雷剪纸工作坊植入沙滩老街是为了弘扬黄岩民间古老的剪纸文化。黄岩民间剪纸在宋元时即盛行。它源于黄岩海、山、平原兼备的自然环境以及宗教习俗等多方面因素，深受农耕文化和农耕文明的影响，与人们的生产与生活紧密相关。历史上民间剪纸从黄岩东部的海边到西部的山区随处可见。王伯敏先生《中国民间剪纸史》明确注明黄岩是浙江 25 个剪纸主要地区之一。[①] 由于南宋迁都临安后，北方人口再次大规模进入台州黄岩，北方的习俗在黄岩的影响更加深远。同时有不少闽南籍渔民北上定居，因而在浙东沿海一带形成多种剪纸风俗并存的格局。台州黄岩的民间剪纸，既带有南方剪纸纤细秀丽的风格，又带有北方剪纸拙朴浑厚的风格（图 4）。所以，利用文化礼堂作为平台，融入各类浓浓的乡土文化内容，对于培育打造扎根基层、扎根乡村的文化工作者和志愿者队伍，以及农村文化能人，让他们真正成为基层和农村文化的耕耘者和传承者，无疑会起到积极作用。

图 4　剪纸作品《包粽子》（创作者：沈雷）

再往西走，看到的是挂着"蕴味茶生活"横匾的老屋。这间老屋的内部，装饰素朴典雅，散发着耕读文化的气息，表现了农户人家在劳苦耕作之后享饮茶水的生活空间。

接着，房屋木柱上的"箍桶"与门当上"燕归　青春"的牌匾醒目地映入眼帘。这里是孩子们的乐园。屋内木桌上摆着剪刀和彩纸、泥巴与竹签等材料与工具，还有可供参考的简易图书，以供孩子手工练习"即兴创意"。

"竹编教习馆"的门口留着屋主人的手机号，若有人需要与他交流或咨询相关问题，随时可以拨打他的电话。老屋中所进行的是手工制作体验与认知。特别值得一提的是传统竹编工艺陈展，即体验馆。竹编制品对生活在农村的人们来说，与日常生产生活有着密不可分的联系。沙滩村人曾经有过不少会竹编的手艺人。山中的竹子是村民赖以生存的主要生活资料与生产资料。在 1949 年前后，当时的交通还处在极其落后的状态之中。村民上山下山、进山出山都靠双脚徒步，连

---

① 王伯敏 . 中国民间剪纸史 [M]. 杭州：中国美术学院出版社，2006：110.

脚上穿的鞋子都是用稻草或藤条编成的。除了徒步的山路，柔极溪等河道溪流便是当时的"高速公路了"。于是，竹筏就成了主要的交通工具，村民们就是靠它将柴、炭、竹子、竹笋等东西运载出去。竹筏制作因此也成为一门重要的手艺，一方面要满足客户定制的需求，另一方面也是满足自家运输产品外出交易的需要。除了作为交通工具，竹编制品可以说无所不包，最为常见的生活或生产用具有斗笠、竹帘、竹箩、竹笼、竹箱、畚斗、竹背篓、竹耙、竹牖(床板)、竹筐、竹匾、竹筛子、竹椅、竹凳、竹架、竹蒸屉、竹筷子、竹席、桌罩、鞋箩、团箕、米筛、春篮、杭州篮等。竹编是一项技术性较强的手艺，特别是春篮、杭州篮，做工精细，只有上手的老篾匠才能做得出来。如今，随着时代的发展与社会的变迁，尤其是交通的迅速发展，黄岩西部的山里人基本放弃了"水上竹筏运输"的方式，许多竹制品也逐渐退出生活必需品的舞台而成为手工艺特色产品，其身价也就变得与以往不同而更显艺术价值，还被列入了人类非物质文化遗产保护的行列。鉴于这些精湛的竹编技艺正在逐渐失传，能够在现场获得手把手师徒式传授的体验，也将成为一种越来越"奢侈"的消费。沙滩村人将文化礼堂作如此布置，除了要留乡愁，更是希望能够将"人的技艺与传承"保留下来，通过传承来发展、创新优秀传统文化，提高村民的凝聚力和文化自信。村中的能人大显身手，极大地增强了村民对文化礼堂的亲近感、认同感和归属感。

第三节　沙滩老街

沙滩老街俨然已经成为沙滩村乃至屿头乡的文化重镇。仅仅只是文化礼堂植入其中的缘故吗？当然不是。如前所述，这条沙滩老街并不长，但是，一路走去，除了有着文化礼堂内容的每一间老屋，老街上还有"小友豆腐""土蜂蜜""清麦鼓头""阿玲馒头""雪芳馒头""官荣米酒""面馆""酒吧""小憩民宿"等，如今每家门店都成了远近闻名的香馍馍，尤其是这里的馒头店，要事先在网上预订，方可到现场"兑现取货"，不然临时去买的话，往往会吃"闭门羹"。

每年枇杷花开之际，枇杷花土蜂蜜就会供不应求。人们相信沙滩的枇杷花土蜂质量上乘，能治肺痨疾病。春季来临，百花土蜂蜜也是抢手之货，养土蜂的村民靠它一年能挣到七八万元。

临近过年，是"官荣米酒"老板（村民）制作"烧酒"的最忙时间。家家户户都要备上几十斤或者上百斤米的"烧酒"，即白酒。制作"烧酒"就在沙滩老街上的门店前就地操作。米香酒香扑鼻而来，年味乡愁蕴含其中。

沙滩老街不仅尽显传统风味，现代数字化的管理、宣传模式也自然地融入其中。"网络理事长工作室"吸引着许多游客驻足观察。屋内墙上挂着"屿头乡网络理事长工作流程""屿头乡网络理事长处理方式""屿头乡网络理事长工作职责""屿头乡网络理事长工作模式"及"村级网络理事长风采"。

"小憩民宿"原本是一户杨姓村民的住房，以提供乡政府5年作为民宿试用期后再归还户主的方式开始对外营业。这是民宿在沙滩村运营的初步尝试，也是将村民住房直接改造为民宿的一种示范性做法。外表看似极为普通的老屋，内部却体现出简约时尚的住宅风格。根据原有房屋的特点，被设计成为能够提供一家老小外出旅游住宿之所，客厅厨房一应俱全，二楼三楼的楼道公共空间趣味十足，精致实用。

"老街"的特殊魅力和文化作用是其他任何形态所无法替代的。沙滩村重新焕发出勃勃生机就是从这条老街开始的。

第四节　老年活动中心

为构建和谐美好乡村，针对农村老年人的物质生活水平的不断提高，精神文化生活却相对落后的状况，2008年沙滩村两委会经过村民大会的讨论，于沙滩村居民新区中央建起了一栋三层楼的"沙滩村老年活动中心"，楼房总面积为150平方米，绿化占地面积为400平方米。建设经费投入总额为45万元人民币。为了该中心的可持续运营及管理，凡60岁及以上老人通过申请"老人协会"并缴纳50元人民币，均可享受老年活动中心任何活动的权益。活动中心内部有电视室、棋牌室、阅览室，拥有简易健身器材的健身房等，每天开放时间为：上午8：00至下午17：00。这一老年活动中心的建造，对沙滩村老龄事业的发展起到积极的促进作用。可以说，这在很大程度上满足了村里老人的精神文化需求，体现了"老有所乐、老有所为"的宗旨，进一步丰富了村里老人文化生活、让老人不出村就能享受多项健康有益的文娱活动，为他们提供相互间沟通和交流的平台，提高了老人的居家健康生活质量。

但是，长期以来由于政策和历史原因，城乡差距和区域差距导致农村老年文化建设的各项投入极不平衡。在部分地区，即使当地政府认识到了加强农村老年文化建设的意义，但面临资金等各方面的原因，对于农村的老年文化建设仍然显得还很薄弱，农村老年文化活动的场地和配套设施建设还达不到基本数量要求与质量要求。沙滩村的情况虽然如前所说已有较大改观，但仍然有待继续投入。同时，村中老人长期缺乏文化环境对他们的熏陶，也会直接影响他们参与文化活动的积极性。因此，应该实事求是从老年人的实际情况出发，根据老年人的文化水平，开展适合他们条件的文化活动项目。

随着社会的发展与国民文化素质的提高，只要努力不懈，明确此项文化建设的出发点和落脚点，就能够将农村老年文化建设的主体从地方政府逐渐转移到老年人自己这里，彻底扭转将农村老年文化建设看成"面子工程""政绩工程"的做法。还需要强调的是，农村老年文化建设的性质决定了它需要大量资金和人力的投入，以及政策上的大力扶持。

第二章　村风民俗

俗话说："十里一乡风，百里不同俗。"但是，沙滩村与附近同属屿头乡的其他村庄比起来，却有着明显的不同之处。沙滩村人的厚道、善良、淳朴在周边方圆百里地是出了名的。常常听人说，以前沙滩村人少地薄，总是受欺负。但是，尽管如此，许多人还是希望与沙滩村人为邻，甚至希望住到沙滩村来。不为别的，就是因为沙滩村人特别善良、好相处。

传承民俗文化为的是留住乡愁。建设美丽乡村，重要的目的之一也是保护和培育民俗文化的发展根源和基因，引导村民树立传承民俗文化的意识。只有充分发挥村民在保护和传承民俗文化中的主体作用，才有可能保护好原生态民俗文化与创建新生态民俗文化，自觉地地将村风民俗的真善美永久保留下去。

第一节　沙滩人的性格与德治观

只要在沙滩村住上几天，就能感受到沙滩村村民百事善为先的优秀品质。这种善良与淳朴无处不在，就像是浸润在村民的骨子里，渗透在血液中，发乎自然本能。将"美德"与"美食"放在一起论述，是因为二者被一起融化在人性善良的本质之中，在沙滩村村民的身上显得特别自然、真实。

沙滩村内至今还保留着路不拾遗的风气。家家户户不上门锁，当我们问及不上门锁是否安全时，他们的回答令我们惊讶：从没有上锁的习惯，即便出远门也只是与邻居打声招呼就可以了。村民说：每个人的眼睛就是最牢靠的锁。互相信任就是最好的锁。现在游人多了，但他们依然相信"好人多，东西丢不了"。

沙滩村村民向来热情好客。无论有什么食物，拿出来与大家分享是一种习惯，对老人与小孩更是优先分享。沙滩村并不富裕，以前吃不饱是常有的事，年长些的村民都记得，当时家中有限的食物都是先让家中男人（主要劳动力）吃，为了他们出工有气力干活，接下来就轮到孩子与老人。在今天物质富裕的年代，"分食吃"已经不必如此讲究，但是它却成为一种代表美德的风俗，被村民保留了下来，成为敬老爱幼的自觉行为。所以，在与村民的交流中，大家会很快得知谁喜欢吃什么，谁又擅长做什么食物。忠应庙的外间厢房中，一直放着磨豆腐的磨，只要老人们想吃豆浆了，他们就会自己做一次，还会拿出来分给路人吃。这是习惯，美德带出美食，并没有受任何规定的约束。"好吃"的感觉，往往不是因为特别讲究的食材，或者手艺特别的高超，而是主人的善意和诚意，让普普通通的食物温暖了人心，感化了味蕾。

当我们向村妇女主任黄文清问及"婆媳关系"时，她满脸自信地对我们说，我们村里的婆媳之间，从未听到有吵架的。相反，婆媳相处很好的典型都在我们村。她还特意强调了"我们村的人都不会吵架，在我们村就连寡妇也不会被人欺负"。村民们"不会吵架"，足以说明沙滩村良好的村风和村民淳朴善良的德行。在《黄岩文史资料》中关于黄岩本地民性风俗有这样的记载：

永宁江上游多山谷，居民悍而直，贪而能勤，野而能俭，有淳古之风。然土地硗瘠，人多向外发展，上焉者游学他方，以求上达；下焉者垦殖异地，相聚成村，不惮安土重迁，稍有积聚，则侨居城内以求自适。

永宁江下游，江山明秀，人生其间，清慧而文，虽士农工贾，趋向不同，然贵士尊贤，有同好焉。沿江植柑橘，无旷土，罕游民，男子胼胝稼穑，间有兼营负贩者；女子操手工业，兼理家事，习俗厚，故罕事角争；城中人文荟萃，缙绅之士，尚多主持公道，受言论之制裁。

南官河流域，土地平旷，河流如织，交通便利，禾稻丰登，民多乐业，然贪婪好讼，不顾舆论。路桥为工商业中心，趋利者聚集于此，沿海又饶渔盐之利，众货毕给，不假外求，然民风较内地为强悍。①

沙滩村正处永宁江下游，沙滩村人的性格与上述资料中描述的基本吻合，前面提到的"不吵架"与记载中的"罕事角争"也正好能对应起来，这充分说明了沙滩人善良淳朴的性格是经历了岁月沧桑的洗练而铸就的，有着方圆百里的好口碑。这是村里重要的精神财富之一，也是这个村历经风雨而不散的基础所在。

沙滩村人性格的形成又与村里所传承的蒙养治教有关。蒙养治教也是传统耕

① 政协浙江省黄岩市委员会文史资料委员会.黄岩文史资料：第14期黄岩乡土纪要专辑[G].黄岩：政协黄岩市委员会.1992：95.

读文化不可或缺的重要组成部分。在黄氏族谱中，我们发现了一篇与家教有关，垂训子孙行善积德的文章，由黄超然撰写，后来又经"国史赵孟頫书并篆题徐仲裕刻"（引自《积庵记》）之后，立碑于何峦其亡妻阴宅"积庵"之中。记录下这块碑的发现经过及碑的原文的人是咸丰年中柔桥黄氏后人黄永海。黄永海记录的原文如下：

積菴之记　篆額四字二行

積菴记

壽雲居士黄超然撰。

易曰：積善之家必有餘慶，積不善之家必有餘殃。吉凶禍福之報，視其所積而已。夫陽奇陰偶，寓于山川而變化無窮，自古及今相替榮謝，更代捷出。積善則凶山變爲吉穴，積不善則福地化爲禍門。吉凶曷嘗有定形，禍福曷嘗有定勢。或有木刊路改而氣槩俱非，亦有土復洲移而精神頓異，故曰：有天道焉，有人道焉，有地道焉。人位乎中，上關天，下係地，其說長矣。茲隴^①夾室^②稍深，土名何奥，予卜以爲室，人歸藏之所。歲在甲午始得之。是歲遂營之。丙申八月遂窆之。前構小亭，扁曰：積菴，用以垂訓爲子若孫者。夫積之爲義大矣！山水以環抱融結而積氣，人以豈弟^③勤讀而積福。積氣則能孕秀，積福則能通靈。二者相須而成，未有無所積而自爾者也。天下之事，非善則惡，不積于此，則積于彼。故小人以小善爲無益而弗爲，以小惡爲無傷而弗去，當爲而不爲，當去而不去。此作彼答，欸如應響，所以自古及今相替榮謝，更代捷出而不可測者，職此之故也。世家鉅室，其祖葬必有吉地，使其子孫能守其所積而增潤之。雖至今存可也。惡嗣凶孽，有善不能繼，有惡不能改。甚者蒸嘗^④苟簡，甚者封植^⑤忽畧，又甚者屠伐其山林以求利，而衰敗至矣。凡若是者，非其地有不善也，人自召耳。人必自伐^⑥，而後天伐之。予見人若此者，多矣！子子孫孫春秋拜埽，登吾菴而覯吾记，其尚敬之哉！其尚敬之哉！

延祐四年歲在丁巳三月十日翰林學士承旨榮祿大夫知　制誥兼修　國史趙孟

---

① 茲隴：隴字通"壟"。高丘，隆起。
② 夾室：夾室为古代宗庙内堂东西厢的后部，藏五世祖以上远祖神主的地方。此处引申为丧葬风水中墓穴的来龙。
③ 豈弟：通"恺悌"。恺，和乐、和善。悌，敬重兄长。《诗·小雅·蓼萧》载：既见君子，孔易岂弟。
④ 蒸嘗：本指秋冬二祭。后泛指祭祀。《国语·楚语下》载："国于是乎蒸尝。"《后汉书·冯衍传下》："春秋蒸尝，昭穆无列。"
⑤ 封植：封土上、陵园里的树。
⑥ 伐：通假"罚"。

頫書并篆題徐仲裕刻

　　右碑在邑西上奧，篆額四字二行，右麟左鳳。文分二層，上層十七行，題名一行，文十六行。下層十五行，文十三行有半，年月書刻名氏二行有半，行十六字。篇中"人道""地道"二道字旁注："初，黃氏子孫以覆醬瓮。咸豐中，柔橋黃永海見之移至宅中。辛酉十一月燬于寇。"今搨本猶有存者。

　　这篇记文可分为两个部分来读。第一部分为黄超然所撰写的《积庵记》。黄超然一生潜心研究《易经》，对《易经》中对立统一之辩证思想有着自己独到深入的见解，尤其乐于将《易经·系辞》中所说的"一阴一阳之谓道"与社会生活、自然现象联系起来，以阴阳来解释自然和社会中共有的现象。他将阴阳作为事物的性质及其变化的法则，为具体的事物赋予了阴阳的含义，并认为整个世界在阴阳两种相反相成的力量的互相作用下会不断运动和变化。黄超然将《易经》中"积善之家，必有余庆，积不善之家，必有余殃"这句话开门见山地用于文章的开头，一是挑明了想要议论的主题，二是表明了自己持相同的观点。"善"，是一个永恒的话题，善行，是没有止境的道路。但是，行善之家必有福报。积善的人家，必然有多的吉庆。作恶的人家，必多祸殃。儒家重视家庭教育，对子女要求的这个"善"是指人际关系的和谐，是一种双方都有责任和义务的付出，即君君臣臣父父子子。为人君，止于仁；为人臣，止于敬；为人子，止于孝；为人父，止于慈；与国人交，止于信。积善，是指事物由循序渐进、慢慢积累，最终量变引起质变的现象。黄超然教育后代要将积善积德作为人生自觉的行为与境界，强调吉凶祸福的报应，是视其所积而定。同时也是警示人们，对一些微小不良现象的萌生，应尽早看到，保持警惕和采取措施。由于阴阳二气寓于山川，变化无穷。自古之今，荣谢相替。所以，"积善则凶山变为吉穴，积不善则福地化为祸门。"说明吉凶祸福没有定势，吉凶祸福在一定条件下是可以互相转化的。黄超然的文章不只是停留在理论上的议论，对具体如何做，也即如何来积善也说得非常清楚了，清晰地道出了传统耕读文化是从蒙养治教开始的。同样，这也印证了一个族群的人格塑形与这个族群的蒙养治教有着最为直接、密切的关系。

　　黄永海这份记录的第二部分内容是他发现了"积庵之记"碑之后，对该碑当时的状况及样貌的描述。岁月沧桑，草屋积庵经不起风吹雨打，时间一久，草腐木朽，自然倾跨，只有石碑还挺立着。后来连石碑也倒卧在地，无人问津。数百年过去了，直至清文宗咸丰年间（1851—1861），出于黄氏后人的责任心，黄永海将已经用作酱瓮盖的"积庵之记"碑移至家中。但此碑最终没有逃过战事的摧毁，辛酉年（1861）太平军进入黄岩，此碑毁于战火。当时只留下了"积庵之记"碑的拓片。至今，黄氏后人四处打听寻找该拓片的下落，希望拓片能够重见天日。

第二节　民俗节日与祭祀活动

沙滩村有着自己的节日与祭祀活动。

一、大年三十守岁、烧头香

每逢大年三十，除夕守岁是沙滩村最为重要的习俗之一。早几天就在准备的食物，在这天一早便开始张罗着摆放起来，不仅要放到饭桌上和客厅里的桌上，还要把所有用来放食物的容器，包括米桶、水缸、糖罐、盐钵等等，都装满。下午先开摆一桌，这是用来供奉祖先的。家中老小要祭拜祖先后才能到大圆台桌上就座吃年夜饭。从吃年夜饭开始，一大家人唠嗑聊天、喝酒品菜、分享收获、畅谈未来，把桌上丰富的食品从热吃到凉，加热又继续吃。守岁的习俗，既能表达对逝去岁月的惜别留恋之情，又能对即将来临的新年寄以美好希望之意。家人一聚自然就会多聊几句，多喝几杯。

守岁的另一项重要仪式便是要在新年零点之前去忠应庙烧头香。

到忠应庙烧头香的习俗由来已久，从建庙之后就从未断过，距今将近一千年了。烧头香有严格的程序，即便人再多，村民们都会自觉遵守，大家排好队先选购香烛，然后按顺序祭拜。一拜二拜三拜四拜五拜，既认真又虔诚，用手中点燃的香烛烘托出忠应庙静穆的氛围。

二、大年初一"十里红妆"

十里红妆是中国古老的传统民俗，原本是演绎嫁女的场面。人们常用"良田千亩，十里红妆"形容嫁妆的丰厚。按照旧俗，在婚期前一天，除了床上用品、衣裤鞋履、首饰、被褥以及女红用品等细软物件在迎亲时随花轿发送外，其余的红奁（大至床铺，小至线板、纺锤）都由挑夫送往男家，由伴娘为之铺陈，俗称"铺床"。由于"十里红妆"的仪式感强，又非常热闹喜庆，媒婆挤眉弄眼，老少喜闻乐见，所以在许多地方就逐渐演绎成了大年初一的开场戏。沙滩村也一样，村民们自导自演，舞起红绸带、敲响红腰鼓，将十里红妆的欢庆演绎出来，象征红红的日子红红地来，红红的日子火火地来。

三、闹上八

每逢正月初八，当夜色降临，就是"闹"的开始。闹上八意为初八晚上要闹一闹，点响爆竹，敲锣打鼓，为的是驱邪赶鬼，迎来第二天正月初九一大早出工的开门红。

四、十月初一吃戏饭

农历十月初一是沙滩村黄氏族人太祖爷黄希旦的生辰之日。为了纪念黄希旦，这天晚上，村里要请戏班子到村里唱一场戏，再办上"戏饭"及晚宴。事先，村民往往会推选出 5 位有经验的村民组成一个"请戏班"，全权负责选好戏，花好钱，办好酒席等事宜。家家户户都会烧上一桌"戏饭菜"，在纪念黄希旦生辰的同时也是为了表示答谢"请戏班"和"唱戏班"的辛勤付出。这一习俗表达了沙滩村村民对传统儒道文化的尊崇，对正义的信仰，对美好生活的祈求和向往。

第三节　集市与赶集

沙滩村地处岭头乡所在地，赶集对沙滩村和周边邻村的村民来说都是日常生活中不可或缺的经济活动形式之一。沙滩村的集市又称岭头乡集市，为便于管理和进行交易，划有专门的交易地点，各类物资分别集中在一定范围，既互不相扰又连成一体。

沙滩村集市的地点是在沙滩村新村村口，也即岭头乡乡政府前面的广场上。

平时每逢周一、周四和周日是集市日。每年春节附近从正月初五开始连续三天为集市日。

根据村民的反映以及我们在集市现场的所见所闻，如今村里的集市越来越热闹，货物的品种越来越多，质量也越来越高，价格公平、实惠，比起大城市中的一些专业市场并不逊色。今天的集市，除了满足村民购物交易的实际需求之外，也能够满足村民了解市场信息，交流消费心得的需求。消费时"有的选、有的挑、有的淘"是现如今村民最为满意的一点，充分说明了货源充裕，百姓购买力强。

在春节集市上，我们还看到村民从家里拿来炉灶，锅碗瓢盆与新鲜食材，穷尽自己的手艺做出各种小吃，以优惠的价格与大家分享珍贵的"快乐心情"。

历史上集市大多位于位置适中、交通方便的中心村镇、寺庙胜地和城镇边缘地区。沙滩村正是符合了这样的条件。屿头乡卫生院就在沙滩村集市的旁侧，几乎与集市融合在一起。今天，农村集市通过以商促农，繁荣农村经济，促进城乡联系，在加速农村城镇化进程中发挥着巨大的作用。基于集市的上述种种特征，屿头乡政府与沙滩村两委开始将注意力放在集市的社会特性上，尤其关注集市对农村发展，特别是对农村城镇化的促进作用。同时，关注其社会特性还能够为进一步考虑集市的最佳活动时间、活动周期，调整经济动态系统效应等提供可靠的依据。所以，将集市视为农村文化建设的重镇之一已被纳入屿头乡与沙滩村的议事日程。

第三章　物质与非物质文化遗产

沙滩村历史悠久，文化脉络清晰，文化遗存丰富。无论是物质文化遗产还是非物质文化遗产，均以鲜活的状态保留在村民的生活里。

第一节　建筑遗产与文物古迹

一、忠应庙（含庙内戏台）

忠应庙，俗称"黄太尉殿"或"太尉殿"。始建于南宋乾道八年（1172），即该庙所供奉的黄希旦的去世之年。宋宝庆年间（1225—1227）宫廷赐额"忠应"，即将原来的黄家太尉殿更名为"忠应庙"。

至元贞乙未（1295）二月既望（农历十六日）黄超然撰文立石"忠应庙碑"之际，忠应庙作了修缮。

至清代，道光二十八年（1848）忠应庙在原址上进行重修。至今并列嵌于忠应庙内正殿殿前西墙壁上的两块"忠应庙重修碑记"碑为证。

从"文化大革命"结束至今，捐款行善者无数，忠应庙得以数次修缮并得到妥善保护。

忠应庙共建有三门二殿，包括东西厢房共 35 间。寺院正面的楼门即台门，为三间宽度，每间丈二（约 3.25 米）宽。台门两侧为东西厢房，均为两间宽度。台门门厅保持三间宽度，门厅内为天井，两边东西各四间厢房。在第四间中间处拦出一道二门。进了二门便是大殿，又称正殿或太尉殿。殿前东西两侧均为两间厢房，二层。二门也是三间宽度，由门厅面向内大殿（太尉殿）延伸凸出戏台，戏台三面开敞，有临空天井，一面（后背）为屏门。屏门中央素面无华，悬额从左至右为"出将""作如是观""入相"。戏台内顶采用花格覆斗状的藻井，雕梁画栋，精雕细刻，匠心独运。屋面歇山顶，上盖筒瓦，檐角高高挑起，当地俗称"翻爪"。各脊上砖雕人物塑像，造型生动，形态逼真。戏台距地面过道东西墙面与台前东西墙面上镶嵌着四块石刻。过道东西墙面石刻均宽1.78米，高1.06米。东墙面石刻内容为独角兽、蝙蝠与铜钱（福在眼前）、龟（龟寿延年）、瓶（平安）；过道西墙面石刻内容为"瑞狮咬剑"，蝙蝠与祥云；台前东西墙面上石刻均宽1.38米，高1.05米。台前东墙面上的石刻内容为鹿（禄）、鹤与松柏（长寿）；台前西墙面上的石刻为双麒麟。石刻上所刻瑞兽头部均被破坏，据说是"文革"期间"破四旧"时砸坏的。戏台建构为原址原基，四块图案石刻当为清代重刻。

大殿，又称"正殿"。大殿檐下正中悬挂着"太尉殿"匾额，中央供奉着"显顺尊王"黄希旦神俊像。神俊像上方为"宋代名神"，上联为"弱冠荷皇封伟绩丰功昭万古"，下联为"柔川亲圣泽岭梅篱菊祝千秋"。大殿两侧为千里眼大将、顺风耳大将，以及左右丞相。还有土地爷与金童玉女像等。

正殿的背后便是黄希旦坟冢，上有黄希旦"稳身像"，意为坐镇风水，稳如泰山。

正殿两旁为各两间两层楼厢房。下层用来悬挂功德碑，出售香烛，也是香客的祭拜场地。东边二楼上立有三清道观像。另依次排列着12尊像，分别是：土地爷、财神爷、侯二爷、侯三爷、霹雳火秦明、龙王爷、三元大帝（管天、管地、管水）、三世尊（又称三世佛，三世指过去、现世、来世）。

西边二楼所立尊像共有10尊：吕纯阳、抽手观音、七仙女像、送子娘娘群像（张仙、注生娘娘等）。

二、石虎

石虎，一对共两只。石质，石虎腿上有残裂痕迹。尺寸：高106厘米，宽50厘米，长87厘米。雕刻制作年代：南宋乾道壬辰年（1172），与忠应庙建庙同时期。现今蹲伏在忠应庙台门前面，憨态可掬。

三、碑碣①

忠应庙中有功德碑数十块。功德碑基本为近二三十年所刻，内容主要为记录的捐款人或信众姓名，以及所捐款额数。以下5块碑碣则通过碑文，说明了当时

---

① 为展现碑文原貌，所录的碑文保留了繁体字与异体字。

修缮忠应庙的背景情况、修缮目的等，为研究忠应庙的历史提供了重要信息。

（1）"忠应庙碑"，元贞乙未年（1295）二月既望（农历十六日）立石，撰文者是黄超然。石质，高 1.5 米，宽 0.8 米。今嵌于正殿左侧墙壁上，中部曾经断裂，虽经修复拼接痕，但已经造成多字损失，表面多处呈剥落模糊状。

本书"史地篇"中有忠应庙碑原文、释文详述。

（2）"忠应庙重修碑记"碑，连续共两碑。石质，第一块碑高 1.66 米，宽 0.7 米。第二块碑高 1.69 米，宽 0.8 米。清道光二十八年岁次戊申年（1848）七月既望（农历十六日）立碑，撰文者是郑篪。今并列嵌于正殿殿前西墙壁上。碑文见本书"史地篇"第二章第三节。

（3）"太尉殿忠应庙重建碑记"1982 年春立碑。连续共 2 碑。碑文由王金宝所撰，陈世法所书。石质，两碑均碑高 1.63 米，宽 0.58 米。今嵌于正殿殿前东壁上。碑文如下：

溯方与山阝之殿海筮之廟维太尉殿弗凡。其为柔川沙灘黄後胤宗希旦少時建勳黎庶社稷遊之。宋寶慶歲間擢封太尉，賜額忠應。寶祐，希旦追封顯靈候。明永樂辛丑歲，晉爵尊王坐，是八百餘歲矣。王殿以明山秀水之間，琉璃重檐，枋樑雕楹。宇閣參差壁浮祔生佛像妙俏妍卉送馨，五樟掩映二虎。立楹香烟氤氲，燭花爆煜幽雅恬謐，雄壯燦爛屬勝域。嗟夫！丁巳動乱之秋遭之浩劫。尊王穩身，正殿諸佛，鈺龕匾額，衆什蕩驪泯踪。維存戲臺廟樓，墜宋末名儒黄公超然撰碑，乃残足石虎有二餘。是文物古迹悉摧毁湮，殿爲墟荑，香烟泯滅莫于千載矣。洎至辛酉歲王之後裔天福舉榷造嚴殿，欣役沙灘莊領事諸庶鼎力庇財攢資潤力，于壬戌元月初六重建，竣工其歲。秋始建神山佛龕，翌年鳩集藝人復鐫。尊王俏像諸佛重教王殿弼輝之，永紹其間執事庶莊委組織乃虔黎功苦鴻瀚，德事泰岳深高豈可湮乎，徑当遍佈之恐可户説辄鐫芳名以旌其績垂昭千秋。特文碑爲記。

（捐款人姓名以及捐款额省略）

　　　　公元一九八二年岁次壬戌春月吉日立石　撰文王金宝　书文陈世法

（4）"太尉殿修建四翻爪碑记"碑。连续共四碑。石质，第一、二、三块碑均高 1.8 米，宽 0.87 米。第四块碑高 1.66 米，宽 0.87 米。1999 年，2000 年，2001 年连年资助立碑。今嵌于正殿殿前东墙壁上。

（5）"忠應廟重建大殿碑记"碑，甲戌年（1994）春日立碑，连续共七碑。碑文由黄绍章所撰，王祚炎所书。石质，七碑均碑高 1.73 米，宽 0.83 米。今嵌于忠应庙台门右侧墙壁上。碑文如下：

　　嘗聞建勳樹績人皆稱聖。聖者爲神，自古然也。柔川忠應廟顯順尊王從宋代建庙寶慶賜額"忠應"，復于寶佑封侯距今八百餘秋，洎至明永樂辛丑晉爵尊王。王之威靈稟山川之靈氣，顯耀于四方，澤被生民萬姓，恩沐遠近黎庶。拈香詣庙瞻拜者世弈不衰。歲戊申值十年動亂之期，禍遭浩劫，正殿三楹拆毀殆盡，楹聯匾額荡然無踪。而戲臺與進房屋暨王之曾任孫宋末名賢大儒黃公超然所撰庙碑和一對石虎尚得倖存，其間彩畫石雕莫不肢残足斷。近千年古迹文物悉被催毀實，群黎之所深惜也。迨四兇患平，雖建大殿乃因陋就簡，状非雄偉，籌建會同仁等仰思，王之曩昔殿肅穆巍峨，位于明山秀水之間，具有悠久歷史，應宜重行拆建，從壮觀瞻而殿前兩旁房屋年久失修亦應重造。此乃當務之急，義舉一伸眾皆稱善，欣然解囊贊助。兹擇于癸酉二月之望鳩工庇材，殫心協力，業已告竣，宏復舊觀益增壮麗。庶莊嚴庙貌之长春，氤氳香火之永紹，執其事助以金，諸君子之工豈能没歟？當事者有鑒于斯愛，將各芳名勒碑昭後以垂不朽。謹此爲記。

黄绍章撰文　王祚炎书

　　（捐款人姓名以及捐款额省略）

　　自愿乐助，芳名永留。

　　自序言至尾记碑柒块，公元一九九四年岁次甲戌春日吉日敬立。刻碑：黄大兵。

　　忠應廟大殿及兩廂拆建理事會：黄米东、黄官荣、黄米椿、黄天福、黄荷根、王汉松、黄米贤、黄米琪、陈希法、黄秀琴、赵金华。

四、匾额与楹联

　　忠应庙内现今共有匾额 14 块，楹联 9 对（上下联共 18 幅）。据村民反映和《忠应庙重建大殿碑记》记载，"文革"期间，连同楹柱被破坏砍去 3 对（上下联 6 幅）宋元时留存至当时的楹联，以及宋时留存下来的两块匾额。

　　现有匾额 14 块如下（从正门到大殿，从左至右排序）：

　　1. "忠应庙"。上款：宋宝庆赐额。

　　2. "乡显德馨"。上款：甲申年（2004）暮春谷旦。下款：乡后人徐君华献。

　　3. "功显救尊"。上款：太岁戊寅年（1998）春日。下款：陆将友、陆国敬献吉旦。

　　4. "同沐神光"。上款：戊寅年（1998）正月一日。下款：临海市八年西域庙保下石头洋居住信士金望满敬助。

5. "泽及四方"。上款：戊寅年（1998）正月望日。下款：宁溪牌坊下上街居住信士王六飞敬助。

6. 古戏台屏门上共三块，第一块："出将"。

7. 古戏台屏门上的第二块："作如是观"。

8. 古戏台屏门上的第三块："入相"。

9. "太尉殿"。下款：卢圣达敬书。

10. "神威显赫"。上款：民国十八年（1929）八月谷旦。下款：北乡下曹六家坦地方人民敬献。

11. "泽被民生"。上款：壬申年（1992）腊月。下款：裔孙黄汉英敬助。

12. "宋代名神"。

13. "灵钟梓里"。上款：丁丑年（1997）十月一日。下款：王石坦水口庙保下信士黄大林敬助。

14. "允文允武"。上款：丁丑年（1997）十月一日。下款：田寮雷龙庙保下信士王陆彬率子静鸿敬助。

现有楹联9对（左右共18幅）如下（从正门到大殿，从右至左排序）：

1. 上联：一勺奠柔川恩被梓里

　　下联：千秋歌圣德绩著枫宸

　　下款：吴雁撰 陈忠廉书 陈云虎 何富堂 王根清同助

2. 上联：紫气自东来相传道德流芳远

　　下联：苍生依北斗共祝平安化日长

　　下款：王克成助，卢圣达书

3. 上联：孙祀祖民敬神光耀溪山万世香烟缭绕

　　下联：宋封侯明加爵功昭日月千秋宗庙蒸尝

　　下款：徐先学撰 吴立卓书 黄伟群助

4. 上联：神灵泽被海岳崇瞻叠降宸章尊显顺

　　下联：水复山重云霞蒸蔚迷漫瑞霭润柔川

　　下款：陈休撰 张亨炎书 王卫军 施建满 王军飞同助

5. 上联：苍山叠叠柔川汤汤雨顺风调福显赫

　　下联：古木森森奇花熠熠地灵人杰物光华

下款：罗以林撰并书 陈金钗 陈志博同助

6. 上联：柔水长流肃穆神灵常俎豆

下联：狮山葱郁巍峨殿宇绍香烟

下款：徐先学撰 卢圣达书 卢文明助

7. 上联：苍峦异石云淡风清参天古木为屏幕

下联：翠羽香花潭澧月朗盈野嘉禾供褅尝

下款：黄绍章撰 陈如吉书 王中春 王加福 王春友 王超同助

8. 上联：降神禀五峰异气生为英死为灵封册尚如新阅几多世变沧桑问流水斜阳何处是赵家宫殿

下联：瓣香奠一勺柔川德以崇功以报吾生嗟已晚不获作当年鸡犬届晦明风雨徒恍瞻太尉旌旗

下款：杨镇毅原撰 陈世法敬书 赖阿照 黄桂香助

9. 上联：弱冠荷皇封伟绩丰功昭万古

下联：柔川亲圣泽岭梅篱菊祝千秋

下款：里人杨应选原句裔孙黄汉英书并敬助

五、古樟树

古樟树至今共存活四株，栽于忠应庙周围。应当是在建太尉殿时就种下或移栽此处的，树龄均在八百年以上。

六、沙滩老街

沙滩老街位于今忠应庙西侧，与社戏广场连为一体，是沙滩村历史上的老街。

1958 年，屿头村一场大火烧掉多间民房并殃及屿头乡政府办公用房。随后，屿头乡政府从沙滩村老街搬迁至屿头邻村办公。

1979 年，屿头乡政府从三联白石洋正式搬迁到沙滩老街忠应庙旁边。迎来沙滩村的又一次繁荣。乡政府、信用社、供销社、食品公司、卫生院、粮站等机构用房相继在沙滩老街上建成并投入使用，形成了一条完整的沙滩老街。

1991 年，屿头、沙滩两村在乡政府的主持下，共同编制屿头集镇规划，把下家岙、董坞等自然村并入沙滩自然村，保留了以忠应庙为中心的自然村落。

2002 年，乡政府因发展需要迁至今沙滩村新村东头位置。由于忠应庙老街房屋相连，一时难以拆除，乡政府等公共建筑也暂时处于闲置状态等因素，沙滩太尉殿老街得以原样保留。

2013年，沙滩村开始了美丽乡村建设，老街上的老屋成了文化礼堂的组成部分，也成了村民创业致富的各类店铺。

2018年，一直闲置的乡政府旧建筑被改建成了"同济·黄岩乡村振兴学院"北院区，沙滩老街从此更焕发出新的勃勃生机。

七、忠应庙（太尉殿）与文物古迹的保护、日常管理及相关制度

随着我国文物保护法的逐渐完善，以及广大百姓文物保护意识的日益增强，尤其是对文化遗产保护观念的加强，村民们不仅做到了自觉遵守相关制度，对外还义不容辞地承担起维护忠应庙及庙内文物安全的责任。

鉴于忠应庙的历史影响与作用，它不仅是黄氏族人的宗庙，也是周边地域不可或缺的民间宗教活动场所，同时为了尊重本地百姓历来尊崇道教的风俗，忠应庙如今已经成为由浙江省民族宗教事务委员会批准的宗教活动场所（道教）。场所的行政主管部门是黄岩区民族宗教事务局。太尉殿内部管理组织机构是太尉殿民主管理组。民主管理组下设财务管理小组、财务监督小组、安全工作小组等。民主管理组经民主协商推荐产生，并报区道教协会备案。民主管理组每届任期五年，负责场所日常管理，负责会计、治安、消防、档案、文保、卫生防疫等工作。

太尉殿民主管理组成员有组长黄秀琴，成员黄米琪、赵小妹。义务参与管理工作的有约10位村民，他们每天都会到庙里按时打扫卫生，看守香火等。管理忠应庙场所的相关制度及条例文件[①]被张贴在庙内墙上，供大家阅读和遵守。

第二节　神话传说与口头文学

一、"先人爬犁"的传说

不知从何时起，沙滩村就流传着"先人爬犁"的故事，故事听起来有些悲壮，更有些神奇的意味。故事梗概如下：

相传很早很早以前，最早改进农民耕地用的犁和耙的人是临海人姜三甫。姜

---

① 详见本书"文献篇"第一章。

三甫是一位木匠，走村串户为人们建房子，做家具，打农具，手艺精湛，在台州名气很大。

一年初夏，姜三甫随师兄一行，挑着锯、刨、斧、凿等工具到黄岩柔极梨坑村村民家建新房，路经蛤蟆塘村庄时，看着村民们在水田里劳作，他们不会使用犁和耙，还是按照最原始的方法用锄头挖掘，这样做既吃力，效率又低。姜三甫当即吩咐师兄弟一行先走，自己留下来教村民如何使用犁和耙耕地。两天后，犁和耙做好了，犁安装上了铁犁头，耙装上了铁耙齿，一切准备妥当。村民牵来水牛，在水牛肩上套好拉耙套，就等姜三甫为村民演示如何耙田了。此时，只听一声洪亮的吆喝"驾"，水牛见是生人，突然受到惊吓，离开水田直往山崖边奔去。此时的姜三甫手拽牛绳，两脚却被耙上的藤条缠住出不来，意外发生了，水牛拖着耙上的姜三甫冲下山崖，水牛当场摔死，姜三甫摔成重伤，不治身亡。姜三甫死了，人们发现先人使用犁和耙的痕迹从此便留在了山崖的岩石上。

为了感恩姜三甫，当地百姓联名上书朝廷，皇帝下旨赐封姜三甫为护国神侯。村民就在这座山崖下建庙供奉祭祀这位护国神侯，取庙名为护国庙，至今香火不断，护国神侯姜三甫深受后人敬仰。

临海黄岩一带山区用牛拉犁耙田的经验被推广以后，民间还会常常选出"好把式"作为代表到护国庙祈求来年丰收，人丁兴旺。

如今，人们穿过一片片枇杷树林，登上这座山崖，当无限风光与这片神迹尽收眼底时，好像真的是穿越了时光隧道，沐浴在农耕文明的光辉之中。其实，柔川先人是用美丽的故事传播他们的思想，传授他们的智慧，教育自己的后代。

二、黄希旦救火的故事

关于黄希旦的故事，不仅在沙滩村民间口口相传，还流行于沙滩村周边方圆百里，是屿头乡的民间传说，加之又被编入黄岩民间故事读本，因此广为流传、家喻户晓。传说的版本主要有两个，基本是围绕着黄希旦因英勇救火而获得赐额庙堂的情节而展开的故事。[①]

三、儿歌童谣

儿童歌谣由来已久，内容丰富，有其独特的风格，体现了强烈的乡域色彩。

---

① 详见本书"文献篇"第二章。

看戏：晚头介姆（什么）戏？大花脸打皇帝，小旦牛角髻，长久没望戏，小狗嗫嗫也有趣。戏棚台前人挤人，打起撞浪阵加阵，度娘（姑娘）女客勿当心，手臂脚肚捏乌青。

功：吃功本地早，讲功饭店嫂，做功裁缝佬，望功整场倒（整场戏看完），打功火星早（铁匠打铁），算功上下绞（算盘），走功四脚爪（四只脚的动物）。

斗斗虫：斗斗虫，虫咬米，小虫管户里，度虫高山吃白米，飞呀飞。斗斗鸟，鸟有飞，斗斗鸡，鸡有啼，斗斗蝴蝶飞过溪，飞呀飞。

卖羊歌（以甲乙两人对唱为主）：呤呤嘟嘟开台门，卖介姆（什么）唉？卖羊。羊多少度（多大）？米筛眼铁度（与洗米筛的筛眼一样大，意即还很小）。晓开（不要），养养凑（再养养），下大（次）来。呤呤嘟嘟开台门，卖介姆唉？卖羊。羊多少度？水桶稻桶铁度。欠度欠度，养养凑，打酒勾，酒勾烂，给老亲哥好汤饭。汤汤勿料够，猪肉黄鱼把顶凑。老亲哥，羊买哦？卖羊客，羊多少度？石板道地铁度（就像道上铺的石板那么大）。老亲哥一声吼：抢羊！

点点斑斑：点点斑点。斑过南山，南山北斗，娘蝴开口，四只熊脚；羊毛辫线，当官比绰，虾蟆股脚斫一只。黄先生姆赖屁九。雄鸡别（追）草（雌）鸡，一别别（追）到茅坑弄头，喔喔啼！

一欧一：一欧一（一二一），洋枪掼背脊，操练全勿识，困觉朝里壁，吃饭我第一。同你好，同你好，吃梗草，好得老，好得胡须平脚爪（掌）。

乘法歌：一一下得一，打铁打勿歇。二二下得四，滚龙滚狮子。三三下得九，老倌攀荽首。四四一十六，吃鱼又吃肉。五五二十五，苍蝇太（拖）虎姆。六六三十六，和尚掼便杓。七七四十九，丝线绕扫帚。八八六十四，树头挂红著。九九八十一，扫帚扫板壁。

呀字谣：熬呀熬，喂黄猫。争呀争，吭得哽（吃）恼呀恼，吭得咬。哭呀哭，吭得曲（吃），气呀气，吭得嬉。剩呀剩生套病。慌呀慌，吭得桩（做），急呀急，吭得歇。

对字谣：虾对蟹，贼对拐，糠筛米筛对笼大。八八对鹁鸪，青菜对豆腐，外公对外婆。表妹对表兄，丈姆对丈公。酒壶对酒盅，方糕馒头对米粽。家户对行贩，纽珠对纽攀，脚箩对扁担。刀架对割刀，大哥对大嫂，珍珠翡翠对玛瑙。

蚊虫谣：六月六，蚊虫叮猪肉。七月七，蚊虫叮板壁。八月八，蚊虫叮菩萨，九月九，蚊虫叮捣臼。十月十，蚊虫岩叮裂。

拍手歌：一拍一，手做凉帽好拆壁。一拍两，两梗黄鱼好劈鲞。一拍三，三只老虎组栏关。一拍四，阿爸斫柴我斫刺。一拍五，五张牛皮好绷鼓。一拍六，六只蚊虫叮人肉。一拍七，七粒血星红滴滴，一拍八，八只鹁鸪供菩萨。一拍九，捉来草鸡好办酒。一拍十，走搭晚头曲（吃）剪力（点心）。

生肖谣：老大细（鼠），老二好力气（牛），老三名头大（虎），老四在山蟹（间）（兔），老五百（躲）在天（龙），老六倒路边（蛇），老七落教场（马），老八本姓杨（羊），老九猢狲形（猴），老十叫天鸣（鸡），十一吃勿饱（狗），十二供神道（猪）。

七颗星：七颗星，稻桶星，念七遍，有聪明。

长工谣：牛肩头，马脚底，长工勿邦下园里。起早颗星要爬起，生活要做好几起。先挑三担清山水，后捣三臼上白米。还要垟头放田水。回到屋里财主未爬起。肚皮饿得青叽叽，双脚踏进灶房里，眼望金漆介橱里，拿起冷粥喝碗起，财主骂我是饿死鬼。

懒汉歌：枯星头（早晨）露水白洋洋，宁可日昼头（中午）勿乘凉；日头昼太阳热吼吼，索性黄昏做到半夜后。黄昏蚊虫蟹吼，宁可天娘颗星（明天早晨）早奏。

燕呀燕：燕呀燕，飞上天，天门关飞上山，山头平好种菱。菱出角，好种粟。粟头摇，摇过桥。桥下烙麦鼓，桥上娶新妇。麦鼓碎送表妹。表妹几时嫁，天娘后日嫁。嫁介户（哪里）？嫁水垟。水垟晚稻长，一块炊饭来望娘。囡一口，娘一口，猫猫呔得介橱头，喜鹊叼得柏树头。柏树开花柳加柳，菖蒲对烧酒。烧酒香，对生姜，生姜辣，对火坛（铜铸火炉）。火坛黄，对砂糖。砂糖勿甜，对盐。盐勿咸，对菜篮。菜篮无掼对扁担，扁担无捎对猪腰。猪腰勿好曲（吃），对蜡烛。蜡烛勿亮，对炮仗。炮仗勿响，对白膳。白膳无鳞对茶瓶。茶瓶吭嘴，两只八八（八哥）穿落水。大哥捞捞捞勿起，小哥捞捞捞勿起，捞只大虾虮。前门扛扛扛勿进，后门扛扛扛勿进，扛格老鼠洞得只扛扛进去。外镬煮煮煮勿过，里镬煮煮煮勿过，放格灯盏镬得只煮煮熟噢。大哥吃吃吃勿了，小哥吃吃吃勿了，隔壁阿婆来点火，一口吞落肚。

月亮谣：初三初四眉毛月，十五十六两头圆，十七八爬山挖，十八九坐以守，二十长长，月上一更，廿一难算，月上更半，廿二三，月上山头准半间，廿五六，月上山头炊饭熟。

催眠曲: 扇扇凉,勿赖娘;扇扇猛,复赖伯(爸)。伯啊伯,上山柯甲蜢,甲蜢捉复牢(捉不住),老伯只个跳。甲蜢钻洞,老爸心痛,甲蜢至甲趵(跳个不停),老伯至甲笑(笑个不停)。扇扇凉,小囡乖得猛。

瓦工谣: 瓦桶两头空,越做越要穷。瓦塔像元宝,越塔越会好。出工摸墙角,收工望勿着。做瓦浑身泥,腊月冰脚蹄。烧窑三昼夜,老小困勿着。瓦匠苦得老,三餐吃得饱。做得广厦千万间,瓦匠宁旧(仍然)住破窑。

黄鱼肉: 一木勺、二木勺,买梗黄鱼三斤六。父吃头,娘吃尾,宝宝吃格中间肉。宝宝送给仰(奶奶),仰吭牙,送给哥,哥在西山捉蛤蟆。

火萤虫: 火萤虫,飞啊飞,飞到我姐头上来,一筒麦饼一盆菜,给你吃得饱累累。火萤虫,夜夜来,飞到阿姐屋里摘杨梅。吃碗糊,吃碗羹,拍手拍脚到天亮。火萤虫,像灯笼,飞到阿弟窗门前,阿弟读书扣用功,飞到乘凉人头前,好似星星落院中。飞到阿姐布帐里,照着阿姐嫁老公,照着阿爸做亲翁。飞到前门河塘中,小鱼小虾在做梦。火萤虫,像灯笼,飞到西,飞到东。飞天上,雷打你,飞地上,风吹你,飞洞里,蛇咬你。快点飞来我保你。

第三节　农谚 [①]

农谚是农民在长期的农业生产实践中,对天时气象与农业生产关系的认识,经不断深化和升华,总结出来的谚语。虽寥寥几字,却道理深刻。不但在气象科学不发达的过去,对促进农业生产丰产丰收有重要意义,而且在科学种田较普及的今天仍有着重要的现实意义。

农谚的起源是与农业起源一致的。除了对农业生产具有指导意义之外,还包括"立身处世"的经验,读来音律和谐,合辙押韵,富有生活意味,有时也难与农谣截然划分开来。长期以来。农民的经验是靠"父诏其子,兄诏其弟"的口口相传的方式流传和继承下来的,内容多是农民根据二十四节气掌握规律,适时播种与生产,能够提醒人们顺应季节,不误农时。屿头乡乡民则根据当地的天时气象与农业生产的关系,总结创造了适用于自己生活与生产的农谚,为后人留下了珍贵的口头文学遗产。

---

① 详见本书"文献篇"第二章。

第四节　方言

在台州的历史上，艺术上最突出的是戏剧的产生与发展。晚唐、五代时，台州已经有参军戏或杂剧。1987 年黄岩灵石寺塔大修时，发现了一批阴刻戏剧人物画像砖，制作于吴越王钱弘俶当政的第 18 年，即北宋乾德三年（965），有参军戏或杂剧角色形象。入宋以后，南戏逐渐形成，台州为其发源地之一。现存最早的南戏剧本《张协状元》中有《台州歌》，为地道的台州曲调，其语言也有浓重的台州乡土气息，不少对白纯系台州方言，很可能有台州艺人参与创作。

沙滩村村民现在讲的是黄岩方言，即黄岩话，属于吴语中台州片台州话。黄岩方言指吴方言区浙江台州方言中的南片，即流行于温黄平原并被称为"太平话"的一种方言。温黄平原除了土著氏族以外，公元前 512 年以后，有原在洪泽湖淮河流域的徐国后裔，在大唐岭筑徐偃玉城，建立了他们的流亡城邦政府；公元前 355 年以后，楚灭越后，越国后裔在此建越东海国（俗称东瓯国）。唐五代吴越国及南宋时期，两度有大量的中原人士迁入黄岩，包括柔川黄氏家族始迁祖是从福建迁徙到了黄岩西部。这些外来人口，以他们的语言文字影响着当地的方言。至唐上元二年（675）分临海县，置永宁县后，天授元年（690）更名黄岩县，主要辖境即这一片温黄平原。方言区域与自然地理区域、行政区域基本一致，黄岩方言流行于今台州市黄岩、椒江、路桥三区，温岭市、玉环县楚门、清港原大陆部分、乐清大荆及其以北，永嘉与黄岩相邻的几个村子，在不同的地方还有一些细微的差异，但大体上在这一区域内用黄岩方言交流并无阻隔。

专

题

篇

脱贫而立　由富渐强

ZHUANTI PIAN
TUOPIN ER LI　YOU FU JIAN QIANG

沙滩村是一个有着近千年历史的古老村落。村内古老的文化遗址与遗风有相当一部分被完好地保存下来。一方面，村庄宗族脉系传承有序，脉络清晰；另一方面，源远流长的耕读文化至今仍然具有强大的生命力，发挥着不可低估的作用与影响。沙滩村在耕读文化的深入挖掘、创造性转化方面仍然有很大的空间，具备可持续发展的条件。

以下三方面是以沙滩村作为样本研究的核心议题，为此，我们展开广泛的调查与研究，做了探索性的论证。

第一，传统耕读文化资源是沙滩村实现文化创造性转化和创新性发展的源头与根本。

第二，坚持绿色生态发展观是固本培元、可持续发展的根本与前提。"一产+"的转型发展模式是沙滩村走向农业现代化、城乡一体化的重要途径。

第三，美丽乡村建设是助推乡村振兴，走向美丽中国的必由之路。

第一章　传统耕读文化的创造性转化

　　沙滩村在屿头乡乃至黄岩西部的地位和影响，不只是因为它是今天屿头乡的乡所在地，在很大程度上，其地位和影响是由于村庄具备历史悠久的耕读文化，包括村中所有活化的物质文化与非物质文化遗存。

　　改革开放之后，中华传统文化受到重视。中华传统文化是中华民族历史上各种文化思想、精神观念的总和，主要由儒、道、佛文化组成。传统文化不仅思想深邃圆融，内容广博，而且为国人提供了立身处世的行为规范，以及最终的精神归宿。随着对中华传统文化认识的加深，沙滩村的历史文化遗存逐渐地被重新激发与弘扬，不但受到了久违的尊重，也重新获得了新生。

　　但是，如何将沙滩村的历史文化遗存作进一步的挖掘、整理，如何将耕读文化资源进行创造性转化与创新性发展，是历史发展赋予我们的新的命题，也是改革开放以来我们在文化建设中遇到的一个不可回避的重要命题。文化传承的目的是文化创新，文化传承是一种历史责任，文化创新更是一种时代责任。

第一节　系统梳理　激活遗产

　　进入沙滩村，当我们看到忠应庙，忠应庙门前蹲伏的那对石虎，还有周围四株沧桑古老的樟树，便能感受到浓郁的历史气息。当我们接触到那套泛黄了的1935年版《柔川黄氏族谱》，便更加激动起来。2018年的春节，我们项目组成员第一次体验了沙滩村民俗节日的喜庆与热闹，感受到洋溢在村民脸上的那种由衷的幸福感，第一次拿起摄像机记录下了沙滩村村民过春节的时光。以后的无数个第一次，逐渐将我们引入沙滩村历史的隧道，让我们触摸到了时光飞逝之后留下的斑痕。慢慢地，我们读懂了忠应庙碑上黄超然撰写的碑文，读懂了其他留存下来的碑文。我们对忠应庙进行实地测量、勘察，辨别戏台、石刻、础柱、楹联、翻爪等部件的时代痕迹；找到了黄希旦的埋葬之处，印证了村民口口相传的史实；还考察了黄氏始祖迁居住地、黄氏花园等遗址，柔川书院遗址及那条崎岖的、被杂草掩盖了的"书院小路"。尤其是通过阅读"柔川黄氏族谱"，查到了那些曾在历史上对耕读文化做出过重要贡献的黄氏先祖们。虽然他们生活在不同的时代，却以不同的耕读方式为家园、为柔川乃至黄岩做出了创造性的贡献。根据族谱及地方志上记载的相关事迹，我们又找到了社仓遗址、北沼亭等遗址。同时，我们抓住农村生产的时节点进行纪录片拍摄，针对时令性生产活动，对处在一线生产的村民进行采访，一方面便于村民结合生产活动说出他们在实行家庭联产承包责任制后各自的收获与感想，另一方面又能够记录下村民鲜活的劳动场面与生产规律，积累研究素材。

有了这些前期的资料查阅与实地勘察作为基础，对村民进行访谈就有了深入交流的基础，对村民间流传的传说中的误区也就有了予以纠正的底气。

第二节　辩证取舍　推陈出新

习近平总书记曾经提出："每一种文明都延续着一个国家和民族的精神血脉，既需要薪火相传、代代守护，更需要与时俱进、勇于创新。中国人民在实现中国梦的进程中，将按照时代的新进步，推动中华文明创造性转化和创新性发展，激活其生命力，把跨越时空、超越国度、富有永恒魅力、具有当代价值的文化精神弘扬起来，让收藏在博物馆里的文物、陈列在广阔大地上的遗产、书写在古籍里的文字都活起来，让中华文明同世界各国人民创造的丰富多彩的文明一道，为人类提供正确的精神指引和强大的精神动力。"[①]他把保护文物和继承发展传统文化联系在一起，强调传承中华文化，绝不是简单复古，也不是盲目排外，而是古为今用、洋为中用、辩证取舍、推陈出新，摒弃消极因素，继承积极思想，以古人之规矩，开自己之生面，实现中华文化的创造性转化和创新性发展。习近平总书记的这些论述，在学术研究的内容和方法上都为我们指明了方向。经过一段时间的梳理与挖掘，我们的研究迈出了第二步：对前期所见所闻开始进行辩证取舍，判断真伪。这个过程不仅帮助我们澄清了历史事实，也让村民进一步知晓历史的

---

① 2014 年 3 月 27 日，习近平在巴黎联合国教科文组织总部发表演讲。

真相。通过这样的了解，村民的文化自信明显提升，文化立场更加坚定，人们认识到耕读立世、守护家园是义不容辞的分内之事，责任感与使命感空前高涨。鉴于忠应庙碑的重要性，我们对忠应庙碑进行拓片，对碑文进行句读。然而仅仅将碑文句读，村民仍然难以读懂。在村民的要求下，我们又对《忠应庙碑》作了逐句解释。有了这篇释文，村民们特别是黄氏后人纷纷传阅，甚至有些村民特意来到碑前叩拜。终于，大家通过对碑文的理解，将原来一知半解、支离破碎的信息贯穿起来，对村庄历史渊源有了全面清晰的了解。村民们对黄超然在碑文中所提出的英雄观、人才观高度赞同，联系自己文化不高、没有"功名"的实际情况，认为只要努力，做好事，做好人，照样可以做英雄，照样可以活出精彩人生。他们还将碑文与从村里参军后成为一级战斗英雄的黄仲虎①联系起来，认为黄仲虎就是黄超然所说的这一类英雄人物。

当我们将黄氏祖辈中对劝耕、劝农、劝读有过特殊贡献的历史人物向村民及村干部、乡干部介绍时，他们立即告诉我们，他们也听说过一些相关历史，但了解得并不深入。很快，乡政府决定办一个命名为"守望文明"的常设展，其中设立"历史上的柔川"板块，专门用来介绍村民祖辈中对耕读文化有特殊贡献的历史人物和他们的事迹。展览内容还将印成小册子发给村民，以更好地激发村民对于优秀传统文化的崇敬与敬仰。

我们还对当地传说中的一些掌故进行甄别，对一些张冠李戴，时代错位、过度神化的说法予以纠正，以正本清源，辩证取舍，充分释放与弘扬正能量，得到了村民的积极配合。他们信心十足，表示旅游业发展起来后，一定要选派能够讲好故事的村民当导游，将当地掌故和民间故事准确无误地宣传出去。沙滩村的乡村大使黄君玲表示，她会认真地将故事排练成"小品"，用文艺演出的形式讲好故事，传播正能量。她很自信地拿来曾经编写的剧本给我们阅读，她的剧本让我们佩服，她的表演受到村民喜欢，正印证了一句古话：民间自有高手在。

村民的热心配合与急切求解，同样也促进我们对村庄样本的研究，促使村庄古老的耕读文化得以创新性地转化为村民手中服务当下新文化建设的利器。所谓"创新性地转化"，就是村民在我们为他们解读种种历史文化信息的同时，逐渐找回了文化自信，自觉、主动地参与到复兴优秀传统文化和创造新文化的行列。所以，我们认为村庄研究的最大成果是帮助村民树立起文化自信，而文化自信才是

① 详见本书"访谈篇"的《黄仲虎访谈录》。

文化创造性转型的根本动力。

第三节　创造性转化与创新性发展

在建党 95 周年大会的重要讲话中，习近平总书记对文化自信特别加以阐释，指出："我们要坚持道路自信、理论自信、制度自信，最根本的还有一个'文化自信'。"那么，何谓文化自信？"文化自信是一个民族、一个国家以及一个政党对自身文化价值的充分肯定和积极践行，并对其文化的生命力持有的坚定信心。"①从沙滩村村民的身上，我们已经看到了这种自信，这是基于对自己村庄文化的理解与认同的自信。有了这样的文化自信，就有了将传统文化予以创造性转化和创新性发展的可能。

比如，当我们就现在忠应庙情况采访忠应庙的主管黄秀琴老人时，老人告诉我们："现在政府方面对我们沙滩村很关心，对我们庙里也很关心。现在村里的所有干部，都对庙里很支持。我现在这么大岁数了还在这里，也是靠大家的支持。在经济这方面，靠的是信众对庙的支持。这外面的广场原先都是小屋，都是民房，因为改造起这个广场，广场建起来，戏棚搭起来，我们庙里拿了 80 万元支持村里。靠上面的支持，也靠村里的支持才有了今天这个样子。"无意中，老人已经将忠应庙如何进行了创造性转化和创新性发展告知了我们。老人尽心负责地看护打理忠应庙，将信众的捐款积累起来用于社戏广场的改造，这并非完全是她个人的行为，而是她代表了全村百姓的心愿，智慧、精准地解决了扩建社戏广场面临的资金短缺的问题。社戏广场是沙滩村文化礼堂的主要组成部分，担负着展示村落面貌，传承传统文化，传播当代文化的重任。老人的举动说明了一切，文化的力量是无穷的，也是无私的。

又比如，当"引种杨梅"的真实故事又一次在村里传播时，不少村民立即联想到自己对经济植物的种植，还是应该花大力气来及时调整种植品种，尽心尽力才能种好，才会有好的经济效益。他们对新产品的引种充满信心，认为古人都能做好的事，现在自己就没有理由做不好。

再比如，当我们在考察"柔川书院""北沼亭"遗址时，不断有黄氏后人自发地过来告知他们所了解的情况，咨询是否可以重建这些建筑物，一是为了纪念祖

---

① 《文化自信——习近平提出的时代课题》，新华网，2016 年 8 月 5 日。

先，二是觉得游客越来越多，要满足"游客有得看"的需求，让村庄的历史文化彰显出来，吸引、留住游客。

当然，最为重要的是，村民对村庄历史文化有了更深层次的理解，并且还有了保护、传承与发扬的自觉行动。在得知"同济·黄岩乡村振兴学院"将会落户村里之后，村民们都认为这是对历史上柔川书院的继承以及对书院精神的弘扬。由于建造学院需要扩地，当村干部动员村民迁移坟地时，家家户户都非常配合，用最短的时间完成了坟地的迁移。

从文化自信到文化自觉，再到文化的创造性转化和创新性发展，每一次的思想升华都是积极践行改革所带来的结果。

第二章　以绿色生态为前提的产业转型与发展

　　沙滩村以耕读立世、耕读传家的理念为根本发展到今天。在经历了不同的时代与社会变迁之后，村民已经清楚地认识到坚持绿色生态发展观，坚定地走绿色发展的道路，是固本培元、可持续发展的根本。绿色生态与资源财富的获得，是成正比的关系，生态环境越好，可获资源与财富就越多。反之，恶劣的生态环境，只会造成毁灭性灾难，给人类带来各种厄运。

　　这要从村民所获得过的经验与教训说起，在本书的"生活篇""经济篇"中都讲述了沙滩村所经历的变挖山为治山的情况。这里的"挖山"，是指1983年末至1984年在错误地理解和执行了"靠山吃山，向山林要饭吃"口号下，对山林进行了破坏性开发，砍柴烧炭，大量地砍树卖木材，让青山剃了光头，让沙土横溢。而"治山"不仅指治理山林，更是指护理山林。1985至1987年间主要靠治理山林，即大规模的护山造林运动，之后的治理主要转为护理，靠着精心呵护，终于还原了山林本色，让山林恢复了原本拥有的那片绿色。

第一节　风物长宜放眼量

　　从"挖山"到"护山"，村民的思想观念转变了，对护山的态度积极、坚定。但是到了长潭水库的功能转变之后，饮用水质量的要求起初并不能引起所有人的重视，是在政府的相关文件与相关政策陆续出台后，在大力的宣传动员讲解之后，才逐渐引起了村民的重视。虽然有所重视，但当一些企业工厂被要求必须从村里迁移出去时，迁移造成各种损失等实际问题随之出现，一些村民犹豫不决，甚至产生抵触情绪。实际上，随着生态环境保护的推进，以及对饮用水水质的要求越来越高，制约水库周边村民进行第二产业、甚至第一产业（如养殖业与部分种植业）发展的矛盾就愈发突出，最终形成黄岩西部山区与黄岩东部平原不平衡发展的矛盾。要解决好这个矛盾，必须在当地政府的统筹规划下，各方齐心协力，采取科学的方法，攻克难关，寻找适合本地生产的产业，进行产业转型。而这又是一项庞大而又繁复的系统工程，在攻关探索的同时，水质保护的意识与措施必须先行一步，这就需要广大村民的理解与配合。可庆幸也可敬佩的是，沙滩村村民尽管有一些想不通，但是还是非常配合地采取了各项有利于水质保护的行动，以牺牲自己的利益来成全绿色环保的需要。村民的"风物长宜放眼量"，充分地显示出当代中国农民的无私无畏的精神。

村庄样本的研究，当然探索如何解决这一难题，即如何在保持长潭水库优质水源的同时，还能让农民可种可收。特别强调这一矛盾的客观存在，是为了引起各部门对此问题能够持续高度重视，永不懈怠，尽快早日地解决好这一关乎农民生存之民生的大问题。

第二节　家门口的绿色产业

在大规模护山造林运动之后，山林逐渐显现出它雄伟美丽的身姿，溪流开始日夜欢唱，奔腾不息。大自然的馈赠又回到了村民的手里，彼此之间的和睦相处结出了丰硕的果实。

在我们拍摄的《沙滩村》纪录片中，记录下了一位种枇杷的能手，他是村民黄官法，他种的枇杷个大、形美、味甜，卖出的价钱往往要比其他村户高出几倍。他对我们说："我们这里的日照足，空气好，所以枇杷的口感甜度高。我种枇杷用的都是有机肥，用上去的是兔粪之类的，化肥用得很少很少。肥料的价格论袋算，一袋十几块钱。我都是自己挑上山来，花钱请人挑就不划算了。我也不除草，这可以防沙保水。就说到这个包装的纸袋，4分钱一个，我今年就买了一千多块钱的纸袋。今年估计枇杷产量高，肯定要比往年好。"

纪录片还记录下了一位养蜂能手，他是村民黄荣法，家住沙滩老街，门口摆卖着两斤瓶装的蜂蜜，生意兴隆。拍摄工作在养蜂现场进行，当他掀开蜂桶，只见里面的蜂巢拥满了蜂蜜，满脸幸福的他对着镜头笑着说："我现在呢，对养蜂蛮感兴趣的，天气好的时候，八九点出太阳的时候，很多蜜蜂衔着花粉，进的进、出的出，就像部队一样。天转暖的时候，采蜜旺起来的时候，整个蜂桶口都堵住了，连蜜蜂都无法进出，到冷的时候呢，没有太阳的时候，蜜蜂就会少一些，太阳很大的时候，蜜蜂就会嗡嗡地飞来很多。我们自己地方的人呢，都知道我的蜂蜜是原生态的，没有假货，所以很多本地人来买。养蜂靠的就是环境，如果没有树、没有花，蜜蜂去哪里采蜜啊。现在环境那么好，人都很舒服，蜜蜂当然也就有事干了。（笑声）我们这里还种枇杷，采的枇杷蜜能卖出很好的价钱来。"

沙滩老街上的两家馒头店，也是凭着辛勤的劳动，加上过硬的传统手艺和新鲜的食材换来了顾客对他们的信任。阿玲馒头店店主黄桔玲很自信地对着镜头说："我们的馒头都像过去一样，都是用传统的发酵方法来做的，我们不用药发面的，我们也不用那种香料之类的，加上水质好，我们发的面就会很松，很好吃。现在生意好，两个儿子、媳妇全部在家里做馒头。现在家里一共有 6 个人做馒头。馒头做出来都来不及送，椒江、路桥我都要送去，现在订馒头的人也太多了，每天都忙不过来。"

沙滩老街还有一家官荣米酒店。店主黄官荣告诉我们："我从小长在沙滩村，父母亲都是种田的。我从 2006 年老街改造的时候，开始做酒，乡里面很支持我。材料是第一关，只要材料搞得好，料、曲好一点，做的过程就没有什么大的困难了。最关键的是水，我们这里的水好，这个酒就好了。还有一点呢，时间一定是要对的，你做早了，那个酒也不会好，起码要到农历十月份开始做，放到酒缸里要酿上两个月。……我就想把酒坊搞下去，让更多的客人来品尝我的老酒。我很有信心。"村民的酒大多是出自他之手。

几乎所有的村民，交谈中说着说着都会说到好的环境与优质的水、空气给他们带来的好处。对大自然的馈赠他们心存感激，身处其中感到无比自豪。其实，这也是村民尊重大自然、爱护大自然的结果。由此可见，绿色环保在沙滩村这块土地上已经进入了良性循环的阶段，村庄明显迎来绿色发展的大好势头。

第三节 "一产 +"的转型发展模式

在沙滩村生活的无论是干部还是普通村民，都知道光靠种田、种果树，甚至通过及时调整种一些经济植物，都未必能够走上致富的道路。只有同步发展二产与三产，村民的收入才有可能增加，甚至是翻番。但是，如前所述，由于沙滩村地处长潭水库上游，从事第二产业实际上已经受到很大程度的限制。这就需要对第二产业的产业种类做出严格的选择，只能保留一些无污染的、以手工加工为主的那些生产加工工厂。同时，要严格做好必要的防污措施，以确保环境质量的持续达标。

能否实现以绿色生态为前提的产业转型与发展，是沙滩村能否走向农业现代化、城乡一体化的关键所在，也是村民能否致富的关键所在。所以，第二产业在沙滩村乃至屿头乡如何发展，需要慎之又慎的评估方案，需要进一步做出科学的判断，也即必须是适合本地域生产规模，符合环保要求的工业生产，方可进行。而"同济·黄岩乡村振兴学院"在沙滩村的植入，意味着第三产业之教育产业在沙滩村的落地。这也是屿头乡转型发展的一大改革举措。学院、乡、村共谋发展有以下几个方面的优势：

第一，第三产业之教育产业的服务对象主要是人。教学与学习的过程，是将城市的教育资源向农村转移并且辐射的过程。其学员的人数，远远地超过当地往城市派遣人员进行学习的数量，形成了一定程度上的办学规模效应，为乡村振兴的发展提供了人才培养方面的有效服务，在人力资源投资方面迈出了具有探索意义的一大步。

第二，前来参加学习的学员，形成了相对固定的"客流量"。这对于偏远山区而言，相当于在人流量上产生了大幅度增量。对于沙滩村那些"家门口的产业"无疑也是具有催生作用的。沙滩村及周边的土特产因此会被带往各地，为土特产的对外宣传与销售无意间开辟了多种渠道。对拓展综合性服务行业也起到了很大的推动作用。

第三，办学培训与其他三产产业最大的区别在于，它不仅会带来经济上的增值，更为重要的是，它将为沙滩村乃至屿头乡带来风清气正的正能量文化效应，对于打造特色新村庄，营造耕读新气象而言，它将成为不可替代的特种行业。

因而，沙滩村目前"一产+"的转型发展模式，实际上已经向"一产+教育行业"的方向转型。这样的发展模式，不仅有其独特独创的一面，而且难能可贵，是对优秀传统耕读文化的复兴、传承与发展。说到底，绿色生态是我们的资源，是我们的财富。绿色生态就是生命力。发展绿色产业，建设生态文明，遵循生态规律，就能够造福人类，造福国家，造福自己及子孙后代。

第四节　美丽乡村是通往美丽中国的必由之路

2013 年，同济大学规划团队来到屿头乡沙滩村，在原有规划建设的基础上，开始了深入勘察和制定新的规划。至 2019 年，通过对沙滩村大幅度进一步改造，取得了显著的成效。沙滩村面貌焕然一新，变得更加美丽，成了美丽乡村的示范点，极大地提升了村民在物质和精神生活方面的质量。

美丽乡村的建设，建筑和空间环境只是外化形式，文化是灵魂。沙滩村的规划、修复和改造就是秉持了这一原则，从"文化定桩"开始，以"文化创新"贯穿始终，最终达到文化提升与功能再生的目标。

今天，通过美丽乡村的建设，实现了沙滩村成为乡域范围内文化中心的规划目标，基本实现了沙滩村的产业结构转型，不仅在农业方面重视果林种植，还致力于发展教育培训行业、旅游业、有机农业、产品加工业。而且，沙滩村还达到了前期规划中的招商引资与扶持本土产业并举，这都得益于重视广大中小企业在拓展税源、安置劳动力等方面的作用，盘活各种存量土地资源，有计划地保证要素的供给和倾斜，加大对科技研发、成果的投入，促使企业加快发展。

根据在前期规划中对沙滩产业布局的引导，第三产业旅游业及相关零售业分布在村庄居民点内部，形成了一年四季的旅游线路，基本满足了旅游产业发展的需求。

通过给水工程设施的建设，在沙滩村的西北面山地上建设了给水场，在北边的石狮坦村布置了给水厂，作为村庄的主要水源。雨水则采用明渠和暗渠方式就近排入自然水体中。在集镇的南边屿头村结合生态湿地配置一个污水厂，对污水分区收集，进行生态化处理并排入污水厂。由于村庄用地的扩展，以及垃圾处理厂与居民点的距离太近，因此将它搬迁至村域的东北面。同时，在社戏广场建造了一所三星级的公厕，极大地满足了游客的需求。

在美丽乡村的建设中，忠应庙周边街区建筑运用了很多大自然赐予的本地材料。由于临近柔极溪，将大量的石材用于砌筑墙基和墙身，使用大量的卵石来砌墙、铺路、砌驳岸、筑篱，甚至当坐凳子用。其住宅建筑选择了木结构，选用木制的桁条、椽子、板壁、门窗，房屋构造采用最能发挥木头性能的"人"字形屋架，充分显示出鲜明的乡土文化特色与匠心所在。

通过美丽乡村建设，沙滩村忠应庙周边街区一系列质量良好的旧建筑不仅被完好地保存下来，还成就了"同济·黄岩乡村振兴学院"的植入。其文化与教育功能的注入，使曾被废弃的旧建筑重新发挥出使用价值，带动了整个街区环境的功能再生，优化与夯实了村庄的功能结构，并吸引了不少劳动力资源的回流与迁入。西部为文化功能板块，由忠应庙及周边地区、四季采摘园、乡村振兴学院、东坞房车营地组成，以沙滩老街作为主要步行轴线。利用沙滩村的历史文化资源、自然生态资源，发展乡村旅游与相关产业，如文化体验、果蔬采摘、露营服务、住宿餐饮等，为村庄发展注入经济动力，为本地村民提供了新的从业机会，同时延续了村庄的历史文化，为村民生活休憩提供了公共开放空间。对此，当地村干部和村民都感到：美丽乡村之所以美，之所以有魅力，不仅仅是因为村庄面貌上给人以美的享受，还因为村庄在改建中以人为本，给村民带来了获得感、幸福感与安全感，让人深切地感受到乡村中最靓丽的一道风景是人们焕然一新的精神面貌。

沙滩村主要承担黄岩区西部山区的文化生活功能，在维持部分原有用地布局结构与路网结构的基础上，又增加了新的道路和用地，以满足交通需求，同时经过细化用地功能和空间形态设计，对居住区域进行了调整。

沙滩村对北部高山移民安置区进行了规划。由于忠应庙周边街区建筑和公共环境实现了功能再生，原住民的安置得到妥善解决，村民的获得感、幸福感、安全感油然而生。现在，在沙滩村的社戏广场热闹非凡，各类娱乐演出活动、时令产品的营销活动（枇杷节、梨花节等）、民俗节日的欢庆活动、民间宗教的祭奠活动、最美土特产与特色小吃手艺比赛活动，以及黄氏族人宗族大会，林林总总，更迭不断。新人新事、好人好事不断涌现，新戏新品、好歌好舞层出不穷。沙滩村社戏广场充满了活力，也充满了欢乐，成为重要的旅游集散中心和休闲文化娱乐中心。

中部为居住生活板块，主要为沙滩新村居民点区域。以沙滩新街为主要步行轴线，西侧承接文化功能板块的游憩活动区，提供一定餐饮、民宿服务；东侧接轨公共服务板块，成为村民享受便捷生活之所在。

东部为公共服务板块。以屿头乡政府为核心，从沙滩新街西面引来，以南北向的东太路为步行轴线，沿轴线设置主要公共服务设施。完善沙滩村作为屿头乡乡政府驻地的功能，提供完备的公共服务，服务全村村民，同时辐射周边地区。

乡村根深蒂固的思想与风俗常常是不可忽视的力量，在城市建设中不会发生的思想发生冲突等，在乡村却时常会发生。而柔性规划则是与村民最终达成共识的一种良好的工作机制，通过这种工作机制，可以让村民逐步感受到"村庄未来可能的模样"，意识到"原来还可以这样生活"。相比之下，如果一开始就要大拆大建，往往就会引起抵制，很可能造成浪费与损失，甚至一事无成。

　　通过美丽乡村建设，沙滩村充分利用现有的农田、自然山体以及水系资源，在原有水系的基础上又增加了两条河流。一条从村庄酒店穿过步行街，汇聚于村庄旅游信息中心的水池内。另一条则从水池内引出，穿过沙滩街道，最终抵达乡政府西大门。沿着河流，建成了沿河带状绿地，将全村的景观节点串联起来。沙滩村的美，集公共绿地、防护绿地、广场用地、农业观光绿化、自然山体绿化于一体，既体现了村域内外良好的生态美，又衬托出人们用心营造出来的智慧之美。"青山作屏""绿水为带"成了美丽沙滩村改造后的生动写照。美丽中国从美丽乡村做起，美丽乡村建设是助推乡村振兴，走向美丽中国的必由之路。

第三章　展望美好未来

对沙滩村的未来，我们充满希望。沙滩村的前景不可估量。展望沙滩村，我们仿佛看到了未来农业现代化、城乡一体化的美好前景。沙滩村以及整个黄岩西部一定会在重新站起来以后，再从富起来走向强起来。

在沙滩村的中远期规划中，"演太线"格外引人注目。"演太线"的建设已经启动。但是，从持续地逐步推进，直到最终的完善，估计还需要较长的时间，也许是三年、五年，甚至更长的时间。"开发演太线并不是无中生有，也不是建设一条现代化的公路，'演太线'的线路，是利用传统农耕文明时代村庄建设留下来的山间小路，这些村落由于种种原因衰败了，但是这些联系农民生活耕种的山间小路仍然存在。那么，如何把村庄能够激活起来，能够在精准扶贫的背景下，把这些村庄的功能进行更新和升华，这是我们开发演太线的一个很重要的目的。因此，它是基于原生态的这样的一个品质，在整个自然的山水和生态的品质下，赋予它现代的意义。既符合村庄的发展，同时又为徒步的游客提供最基本的配套设施"，主持"演太线"规划与开发的同济大学杨贵庆教授专门对此做了解释。

第一节　绿色生态的"演太线"

"演太线"是一条连接屿头乡沙滩村至宁溪镇乌岩头村的山村徒步旅游线，途径前山头村、引坑村、蒋家岸村、五部村，从沙滩村的"太尉殿"、蒋家岸村的"演教寺"中取"演""太"二字而得名。全长约9.6公里，其中主要徒步路线约7.4公里。依托沿线村庄道路、原有古道和山间小路，修建完善之后，它将是一条青山如屏、绿水如带，一路横贯山岭古村，山村四季景致可尽收眼底的徒步线。全线将通过主要步道与次要步道相结合，形成徒步活动体系。主要步道将保证主要活动点间的步行通达性，次要步道将满足村庄外围次要活动点的可达性。7.4公里长的主要徒步线路将向两侧扩展 300~500 米，形成主要徒步活动区，覆盖宁溪镇至屿头乡连接线周边重要的景观节点与设施。"演太线"总面积约 4.3 平方公里。

"演太线"这一精品线路的规划建设，使之成为黄岩西部山区美丽乡村建设和精准扶贫的重要载体。一方面，沿线村庄的发展通过"游线补给点"的方式参与到旅游业的发展建设中，让保存较好的闲置传统民居建筑得以活态再生，通过历史文化价值的挖掘和传承，走出一条乡村功能开发与水源地保护相结合的差异化发展道路。另一方面，通过连接线及沿线补给点的建设，依托原有村庄公共服务设施和庙宇等，进一步设置和完善各类设施，在促进沿线村庄旅游产业发展的同时，提升村落公共服务设施水平和交通可达性，以惠及民生。

"演太线"的建设，如同青山如屏、绿水如带的宁静大山里一串连接了乡村遗珠的项链，不仅仅给乡村注入现代化的宜居功能，也将因地制宜地培育多样化的产业，起到推动乡村文化传承的作用。"演太线"对"农家乐"和"乡村旅游"的诠释，给沿线的乡村遗珠赋予了"文化定位和定义"，将会修复和激活文化功能，形成特定的"乡愁"和文化印记。

"美丽乡村连接线"的内涵，是将"连点成线"作为下一时期美丽黄岩西部发展的重要战略，通过"连点成线，以线带面"的方式，将连接线编织成网，拉动衰退型村庄再生发展的外力。这些衰退型村庄已不具备自身发展的潜力和能力。因此只能通过边缘化促进的方式，通过连接线这一外力的牵引和拉动，以借力的方式为其带来社会经济活力。通过连接线补给点的建设，达到基础设施的共享，既能满足旅游设施的配置，又能够结合已有村落建成环境，实现资源集约化的利用，盘活衰退的村落场地和设施资源，实现村庄活态再生发展并带动整个美丽黄岩西部板块的整体发展。

针对"演太线"的持续开发与发展，黄岩区党委副书记徐华是这样说的："乡村振兴一定要立足村庄的发展，精准扶贫也要因地制宜，系统谋划。沙滩村、乌岩头村是两个历史文化村落，他们中间有四个贫困空心村，常规的扶贫可能见效不是很明显，我们通过两端乡村振兴学院南北校区的带动，以及'演太线'这独具自然特色的乡间游步道的串联，让这几个村庄的价值凸显出来。同时，我们赋予这四个村庄不同的功能定位，让他们积聚人气，恢复活力，换颜重生，从而有效破解空心村发展难题，进而实现精准扶贫。"

"演太线"的规划，处在浙江省大力推进"美丽乡村"建设的时间节点上，也是浙江省台州市"美丽乡村"建设的一个重要组成部分，承担着串接"乡村振兴学院"南北院区的重任。它的规划与建设受到了当地政府的大力支持，是符合时代潮流并具有重要社会意义的规划建设项目。从空间资源的角度，连接线可以借助沿线村庄乃至屿头乡和宁溪镇丰富的社会文化资源进行布局，诸如利用当地良好的气候生态环境和农业、自然景观资源，结合佛教、道教、农耕、养生等当地文化进行布局，起讫点沙滩村、乌岩头村品牌村庄由于改造已经显示出品牌效应，也为连接线的发展提供了无形的支撑。另外，"演太线"起讫点沙滩村、乌岩头村进行美丽乡村建设也已颇具成效，旅游业发展初具规模，优势明显。一路上借助大量梯田、果树林、春耕、秋收、晒秋等农业特色景观，层峦叠嶂中的四季更换，朝晖夕阳中的层林尽染等自然风光，将人造景观与自然景观相互结合，使其相得益彰。加上在格局上具有较完整的古村落和传统山地民居建筑资源，颇显山村特色传统文化，兼具儒家、道教等历史文化的多元性和民俗资源的丰富性，其景观一定会让广大游客感到不虚此行。

"演太线"的发展也同样面临着挑战，诸如周边地区以相似的农业景观和自然风貌资源进行开发，与"演太线"今后的发展可能存在同类竞争，其次是开发建设过程中难免会存在破坏生态环境的潜在危险，引入游客过程中也可能对村民传统生活方式造成干扰等。一方面，道路可达性较差的问题，需要采取多样交通方式予以解决。诸如在"演太线"之间的东坞村，目前的交通可达性不强。屿洋线，是穿越沙滩村的县道。为避免交通运输对村庄的干扰，特别规划了一条与屿洋线平行的道路，以缓解未来的交通压力。东坞根据未来旅游服务中心的定位，在屿头村与东坞之间开辟一条道路，最后汇集至屿洋线。此外，还需规划一条联系石狮坦村与东坞村的道路，但由于当前施工难度较大，可作为远期规划来考虑。

另一方面，对整条徒步游线而言，山地地形给游线建设造成了很大阻碍。诸如"演太线"全线村庄都必须创造提供接驳服务的条件，以满足游客交通需求；必须将引导私家车按照原村村通公路进村并在指定位置停泊，行驶路线尽量不与徒步游线重叠等。根据活动点布局，在主要活动点周边设置用于停车、接驳、休憩的站点，考虑到山路崎岖，可以引入骑马、索道等代步方式，站点均临近主要活动点设施，以形成便利的综合枢纽和服务节点。

此外，当地第三产业发展仍处于起步阶段，旅游产业和服务还不成型，建筑质量与风貌也还存在诸多问题，并缺乏足够的服务设施。比如在"演太线"设施配置规划方面，还应考虑如何合理规划民宿、餐饮、小商店等。其中许多设施具有双重性，既要服务村民又要方便游客。因此，如何提升这些服务设施的使用效率，在节约资源的同时满足村民的生活需求，在开发建设的过程中，避免对当地美丽的生态环境资源造成破坏，切实保障村民的生产生活，也是"演太线"建设及后续发展所面临的种种挑战。

第二节　深化改革　势在必行

如前所述，之前的改革经验值得重视：产业经济、社会文化和空间环境是"美丽乡村"建设三个不可或缺的重要内涵。如果只重视产业经济的发展，而忽视社会文化和空间环境的建设，可能会导致为了产业经济增长而不顾乡村自身地理地貌条件和社会文化价值，从而导致生态环境破坏、乡土文化衰败、村民利益受损等问题，这些问题反过来又会制约乡村产业经济可持续发展。因此，在今后具体的实践中，一定要不断地深入实地调查，分析归纳出符合地方资源条件和传统特色优势的产业类型，使得乡村产业经济的发展，既满足村民收入不断增长的需要，又可以体现地方文化特色，提升村民文化自信。

如果只重视社会文化的发展，而忽视产业经济、空间环境的建设，又可能会导致社会文化发展缺乏自身的动力而难以持续，或者社会文化发展的品质受到空间环境的制约。一般来说，社会文化的建设需要资金投入，如果一味地依靠上级政府有关部门的有限资助，虽然在近阶段可以通过举办乡村文化活动、改善民生福利等来促进社会文化的繁荣，但是难以从根本上实现民生的持续改善和地方文化的持续传承。

如果只重视空间环境的建设而忽视乡村产业经济、社会文化的发展，那么，空间环境建设本身也是难以持续的。这是因为，空间环境建设和社会文化发展一样，需要资金投入。虽然上级政府有关部门的专项资金可以促进空间环境的改善，但是资金有限而且难以持续。同样，空间环境建设不可脱离社会文化的发展。如果脱离村民需求和乡村文化特色，那么，空间环境建设的结果可能无法改善村民切实的生活困难，并且可能毁坏地方原有的传统建筑特色和历史文化村落风貌，导致"建设性破坏"或"破坏性建设"。

基于上述论点，沙滩村的未来仍然要靠借鉴改革开放以来的成功经验，实施可持续发展的战略与战术，深化产业经济、社会文化和空间环境的建设。

第三节　共谋发展　共赢未来

深入践行村庄的改革，势必要顾及"乡域、村域和村庄"三个层面。在我国《城乡规划法》的规划编制层次中，"乡域"对应的是"乡规划"，"村域"和"村庄"对应的是"村规划"。

以"乡域"为单位来推进"美丽乡村"的深化建设，具有不可低估的积极作用。这主要是由我国行政体制构架特点所决定的。在县（市、区）层级之下，乡（镇）党委、乡政府具有自上而下统筹乡域内社会经济活动的作用，通过组织编制乡域社会经济发展规划、乡域总体规划等来科学合理地确定村庄体系结构，依托区域道路交通条件、资源禀赋和产业基础等来制定乡域内产业经济发展整体战略。对于"美丽乡村"建设而言，乡域层面可以从整体上根据各村庄优势和特点，明确各村的发展定位，指导各村建设发展的重点，并且协调村与村之间可能存在的矛盾和冲突。

因此，在乡域层面，重点组织、协调和推进"美丽乡村"产业经济的发展将起到更为积极有效的作用，这既是乡域可持续发展的客观要求，也是乡域行政体制自上而下发挥组织管理和协调作用的最佳选择。

以"村域"为单位组织"美丽乡村"建设将切实有效。一方面，村委会作为我国地方基层自治组织具有法定的体制基础，在村民自治、村民权利保障等方面发挥着重要作用。来自全村村民的"一人一票"，从制度上促进了农村社区的"社会资本"建设所形成的利益共同体。

另一方面，乡村社会长期以来形成的以血缘、亲缘、族缘等家族关系为纽带的社会群落，以及社会群落所产生的对于"村域"物质边界的空间领域感，通过传统农耕生产活动和民俗文化活动传承至今，已经塑造了代代相传的社区归属感和认同感。在一些农村地区，"村域"范围内村民的这种归属感和认同感，通过设置在村里的庙宇、道观等宗教场所及每年约定俗成的活动，得以凝聚和强化，成为乡村社会文化特色的重要内容，也成为"乡愁"的精神内涵。事实证明，这些内涵是压不垮、挤不走、打不烂的千年磐石，坚韧而且顽强。从这个意义上说，在村域层面重点组织推进"美丽乡村"的社会文化发展更为有效。

　　而通过"村庄层面"来实施深化"美丽乡村"的建设往往具有突出的近期成效。一般来说，村民住宅和公共设施较为集中在村民委员会所在的村庄，便于实施物质空间环境的改造，便于配置必要的公共服务设施（如供水供电、污水处理、北方地区的集中供热，以及垃圾收集处理等），将更好地服务村民居住，方便生活，并使得设施配置的效率更高。同时，"村庄层面"空间环境的改善将产生直接的环境美化作用，增强村民建设"美丽乡村"的信心和家乡自豪感，反过来也促进了在外经商的村民投资家乡的意愿，为培育乡村自身的"造血机能"带来更多的资源。乡村自身的产业经济发展一旦获得良性循环，就会增加就业岗位。那么，在外打工的农村青年就会产生回乡发展的愿望。当一部分农村年轻劳动力开始返回乡村时，农村"留守老人、留守儿童、留守妇女"的"三留"社会问题也就有望得以解决。

　　此外，"村庄层面"空间环境的改善，也将直接给社会文化的发展提供物质条件。例如，目前在农村开展的"乡村文化礼堂"项目建设，就可以结合"村庄层面"物质空间环境的改造来实施。通过在"村庄层面"对原有公共建筑和场地的改造和再利用，既不必占用基本农田，又可以使得原有被废弃的公共建筑和场地得以活化、再生，为三产的转型提供条件。因此，在"村庄层面"重点加强"美丽乡村"空间环境建设更容易见效，具有较好的可操作性。应该说，以上"三个层面"都不同程度地涉及"三位一体"的发展，即在乡域、村域和村庄层面，都可以组织开展"产业经济、社会文化、空间环境"的相关建设。不过，根据上述分析论证，以上"三个层面"对于"三位一体"发展的重点应有所区分：在"乡域层面"组织开展"产业经济"发展更为有效，在"村域层面"推进"社会文化"发展更为有效，在"村庄层面"重点加强"空间环境"建设将更为有效。

　　因此，沙滩村的未来，很大程度上取决于以上"三个层面"的协调合作、共谋发展，一致攻克难关，迎接美好的未来。

　　特别值得一提的是，当地干部已经开始深入思考和探讨"城乡共享"公共政策的创新与供给。在推进城乡振兴，党委政府的职能配置、教育、医疗、福利保障政策的城乡一体化，农村产权制度的创新等公共政策层面，目前都还面临着一系列的制约性因素，如果能够一步步突破，在同一个公共政策框架内重新构建城乡关系，将会对乡村振兴起到更大的助推作用。

　　设想一下"城乡共享"的场景，可以实现在城里就业并且在乡村居住，或者在乡村就业并且在城里居住；可以将城里的教育、医疗、养老等平台建在农村；可以把创意、设计等工作平台放在村庄，在村里为全球的产业链服务，等等。从践行乡村振兴和社会发展的趋势看，构建"城乡共享社会"是可能的，它也是推进乡村振兴和改革开放的路径。已有专家建议：可以选取相对具备条件的区域，推进"城乡共享综合改革实验区域"的建设，从理论、政策与实践层面，在更深层次上破解乡村振兴的"卡脖子"问题。我们认为：乡村振兴与文化的传承，是一个全世界都感兴趣的话题，以乡村振兴为主题，可以推进全球对话，找到中国乡村振兴的全球坐标，构建出话语与传播体系，让全世界认识到中国乡村振兴战略的伟大意义和巨大价值。

访

谈

篇

岁月如歌 放飞梦想

FANGTAN PIAN
SUIYUE RUGE FANGFEI MENGXIANG

中国
村庄
发展

耕　　读　　致　　远

第一章　村民访谈活动综述

　　为如实记录沙滩村村民的日常生活方式、生活经验、生活习俗与生活记忆，反映村庄改革开放以来的发展变化，并为项目研究提供扎实丰富的口述资料，项目研究中组织了一系列村民访谈活动，通过与村民进行有目的的口头交谈搜集更有价值的事实材料，同时也逐步梳理总结沙滩村历史发展过程中所形成的特有形态，包括经济、文化、环境形态，以及与周边村庄所处的共性关系与个性特色所在。在具体访谈活动中，研究人员一方面通过与受访者由点及面的交谈，从个人发展与社会环境变迁相结合的角度，了解被访者的观点、态度及感受，从而真实具体地还原村庄在历史环境中的变迁，用直观的文字记录使更多人了解村庄发展与变迁的实际场景；另一方面，通过对村民个体与村民社群系统性的详细观察、访谈与记录，与现象研究方案相互印证补充，弥补在现象研究方案中存在的不足。

第一节　访谈对象确定

　　在进行访谈前，需要先确定适合访谈的对象。全村共有 18 个村民小组，305户，共 1116 人。村两班子成员 10 个，党员 29 个。（注：数据来自 2018 年统计）沙滩村村民人数众多，因此必须通过适当的原则和合理的时间、程序及内容安排，确定一批有代表性的访谈对象，使研究的现象观察和口述资料研究可以顺利开展。结合本项目的调研方法，村庄的社会环境与经济状况，访谈对象的确定依据以下程序进行。

　　首先，按照沙滩村既有的人口规模和年龄结构，根据村落区域的分布（新村、旧村及沙滩老街），村民的姓氏比例，村民职业、性别等分类，大致按照每 50 名村民中选择 1 名为代表的比例，选择 22 名村民。其中，年龄 60 岁以上的村民 10人，年龄在 35 至 60 岁的村民 12 人；男性村民 14 人，女性村民 8 人。

项目研究人员向屿头乡政府、沙滩村政府了解村民的构成情况，特别调查了村民的年龄、性别、文化、职业、收入等户籍信息。根据屿头乡乡政府及沙滩村村委会提供的相关信息，结合沙滩村的发展历史与文化环境，对22名访谈者的个性、人生经历、村里从事的工作、在村里的影响、专长与兴趣等进行适当了解，为下一步开展研究打下基础。本项目访谈选择的22名村民，从以上各方面来说，都具有一定的代表性，访谈村民的组成人员有屿头乡乡政府、沙滩村村委会干部，沙滩村的乡贤，沙滩村的产业劳动者、小手工业者，以及妇女。

其次，由沙滩村的村委会干部出面，联系这22名村民，协调安排时间，让研究人员与受访的村民见面。研究人员向村民说明课题研究的目的和访谈内容，并告知村民相关访谈事宜，使村民可以提前思考与准备。在随后的一段时间内（2017年12月—2018年2月），研究人员与这22名访谈村民进行了简短的交流，时间大约在每人半小时至一小时，以了解访谈对象的交流能力、交流意愿等。除访谈内容的准备之外，本项目成员还准备了访谈用的摄录器材，并提前告知访谈村民，访谈过程将用录音、录像及文字整理的形式记录，并有可能用于纪录片中。

最后，研究人员对初步交流情况进行整理，并根据村干部提供的访谈对象的背景资料，参考村干部的意见，分析访谈对象，并设置相关访谈问题，以便于为研究提供有价值的口述研究材料。

一、直接观察：对乡村环境、村民生活进行直接观察并详细记录，在这过程中，并不会对相关的行为与事件加以干涉或控制（图5）。例如，在受访的村民进行手工业劳动时进行直接观察，了解在某一时间段内受访的村民经营的店铺的客流量、村民待人的态度与服务方式等。在不妨碍访谈村民正常生活和生产的情况下，记录其行为方式以了解沙滩村内部环境与当地村民的生活生产方式。

图5　沙滩村村民在从事生产劳作，打年糕，劈柴（速写：陈媛媛）

二、参与观察：通过深入研究受访村民的生活情境，即通过与受访村民建立与维持社会关系，从而参与到受访村民的活动中，从内部视角来了解村民的生活，并详细了解相关事情发生的地点、涉及的人与物、事情发展的经过与原因，从而全面洞察，并进行深度的个案研究。在研究过程中，研究人员与访谈村民互相添加了微信号，研究者可以通过微信关注受访村民的日常生活、沙滩村的重要活动等。

三、选取具有典型代表性的村民开展访谈：对沙滩村中掌握关键信息的村民进行访谈，如通过对屿头乡干部、沙滩村干部、村里的乡贤、乡村合作社领导人、沙滩老街的手工业者、返乡创业者等人进行访谈，可以获得沙滩村日常生产活动的筹办与运营过程的第一手资料，同时也能对沙滩村研究的具体细节有更深入具体的了解。

四、非结构性访谈：在访谈时不使用统一的问卷，而是根据各位受访者的不同情况，确定粗略的访谈方向与纲要，并根据访谈情况进行具体调整，以获得意想不到却很有价值的数据。因此，在访谈开始前，研究人员与访谈对象先进行沟通，尽量消除受访者的紧张情绪，在访谈过程中，充分发挥双方的主动性与创造性。采用非结构性访谈能更有效地了解到许多难以发掘的隐性问题，也是与村民开展访谈时便于消除其紧张感的访谈策略。

五、拟定访谈内容：为了使访谈提纲更具针对性，在非结构性的访谈基础上，针对已经确定的访谈村民，拟定了相对可以通用的一些访谈内容，涵盖以下方面。

1. 个人情况简述：目前个人的基本情况，包括个人常规情况（出生年月，性别，职业等）、家庭情况（婚配情况、家庭成员、经济收入）、业余兴趣爱好以及在个人记忆中沙滩村发展印象深刻的经历或故事等等。

2. 个人成长发展经历中有关沙滩村的变化的记忆。一方面是村庄地理环境与村庄面貌的变化，例如自家房屋的变化、家庭成员从事工作的变化、村庄分布的变化、农田分布的变化、河流情况（长潭水库的建造）的变化以及其他一些关于自然环境的记忆等。另一方面是有关政治活动变迁的记忆，其中包含一系列国家政策、农村政策的变化，所带来的村庄人文环境变化，例如改革开放前后沙滩村的变化，村庄中实行家庭联产承包责任制的变化等。

3. 个人成长发展经历中有关沙滩村的经济发展和经济活动的记忆。一是个人从事职业的变化等等，例如有的村民原从事农业，之后随着沙滩村老街的改造，从事了家传的酿酒手工业；二是个人收入的变化情况，例如原先村民从事种地的农业活动，现在除农业生产外还从事个体生产活动，如个体手工业等，实现了收入增长；三是农村承包责任制实施对村庄集体和家庭个体的发展影响，例如有的村民通过叙述个人家庭的变化，积极拥护此政策的实施；四是"美丽乡村"建设带来的变化，特别是沙滩村老街建造，家庭经济情况变化、体验性旅游服务、传统农事体验推广等。

4.个人成长发展经历中有关沙滩村传统习俗的记忆。例如沙滩村民风的建设，沙滩村中老年人的社会活动及生活改善情况，沙滩村旅游体验、民宿活动的存在形式，村庄的历史文化与宗教信仰，平时村民的休闲方式，以及个人对沙滩村发展的期望等等。

第二节　访谈过程简述

在确定访谈对象和拟定访谈提纲后，正式进入访谈过程。访谈过程琐碎并且需要细致对待。访谈工作分这几个阶段。

一、时间段的安排。考虑到沙滩村村民外出返乡的时间，以及沙滩村农忙农闲的时间，访谈集中安排时间段：一是在春节期间，因为此期间外出务工的村民会返乡团聚，并且屿头乡会举办乡贤大会；二是在春季农忙时节，考虑到其余村民不论是从事手工业生产还是农事活动，此期间都较为集中地待在村里。在以上时间段内，在不影响村民劳动的情况下，研究人员对22位村民进行了采访。

二、访谈前的准备。通过屿头乡干部、沙滩村干部的协助，研究人员与访谈村民再次见面，并向访谈村民详细介绍访谈纲要，约定访谈时间和地点。受访村民的口述内容可以围绕访谈提纲，结合自身经历和感受等，展开叙述，在一个主题叙述完成后，研究人员会有内容提示；受访村民也可以和家人，特别是老伴，共同进行回忆和讨论，以便为访谈提供更多的鲜活记忆。

三、采访的过程。通过村干部的协助，访谈在约定的合适的环境下进行，为了保持村民轻松的心情和访谈现场的愉快氛围，村民都可以使用当地方言。征得访谈村民的同意，研究人员准备了摄录器材，对访谈全过程进行录音与摄像，为制作研究项目的纪录片《沙滩村》做准备。受访村民是访谈过程中的主角，主要依据研究人员事先提供的问题纲要进行叙述；研究人员尽量扮演倾听者的角色，在访谈村民离题或沉默的时候，适当进行内容提示。同时，研究人员在访谈过程中就核心词汇或话题进行记录，以便后期整理。

四、后期对访谈内容的整理。在村干部和热心村民的配合与帮助下，结合现场的访谈摄像视频，研究人员把访谈内容整理成文字。很多村民的叙述，都使用方言，所以需要在当地热心村民的帮助下转译成普通话，特别是当地方言有很多俚语及习俗用语。之后，在尊重受访村民和口述资料的原则上，研究人员根据提纲逻辑，对口述文字的一些显而易见的错误进行修正和完善，或将访谈文字交与访谈村民进行核对。

第三节　总结与分析

访谈过程与后期整理记录，也是总结与归纳分析。不论是访谈过程中村民们的只言片语、细致描述以及对村庄发展的评述与建议，还是在整理过程中与村民们的交谈与翻译以及日常相处中的对话，都能够反映出乡村精神面貌的显著改善。改革开放以来，沙滩村的面貌发生了显著改观，在满足物质需求的情况下村民开始产生更多的精神文化需求，在政府的扶持下农村的基础设施不断完善，基层民主也在很大程度上进一步得到落实，所有这些改变对沙滩村的发展都产生了正向引导。

一、物质基础的建设与完善

1. 沙滩村基本生活条件的改善

沙滩村基本生活条件的改善，包括村民个体的衣食住行条件、村集体生活基本设施、村卫生环境、村文化设施的建设（包括寺庙、祠堂、老街等）等等。2010 年以来，在屿头乡政府、沙滩村村委会的努力下，沙滩村与同济大学合作，进行美丽乡村建设（包括沙滩村老街的改造工程等），不仅修建了村民休闲活动中心、党建组织活动中心、社戏台和舞台、乡村公共厕所等，还对沙滩村环境实行综合治理，整治了沙滩村"脏乱差"的现象。如今随处可见干净整洁的村庄石板路、朝气蓬勃的文化墙、绿树环绕的文化舞台。农民的生活状态因基础设施、公共服务配套的升级而得以改善。从村民们质朴的语言中，项目组能够体会到他们对生活条件改善的认同，并能由衷地感受到村民对生活的热爱。

2. 沙滩村整体经济的发展

政府加强对"三农"问题的倾斜，地方各级政府、村委会都提供相应的支持，积极带动农民致富，农民经济收入提高了，农民的生活状态得到了改善。改革开放前后，沙滩村整体经济的发展有很大的变化。特别是在改革开放之后，村民们的生活条件普遍有了显著的改善，沙滩村整体经济收入、经济状况有了很大的提升。随着沙滩村村民收入的增长，生活水平也有了不同程度的提高。最显著的就是在衣食住行方面有了基本保障，过去那种衣不遮体、食不果腹的现象不再出现。村民们的描述都反映出村民们的个体生活情况及沙滩村整体经济情况的改善。现在村民们或在老街上做些小生意，或种些果树，或外出打工等等，家庭收入明显增加。

二、利益分配

1. 社会利益分配的公平化

村民们收入增加，劳动积极性被充分调动。此外，沙滩村民主政治建设日渐完善，也提升了村民们的获得感。很多普通的村民们由于政策的改变而获得实惠，通过参与各种党建活动、文化建设活动，认识到基层民主的重要性。

2. 对村里弱势群体的关怀

建立健全社会保障体系，为村民们的物质和精神世界提供制度保障，极大地提高村民们的安全感。一方面是沙滩村对老人的关怀，如每个月老人有定额的经济补助，还有医疗报销等。医疗及生活方面的补贴，使村里的老人们能够"老有所依"，老人们对于一旦生病了就不能干活儿、没有经济来源的担忧及顾虑减轻了。另一方面是沙滩村村民的家庭关系比较和谐。这方面从村妇女干部、妇女代表和很多村民的描述中可以得知，村里家庭的夫妻、婆媳关系比较和谐，村里乡风很好，家庭成员互敬互爱，尤其是老人很受尊敬。村民们秉承敬老爱幼的家风，对黄氏先祖的四时祭拜、对家中老人们的赡养，都是村民们一直遵守的族规与家规。这不仅反映了村民们对弱势群体的关怀，也反映了村民们对家族观念的传承。

3. 现代农业生产及"互联网 + 农业"的应用

"互联网 + 农业"为每家每户都提供了增加收入的机会。农业经营模式的转型，即传统的农业加上田园综合体式的规模效应的农业发展，以及以旅游业为主体发展的多种业态相结合的整体发展。在"美丽乡村"建设指导下,商机明显增多,逐渐出现了年轻人回乡创业的态势。沙滩村提出以发展"互联网＋农业"为抓手,建设四季采摘园,改造老街,发展乡村旅游采摘,让村民们都可以吃上"旅游饭",即在传统农耕之外增添一项经济收入。由此,村民们个体致富的速度较快,物质层面的需求得到极大的满足。现代信息技术与沙滩村传统手工艺的结合,拓展了村民的销售渠道,电子商务在村里已不仅仅是年轻人所使用的销售渠道。乡政府通过严格执行农业奖补政策,在近年发放各类农业、林业补助 290 万元。通过与电子商务结合起来进行农产品的销售,销售量不断增加,这也得益于屿头乡大学生电子商务服务团以"帮农民买,帮农民卖"为宗旨,通过线上线下两种模式帮助农民增收。

三、政府职能的完善,对沙滩村区域发展的协调统筹

1. 乡村政策的扶持,使农民感受到真正的实惠

土地承包使农民感受到真正的实惠。一方面,有了稳定的土地承包关系之后,农民开始更多地考虑如何更加合理地使用土地,根据市场的需求调整"种什么",以及从提高产品品质角度出发来考虑"怎么种"。另一方面,是土地使用权的流转政策让农民在土地的使用方面享有了自主的权利。近年来,屿头乡乡政府不断发挥西部农业综合开发的政策优势,施行土地承包经营权的流转,努力增强农业经营活力,持续加强农业基础设施建设,先后投入了 444.5 万元建成三联、屿头、联一、布袋坑、田料等村的果园操作道和林间道路 63.5 公里。乡政府也考虑到各村村民的情况,也在方式和方法上为村民们提供指导。村里有很多上了年纪的人原本无法获得退休生活保障,由于乡村开展旅游业的扶持,只要懂农活、会餐饮、会做土特产,就有增加收入的机会,这使农民感受到了真正的实惠。

2. 构建服务型政府

沙滩村的发展离不开各级干部亲力亲为地指导与合作,他们为构建服务型政府做出了很多贡献,对沙滩村的成长也是最关心和最了解的。村民们对服务型政府的工作也很认可,对村干部们也很信任,村庄建设过程得到了村民们大力的理解、支持和配合。

屿头乡乡政府的工作,诠释了"服务型政府"的内涵。村民们的精神状态受到

当前社会文化的影响。具备本地特色的各种文化生活，为村民们的农闲生活增添了色彩，浓厚的民俗文化底蕴丰富了沙滩村村民的精神世界。随着四季农忙应季主题的乡村休闲游活动的开展，沙滩村特色主题文化活动、宗族祭祀活动等、乡村舞台活动、美丽乡村行走活动、枇杷节丰收活动等越来越受欢迎，不仅提升了沙滩村的旅游知名度，增加旅游收入，更为重要的是创建了沙滩村多元的农村文化载体，丰富了村民们的文化生活，展现了村民们积极向上的乡风。

3. 优化生态环境，建设"绿色"农村

在发展乡村经济的同时，也要注重和强化乡村生态环境的建设。本节的各方面分析，都可以反映出村民生活质量与生态环境的密切关联。沙滩村的美丽乡村的改造，前后的对比非常明显，成绩也比较显著。村民们对"美丽乡村"建设的期望也很大。黄岩西部屿头乡整个环水库乡镇在美丽乡村建设中起到了造血作用。沙滩村生态环境优化效果显著，从一开始沙滩村的脏、乱、差，露天粪坑，违章建筑，到现在的整洁、有序、三星厕所等，村民们对其改造的过程还记忆犹新。特别是村民们理解了美丽乡村建设与乡村振兴的一些工作理念，征地、基建等工作都进行得比较顺利。尤其是在"同济·黄岩乡村振兴学院"的建设过程中，美丽乡村建设、乡村振兴工作给村民们带来了实实在在的收益。

4. 担忧与希望

由于长潭水库功能的转变，为保证饮用水质量，区政府与乡政府要求村里关停部分工厂或者将工厂进行转移。村民表示无条件服从，对绿色环保表示理解和拥护，但是对经济损失也表现出担忧。希望政府在要求工厂关停或迁移的同时，能够明确下达环保标准，村民迫切希望清楚了解什么能做，什么不能做，底线在哪里，以及应该如何发展第二产业，发展第二产业的可能性以及发展的方式方法具体是什么。另外，村民听说中草药种植是个可行的方向，对此表现出极大的关心。

第二章　访谈录

一、黄仲虎访谈录

受访人：黄仲虎，男，生于 1963 年，获"一级战斗英雄"荣誉称号，现杭州市公安局任职。

访谈时间：2018 年 2 月 18 日下午 3:00—4:00

访谈地点：沙滩村黄仲虎家中

访谈人：冯胜　　录像：冯胜　　整理人：王荔、陈媛媛

访谈内容：

冯：很高兴能在您的老家采访您，您经常回沙滩村家里吗？

黄： 现在交通方便了，我在杭州工作，坐火车、自己开车都很方便，想回就回。

冯：在村里社戏广场墙上贴着您的照片，村里以您为荣，请您谈谈自己吧。

黄： 好的。黄姓在我们村是个大姓。我家世世代代都住在这里，感情很深。我家里连我有 7 个兄弟，1 个姐姐。我是 1981 年 10 月份去当兵的。我离开家乡的时候，就从现在的沙滩老街出发，告别村里人，由民兵连长金卫祥送我到车站上车。2000 年 6 月我从部队转业至杭州市公安局滨江分局西兴派出所。平时每年回家的次数比较多，大约四五次。我很想家，毕竟我是在这里长大的，从这里出去的，这里的水土养育了我。

冯：谈谈您的作战经历吧。

黄： 1984 年，老山战争打响，要我们去参战。1984 年 7 月，我们接到中央军委的命令，开赴云南老山前线，进行对越自卫反击战。当时作战的背景是这样的，

一方面，越南在边境骚扰我们的村民，炸毁我们的工厂和学校，让孩子没有学上，工厂的工人没办法上班。另一方面，越南号称是第三军事强国。当时我们打柬埔寨的一个原因就是为了把越南的一部分兵力吸引过来，使其在柬埔寨的战场上丧失一部分兵力。邓小平同志在最后下达了作战命令，目的就是保卫我们的南疆，把属于我们的领土夺回来。就在这个背景下，我们进行了对越自卫反击作战。

我当时在那边打了1年，1984年7月份去，1985年7月份回来。1985年元月15号这天的战争打得非常激烈，闻名中外。我在这一仗中担任突击队的队长。我带了5个战友，打完仗后我把5个战友全部带回来，任务完成得非常出色，从队长到队员一个都没有牺牲，这是做到了既保存自己，又消灭敌人。做到这一点太难了，这在中国的战史上是没有的，所以被写入了中国的史册。在北京军事博物馆，可以详细看有关的事迹介绍。由于任务完成得很出色，1985年6月6号邓小平主席亲自签署命令，授予我为全国一级战斗英雄，这是国家在军事作战方面的最高荣誉。

冯：您的家国情怀令我们感动，请您再谈谈对沙滩村变化的看法。

黄：这些年来沙滩村有比较明显的变化，主要就是发展。比如环境，特别是一进村来给我的第一感觉和以前相比完全是两码事。原来这个地方破破烂烂，有的还是茅草盖起来的房子，村民的收入不高，一个字就是"穷"。和现在相比就是天壤之别。经济也发展了，农民的生活也好了，生活条件也提高了，寿命也长了。我认为整治环境非常关键。在我们村里面黄书记是个当了十多年的老书记。我印象当中他很尽心尽力，也很有水平，带领我们村民搞改革。村里的班子，从他们的工作情况、从村里的发展来看，方方面面的工作都做得比较细致。

冯：再谈谈您对沙滩村的发展建议和希望。

黄：我是沙滩村人，不会很苛刻地看待村里，眼光也不会很挑剔。但是从客观来看，从中央提出的"绿水青山就是金山银山"这个理念来说，虽然我们村有变化有发展，但我认为还是相差甚远。举几个例子，首先，一进村从乡政府这里走过，会看到乱停的车子。要做好一个点向全国推广，这个标准远远不够，要从细小方面做起，从停车场地规划、地摊管理等方面下功夫。不能让人一进村就感觉很乱，而是要让人感觉到很有序。其次，要考虑到环境问题。前几年我就跟他们提过。我来扫墓的时候，后面有个垃圾焚烧厂，遍地都是焚烧的垃圾。我们区里领导也说过这个事，村里比较重视。现在虽然改进了，但是还有许多细小之处离要求相差比较远。就像刚才讲的一样，比如忠应庙，我下午去时就看到这个车到处停，没人管。像我们这个庙宇，在台州的名气还是很大的，很多人大年初一、大年三十来烧香。要把停车的预案和规划提前做好，预计一下，比如我们今年到这里烧香的人能够达到多少，村里有几个地方可以停车。村里要开会研究一下，车子停哪里，烧香烧了以后香烟垃圾怎么处理，要确保不发生安全事故，要从细小的方面抓起。游客香客来村里，他们的第一感觉要是村里很整洁，车子停放有序，自行车、摩托车、汽车做到各置所归，这才是向"美丽"这两个字靠拢的美丽乡村，要注重做好美丽这两字的文章。一进来要做到给人的第一感觉是美。我认为村里的硬件设施大都不错，要从人文思想即软实力方面下功夫，从一些细节上去下功夫，这个方面特别重要。习主席去年提出农村要进行厕所革命。这很好地解决了很多人上厕所的问题。虽然是个小事，却用以人为本的观念解决了大问题，反响很好。所以我们村里的建设也是要从细小的问题抓起。中央都能从那么小的方面抓起，我们村里为什么不能从细小的方面抓起呢？村里垃圾分类正在进行，这是一个长期的工程。要提高我们民众的素质，不是凭村委会主任讲几句话就一下子能做好的，这是个艰苦的工程，要慢慢来，关键是要坚持。我是沙滩村出来的，我很自豪。如果我是从新时代的美丽的沙滩村出来的，我会更加自豪。真切希望沙滩村能够在方方面面都真正达到一个美丽乡村的标准。

二、黄桔玲访谈录

受访人：黄桔玲，女，沙滩村人，生于 1962 年，阿玲馒头店店主。

访谈时间：2018 年 2 月 14 日下午 1:30—2:20

访谈地点：沙滩村老街阿玲馒头店铺前

访谈人：王荔　　整理人：王荔、陈媛媛

访谈内容：

王：您店里的生意那么好，什么时候开始做馒头的？

黄：我大概是从 32 岁开始做馒头生意的，现在 56 岁，已经做了 24 年。以前生意没这么好，因为村庄发展起来了，还有游客，我们生意也好多了。

王：一天做多少啊？

黄：您问馒头店生意啊，平时馒头都是根据订单做的。比如说订500只，我就做500只。一些他们自己过来拿，也有网上的订单，就让我儿子去送。如果你订了500只以上，就给你送去。宾馆和个人订购也很多，还有一些是公司的食堂，还有学校的老师，反正喜欢吃我家馒头的人蛮多。

王：店里多少人做啊？

黄：我儿子在做，还讨（雇）了个小工。我们一天要做四千个馒头。买的人还蛮多的，礼拜六、礼拜天我们是不预订的，谁来得早，就卖给谁。你能等的话，就在这里等，保证做给你。我在沙滩老街开店有4年了。原来在家里做，我家是在乡政府旁边。现在老街修起来，我就移过来，地方也宽敞些。对我们老百姓来说，这里旺起来，我们生意就好。如果旺不起来，生意也就不会好。现在老街蛮旺的，带动我们生意也好。老街这里现在蛮清爽的，顾客都很喜欢。有时候生意确实是很好的，吃（馒头）的人也很多。

黄：我们每天凌晨3点钟起来，把面粉发好了，5点钟以后开始做馒头，卖的时候8点钟，卖到下午3点至3点半，有时候到4点钟。接下来要搞卫生，准备第二天起来再做。如果客户们订得多，就会做到晚一点，如果订的少，3点也就结束了。

王：很辛苦，很辛苦。

黄：不辛苦，做生意就是这样。有人买，生意好，我们就很开心。我们一家人都在这里做馒头。我媳妇带小孩子，也帮我一起做馒头。做出来的馒头，快递也可以寄。卖到的地方有杭州、温岭、泽国，甚至上海。快递费都是客户自己付，快递费虽然贵，但顾客都愿意付这笔费用。

王：您做馒头有什么技巧呢？

黄：许多人问我这个问题，其实是熟能生巧。这馒头可以放在冰箱里很长时间，重新蒸出来一样很好吃。发面是用发酵粉、碱和白糖，这和以前的方法是一样的。要用碱的，不用碱馒头做起来不好吃的，有碱的话，馒头更香一点。太多了会发黄起来，不多的话就香喷喷好吃。关键是沙滩村这个地方水好，空气新鲜，所以馒头做出来会好吃。别人过来，都说这里蛮清爽，水好。下次我做的时候，你们可以再来拍一次。我说也说不出什么，反正都是纯手工的。我们做生意的人，巴不得这里搞得好，生意就会好。托"美丽乡村"的福啊。

三、黄秀琴访谈录

受访人：黄秀琴，女，生于 1938 年，沙滩村人。

访谈时间：2018 年 2 月 14 日下午 2:30—3:30

访谈地点：沙滩村忠应庙内

访谈人：王荔、陈媛媛　　整理人：王荔、陈媛媛

访谈内容：

陈：黄奶奶您好，您就是沙滩村人吗，家里情况如何？

黄秀琴：是沙滩村人。家庭的情况，我家里有三个儿子，三个女儿，三个外孙，三个孙子，现在玄孙已经 18 岁了，家里总共有 32 个人。

陈：今天简单地和您聊一聊有关忠应庙的历史，您平时作为忠应庙的管理者，您是怎样管理负责事务的？

黄：（我）在庙里负责了 22 年。以前庙里也只能是马马虎虎地做，因为很穷，没有钱打理。那时大家的经济条件都很有限，对庙的支持也是很少的，有心无力。现在大家条件都好起来了，对庙的支持也多起来了。庙里的碑一块块打起来，每年庙里面的开支情况我可以给你讲讲：现在有钱资助进来，比方说一百块钱，我们可以用来打匾或者打碑，然后给他开村里的发票。村里的发票要和这个碑（匾）对应起来，如果村里的发票开出去了，而碑却没有打出来，这个钱就掉外面了，一定有问题。我们一年到头，全年的账结起来公布，让信众看到这个功德碑，知道这个钱投下去是真实的。所以，我们庙里开支这方面都做得很认真，不管什么都是三证齐全，买东西都要三证齐全，没有三证齐全不可以拿来做账。村里如果没有确认，我们就不会认这个账。如果会计登记的账没有三证齐全，那么会计负责任。我这个人不识字，不这么严格我管不住。我就是用这个方法来管理，才对得起乡民。

陈：您能简单说一说忠应庙的历史吗？

黄：忠应庙的历史很悠久了。太祖爷（黄希旦）就是这里的本地人，就在旁边这个山上住着，这里人叫横山。太祖爷起初在上凤读书，因为他家在下凤，书

院在上凤，读书的时候由他的嫂子照顾他，他的爸爸不在家。嫂子如果饭烧迟了的话，他回来就要生气。因为等吃饭会浪费他读书的时间。一旦书看进去了就不愿意吃饭。这是最早的历史。我还听说，以前杭州就是临安，太祖爷在临安读书，他的爸爸、兄弟也在临安。太祖爷有一天在学堂读书，他趴在桌子上满头大汗，先生就问他：你满头大汗从哪里来？他说他去金銮殿打（救）火了。先生不相信。他就对先生说：不信你去校门口看。有两条船拖过来，船真的是一头着火了，一头没着火。这是他打火后将两条船带过来的，证明自己确实是去打火了。后来皇帝就叫大臣来找他，朝中的大臣很着急，不知道这英雄要到哪里去找。几年都没找到，后来一点一点找到这里，说是黄希旦打灭了火。于是就赐额忠应给埋葬他的庙。可能是南宋宝祐年间才封他为显顺忠王。这历史我们村都知道。五洲四海，大家都来敬他，他有求必应。大家都给太祖爷敬香，正月初一这一天敬香人数起码有一千五至两千人。

陈：上次我们在您这里看到了《柔川黄氏族谱》，您能简单说一说这里的黄氏族谱吗？

黄：黄氏族谱，原先是有的。后来"文化大革命"期间东藏西放，因为"扫四旧"家里都不敢放了，后来还是丢了。有一本是在横料（地名）找到的，现在横料、小里灰姓黄的人还蛮多，这里的黄氏族谱就是从那里复印来的，大概花了1200元。原先的本子我们没有了。

陈：现在忠应庙情况怎么样？

黄：现在政府方面对我们沙滩村很关心，对我们庙里也很关心。现在村里的所有干部，都对庙里很支持。我现在这么大岁数了还在这里，也是靠大家的支持。在经济这方面，靠的是信众对庙的支持。这外面的广场原先都是小屋、民房，因为改造这里，广场建起来，戏棚搭起来，我们庙里拿了80万元支持村里。靠政府的支持，也靠村里的支持才有了今天这个样子。

陈：忠应庙的香火很旺，都有哪些人来烧香敬香？

黄：烧香上香，五洲四海都有。有从上海、温州来的，还有香港地区、台湾地区来的。尽管太祖爷是18岁就过世了，没有后代，但这里的黄氏后人都认他是长辈，叫他太祖爷。

陈：香火最旺是什么时候？

黄：最旺的是正月初一、十月初一，有庙会。十月初一是太祖爷生日，二十九是庙会。二十九这天来敬香的人起码有两千多人。还有就是正月初一，是顶好的一天，初一你们可以过来看看敬香的人，来自五洲四海。

陈：奶奶您现在家里人都做什么工作呀？

黄：我的大女儿跟她的女儿、女婿一起住在我隔壁。外孙都住在椒江，因为房子都买在椒江。我家里多数都住在外面，就剩下老人在家里。二女儿、女婿都在家。孙子、孙女都在路桥。我的大儿子在椒江上班。第二个儿子在临海，老婆是临海城人，现在都在临海。小儿子也在椒江。

陈：忠应庙前的四棵古樟树，年代久远，这里面有没有什么故事呀？

黄：早在 30 年前左右，有一棵树着火了，烧了个精光，现在又长得这么好了。这棵树八百多年了。听传说，以前这里树很多，柏树啊什么的都有，还有果子树在那边，果子树比樟树还大。人家少，树很多，都是树陪着老太尉殿。

四、黄荷根访谈录

受访人：黄荷根，男，生于 1937，沙滩村调解主任，村委会成员。

访谈时间：2018 年 2 月 14 日上午 10:30—11:20

访谈地点：沙滩村黄荷根长子家

访谈人：王荔、陈媛媛　　　录像：冯胜　　　整理人：王荔、陈媛媛

访谈内容：

王：您是村里目前资历最老的村干部，是村里的老文书、老村委会主任，是村里的活字典，请您谈谈您自己的经历。

黄：我爷爷、我爸爸都是在这里长大的。因为我读过几年书，写写算算我比较擅长，1958 年的时候，成为村里的经济保管员。1959 年到冷水坑村当会计。1961 年的时候又调回本村当文书，后来当了四十多年的治保主任。1980 年，当过两年村委会主任。村委会的副书记、调解员也当过。到现在，我还是文书。

王：那您对沙滩村的变化一定非常了解，谈谈沙滩村的变化。

黄：沙滩村从过去到现在，变化是比较大的。沙滩村过去比较困难，农民主要靠撑竹排、担炭、卖柴来解决生活的花销问题。再到后来，村里农民致富，主

要靠男人外出打工，女人在村里的厂子上班。村民在田里山上再种点水果，比如说枇杷、橘子、桃子，栗子。现在，我们村里还在继续规划，每家每户都住上新房子了，街道、道路，都在按规划建造，我们村现在有一千一百多人，家家户户都越过越好了，现在的收入来源也多，打工的打工，做生意的做生意。原来我们村里的土地有四百多亩，经过规划把剩下的沙滩老街进行了改造，现在一间老破房子也没有了。改造是从 2002 年开始，一直到现在，改出了四季采摘园、东坞停车场、乡村振兴学院，道路、卫生、污水治理各方面也都改造得比较好。

王：听说沙滩村有多余的自建用房，周边来买的人很多，为什么啊？

黄：沙滩村的民风很好。我们有多余的房子卖给人家，周边许多老乡都喜欢买我们这里的房子，因为我们这里风气好，干部也好，讲道理，以理服人。我这个村里的调解委员是靠大家的支持才当下去的。我们在村里面与大家一起定了村规民约，包括村里面的集体核算，在田里种秧，种东西，搞建设，都以村集体的名义去办。大家按照规矩办事，都很自觉的。报酬和分配都很公平，村里的村委会主任、书记都很好。

王：我们还想了解一下，许多集体讨论的决定，结果都有记录吗？

黄：都有记录的，一年一本，我是文书，都是我记的。有一些已经交到乡里，因为当时乡里来搞经济普查。

王：这些会议记录放在哪里？可以借我们看吗？我们做样本研究需要用它们。

黄：放在我村委办公室的柜子里。明天约好时间可以去看，如果要借，一定要写借条。

王：写借条是应该的，不过还需要您一起，许多情况还要向您了解才会清楚。

黄：要了解历史，村里历史最长的就是忠应庙。忠应庙是黄太祖黄希旦的庙宇，又叫黄太尉殿。春节期间的太尉殿，历史上整个台州六院，都要到这里来烧香拜佛。特别是初一点头炷香的时候，实际是在大年三十晚上，快到零时的时候。香头很旺，四周的乡里乡亲都会来，包括临海、仙居、黄岩。

沙滩村过年的时候很热闹，家家户户都到那边烧香。到初八的时候，要闹上八，我们村里的锣鼓队从村口开始敲起，敲到庙宇这里，最后再敲回到村里，家家户户放烟火放火炮，都是很热闹的。现在"乡村振兴"，建设"美丽乡村"，同济大学和沙滩村合作共建乡村治理与规划设计，在沙滩村还要做样本研究课题。政府对我们太支持了，所以我们这里一定要努力把村庄搞好。

村里面已经在东坞开发了停车场，太尉殿后门上山的游步道也已经做好了，枇杷山上的操作道，都铺好了。我们村里的一些房子还需要再改造一下。总的一句就是说，沙滩村的发展，既要靠政府的支持，也要靠村里自己的努力。

五、黄文清访谈录

受访人：黄文清，女，生于 1976 年，沙滩村村委妇女主任、党员。

访谈时间：2018 年 4 月 11 日上午 9:00—9:45

访谈地点：沙滩老街社戏广场

访谈人：王荔、陈媛媛　　录像：冯胜　　整理人：王荔、陈媛媛

访谈内容：

王：您是沙滩村的儿媳，又是村里的妇女主任，真不简单。请您先谈谈该怎样做个好儿媳吧？

黄：我是 1976 年出生的，从三联村嫁到沙滩村，在沙滩村已经生活了 18 年。我现在家里四口人，有两个孩子，一个儿子一个女儿。以前我家里面只有爸爸，在我 12 岁的时候，我母亲就去世了。是我爸爸一个人把我跟哥哥两个人带大的。我嫁过来时，公公和婆婆是干农活的，我老公是开车的。说说我的婆婆、公公，公公是农民，婆婆是做小生意的，在石岗村摆摊，缝缝补补、卖饮料等，为了挣钱有什么就干什么。公公婆婆也很照顾我们，大家相依为命，以前的生活非常艰辛。现在好起来了，生活条件也提高了。我的小孩子 6 岁开始读书，现在已经 17 岁了。我在做妇女主任以前跟我老公一起开车，现在是做些小生意，开了一爿殡葬花店，现在生活条件允许，开这样的店也是因为市场有需求，就在集市边上开，家里大人孩子也都能照顾得到。

王：村里的妇女工作都有哪些啊？

黄：我从 2014 年开始做妇女主任，组织妇女活动，特别是"三八"妇女节的时候，村里都会组织妇女参加活动。每天晚上我都到太尉殿前广场的戏台来练舞，乡政府里只要有活动就会找我们，我们是文艺活动的主力军。以前，计划生育是重点工作，现在政策变了，现在家庭妇女也不会拼命去生孩子，大都讲究生得好

还要养的好。在沙滩村里，我作为妇女主任现在主要负责的工作还包括环境卫生这个方面。基本上隔天就要去查看家家户户门前屋后的卫生，以及村里大环境。要求每个妇女先从自己做起，从自己的小家做起，这样才能保证村里大环境的优美。现在重点抓垃圾分类，很多村民不懂什么是垃圾分类，为什么倒垃圾还要那么讲究，我们就先在妇女中间宣传，将有关的道理讲给大家听。垃圾分类每天都要做，村里环境卫生工作最主要的就是垃圾分类。我们沙滩村家家户户都要做好垃圾分类。不管是村里大环境，还是村民自己房前屋后的卫生，都是要搞干净的。村民们也都自觉参与村里的环保工作。作为示范村，不靠大家自觉是无法搞好的。

现在厕所、垃圾等事情都摆到议事日程上来讨论，我们觉得上面真的是关心我们农民的生活质量了。很多人说，农村干净了，变美了，加上我们这里空气好、水好，这样比住在大城市更加舒适了。只要养成好习惯，我们也不愿意再弄脏了，我们村里面家家户户门前门后都很干净。我们现在看到村里环境这么好，心里都很自豪。我们村要争取做"长寿村"。

王：村里有多少女党员？平时如何活动？

黄：平时，党员妇女会参加我们村干部、两班子会议。像我们农村妇女最重要的就是过"三八"妇女节，平时大家都要上班，节假日的时候才搞活动，多利用晚上时间自娱自乐，跟着乡里、村里参加大型集体活动。沙滩村有25个党员，其中妇女党员有2个，加上我现在作为预备党员，共有3个。我们村有的妇女也去外地打工，不过一般都是在本地厂里面工作，她们白天上班，晚上回家做家务。我们村逐渐开始城镇化。我作为村里的妇女干部，了解村里妇女最希望的是能够再提高些生活条件，找一份收入尚可的工作，同时可以照顾家庭。我们村里的妇女基本上都有工作，除非孩子太小在家带孩子。等到孩子上学了，基本上就会去工作，不愿意闲着。

王：沙滩村的民风享有盛誉，妇女起了很大的作用，您觉得呢？

黄：我们村的村民，都非常守村规，家风都很好。村里的妇女把家庭关系都搞得特别好。总之我嫁到沙滩村十几年了，从来没有看到过婆媳吵架，家庭暴力等等。婆媳关系都处得很和谐。比如，黄利华和她的婆婆黄米兰就是很好的榜样。儿媳妇生了孩子后因为生病躺在床上一年多，都是婆婆悉心照顾。一年多时间里婆婆天天如此，每天给媳妇烧饭、洗衣服、带孩子。婆婆把媳妇照顾得很好，媳妇经过这一年多来的调养就慢慢恢复了身体。后来媳妇为了婆婆轻松些就自己在外面住，带小孩子、做饭，什么事情都自己解决。现在媳妇身体很好，真是多亏她的婆婆当年悉心照料。黄利华心里想的就是要尽量回报婆婆，因此她非常尊重婆婆的意见，至今婆媳关系都很融洽。我们村都知道她们婆媳两个关系好。现在的政策好，妇女可以自己创业，自己主张做生意。比如阿玲馒头，她做的馒头非常有特色，生意非常红火，顾客都是排着队买她的馒头。她的馒头生意好起来之后，还帮助别的村带出来好几个徒弟，现在生意也都很好。农家乐、大饭店什么的都是从她这里订购馒头，每天需求量非常大。还有雪芳馒头，也是很好的，周雪芳以前是一个人在家里做，现在生意好，各个地方都要跟她签合同，订单很多，她的儿子和媳妇帮忙一起在做。这些都应证了"家和万事兴"这句话。她们现在生意做得好，都登报纸、上电视了。她们两位为我们村妇女创业做出了很好的榜样。

六、苏学丽访谈录

受访人：苏学丽，女，生于 1975 年，沙滩村老街三径书屋管理员。

访谈时间：2018 年 4 月 11 日上午 10:00—10:30

访谈地点：沙滩村老街三径书屋

访谈人：王荔、陈媛媛　　录像：冯胜　　整理人：王荔、陈媛媛

访谈内容：

王：您是本村人吗？"苏"姓好像很少。

苏：村里就只有我姓苏，我叫苏学丽。我是 1998 年从云南嫁到沙滩村的，我到屿头有 20 年了。这几年沙滩村发展特别快，我庆幸来这里来对了。我刚嫁到屿头乡的时候，我们家房子都没盖好，两头通风。我就跟我老公一起在外面打工挣钱。这几年生活一点一点好起来了，小孩也读书毕业了，正好遇到乡政府发展旅游事业，柔川景区在招收工作人员，我就应聘参加，所以现在在三径书屋工作。以前我在很多地方工作过，塑料厂、印刷厂，还有超市里，现在这个工作是最满意的一份了。因为书屋的工作环境特别好，离家又近，所以我觉得这份工作真的是太难得了，我很珍惜。

王：您刚才说"这几年生活一点一点好起来了"，具体谈谈生活的变化吧。

苏：我家里现在的情况是越来越好了。我老公现在在广州书宝家居的一家工厂里面上班，他的工作主要是在外面搞安装，在外面跑的时候很多。我们一家三个人，在三个地方，我女儿在椒江，我在沙滩村，我老公在广州。虽然暂时分开，但都珍惜各自的工作。我老公13岁的时候，他的父亲，就是我的公公就去世了，剩我婆婆一个人把四个小孩带大。我嫁到我老公家以后，觉得我婆婆很能吃苦耐劳，拉扯四个小孩长大。现在生活好一点了，我感觉，我婆婆以前吃的苦很多，现在她也能好好享享福了。现在家庭条件比以前要好得多了，因为现在乡政府支持屿头乡发展生态旅游，这就给我们提供了大量的就业机会。

王：这个书屋也是文化礼堂的组成部分，对吗？对它的建设有什么计划吗？村里和乡里如何要求您的？

苏：这个书屋是1996年建成的，是文化礼堂的一部分，也是为了满足村民渴望知识普及的心愿。乡里一点点拨钱，逐步逐步买书进来，也有人会捐书进来，大家希望这里的书架都能装满。如果有机会，这里也会搞一些小型讲座，普及知识。我是去年，2017年8月份来书屋上班的。我白天在书屋的工作是打扫卫生、整理书。书屋里的每一本书，我在打扫卫生的时候，都是很小心对待的，要保护好每一本书。如果游客、村民来看书，我肯定要给他们提供好的服务。所以书屋的卫生要搞好一点，书摆放整齐一点，这样书屋的气氛就不一样了。

王：除了三径书屋的管理工作，还有其他工作吗？

苏：当然有的，我也很喜欢热闹。到了晚上，我经常跟村里面的妇女一起带村里面的村民练习跳广场舞，一旦村里乡里举办活动，就拉我们这支舞队出场。我们沙滩村老街过年的时候有"十里红妆"的民俗表演，每年正月初一、初三、初五都有，我也参加这个活动，打腰鼓唱歌跳舞之类的，我样样都参加，这也提高促进了我们村里的文化生活。村里、乡里对我们这方面的工作也是有要求的，也是文化礼堂工作的一部分。

平时在书屋里的工作，对于我来说是一个很好的机会。平时和书作伴，和书里的文化交流。书屋对我来说是比较好的一个工作环境，对于沙滩村来说，这是一个比较好的文化建设平台。我们隔壁村的都可以过来看看书，这给大家都提供了很好的学习条件。我在这里工作，受到的文化熏陶比别人要好，要多。只要时间允许，我就看看书。以前我在外打工没时间看书，现在是真的有时间可以看书了，自己真的感觉到了一种幸福感。

我觉得现在发展的屿头乡、柔川旅游，建设和发展沙滩老街旅游景点，有的地方虽然还在建造当中，但是已经能够看到它的前景了。乡村振兴学院就在书店对面，看书的人会越来越多，发展这样一个很有特色的旅游景点真的很不容易，大家都说我们村提升了好几个档次，我们村民也特别开心，特别自豪，特别有信心。生活在这样的环境里面，在这么好的环境里工作，我们只希望自己能够跟得上发展，我能够长期在这个书屋工作，让这个书屋成为我们柔川景区、我们沙滩村的一个亮点。

七、王计顺、黄荷琴夫妇访谈录

受访人：王计顺，男，生于 1935 年，中共党员，退休教师，沙滩村"乡村大使"。黄荷琴，女，生于 1941 年，退休教师，沙滩村人。

访谈时间：2018 年 4 月 11 日下午 3:30—4:10

访谈地点：沙滩村老街口，王继顺老师家

访谈人：王荔、陈媛媛　　　整理人：王荔、陈媛媛

访谈内容：

王：您老两口是沙滩人，除了教书工作在外地，退休后一直都住回到这里，是因为住这里习惯了吗？你们见证了沙滩村的发展，在村里威信很高，就对我们谈谈村里的一些事吧，也谈谈你老两口自己的情况。

王：我们喜欢住在沙滩村，我们的祖辈都是沙滩村的。我的父母亲是农民。她（黄荷琴）的父母亲也是农民。我 1948 年小学毕业之后在家里参加农业劳动，到了 1950 年去参加考试，之后到初中学习。我 1955 年从临海师范毕业以后又到台州师范学习，毕业以后，台州地区统一分配我到仙居县去工作。我在仙居乡小学担任小学校长，工作了 21 年。到了 1970 年才调回来，之后就在屿头小学当支部书记。1996 年退休之后就一直住在沙滩村。这里环境比较好，农民也都比较勤劳。这里的村民、左右邻舍都比较忠实憨厚。

陈：您给我们讲讲忠应庙吧，您老两口从小就听忠应庙的故事，一定很熟悉了。

王：这里最有名的是忠应庙，也就是太尉殿。太尉殿，是黄家的祖宗祠堂。他是黄姓的老祖宗，名字叫黄希旦，从小学习非常认真，我们从小就向他学习，要认真读书。我听说一个故事，说黄希旦长大以后，大约17岁，到了杭州，宋朝的时候叫临安。他在皇宫里英勇打火，也就是救火，但回来以后去世了。后来皇帝寻找救火的人，找了很久才找到，就是黄希旦。皇帝就封他为显灵，赐额"忠应"，所以这里就叫忠应庙了。传说忠应庙这里的神灵比较灵，所以台州各县都到这里来朝拜。最旺的庙会是农历十月初一，是黄希旦祖宗的生日，这里会有演戏、唱庙会，叫庙会等活动。

陈：您再帮着介绍一下您的老伴吧。

王：我的老伴黄荷琴也一直住在沙滩村，世世代代都住在这里。她的爸爸妈妈也都是农民。她从1952年开始读小学，之后读初中、高中，后来到黄岩师范去读书。从黄岩师范毕业以后就被分配到屿头乡中心小学教书，一直在屿头乡生活和工作，直到1996年6月退休。

陈：你们的孩子呢，他们都在哪里？现在的退休生活你们觉得还好吗？

黄：我们的家庭很好，自己想想还是比较满意的。子女们都对我们非常孝顺。冬天天刚冷起来，他们就不准我们住在这里，一定要我们住到城里去。子女三家都在黄岩市区工作，也都住在那里。我们的第三代有三个孩子，都大学毕业了。大孙女在建设局工作。第二个孙女在教英语。外孙女在上海教音乐。外孙女是刚刚被学校里招聘过去的。因为她学习比较好，被学校评为优秀毕业生，直接被现在工作的学校招聘去了。

陈：你们培养得好，家风影响了他们的成长。

王：对于孩子从小的培养，要说教育也没什么特别多的教育，就是受家庭的影响，周边村里人家都比较好，对他们无形中的影响很大。我们家里的小孩子都比较勤劳、比较忠厚。在村子里，他们从小就受到很多的赞扬。在沙滩村这里，我们家也算是数一数二被称赞的家庭了。我们两口子都是国家户口，当教师的双职工，我们全部的子女也都是城镇户口，都有固定的工作。大儿子大媳妇在台州农业银行工作。第二个儿子在工厂里面工作。女儿在中国银行工作，女婿在区纪委办公室工作，都是国家干部。个个对我们也都很好，很孝顺。我们现在住的房子非常好，我们想住在这里，只是儿女们不让我们住。他们说我们年老了，他们不放心，每个星期天他们都会来看我们，儿子、女儿经常轮流来，给我们买东西吃，安排得非常好。这个好呢，照我来说，千好万好还是中国共产党领导得好，现在我们确实是靠共产党的领导才能享清福。虽然我们两个人都退休了，可是退休工资仍然一年比一年多，生活也是一年更比一年好。我家就住在现在旅游信息中心旁边，我们看着我们村慢慢兴旺起来，天天都有人过来，以前根本无人问津，这样的变化我们是亲眼所见的。现在每天大客车有二十多辆，都是宁波、仙居、温州等周围县区的游客，经常是每天来一千多人，可以说是千人游沙滩。听说王教授你们要来做沙滩村的样本研究，这对我们沙滩村来讲又会帮助村子上几个台阶，这样一来，乡村振兴一定有希望搞上去。

八、黄君玲访谈录

受访人：黄君玲，女，生于 1971 年，中共党员，屿头乡"乡村大使"。

访谈时间：2018 年 4 月 12 日下午 3:00—3:35

访谈地点：沙滩村四季采摘园

访谈人：王荔、陈媛媛　　录像：冯胜　　整理人：王荔、陈媛媛

访谈内容：

王：听说您能自编自演，才华出众，是乡里推荐的"乡村大使"，请您谈谈自己和您家的情况。

黄：我叫黄君玲，沙滩村人。生在沙滩，长在沙滩，嫁也嫁在沙滩，我是地地道道的沙滩村人。以前小时候家里比较穷，印象最深的一次是我 7 岁的时候去供销社里买皮蛋，皮蛋 9 分钱一个，我只有 8 分钱，少 1 分，怎么也买不到一个皮蛋。站了一上午，供销社的人都不卖给我。我是个孩子，就很想很想他们能卖我一个皮蛋，心里想如果店主同情我，肯让我欠他一分钱的话，我就可以先拿一个皮蛋回去了。我就眼巴巴看着供销社营业员卖掉一个又一个皮蛋而我只能咽口水。站到最后，供销社店主也没有把皮蛋卖给我，我只好和我妹妹一起失望地回家了。

以前家里条件不好，靠担柴卖柴过日子。我家里姊妹三个，没有兄弟。大姐很辛苦，卖柴担炭，我与她年龄差十几岁。小时候看见我姐姐去担柴，冷饭放在

她的竹杠上，我就很想和她一起去。我那时候还不懂什么叫"添麻烦"。第二天她要去担柴，头一天晚上我就缠住她，叫她答应带我去。她当然叫我不要去，说我只能担一点点柴，而且担柴的过程还要别人照顾帮忙。但是我就死活把姐姐缠住，直到她答应我为止。第二天我早早起来，姐姐没办法只能把我带去。我印象很深：大姐把冷饭放在搪瓷罐里面准备好。到了担柴的山上，她去担柴，让我等着自己玩，管着饭等她回来一起吃。回想起来，我那时真的不懂事，到中午吃饭的时间见她还没有回来，我就把罐子里冷饭上面那层拨去丢了，中间的拿来吃，剩着下面一点。过了12点半姐姐回来了。她问我说：妹，饭还有吗？我说我以为你不回来吃了，这么晚了我自己吃就把上面这层饭给丢啦，中间的和着咸菜吃了，还剩下面一点。她说："把剩下的拿来我吃，我已经很饿啦。"我把剩饭拿给她，她一看对我说："哎呀，你搅来搅去，饭都冷成冰了，怎么能吃啊，我没得吃，离家又这么远，空着肚子怎么担柴啊。"姐姐并没有责怪我，只是把剩下的那口稀饭喝了。这时，我好像突然懂事了，很后悔自己刚才的行为让姐姐饿肚子了。我不知道该怎么办，姐姐就让我去炭窑看一下烧炭师傅那里有没有锅巴，让我去讨来给她吃一点。我立刻跑去烧炭师傅那里，果真还有些锅巴，锅巴用水泡了第二天还能用来烧泡饭的。烧炭师傅看出了我的来意，说："你要就拿些去。"我如获至宝，看着我大姐就这点锅巴捏在一起将就着吃了。后来想想，我都后悔死了，我差点害得她挨饿。因为我不懂事把一罐子饭就这样搅了，大姐只能吃半饱，饿着肚子又干了一个下午的活。

后来，条件开始转变，改革开放后分田到户。还是分田到户好，不分田到户的话，我们三姊妹很辛苦的。因为以前小队计分，男劳力十足工分能计分，女劳力十足工分只有六分，最多六分半。我家里三个姊妹，男劳力只有我爸爸。爸爸为了多挣些钱，又去学了一门手艺，做油漆工。农忙时节，遇到有生意，爸爸就挑着油漆的器具挣钱去了，家里唯一的一个十工分的男劳力就没有了。我和我姐差十几岁，我当时还是个十来岁的孩子，想去挣工分小队但人家也不要我。我姐和我妈两个人有时忙了一天才抵一个男劳力的工分，所以家里条件一直很困难。到分谷的时候，别人家百来斤，我家都是"欠社找出"，就是少分谷子，只能拿工分抵。以前都是交工分分谷的。到青黄不接的时候，家里情况最差时三天都没得吃。我姐只好到白石山头去买来旧屋料，然后乘船到长潭坝头去卖，船票就要花去两毛四分，换了钱后买马铃薯回家给全家人充饥。眼看着家里到了中午没得吃，我们就到村口转弯处去等，看大姐回来没有。我们眼巴巴盼着大姐买马铃薯回来当中饭。姐姐急赶慢赶回家也要 12 点半，全家都饿着，盼着她买马铃薯回来。只有她拿着马铃薯回来大家才露出笑脸，反复说着大姐回来了，大姐回来了。每到这样的中午，马铃薯就成了大家的期盼。

后来分田到户，条件就好转了。分田到户以后，男女平等，女人显身手也能抵上半边天。我们姊妹三个，加上我爸妈，一共五个人，插田的插田，拔秧的拔秧。我们样样都可以干，不比男人差。分田到户的时候我十六七岁，插秧的速度很快，比我爸爸还快，还没天亮我就插完了。到收成的时候，十月份稻黄成熟，我们家里的收成比那些家里有儿子的收成还要好。原来有儿子的家里，凭儿子是男的，工分就有十分，好不合理。相反，女人尽力干也只有六分或六分半。分田到户后这年，我们很自豪，稻子收了十几担。我爸爸说："闺女呀，以前在小队里，别人分十几担，我们家只能分到半担一担。现在证明女孩不比男孩差，分田到户之后我们家里谷仓都装满了，装不下还要另外加买谷桶。"所以我们家很感谢分田到户。以前家里吃番薯干还要借着吃，现在分田到户，稻谷的产量比有儿子家的人家还要多。有的家把在小队干活的习惯带到现在的家庭联产承包生产中，做事儿不勤快就没有好收成。我们是女儿家，要争一口气，比别人家更细心照料农田，到后来大丰收了，米还可以拿去卖钱。还可以任由鸡鸭吃稻谷，所以都养得很肥。这都要感谢国家的改革政策，感谢共产党让我们脱贫致富。这些都是我自己真实深切的体会。

王：是啊，想必现在更好了，有没有想过如何回报国家。

黄：当然想过。到后来生活富裕了，我们精神上也来了个大转变。村里面的妇女文化生活很活跃，党员都是先进分子，我也想向前靠拢，心想入党也是很好的，我就想加入共产党，多为集体做贡献。我就向别人询问：入党要准备什么，怎么去做？他们告诉我，首先要写入党申请书，还要一直表现好。我就向老党员询问我能不能入党，他们说可以入但一定要自觉地遵纪守法，思想上要先进入，申请书先写起来，再看实际表现。我立刻就写了申请书，处处严格要求自己。预备期过了，我又有些担忧，不知道能不能正式入党。老党员鼓励我说：没事的，你工作做得那么好，保持下去就一定能行，比如说村里有事，你要勤快点。实际上我很愿意多做事，做好事。金回祥、黄官森两个老党员是我的入党介绍人。通过一段时间的努力，他们主动找我说：欢迎年轻人入党，你有这份思想，我们也很高兴，希望有年轻人积极入党。预备期过了以后，我顺利地加入了中国共产党，成为一名真正的共产党员。我很高兴向前迈了一步。

现在政策越来越好了。那年我们沙滩老街改造，在乡政府的大力支持下，以及村委会的积极配合下，沙滩老街搞得越来越好。我有个想法，如果太尉殿人气旺起来，我可以义务为游客做些力所能及的事情。如果人气更旺了，我想做点地地道道的小吃为游客服务，希望自己的愿望能够实现，把我们的传统小吃弘扬起来，打出名声。

王：您的愿望一定能够实现，我们也一定要去品尝您做的沙滩小吃。

黄：说实话，沙滩村的民风淳朴是闻名周边的。我们沙滩村是美丽乡村，在屿头乡是比较典型的村庄。以前婆媳关系不好也曾发生过，邻里之间闹别扭、小矛盾也是有的。但是现在邻里之间基本上都是客客气气，相互尊重，相互帮忙，社会风气非常好。大家都明白了，家家难得相聚一起，聚在一起是五百年修来的福分。现在婆媳之间互相尊重，关系都相当好。社会发展了，人的素质就跟着提高了。现在婆婆把媳妇当女儿看，媳妇把婆婆当妈妈看。我的孩子大了，比较清闲，村里有些小活动，比如在大年初一、枇杷节时组织的这些活动，我基本上都会参加，忙里忙外很有劲。有一年上凤村的枇杷节，我自己还编了一首顺口溜，把我们屿头乡 28 个村的村名都编进去了，茶余饭后可以寓教于乐。我觉得这就是我想要的"获得感"和"幸福感"。因为我知道，这些文化活动，都是为了提高人的素质，提高农民的文化生活水平。

九、周雪芳访谈录

受访人：周雪芳，女，生于 1956 年，沙滩老街雪芳馒头店店主。

访谈时间：2018 年 4 月 12 日上午 10:50—11:20

访谈地点：沙滩老街雪芳馒头店

访谈人：王荔、陈媛媛　　录像：冯胜　　整理人：王荔、陈媛媛

访谈内容：

王：您的馒头店生意很红火，什么时候开始经营的？给我们讲讲您和您的馒

头店的故事吧。

周：我从小生在沙滩，长在沙滩，嫁在沙滩。19岁那年，我嫁到我现在老公家里，我老公的爷爷就是做馒头、做糕点、做糕饼的，一切设备都齐全。早些时候，这里没有人做馒头，是我爷爷独门开销的。嫁过来以后就开始学做馒头。我们不仅做馒头，还做油炸面果、炸麻花等。两年后爷爷去世了，我老公是独生子，其他堂兄弟五个人，堂姊妹两个人，一共七个兄妹，但只有我老公学做馒头。做馒头这个活儿，爷爷原来做得非常好，为我们打下很好的基础。原来村子里起屋造房子、上梁、做坟等，都要买我爷爷做的馒头。所以我们就专心学做馒头，卖馒头的事情不用操心，生意终归是有的。一直到三十几岁，我们到外面去卖馒头，想多挣些钱。四十岁又回到这里做馒头。

王：现在都是家人在做呢，还是请了帮工？

周：现在家里一共有六个人做馒头，包括两个儿子、两个儿媳妇和我们夫妻。我这一代，儿子、儿媳这一代，加上爷爷这一代，我们做馒头的手艺已经传了三代。我的儿子已经有孩子了，如果传下去，就是第四代了。大儿子有一个女儿，小儿子有一个儿子，他们还在读书。

王：接下来馒头店的生意如何再发展，家里如何打算的？

周：以前馒头生意不好，那时候的钱不好挣，馒头做好了都要用小车运出去叫卖。这几年新农村开发后情况就转变了。馒头开始放在家里卖。顾客网上订购，我们按需供给，一天做多少是有数的。现在我两个儿子都在家里做馒头，越做越畅销。我们的馒头都坚持像过去一样，用传统的老面发酵方法来做，那种用药发面的做法，我们是不用的。香料香精之类的，我们也不采用。所以我们发的面就会很松软，但是又很有韧性、有嚼头，很好吃。吃惯了这种口味的人很难叫他们改口味。我们这样的做法，生意好，口碑也好。

王：网上订是让顾客自己来取，还是你们送，谁送呢？

周：因为现在订馒头的人很多，馒头做出来都来不及送，这个问题确实困扰着我们。好在现在交通越来越方便，我们自己又买了车。像椒江、路桥这些地方我们可以自己去送。他们买的量比较大，我们就批量送。有一天，有一个女同志来买馒头但是卖完了，没买到，于是她说："你卖一个给我吃吃看，我下次提前订。"我就卖给她了一袋。后来她就跑到报社里对记者说："这个馒头就是屿头沙滩老街雪芳馒头店的，你如果去采访，你就去吃吃看，她的馒头确实好吃。只有预订才能买到。"后来记者专程到我这里来采访，第二天报纸就登出来了，报纸上说：这个馒头是真的好吃。现在的馒头生意越来越好，馒头每天都会卖光。

王：每天的产量有多少？

周：一天卖三千多块钱，三千多块钱是包括成本在内的，实际上净收入是一千多块钱。生意旺的时候净收入两三千至四五千块。生意淡时几百块也有过。每天生意都很旺的话，也会很累。馒头都往外送，相当于家里做馒头的劳力就少了。他们打电话来预订的很多，像我们椒江的小区，都是整车整车地去送，做都来不及做。现在生意越来越好，与这里的开发，美丽乡村的建设，家庭联产承包责任制度都有密切的关系，是托改革开放的福，我们才能放心地做、大胆地去卖。以前家里穷，都没钱装潢房子。我这个房子是 1990 年建的，全靠乡里支持，我这个店面的装潢才能做下来。我们对这份关照是一辈子也还不完。原来我家里很穷，还发生过多起事故，运气不是很好。现在靠社会，靠共产党，靠政府帮助我们转运了，生意越来越好，也有钱挣了。

王：心情好了，辛苦点也很愿意，不是吗？

周：就是这个道理，我们现在只想把馒头做好，做到每个人都满意。做馒头的工作时间很长，忙的时候我们要半夜 12 点就起床，一直要到第二天下午四五点才结束，做饭都没时间，自己也只有吃馒头。这是赚辛苦钱，利润很薄。干这个活儿是很苦，我们也上了年纪，身体吃不消，但是苦中有乐，做人都是凭良心的，我们还要回报社会。虽然儿子、儿媳妇在外面也挣钱，但我叫他们回来，在家里做馒头，有稳定的生活就很好。这个利润薄，是个小生意，报纸里登"小馒头挣大钱"，其实大钱是挣不了的，但是生意确实是蛮好的，我觉得应该是叫作"小馒头大生意"比较合适。

王：您做的馒头花样品种比较丰富，是传下来的，还是您自己研究出来的新品种？

周：在花样品种上，一类是手工馒头，手工馒头的做法是我爷爷传下来的。这种开花馒头一般人不会做。这种是三代独传的馒头做法，本地人都知道。另外一类是这个南瓜馒头，是我们自己研究设计出来的。白馒头以前是刀切的，现在我们把它做成圆的，这是按照当地人们的喜好改进的。馒头是养胃的，它对有胃病的人不会有不良影响，谁都喜欢吃。别人的馒头松趴趴的，但我的馒头吃起来有咬劲，所以他们都喜欢买。你如果把馒头放在冰箱里，一个月后取出来，蒸一蒸，照样很好吃。但不管什么馒头，总是新鲜的好。但是像温岭、泽国、苏州、杭州这些地方都是电话打进来来订，一订一批，不怕放冰箱，从冰箱中取出来蒸一蒸照样很好吃，就像新做的一样。所以他们都要求快递寄，快递费由他们自己来付。比如温岭那边，再三跟我说快递费他们自己付。寄一趟馒头，快递费要30元，他们都愿意自己付。现在人家都富了，家里大都有大冰柜，他们发微信来订馒头，有馒头只管寄过去。我们村里也一样，年轻人在外地上班工作，回来到我家一买就买几百只馒头，随时可以吃。因为放的时间可以很长，打电话过来的已经远至苏州、福建、上海、南京，什么地方的都有。我们很愿意为大家服务，做好小馒头这个大生意。

十、金回祥访谈录

受访人：金回祥，男，生于1956年9月，沙滩村村支部副书记。

访谈时间：2018年4月13日上午9:00—10:00

访谈地点：三径书屋

访谈人：王荔、陈媛媛　　录像：冯胜　　整理人：王荔、陈媛媛

访谈内容：

王：您曾经担任过沙滩村的书记，现在还在任副书记，对沙滩村总体情况比较了解，您可以谈谈吗？

金：我先谈谈我的个人经历以及我了解的一些情况。

我出生在1956年，1949年前的日子我没有经历过。但小时候也经常听说以前的日子苦。特别是长潭水库建成的时候，当时我们村没有要求移民，因为当时移民区是在海拔36米线的地方，我们整个村是处在海拔38米线的位置。凡是在移民区的移民，不是安置到水库下游去，就是投亲靠友，一般是往水库的后面靠。但是大部分都是往下游移，一部分后靠的就有靠到我们沙滩村来的，海拔38米线以上的都有可能接受移民。后靠和移民是解决移民迁徙问题的两个方法。我也是后来听老同志说，才了解到水库移民的历史。

我所知道的情况是1986年到1987年的，那个时候社会治安还不是很稳定。

特别是公安方面的人员比较缺，需要面向农村招一批人民警察。当时我刚当兵回来，就到了乡里派出所工作。后来又借调给沙滩村当支部书记，借调了一年。1986年开始整顿党的组织和纯洁党的队伍。本来警察工作就很忙，因此，两头不能兼顾，就正式回到沙滩村当了六年的支部书记。再后来就到乡政府去工作了。

1992年"撤扩并"，我又从屿头乡调到宁溪镇去了，在宁溪镇当副镇长。1998年我开始经商。经商的结果是很难说的，有的人可能浮起来，有的人可能沉下去。结果我亏了好几十万，回到了村里。回来以后，村民们仍然相信我，他们对我说：还是你来当村委会主任吧。按道理来说，我们村是屿头的经济文化中心，乡政府办公地点也在沙滩村，是很有发展前景的，怎么到20世纪90年代了还是那么穷呢，那时一点集体收入都没有。1998年老百姓又把我重新推上去当沙滩村的村委会主任，连任了三届，一共九年。2008年三月份换届，我已经为村里贡献了15年，我想应该有年轻的干部上来。这样更有利于造福一方。我想自己实实在在地当了这么长时间的村委会主任，按照现在的话说，要有责任与担当，当村委会主任以后就要对村民负责，并不是说只是名义上的村委会主任，关键的问题是要让老百姓真正获得实惠，使经济条件往上提升。这个是我当时所思考的，一定要让后面的新任村委会主任也这么思考。

我再说说沙滩村的历史发展。我们沙滩村在1949年人口只有400余人。发展到现在已经有接近1200人了。人口足足增长了两倍。我们是黄岩西部山区的村庄，一直是以农耕为主。那个时候的条件，可想而知，不要说我们这个山区的农村，就是平原的农村也都一样，生活非常的艰苦，吃不饱穿不暖。这个我有亲身经历，特别是"文化大革命"的时候。农民不像农民，工人不像工人，教授不像教授，我都是亲身经历过的。我们村一直到改革开放之前都是农耕为主。1978年十一届三中全会以后改革开放，家庭联产承包责任制政策出来以后，我们村没有立刻就执行。改革的风真正吹到我们这里来是1982年，我们真正开始执行承包责任制了。这个是我亲身经历过的。因为我1980年正式担任了沙滩村的支部书记。我1975年入伍，1978年回来了，恰逢改革开放。那个时候干活所定的报酬就像上班一样，一个月按26.5天计算，少一天就要扣去5天报酬。1982年，听人说别的地方都开始分田到户了，当时我和村民还不太相信。政府已经比较清楚了，就让上一届班子将村民分为操作组。什么叫操作组呢，过去叫生产队，过去的村委会是生产大队，下面的组就是生产小队，把小队再分为两个小队，也就是再分为两个操作组，这是为了提高农民种植的积极性，形成良性竞争。因为政策没有明确分组标准，所以明里也不敢再往下细分。比如说我们一个小队 50 个人，按照户再分为两个操作小组，本意就是提高农民种田的积极性。那个时候还只是为了解决温饱问题。1984 年，中央政策明确了联产承包责任制，就公开了现在老百姓说的"分田到户"。把田地分到户，真的很灵验，从那个年代起，老百姓的温饱问题就解决了。关于分田到户调动农民积极性这一点，我还可以再说仔细一些。

当时我亲身经历过，所以非常了解这个情况。以前一个小队有好几十户农户，那就难免有人吃大锅饭，所以农民的积极性很难提高起来。比如说，一个小队几十个人作业几十亩地，其实三十个劳力就够了，偏要五十个劳力扯皮。所以把人分开，人越少，积极性越高。人少就便于劳力的监督，算账也容易算得清，容易提高劳力的效率。后来到了 1984 年，开始了家庭联产承包责任制。因为我们村的制度和其他村有一点不同，我们村委会是以村为单位进行核算，是按照 20 世纪 60 年代的规定，即把大的生产资料如山林、土地等都固定到村，小一点的生产资料固定到队，直到现在这个现状都没有改变。比如说现在意义上的小组分法在我们村里就行不通。我们就是以村的级别为单位，要改变分配方法，想按照政策来做，那就要全村开刀重来。在目前在屿头乡合并的 22 个行政村中，类似我们村的情况很多，仅有三个村是以村为核算单位的；其他的村，十几个村过去都是以小组或小队为核算单位的。核算单位不一样，所以我们村就事先进行了小组划分，1984 年，当联产承包责任制落实到户后，农民的积极性也就一下子提高了起来。从 1978 年到 1984 年，我们花了六年总算解决了村民的温饱问题。那时，农民的积极性调动起来了，经济的收入也明显逐年提高了。

解决了温饱问题以后，生活快速往好的方向发展就有了基础，这是其一。第二，人流动起来，有出去打工的，也有别人到这里打工的，总之，就像活水，有出有进，村民流动起来，慢慢就富裕了。

王：您再谈谈经济模式的转变，村里许多人不再种田，那靠什么挣钱？

金：不是不种田，而是种活了田。比如说分田到户了以后，想种什么就种什么，想种经济作物就经济作物。这里的农民主要是靠种植业、养殖业以及出去打工。比如说种植业，种植业在 20 世纪 80 年代的时候政府是很鼓励的。比如说上面提供枇杷苗，你尽管去种。农民有自主权，你种什么养什么都可以。屿头乡能办成枇杷节，就靠那个时候种枇杷打下的基础。包括这个山林，我以前在乡政府工作，乡政府的主要职责除了计划生育，还有一项令我至今难以忘怀的重要任务——植树。那个时候叫开发新生产。什么叫开发新生产呢，1983—1984年山林遭受过一次极大的破坏。当时老百姓没钱花，就往山里要钱，老百姓把山上的木头砍下来，拿去卖掉，有的烧成炭，木头开采以后拿到城里去卖。后来到1986—1987年以后就遭报应了，受到人为毁坏的山林开始出现水土流失的现象。水土要靠生态来保护，包括长潭水库这个源头。后来幸亏大力开发新生产，就是把以前开采过度的荒山都给植上树，要植树造林以弥补损失。农民已经承包了山林，山林毁坏自然会殃及每家每户。所以，那时大家白天植树，晚上检查工作，每天跑遍每个村，落实任务，查看落实情况。天天都要点数树苗，分配种植，每家每户都很配合，大家都非常珍惜国家提供的树苗，也珍惜这样的机会。

王：村里什么时候开始办企业的？是您带头办起了企业，对吗？

金：好像到了1986年，基本明确可以办乡镇企业。但是，这儿基本没有乡镇企业，是黄岩城关镇支持我们办起了两个加工场：一个是工艺玩具加工场，一个是塑料加工场。黄岩城关镇送了我们屿头乡两台注塑机。就这样，屿头乡办乡镇企业有了零的突破。当时，指望靠它发展的是工艺玩具加工场，所需要的材料是木头和山上的蚕。这就有问题了，因为所用的基本材料，将又一次造成生态的破坏，所以这个加工场后来就倒闭了。塑料厂最终办成了，就凭着两台小型注塑机，在城关镇的安装和帮助操作指导下，我们培养了出了生产工人和技术人才。特别是像我们屿头乡的联一村，至今整个村仍是以塑料制品生产为龙头，农民成为老板的例子多得是。整个村产值起码有上亿。这是比较成功的案例。后来随着改革政策逐渐又进行了改制，黄岩西部山区就成了民营企业的发源地。农民一批批地学技术，之后自己筹钱再办起小厂，挣到钱了就再去买更好的设备，再去学习新的技术，逐渐逐渐的就扩大起来了。到了今天，屿头乡大大小小一共有41家塑料厂。

王：这里村民的生活水平明显提高，您认为是在什么时候？

金：老百姓的生活水平明显的提高是在20世纪80年代以后，1986年以后又是一个质的飞跃。以前到长潭水库要渡船去，1986年以后有了环库公路。环库公路是1986年下半年通车的。尽管路基是用一个个小石子铺起来的，但是它为宁溪，特别是为长潭水库的上游带来经济上的巨大转折。不是有句话叫"要想富先修路"，确实是这样的。现在更好了，随着国家经济的发展，公路后来又被浇成了水泥路，现在是柏油马路。当时我们沙滩村，生活水平和住宿条件都是很差的，住的都是木板房，比较凌乱，卫生条件很差。1994 年我们沙滩村提出形成现在规模的设想，也是第一个拿出乡村规划的村子。这件事本身也能说明村民对于改善生活条件的迫切需求，以及沙滩村此时已基本具备更新村庄面貌的经济能力和条件。

过去的老房子主要是不安全，大风一起，瓦片都在上面飞，这个已经翻页了，成了过去的历史。20 世纪 90 年代村里开始了这个规划，房子建成一排一排的，共有四排，老百姓叫这个水泥结构的房子为洋房。

实际上现在的住房应该是够了，但是宅基地值钱了。按照上面的规定，国家又给村民进行土地确权，让农民自主给土地赋能。所以，这个地基分到谁手里，谁都会很高兴。只要合情合理合法地拿到手里面，我可以不建房子但仍然可以支配这块地用来做其他用。这就是农民的自主权有了保证。沙滩村大的改观，还得感谢美丽乡村建设。现在村子整洁卫生，房子排得整齐，村民的身体也越来越好。那个时候我作为村干部整天想的就是：一个是要改变群众的住房条件。另一个是如何去发展村一级的集体经济。当时农保地是不能动的，后来政策变了。现在村委会主任在经营的那个大厂和房地基，原来是农保地，当时一共是 17 亩存留地，我就对乡政府说，把那个存留地调出去一半，变成农民用的建设用地，土地性质就改变了。我后来在调整的时候盖的是铁皮棚，就把它租掉了，租金是村里集体经济的重要收入之一，是发展我们村的重要经济保障。

我们后来又在存留地上建起了一栋三层的楼房，一共 21 间房子。村里办公、开会都在那里。不过现在我们有时候开会经常到老街。房子上面是办公用房，下面是商铺。房子是我亲手建起来的，这栋房子的造价是 33 万多元。商铺租期是三年，第一个三年租期招标的时候，好像是招了 21 万元。接下来三年好像是 46 万元，现在的三年租给人家，租金 80 多万元。1998 年我当村委会主任时集体经济还不到两万元。我当了九年村委会主任以后，大概一年收入四五十万元。现在村里就是靠这一笔钱一点一点支撑着发展起来的。这么大一个村，农田上水利建设等基本建设都需要钱，还有干部的务工也需要钱。所以这四五十万元，虽然不是大钱，但是能支付村里的日常开支，办些小事情。建这个三层楼的时候，当时向银行贷款，我是贷款人，书记是担保人，下了很大的决心才建起这个房。当时的想法就是借鸡生蛋，使村里的集体经济有所增长，渐渐好起来，为彻底打赢翻身仗先迈出第一步。现在建设美丽乡村，我们沙滩村又前进了一大步。

王：您再谈谈关于"撤扩并"政策，您当时也经历了，对吗？

金：是的。那是在 1982 年。1982 年我们这里实行"撤扩并"政策，就是"撤区、扩镇、并乡"，简称"撤扩并"。撤区，以前我们黄岩县下面是区，后来黄岩县改成了黄岩市，黄岩市是一个县级市，下面设有区，比如说路桥新桥区、宁溪区（宁溪区过去不称镇而称区），区的职能是管理下面的 8 个乡镇。那时都是小乡制，乡的规模都不大。后来并乡，比如说白石乡与屿头乡合并为屿头乡。扩镇就是把镇扩大，把几个乡镇合并起来成为一个镇。

还有一个情况就是当时屿头乡乡政府计划从沙滩村搬迁到屿头村去。计划搬走的原因是沙滩村落实不了乡政府需要扩建的土地。但是问题是，地名权属于民政部门管，按照民政部门管理条例，乡政府要迁址的话必须经过省民政厅审批。若在同一个村改址，省民政厅审批原则上是可以的，现今屿头乡乡政府和老乡政府都是在我们沙滩村的。于是我就与乡长说，你们就不要走了，就在我们沙滩村吧。乡长回答说在沙滩村我们无法拓展，老百姓不同意征地，村干部也不同意。我说："现在我是村委会主任，我会把群众工作做通，你们乡政府就不要搬走了。"当时我的想法是，村里有乡政府在，其实也是无形的资产，我们村完全可以与乡政府共谋发展。

王：您做了哪些具体工作？村民最终是如何统一思想的？

金：当时我立即召开了村民代表大会，有五六十个人参加。有的村民不理解，说："你现在当村委会主任是老百姓选的你，是信任你，你为什么要把土地给乡政府？"还有村民问："现在房地基价钱不是又涨高了吗，我们为何出让？"我说："你们大家想一想，政府是看不见的无形资产，说句实在话，真的走了，我们再用更多的土地也很难换回他们。再说乡政府要拓展用地也是精打细算的。"给老百姓做好了工作后，乡政府也就同意留在沙滩村，就在现在的 11.6 亩地基上。在村民们的支持下，乡政府扩展施工非常顺利，我们共同营造了一个良好的环境，又经共同规划，更快地实现了村子的整治，在原来规划的四排基础上重新规划为五排，现在沙滩新村的房子是五排的，村民的住房条件完全改善了，基本满足了共同发展的用房要求。更可喜的是，现在又利用当时未拆的乡政府旧房屋，改建成了"同济·黄岩乡村振兴学院"，变废为宝。美丽乡村建设不仅仅完善了老沙滩街和太尉庙，还有沙滩新村的建设。这个村子规划建设了四年才成现在的样子，中间我们经历了规划，老区房屋拆除，到现在一排排的新村崛起，这是一个比较漫长的过程，并不是说一下子全部改造好了。

王：从黄岩西部整体的发展来看，目前长潭水库的水质保护与水库周边农业的发展形成了矛盾，如何做到二者之间并行不悖，您和村民们有什么好的建议？

金：我们大家都希望有专家帮助我们解决好这个矛盾，让我们既有好的水质，又能照样办企业，发展种植业、养殖业，甚至还能发展旅游业。过去长潭水库的功能、当时的目标和政策大概有这么几个方面：第一是起到的调洪作用。因为我们这里是洪潮，洪水和潮水的结合点，把它归结为洪潮，洪就是洪水，从山坑下去，潮就是海水。它的结合点就到了潮济。当时到椒江去的船，海水上来以后，能够开到潮济，所以到海水涨潮、洪水下去的时候，整个黄岩平原都在一片汪洋之中。所以那个年代长潭水库能起到调洪的作用。第二，长潭水库对温黄平原、温岭和黄岩平原有灌溉作用。第三，在对温黄平原灌溉的基础上发电。因为长潭有水电站，可以靠水力发电。但现在功能转换了，大概在2000年以后，长潭水库转换成了饮用水大水缸。这个功能转换以后，对水的质量要求就提高了。长潭水库功能转换后，区委区政府的文件要求这里所有的工厂、种植业、养殖业都要关停。区委发文强调台州有600多万老百姓，其中300多万老百姓要吃这个水，这个是大局。我们也要喝水库的水。我们都应该有这样的大局意识，但是我们同时也意识到2020年要实现全面小康，做到不能落下一个人是何等的不容易。牺牲少部分人的利益，保全全局利益也只能是暂时采用的办法，而非长久的根本办法。根本的解决方案一定要是既能够保护好长潭水库的水质，又能够发展好水库周边的产业，让台州600多万老百姓一个不落地感受到获得感与幸福感。办法总是会有的，比如说我们沙滩村，现在搞美丽乡村建设，游步道、采摘园等地方，真的挺漂亮，房屋比较整齐，生态比较好，又整洁又卫生。这主要是村民的思想和观念跟上了，卫生的意识、生态的意识等也都跟上去了。又比如说以前我们在柔极溪上建过一座桥，后被洪水冲掉了。我经过仔细观察，发现原来是因为这里溪流的宽度窄了一点，洪水冲到这里，水位就提高了，就把桥面冲垮了。后来，我们把溪面扩开，再将桥加宽了一段，以前70米，现在加到83米，事实证明我的这个想法以及改建的办法是对的。有许多事情好像是很难做到的，但是只要勇于探索，就能够做到。

我对乡村振兴学院很看好，说句实话，乡村振兴学院落户我们沙滩村，这个机会很难得。所以，要抓住机会，要积极配合。政府按照现在规定的政策合理给予补偿，大家也顾全大局。振兴学院的建设涉及好多农户的拆迁与安置等问题，现在土地基本上征下来了。村委会副主任是我的弟弟，他在管建设，所以我也常常与他讨论如何做好这项工作。首先，不要为了自己的利益做事情，按照我们这里的土话就是搞小指头，要是想为自己搞业务，你就别做这项工作，当干部就是要清廉。其次，按照我们这里的话说就是既然吃这个饭就要做好这个事。我多次在村干部会上说，振兴学院的机会难得，到我们沙滩村这里来，我们就要提供一个良好的环境，大家要积极配合才是。我相信它的建设对村里的发展一定会产生积极的作用。

十一、金回军访谈录

受访人：金回军，男，生于 1960 年，沙滩村村委员会副主任。

访谈时间：2018 年 4 月 17 日下午 3:00—3:15

访谈地点：沙滩村村部

访谈人：王荔，陈媛媛　　录像：冯胜　　整理人：王荔，陈媛媛

访谈内容：

王：您好，请您谈谈改革开放以来印象最深刻的事情，以及村里的变化。

黄：在改革开放以前，我们的沙滩村虽然是个大集体，但是是个非常穷的大集体。不管哪一户人家都很贫困，大家都是相依为命，人均只有二三分土地。改革开放以后，我们村逐渐实行了分田到户，土地承包以后，生活就开始活了起来、好了起来。每家每户可以种经济作物。后来我们又办起了小厂，小厂又逐渐发展成大厂，有的村民在厂里打工，有的自己种枇杷。这对农民来讲，是一步一步好起来了。看似分了土地，家家户户分开了，各自承包，但是大家却更加团结，做事更加有责任心了，生活水平也逐渐改善，越来越好。

现在我们沙滩村的房屋，全部经过整体规划，一排一排的，多漂亮啊。就整个黄岩区来说，我们沙滩村的集体规划算是比较好的。一排一排的房屋非常整齐，比如说街道，在整个西部地区，我们沙滩村不能说是最好，但与那些靠近城市边

上的比一比还是我们的好。我觉得我们的老街建设起来以后，美丽乡村搞起来以后，确实在很多方面带动了农民的发展。不管他们是摆摊做小生意，还是在厂里做工，总之，都有了一份工作，换句话说，能够挣到一点钱了。另外，我觉得现在大家心情越来越好了，这是生活改变了的原因。现在您看我们村民的条件，实际上也不差了，从吃、穿的方面来看，比以前好太多了。以前有什么吃的呀，只有一点腌菜、菜干，干菜汤有得吃就很好了，就着番薯干，就算是吃饭了。现在的条件归功于党的政策好，是翻天覆地的变化了。

王：请您再谈谈村里是如何执行国家的土地改革政策的？

黄：土地是集体的，承包了以后归私人管理和使用，我们这里是山区，山地也一样。乡村规划由村里统筹安排去做。村里分配宅基地是村委会讨论以后按照面积，三个人分一间宅基地（指1.2米宽）屋，四个人分两间屋，七个人以上分三间屋的原则来分配的。后来，在国家农村改革政策的推进中，村里也搞起了土地确权，我们每家每户都是通过丈量土地来再确权。确权后我们会拿到一个证书，这样每家有多少地就不会讲不清楚。以前村里搞规划的时候，必须先把老房子拆掉，再建新房子。困难肯定是有的，先把小房子拆掉，村民就必须先找个地方过渡，等宅基地新房子建好以后，再搬进去。一般都是到亲戚那里去暂住一下，等到规划完成了再搬回来。如果老房子不拆掉，村里的规划就做不起来。

王：土地确权后村民可以无忧无虑放宽心做事了，还有什么让人担忧的事情吗？

黄：农民现在最关心的就是失土保险的问题，如果这个问题能好好解决，就没有什么后顾之忧了。因为只有这个问题解决好了，60岁以上的农民的生活就有了保障，跟城市居民没有什么两样了。所以这是农民最关心的问题。农民要想拿到失土保险，就要先交钱，交四万至八万不等，年轻人可能要交七八万。到了60岁之后，农民就可以享受每年的保险费。现在每个月的保险费可以拿到1700余元。女性按照规定交足了钱，从50岁以后就可以领取保险经费。在沙滩村里，每个月每人的生活费大约六七百就够了。农民大都有菜地，平时吃菜是完全够用的。也可以上山挖点笋，吃饭还是有保障的。我们的大病保险是由村里从分红款中统一扣出由集体负责交的，每人每年交330元。生病了就可以报一定比例的钱回来，这大大减轻了农民的负担。我们沙滩村现在大约三分之一的村民拿了失土保险。

王：沙滩老街建设后，原住户都搬到哪里了？

黄：沙滩村老街的房主，一部分已经搬到新房子里去了，搬走的原房主该分到的面积分到位了，就要把老房子交给村里。因为要利用老街建设美丽乡村，我们村里就保留了老街老屋的统一规划，产权归还集体所有。有的房主还没有交出去，村里允许他们继续住在那里的条件就是要在老街自己的屋里发展产业，比如"官荣米酒"就是这种情况。也有村里动员原房主回到沙滩老街做生意、做产业的情况，比如"阿玲馒头"。从沙滩老街已经搬到新房子的有十几家，这些退回的老屋就由村里统一安排，除了"阿玲馒头"店，还包括"竹编馆"等，成为文化礼堂的一部分。美丽乡村建设将老街规划以后，还有四五家原住民老房主没有搬到新村，各家有各家的原因，当然村里也允许他们住在那里，可以条件成熟了再搬。

王：沙滩村的美丽乡村和乡村振兴学院建设工作，起步不算早，但是动起来的效率比较高，进度比较快，你们在美丽乡村建设过程中肯定会碰到一些问题，都是如何解决的？

黄：我现在具体负责美丽乡村建设的梨园这一块，就是四季采摘园，还有老街建设、乡村振兴学院建设。在工作中协调村民很关键，但凡有事，只要协调好、安排好就没大问题。土地侵权的问题是最大的问题，就要负责做好土地赔偿工作。虽然所涉及的土地中有的是闲置的，有的是边角料性质的，也有的是多少年的老坟地了。但动到他们，仍然要严格按照国家政策办事，按照土地征用的原则赔偿土地的主人。四季采摘园里的一部分果树地也是征用上来的，也要用钱去赔偿。现在四季采摘园里的各类树种，一共有200多株。这些树有橘树、梨树、柚子树、桑树、枇杷树、板栗树、柳树、桃树等。四季采摘园征用土地花了约65万元，还要把坟迁出去。这里大概有几十多座坟，都要迁到下马里山。他们村民都非常配合我们的工作，迁坟的补偿是一个墓穴2500元。

四季采摘园平时的管理也很重要。冬季的时候要除草；春天到了要施肥，施肥之后要收割。现在都是组织村民来干活、维护。什么季节到了，就要做什么样的农活，派工下去，村民也都比较积极地去做，除草、疏果等果园整治，这样春天花就会长得好，利于结果，也利于土蜂采蜜。请村民集体维护果园，也给他们发工资。梨园是属于乡政府的，发工资是乡政府发。四季采摘园的梨树都是2015年买的新品种。有些树是从外地买来的，也有许多就是当地买来的，因为有些果农把土地征卖给了国家，于是干脆就把这些梨树迁过来了，所以里面的品种是不一样的。买来的梨树许多都已经可以结果实了。包括四季采摘园里的溪流水塘，都是 2015 年开始建的。水渠两旁的驳岸用的都是当地的石头，柔川旁边砌起来的石头，是我们自己的民工去拉来的。

砌石头这个活儿，我们祖祖辈辈都会做。我们的大棚、房子的石墙，都是石头砌起来的。特别是村边柔极溪上的那条大坝，都是我们村民自己用石头砌起来的。当时经常发洪水，大家没有钱，也没有更好的方法，我们就采用就地取材的方法，用石头砌起了大坝。大坝从乡政府那里开始，一直到后面，长长的大坝都是我们自己砌起来的。当时算是很大的工程了，现在就不一样了，有挖土机这些设备，在短时间内就可以建成。但是原来要花很多年，用我们的双手搬，双肩扛，很不容易，一段一段地做，全靠人工肩扛挖挑，石头不论大小都是逐块逐块扛上来的。有些石头很大，靠的就是愚公移山的精神。

这个大坝建设了很长时间，我小的时候也去扛过石头，真的很苦，手脚起泡出血是常有的事。早年建造这个大坝是真苦啊，所以我们现在把这个坝叫作"人工坝"。

美丽乡村搞了那么多年，政府在我们沙滩村搞新农村建设，把我们剩余的劳动力都利用起来了。我们平时打工一年基本能挣 2 万多元，就是一年家里的农活都干掉以后，包括种水果，临时又去挣一点，这样村民额外一年又可以挣 2 万元左右，日子过得就相对宽裕一些了。乡村振兴学院建造的时候，我们村民也去做工。老卫生院后面的基建，都是我们自己的村民去做的。区里和乡里要求我们 2018 年 9 月份必须要完成学院的建设，9 月份开班。照这样的势头发展下去，我想沙滩村村民的日子一定会越来越好。有了这个学院，我们村民也跟着沾沾光，不仅物质生活水平提高了，精神文明方面也会有所提高。

十二、金仁福访谈录

受访人：金仁福，男，生于 1957 年，沙滩村村委会委员，沙滩农药综合服务部店主。

访谈时间：2018 年 4 月 17 日下午 2：00—2：40

访谈地点：沙滩老街村部，文化活动中心

访谈人：王荔 陈媛媛　　　录像：冯胜　　　整理人：王荔 陈媛媛

访谈内容：

王：谢谢您配合我们的采访，刚才您也听到了，我们正在谈这个"人工坝"。

金：以前的沙滩村是一个很穷很穷的村庄，穷的原因之一就是水患，一下雨就会把田地冲掉。以前没有大坝，最早的沙滩村党支部书记是金阿根，后来我爸爸接班当了书记，他做的一件大事就是开始建大坝。那时候沙滩村很穷，要什么没什么，就凭一双手，一副肩膀，我们从石狮坦村的对面围垦到下面，围造起来了一条大坝，这条大坝造了十几年，一边耕田一边造大坝，这是沙滩村人民用辛勤劳动和血汗换来的。东坞围上去的那条防水大坝，围到桥头为止的就是我们建的那座大坝。造了大坝之后，相当于解决了水患问题，收成才逐渐好起来。

大坝围起来之后水就不会淹了，田地也就有保障了。慢慢地，一年种两季稻了，后来我们解决了温饱的问题。大坝下面是坑上田，水利是不通的，后来横渠到了下家峁，那是一个自然村，我们沙滩也是一个自然村，也就是说这边的三百多亩土地良田都可以得到灌溉了。

那个时候干部和村民都是很辛苦的，大大小小的石头要自己抬上来放在大坝上。那个时候我还小，只有十几岁，每周读书回来，礼拜六、礼拜天都要到大坝上背五六斤重的石头。那时候背石头是发竹签的，一斤石头一根签，好像几十个签记一个工，三毛多钱一工，大家拼命干一天也就是挣到三毛多钱。直到 1978 年，我们终于围成了大坝。沙滩村原来每个人粮食都吃不上，要到山上背柴，再去长潭水库坝头那边卖掉，最多卖四块钱一担。那时候粮食大米是四五毛钱一斤，一天不去卖柴，全家人都没有东西吃了。

现在我们的村委会主任办了一个大的塑料厂。以前是办在黄岩的，他回到村子里办厂可能有 12 年了。他厂子里用人比较多，有我们村里的人和村子周边的人，大约有 150 人在他的厂里做工。村委会主任有三四家纸箱厂，五六家塑料厂，总共有八九家工厂。村民在厂里面做工比种地收入要好得多，做临时工一年也可以挣上 3 万多。这也为我们村脱贫做出了贡献。

另外，每年 5 月 20 号以后枇杷成熟。我自己家里有两百多株枇杷树，以前一年卖枇杷可以挣上五六千元，这几年我的两个儿子让我不要卖枇杷了。因为劳动力涨价，农村的工资已经提上去了。以前我们这里一个晚上可以采 30 万斤的枇杷，现在一个晚上只有 5 万斤了。一天采枇杷只能挣几百块，在下面做临时工倒也可以挣三百块。所以许多村民便放弃了靠种枇杷挣钱的做法。现在种枇杷只是等成熟后大家回来吃个鲜。我两个儿子一次带回来 100 多个朋友，大概拿了 130 多个筐子给他们，叫他们自己体验摘枇杷、吃枇杷。我儿子打电话给我，说不要卖掉枇杷，选一些好的留给自己家里吃，剩余的作为东道主邀请朋友们来摘枇杷玩，权当社会交往做活动了，也算是变换经营模式吧。

王：那现在村里的集体创收靠什么呢？

金：我们沙滩村的集体经济创收主要靠桥头那几排房子租赁，租金贴补我们村里必要经费的开销。那几排房子是 1982 年至 1988 年的时候盖的，下面的第一排 12 间房子是我亲手参与盖的。我在村委会里也管过基建，到现在已经做了 21 年了，那排房子盖起来也已经 20 多年了。以前的租金是每间一年几千块，现在 12 间房子租三年得 80 多万元，一间一年租金得两万多元，村里的这笔收入，可以满足一部分日常性开销。

王：村里土地分配、确权是怎么做到合理公平的？

金：关于村里土地确权，丈量土地的照片都有的，账簿在我们会计账本里。土地丈量后土地权证也发下来了。这些都是要有的，包括农业局盖的章子，土地权证与房产证一样的，是一个绿色封面的本子。我们这里年龄到了 18 岁就按照积分统计。18 岁以上的男性，比如像我们这么大的，就是 54 分，女性是 50 分。小几岁，就少几分。按照年龄统计，一岁的几分，两岁的几分，一亩是 10 分，大人分多一点，小孩分少一点。野地和耕地都要丈量，剩余的野地都分掉了，包括山上的地也都分掉了。山上的分起来就是稍微困难一些，假若遇到山平一点，山地多一点的，就按照抓阄的方法来分配。从这边的山脚上去，从那边的山头下来。一绺一绺地分，一秧一秧地分，这样子稍微公平一点，但是完全公平是很难办到的。现在村里耕地少了，改种果树了。果树是枇杷树，我们都是挑种枇杷的多。

以前 20 世纪 80 年代的时候是种粮食，如果是野地就都种上枇杷了。但是村里的耕地是不动的。现在耕地，包括山地、野地、水稻田都算进去也已经不多了。以前有四百多亩，现在两百多亩都没有了。在乡政府的规划下，我们做了合理的土地流转，解决了村里的实际困难，改变了生产经营模式。

现在每家每户都承包了田，有的村民就雇人种田，对我们村庄而言所有的田都是集体的。现在村里的荒地基本没有了。有的村民到外地打工去了，但是地没有交给别人种，荒着的情况很少。有些村民种上了枇杷或其他果树，让他们的亲戚邻居一同来管理。雇人种的比较多，因为自己要上班。

我们村里有个试验场，长期以来种稻谷，都是试验场里先种，种好了再分到小队里种。以前杂交种子，都是从试验场里借出来的。没有集体的一股劲儿，很难搞好，现在我们都是统一指挥，统一行动了。正因为是集体的地，所以我们的城镇规划是集体来搞的。说实在的，以前我们农村没有所谓的城镇规划，现在是逐步搞规划，房子一幢一幢盖起来了，后来同济大学到这里来给我们规划建设美丽乡村，房屋盖起来显得很漂亮，我们觉得钱花得值得。跟以前进行对比，好像发生了翻天覆地的变化。现在都已经盖上了小洋楼、小别墅，不像以前都是木板房子，冬天透着风。而且即使是木板房子，也盖不起啊，以前都没有饭吃，哪里盖得上房子。现在很多人家都盖了四五层的楼房。我们的房子一排一排都很整齐，别的村庄因为缺少统一规划，所以有的盖在桥东，有的盖在桥西，还有的盖在桥南或者桥北。相比之下，我们这个村庄规划整齐，别人来我们这里参观，都会竖起大拇指说我们这个地方很整齐。

王：沙滩村素来集体意识特别强，所以盖的新村就像是军营一样。

金：是啊，我们村民很忠厚的，所以我们做干部的一定不能亏待他们。我还参加了乡村振兴学院的建设，负责搞基建工作。乡里把我们村两班子成员都叫去，商量如何整合这块地。这块地的问题在于有不少坟地，大约有 20 来座坟墓。动祖坟是件很慎重的事情，村两班子思想上要统一认识。像这个问题，讲实在的话，政府补偿规定要做在前面，事先做好每户人家的思想工作，一定不要出现大问题，村民才会配合好。

我们这里是非常尊重乡政府安排的，他们怎么安排我们就怎么做。乡村振兴学院建设过程中，坟地统统都被迁到我们村下马里山下家峧的那座小山上，这都是集体安排的，那块土地也是我们村集体的。乡村振兴学院的建设要求是必须在

9月份完成，我们帮助把地全都征下来，现在工程都已经承包出去了。我知道9月份是要开学的，学院办在这里对我们村庄发展是很有利的，我们的老百姓可以搞一些土特产卖出去。乡村振兴学院的服务人员还可以从我们村里招收一些，也是帮助我们村民解决就业的问题。

十三、黄官法访谈录

受访人：黄官法，男，生于1970年，枇杷种植户户主。

访谈时间：2018年4月18日上午9:00-10:00

访谈地点：沙滩村后山枇杷林

访谈人：王荔，陈媛媛　　录像：冯胜　　整理人：王荔，陈媛媛

访谈内容：

王：都说您种的枇杷特别好，卖的价钱也比别人高一些，讲讲您的经验吧。

黄：我从2005年开始种枇杷。以前听农技老师讲课时心里就想种枇杷，要种就要种成功。都说白沙枇杷口感好，比较甜，能卖个好价钱。但是像黄沙枇杷也就一两块钱一斤，想来想去还是选择种经济价值高的品种划得来，只是自己要辛苦些，多花些心思，世上没有不劳而获的事情。我的这片枇杷树林以前都是栗树，下决心之后，我就把一些栗树砍掉了。这样一种就种了十几年，逐渐有了一些成功经验，我觉得疏果这个环节很关键，到了该疏果的时候，不能忽视它。

我平时的生计是卖茶叶蛋，同时料理枇杷树，还有这里栗树等其他树也要照看好。我同我爱人一起种枇杷，小孩在黄岩永高公司上班，做机修工。我每天基本上是规律的，一般每天上午都要过来料理一下，下午一般去卖茶叶蛋。

王：一年大概有多少收入啊？

黄：枇杷的收入真的说不好。这个还要看老天的眷顾。枇杷长势还分大年小年。像今年就是大年，枇杷长得比较旺。收入多的时候一年可以有四五万元，少的时候，像有一年吧，别人种的枇杷突然多了，我就只挣了两三千块钱，连用肥料的钱也亏掉了。

王：您觉得还是要坚持种，对吧？您已经有许多种枇杷的经验了。

黄：种枇杷的兴趣我还是有的，我相信自己也是可以种好的，我可以超过别人家，已经积累了不少种枇杷的经验，很难讲清楚如何就能够种好，要具体情况具体分析，具体想出对应的办法。我为把枇杷种好动了不少脑子。你们看，这片枇杷树的品种，就是从我身后这株枇杷树开始的。黄沙枇杷是最普通的品种，就是做罐头也很难销售出去，没人要。这株以前是唯一的一株白沙品种，是我经过尝试嫁接的，果真味道不错，比黄沙枇杷口感要好得多，加上白沙枇杷价格上涨，越来越贵。我就开始嫁接种植白沙枇杷，一点一点发展。每年立春的时候才能嫁接，我一年嫁接个两三株，慢慢就种起来了，直到现在白沙枇杷树种最起码已经有三百来株了，我基本将自己的枇杷树改良了。每当别人要买我的枇杷时，我心里是很高兴的，心里比枇杷还甜。做任何事情都在于坚持，不要怕失败。

说到我具体种枇杷的方法，还有一点，其实就是要勤快，要勤施肥，要经常去山里管理。有的人种枇杷，不闻不问，放养种植是不可以的。像今年这里的枇杷树，到了现在这个疏果的时节，就应该仔细大胆地疏果，还要干好套纸袋这些活儿，这样的话，起码能够保证枇杷的个头、形状、色泽。平时要经常去山里看一看，几分辛劳就有几分收获，我相信这句话不会错的。如果说到平时有什么具体措施，就是要防止病虫害，只要发现及时，就可以控制。要经常去山上看一下。别人不做的事情，我都坚持做下来了，就是经常去山上看一下，及时处理一下细小的问题。其实照料枇杷树，主要就是靠疏果，并非长得多就好，太多太密了，果子就会缺少营养，没营养的果子肯定小。我把小的、差的、多余的枇杷都处理掉，到了成熟的时候，你们会看到只只都是大的、好的，包括形状也是很好的，颜值高就好卖得多。舍不得疏果，或者说你懒得疏果，那就等于留不下好的枇杷。

一般在清明前后，我就开始包袋了。我把枇杷树上的好的果实包起来，就是套袋子。清明前经过疏果之类的照料，枇杷的好坏可以明显看得出来了。疏果疏好了的，马上就要给它包袋。袋子包上去的目的就是让枇杷颜色好看，遇到下雨天果实也不至于开裂。如果枇杷开裂的话就没用了，不仅是不好看，也不好吃。枇杷的大小和品质取决于这棵树营养的好差，而培育树是在于平时对它的维护，树质好，果子的品质就会好。

我们这里的日照足，所以枇杷的口感好，甜度高。种枇杷我用的都是有机肥，用上去的是兔粪之类的，化肥用得很少。肥料的价格论袋算，一袋十几块钱。我都是自己挑上山来，雇人挑就不划算了。我也不除草，这可以防沙保水。说到这个包袋的纸袋，4 分钱一个，我今年就买了一千多块钱的纸袋。今年估计要比往年好，今年产量比较高。

每年大约 5 月 20 日以后就可以摘枇杷了。我推测是 20 号以后，具体什么时候要看枇杷的情况，就是前后差三四天时间，但是最起码要等到 20 号。

同其他地方比，我的枇杷口感就是不一样。椒江、路桥、温岭、黄岩有很多老板来买，他们来这里买，用快递寄到全国各地去。去年我的枇杷卖到 25 元钱一斤。前年枇杷产量普遍很少，一般都是四五十元钱一斤。但像去年，就算好的枇杷也才卖到十几块钱一斤，因为市场过剩。我的枇杷都是在家里卖，不用去街上卖。街上卖的枇杷一般会差一些，靠拼命推销。人家会找上门来的，电话会打过来。无论电话打来，网上订购，我都一样对待，保证质量第一，不能欺人骗人，凭质量收钱。要是欺人的话，人家下次不会再到你这里买了。现在国家政策好，很多事情自己把握得好，机会就是你的了。我们农村不改革开放的话，哪里来这么好的机会。

十四、黄志洪访谈录

受访人：黄志洪，男，生于 1978 年，沙滩村委会主任，浙江非非猫日用品有限公司董事长。

访谈时间：2018 年 4 月 18 日下午 2:00—5:00

访谈地点：沙滩村文化礼堂二楼，浙江非非猫日用品有限公司厂房

访谈人：王荔、陈媛媛　　　录像：冯胜　　　整理人：王荔、陈媛媛

访谈内容：

王：您是村委会主任，谈谈您自己，也谈谈村里的情况，对于沙滩村的发展您有什么想法都可以说说。

黄：我 1978 年 9 月 18 日出生在沙滩村，从小在这里长大。小学、初中都在这里读。从前读书我不是很认真，现在都后悔了。我们这个地方太苦了。我 16 岁去打工，17 岁开始做小买卖，闯到安徽去摆地摊，开始做一点小本生意，慢慢做起了小批发生意。我 21 岁回到沙滩村，回来以后又到黄岩做加工做了两年，自己

开始开发做产品。在黄岩做了大约五年，积累了工作经验，又回到了屿头。因为这里毕竟是我怀念的地方，是我长大的地方。回来的时候看到这里的老乡收入和黄岩相比差很多，心里实在很不服气，也不舒坦。

我回来的第二年就被选上村委会主任了，那时候我只有 29 岁，村委会主任一直当到现在。曾经很多次都想离开这里，因为我老婆也想回到黄岩城里去。我觉得我自己当村委会主任是有责任的，一定要把这个村搞好才对得起大家。如果到黄岩住着，离沙滩村这么远，不方便。老婆最后也尊重了我的选择。我刚回来的时候，我们这个地方大家一年的工资收入就几千块钱，现在我们厂办起来以后，他们年收入都在四五万以上，一家人最起码一年收入能达到十几万。所以，沙滩村从工业办厂开始就富起来了，也完全不一样了。通过这么多年的积累，我们盖上了好房子，这个地方也热闹了。我们村里的房租收入一年就有 80 余万，这些都是大家努力奋斗的结果，是大家心往一处想，劲往一处使的结果。我们想把村里搞好，不但从经济收入上，也要从环境上要改变原来的面貌。

王：请您讲得具体一些。

黄：我一直认为做事情就要注重细节。我相信，细节做得好，事情就会做得更接近完美。除了关注细节，关键还要看你喜欢不喜欢做这个事情。我想我们都一样，如果自己喜欢了，样样就会亲力亲为，甚至付出生命去做都愿意。所以说我做了这么多年的村委会主任。我也很喜欢做产品，很认真地去做，也做了一个系列。开始我也是做塑料挂钩，一部分是靠手工完成，看到村里的老乡都愿意回到村里来工作，于是我就在村里开发了粘钩这个产品，就是挂在墙壁上的粘钩，做得不错，公司员工发展将近有几百人，极大地解决了村民就业的问题。

就说做粘钩吧，其实小小的东西里面也有深奥的道理。我这个人很笨，但是我就想把这个粘钩做好做精，可用什么方式才能做到呢，笨鸟先飞，我们这里的老百姓也没有其他地方可去，就我这一个工厂。粘钩是手工做的，手工的东西说难也难，但是他们每天做粘钩，十年就做一个动作，那么这个动作绝对就是最经典的，就是这个道理。一个人做同样一个动作做三五千次乃至上万次，熟能生巧，况且又是认真负责地去做，不会做不好。我认为就是这么简单的道理。像我们十几年了一直做粘钩，所以我们就能把粘钩做到全国销量排名第一。

粘钩为什么能够做好，还有一个很重要的原因就是我喜欢这个产品。我把这个产品的细节做好、工艺做好，专业化地把这一条线做好，所以就会做到全国最好，还可以做到国外去。我做这个粘钩还是感到很自豪的，这可能跟我住在山里有关系，没有其他什么爱好，要么去山里走一走，要么就在厂里做事，就这两件事，所以很简单。很多人说我傻，说你有这么多的客户，为什么不再去做其他的东西，我说我这个人很笨，就想做粘钩，把粘钩做到最好就可以了。可是我现在不一样了，懂得多了。通过三年美丽乡村的建设，接触到各位老师，包括教授，在他们身边听了很多，逐渐感到我们村子还可以做得更好，还有许多事情要去做。我现在也变得更有信心了。

王：是抱负，是理想。

黄：对的。每个人都是我们的老师，只要理念、理想跟实际相结合就能发挥出更大的能量。说实在的，我在屿头这里的工厂是我的第一次创业。但我的第二次创业，有着更大的理想。我现在都是与有文化的人接触。我有意识地这样去做是考虑到我只是初中毕业，但我用的人学历都在本科以上，还有研究生。我现在开始搞 IT 和编程。开始的时候就是因为自己愿意学习，愿意去提高，意识到了自己需要的是什么。我想每个人都愿意自由一点，生活条件好一点，过得有乐趣一点。但我们还需要学习，需要努力，按照我们向往的方向努力去做。我从小就不喜欢读书，现在后悔了，最后悔的就是当初没好好读书。我跟所有人讲，这一辈子我最后悔的是当初没有读好书，包括以前一直都不尊重老师。但我现在对老师非常尊重，我觉得老师教育我们就像父母教育我们一样，我太需要文化知识了。从小不读书就出去打工，当然也是家里经济条件的原因，父母都是农民，从小只会教我们种田，所以我经常跟我们员工和孩子说，要珍惜现在的幸福，多读书总是好的。很多人大学毕业，也有很大的理想。所以我的公司一样重视他们，希望发挥好他们的作用。我相信我会把这个事情做好，就像美丽乡村建设一样，原来认为做不好，但事实上我们也做得很好。作为黄岩人我是骄傲的，所以现在我也想多做点事。政府对我很好，扶持我在黄岩模塑基地搞了一个设计公司，我花了半年来做这个事情。人家看着是设计公司，其实这是一个能够让有好想法的人发挥作用、发挥才干的地方。

美丽乡村刚开始建设的时候，我心里很清楚，国外的环境和国内的环境，还有我们农村的环境和城里的环境都是很不同的。所以那时候杨贵庆教授跟我们讲要如何做，我们都是持怀疑态度，不是我们不想这么做，而是我们觉得做不到，也没有这个能力去做。乡里也跟我们讲过建设美丽乡村，当时我也很激动，希望真能建成像国外的乡村那样美丽。我去过很多国家。开始的时候他们觉得我们村里没做好，我们却认为他们外面人没做好，其实只是双方沟通的问题。

我们村的老百姓肯定是有想法的。因为对老百姓而言，有没有收入直接关系到他们的生活质量。从美丽乡村建设开始，我也决定去搞好它。我29岁当上村委会主任，2008年开始我一直去国外考察，分析国外老百姓怎么生活，还有国外的发展趋向，中国与国外的关键差距到底在哪里。我去了很多国家，可以说全球发展较好的国家我去过百分之七十以上。我去那边考察，喜欢跟当地私人导游穿街走巷，不喜欢跟着组团的导游，只有这样我才能看得深一些。我一直这样认为，我们山里人与城里人不一样之处就是我们山里人更加会吃苦，因此我相信付出一定会得到回报。建设美丽乡村，我们是第一次做，却是认认真真把它一点点去做好的。刚开始的时候，老百姓都很反感。因为农民没有走出去过，更没有出过国门，在家里觉得生活已经很不错了，住在村里也感觉很好。老百姓的想法我心里是很清楚的，这需要引导，需要实干出来给大家看才行。我们从1.0版本开始做，真的把1.0做下来了。区政府、乡政府开会支持我们村里做这个事情，我们真的也就做成了。我们现在黄岩区的陈区长，那天在石狮坦村问我是哪个村的村委会主任，我告诉他说是沙滩村村委会主任，他立即问我："村委会主任，沙滩做得不错，你还有什么想法啊？"我说："陈书记，我是有理想的村委会主任。"陈书记问："那你的理想是什么？"我说正因为我有理想，所以我们在第一时间就做了美丽乡村。在做的过程中，我们有矛盾，但最后还是做下来了。老百姓看到的是我们改变了曾经沙滩村的环境。我自豪地认为，以前我们沙滩没有名气，现在通过我们这个美丽乡村的建设，起码台州已经有很多人知道我们沙滩村了。以前我们村被人瞧不起，但现在大家都觉得我们搞得很好。关于"乡下人"的说法，我以前很激烈地跟人家吵过。有次我从安徽回到芜湖，到湖边去洗衣服。那个老奶奶讲了一句话，她说我们山里人嫁到她们这里，人都长得不丑，但还是山里人。她说的那句"就是山里人"激怒了我，我很生气就对她说："我们山里人怎么了？你们城里人就不得了啦？"我就和她吵起来了，我觉得我们山里人一样也是有尊严的。而且我觉得山里人很纯洁，也很忠厚，最起码是很好客的。人家过来旅游，来玩，我们不收费，以礼相待。凡是来我们村玩的人都觉得我们村干净，觉得我们村里老百姓每个人都挺好。其实这评价比什么都好，就凭这一点，我相信我们能带动旅游，也相信这是件很自然的事情。

　　现在我们通过农村改革，创立民营企业，提高了我们村集体的经济收入。当然，我认为发展还在继续，还在一个阶段的过程当中。上个阶段从环境方面改变了村庄，下个阶段就应该从旅游的方向去努力去提高。所以，旅游到底怎么去做，如何让这一块使老百姓致富，这是关键所在。旅游其实拉动了我们整个村庄。我们以前办厂，让几个村致富了，而旅游能让屿头乡十几个村都致富，这无疑是一个更大的致富空间。所以我认为旅游是我们屿头乡必然会发展的一个趋向。再说我们水库，办厂本身需要谨慎，就怕污染。以前没办法，我们村以前是空心村，都是老人在家里，年轻人外出务工。但通过这几年村里办厂，很多人都回来了，这个村活了。讲讲我心里的话，如果通过旅游能真正带动致富的话，我们心里真的是太高兴了。关于"演太线"，那天早晨八点钟，我陪着陈区长、杨教授还有农办的几个领导人，从早上八点钟到下午三点半，一直走着去开路，开出了这条"演太线"。一路上，我们讨论着"演太线"的故事，希望把各方面资源都调用起来。这条线是非常有历史、有故事的，中间经过几个村庄，从头至尾差不多要走3个小时，风景好，环境也好。整条"演太线"启动了，在旅游当中会是一个很好的版块，起码能带动屿头乡的两个乡镇，甚至更多。总之，是要带动老百姓去实现致富的目标。

　　为了落实对水库水质的保护，可能周围的厂区都要拆除停业。我的心态有时候也在调整。通过学习、摸索，感觉很多的资源还在浪费着。怎么将旅游资源发挥出来，中国人的想法真的太多了。但我自己要去找商机，实现新的做法，才可能会提高和改变现在的状况。从环保要求开始提出时我就有想法了，我就想到村民要赶快往其他方向发展，因为我们必须生存，而产业转型中的风险会很大，即使不能在村里办厂了，我的心态也会很平衡。只要政府对我们有什么要求，我们一定会努力协调，做好工作。我也相信，政府绝对不会亏待我们。这么多年了，政府帮我们搞美丽乡村建设，从来也没有亏待过我们。那时候我们厂房很破，政府让我们改造，我们便立即做了改造，沙滩村百分之九十的人把所有的钱都投入了改造。当然我自己也一样，我把从创业到现在所有的资金全部投到了这里。至今我们仍然相信政府，尽力把迁厂和产业转型的事情解决好。我个人认为只要用心努力地去付出，商机永远是会有的，这是我自己对自己的要求。我在这里也学到了很多，虽然有人只看到眼前的利益，但是我认为做人要看得更远才好，这样才能让你找到真正的灵感，在这里我认为不办厂也照样有饭吃，也可以做得更好。

我们现在也做了几个新的项目，杨老师也和我沟通，看振兴学院是否能帮助我找到资源。有商机就要去做，去进行资源整合。在黄岩，我们有两个核心产业，一个是开发模具，一个是塑料日用品行业。我们是中国最大的模具供应商，也是最大的塑料日用制品供应商之一。在这个方面，我希望日用品这个产品提升档次，成为世界著名的中国产品。我认为我们中国人很强大也很聪明。产品一定要做到国际水准，我一直很自信，所以我相信只要我们努力，其实我们沙滩村乃至整个屿头乡，真的是有很多宝藏可以挖掘的。我们觉得农村里有的东西比城里的还好，有的东西他们也许都已经找不到了。

沙滩村在刚刚开始建设美丽乡村的时候，因为太破烂了，所以我们要把铁皮全部拆掉进行改造。因为改造，家里所有的钱都投了进去。现在就希望村里的厂子能够办得越来越好，所有经费又全部都投入到了厂子，家家户户都是一样。但现在又说不能办厂了，我当然知道他们的心情，让人揪心。有人怪我搞起了美丽乡村，把厂子毁掉了。我没吭声也没辩解。这样的压力是很大的，从检查环保指标到要求我们厂全部停掉，有人认为是美丽乡村建设把他们害掉的。我觉得这样的认识可以理解，但不是正确的。美丽乡村搞起来并没有把大家害掉，而是整个国家和民族改变的需要，而这个改变是没有错的。只是有人还没有理解，理解需要时间。我投了两千多万元下去，一辈子的钱，全部投在这里了，只要积极地想总会有办法的。

建设乡村振兴学院这个项目下来以后，我们确实看到了希望也体会到了政府一直在真正地为我们着想的心。从建一所乡村振兴学院开始，我便感到这件事的好处。我太高兴了，我一直在考虑我们怎么走出致富的路子。其实之前说的事，都比不过乡村振兴学院这件大事。乡村振兴学院关乎整个大局面，从我知道乡村振兴学院项目以后，马上就同意配合建造，因为对我们沙滩村来说，我相信任何东西都没有这个项目的利益转换得那么快，它一定会给村里各方面的发展带来帮助。所以，我那个时候非常激动，马上开会，村班子也全部同意。作为我个人来说，如果从有利的角度来看，我当然把办厂作为我唯一首先支持的事。但我作为村委会主任，我就绝对不会这样去想。我肯定首先支持建设乡村振兴学院。我把这个想法在村两班子会议上做了坚定的表达。我说乡村振兴学院必须做，因为这是一条很好的出路。如果我们不做这个的话，我们前面做的工作就等于零。我们从零变到一怎么变，相信乡村振兴学院能带动我们整个屿头乡变样。这事我们愿意去做，只要把这个做好了，整个屿头乡都会有名气，这是其一。其二，这么多的收入，这么多人进来，还有这么多的人为我们去传播，你想想看将来会有什么样的效果。所以在乡村振兴学院的建设中，我们的前期工作推进得非常快，包括我们村里的副村委会主任、副书记，各个人都很努力地去配合做这些工作。有了这个项目的进入，老百姓的情绪也慢慢平缓下来。虽然对环保检查有看法，但没有人有反对意见。我们一直讲，政府不会亏待我们的，只要我们有想法，努力去做，总是会有转机的。乡村振兴学院说今年9月份开学，虽然不一定能按时做到，但是到年底竣工是毫无问题的。

在美丽乡村现场教学，这是很好的做法，我个人是这样理解的。乡村振兴学院肯定会选择几门课，根据当地现实的情况进行现场教学。所以，我觉得这一堂课也会关系到我们村里如何来配合，所以我们肯定还要再提升乡村环境。将来可能将这个学院的影响拉得更长、更深、更宽，把每个村结合成一个中心，让人家感受到来这里学习的广度、深度和精度。

文献篇

记录历史　见证时代

中国村庄发展

WENXIAN PIAN
JILU LISHI　JIANZHENG SHIDAI

耕　　读　　致　　远

第一章 文件公告辑录

笔者在此辑录有关文件与公告，除了表明其在本书中被直接引用或作为撰写依据之外，还希望为读者提供一些重要信息的出处，以供读者求证相关问题。由于篇幅限定，所辑录的内容也只是相对具有说明作用的一小部分文件公告，大部分在本书行文过程中已经予以阐释。

一、中共黄岩县委、黄岩县人民政府印发《关于合股企业的若干政策意见》和《关于个体经济的若干政策意见》

《关于合股企业的若干政策意见》具体内容辑录如下：

1. 合股企业是指个人、集体和国家各自相互之间提供资金、实物、技术等生产要素，合股经营，实行共担的企业。

2. 合股企业应当对出资额、盈利分配、债务承担、入股、退股合股终止等事项，按照政策规定订立书面协议。

3. 合股企业依法经核准登记，在核准登记的生产经营范围内从事生产经营活动，可以自起字号，也可以乡、村集体经济组织的名义。

4. 股东投入的财产，由股东产生的股东委员会（或董事会）统一管理和使用。

5. 企业除了股东外，可以根据生产需要聘用工人。企业应当允许并鼓励工人向企业投资入股，企业支给工人的劳动报酬应不低于同类乡镇企业工人的收入。企业有责任保护工人的身心健康，尊重工人的劳动和创造精神。工人有享受国家规定的劳动保护的权利。其中包括养老金保险，企业资金利润率在 22.2% 以上时（含税前列支的 7.2%），工人的月养老金保险应控制在 10 元左右。

6. 合股企业必须建立健全财务会计制度，自觉接受行政主管部门的审计，按时照章缴纳国家的税收，按规定上交行政管理费、地方社会补助性开支（公共事业费）以及其他由政府统一规定的费用。企业应按规定提取各项专项基金，此项基金归股东与劳动者共有，按规定范围使用。

7. 合股企业中由股东投入的股金和企业以债券形式向社会、职工筹集的资金，均可以享受按银行一年定期储蓄存款的利率（7.2%）的利息，在税前列支。对债券形式的红利分配额仍按县政府有关规定不得突破。合股企业职工集资入股所得股金分红（包括税前列支的股息7.2%在内），在入股额15%范围内可以免征奖金税。

8. 合股企业经营获得的利润分配：凡资金利润率在22.2%以上的归股东共有，其中税前列支的股息7.2%，税后红利分配额7.8%免征奖金税。可按出资比例或书面协议的约定办法分配到股；资金利润率超过22.2%时，并有招聘工人的，其超过部分应提取一部分归工人共有，可按当年劳动报酬额计算到人。提取工人共有部分的比例，原则上要做到股金分红的增长幅度与工人的所得增长幅度同步，鉴于目前合股企业的实际情况，为保护集资人的集资积极性，提取的比例一般可掌握在30%左右。属于股份共有的利润，当年可提取的现金应控制在资金的22.2%以内，其余部分一般留存于企业作为新增股金用于扩大再生产，职工个人共有的利润不发放现金，把这部分资金投入股作为企业扩大再生产的资金。股东和职工所得利润作为股金投入，应享受其他股金同等的权利和义务。职工前五年其股金所分得的股息红利也一起投入生产，作为股金的扩大部分，职工占有股金以后，不应影响企业正常的经营活动。

9. 以乡、村集体经济组织名义兴办的合股企业，其税前提留的技术开发基金的50%和享受的国家减免税的收入应归乡、村集体经济组织所有，留企业使用，享受企业股金的同等权利和义务。

10. 由于集资人的集资享受国家规定的税前列支的优惠，企业在利润分配时，凡由利润转为股金的股息分配应按其税前列支比例的50%计算，其全年股息红利分配比原集资股金低3.6%。

11. 集资者原投入的股金，在不影响生产经营的前提下，经股东（或董事会）讨论同意，可以抽回部分或全部，但属于积累分红留企业委员会用于扩大再生产部分，有权分享股息红利，允许继承、转让，但不许提走。合股企业终止时可按股分配企业积累的财产和承担企业的债务。

12. 合股企业均应建立股东委员会（或董事会）成为企业的最高权力机构，由股东委员会（或董事会）聘任和罢免厂长，建立严格的经营责任制，对经营成绩显著者给予必要的经济和政治的奖励。职工较多的企业，要建立工会，保护职工的合法权益。

13. 乡、村党政组织要加强对合股企业的政治思想和行政领导，教育企业遵纪守法，帮助解决需要乡村解决的问题，对企业的经营活动要尊重企业的自主权。

《关于个体经济的若干政策意见》主要内容辑录如下：

1. 凡是个人或家庭占有一定数量的生产资料，独立从事工、商、运、建、服等业的生产经营，盈亏自负的个体工商业户和私人企业，均属个体经济。

2. 村民和城镇居民，在法律允许范围内，依法经核准登记，均可在核准登记的经营范围内从事经营。个体工商业户可以起字号、图章。

3. 个人经营者因经营需要可以聘用一定数量的职工。付给被聘职工的报酬应不低于同类集体乡镇企业工人的收入水平。

个人经营者应保护职工的身心健康，并参照集体乡镇企业的规定，给予一定的劳保福利。

4. 个人经营者必须建立健全财务会计制度，按时照章缴纳国家税收，按规定上交管理费、公共事业费以及其他由政府统一规定的费用。有证的个人经营者，可以向当地税务部门领取发票，直接使用。

5. 个人经营的企业因生产需要用地的，当地乡、镇、村（社）应帮助其适当解决。具体方法要根据互利原则，可以保利借用或作价入股，由双方协商确定。签订协议，并按用地规定办理报批手续。

6. 个人经营者经批准开业的，信用部门应允许其开户。生产经营资金有困难者，信用部门应根据可能，积极扶持，予以贷款。

7. 个人经营者的合法经营权和所有合法收入均受法律保护。不许以任何借口进行侵害。

8. 个人经营者在政治上与国有、集体经济的成员具有同等的政治地位，应受社会尊重，不得歧视。

9. 受聘于个体经济单位（企业）的职工，可以参加当地个体劳动者协会组织，聘用职工较多的个体经济单位（企业），可以单独成立个体劳动者分会（或小组），以保护个体劳动者的合法权益。这些企业所得的利润，超过资金利润率22.2%的部分，应提取一部分归职工共有，目前提取的比例以控制在超出部分的30%左右为宜。

10. 乡、村党政组织要加强对个人经营者的思想政治工作和行政领导，教育他们遵纪守法，帮助解决一些具体困难，要尊重他们的经营自主权。县有关部门要加强对他们的业务指导，并做好有关资料的统计汇报工作。

二、沙滩村村规民约

该村规民约于 2017 年 3 月 27 日经村民代表大会表决通过，以下是具体内容。

为了完善我村和谐生态村建设，维护社会经济稳定发展，加速农房改造工作，树立良好的民风村风，创造安居乐业的社会环境，经全体村民讨论通过，制定本村规民约。

一、村干部"五不能""六不宜"

1. 五不能：沙滩村两委干部候选人（自荐人）应当奉公守法、品行良好、公道正派、廉洁自律、热心公益，具有一定文化水平、服务能力强、带富能力强、群众信得过。根据选举办法：有严重违法违纪行为的人员，以及丧失行为能力的人员，不能确定为村级组织成员的候选人（自荐人），具体表现为以下五种情况。（一）被判处刑罚或者刑满释放（或缓刑期满）未满 5 年的；（二）违反计划生育未受处理或者受处理后未满 5 年的；（三）涉黑涉恶受处理未满 3 年的；（四）受到党纪处分尚未超过所受纪律处分有关任职限制期限的；（五）丧失行为能力的。如果出现上述"五种情况人员"当选的，当选无效。

2. 六不宜：煽动群众闹事、扰乱公共秩序的；有严重违法用地、违章建房行为拒不整改的；长期外出不能正常履行职务的；有辞职承诺情形而又不主动辞职的；先锋指数考评中被评为不合格党员的；道德品质低劣，在群众中影响较坏的。以上"六种情况人员"不宜当选为村干部。

二、社会治安

1. 每个村民都要学法、知法、守法，自觉维护法律尊严，积极同一切违法犯罪行为作斗争。

2. 村民之间应团结友爱，和睦相处，不打架斗殴，不酗酒滋事，严禁侮辱、诽谤他人，严禁造谣惑众、拨弄是非。

3. 自觉维护社会秩序和公共安全，不扰乱公共秩序，不阻碍公务人员执行公务，不参加一切邪教。

4. 严禁偷盗、敲诈、哄抢国家、集体、个人财物，严禁赌博，严禁替罪犯藏匿赃物。

5. 严禁非法生产、运输、储存和买卖爆炸物品；经销烟火、爆竹等易燃易爆物品须经公安机关等有关部门批准，不得私藏枪支弹药，拾得枪支弹药、爆炸物品，要及时上缴公安机关。

6. 爱护公共财产，不得损坏水利、道路交通、供电、通信、生产等公共设施。

7. 严禁非法限制他人人身自由或非法侵入他人住宅，不准隐匿、毁弃、私拆他人邮件。

8. 严禁私自砍伐国家、集体或他人的林木，严禁损害他人庄稼、瓜果及其他农作物，加强牧畜看管，严禁放养猪、牛、羊，严格木材审批制度，做到先批后伐，否则不得砍伐。

9. 如发生偷盗他人农作物行为的，现场抓获并证据确凿，在要求归还赃物的同时，按每株 200 元处以罚款。

对违反上述社会治安条款者，触犯法律法规的，报送司法机关处理，尚未触犯刑律和治安处罚条例的，由村委会批评教育，责令改正。

三、计划生育

1. 全体村民要把计划生育工作作为头等大事来抓，严格落实一年二次"三查"，自觉落实长效节育措施，做好流动人口管理；

2. 严禁违法生育，严禁非医学需要时进行胎儿性别鉴定与非法引流产，严禁非法领养、带养；

3. 严格实施资源捆绑，对不符合条件者，本村停止出示相关证明，包括木材、建房审批等，同时不得享受本村优惠政策；

（1）违法生育对象未征收社会抚养费，该户不得申办农家乐、不享受村医保优惠政策，如该户为农家乐经营者，则暂停统一安排客源、统一对外宣传；

（2）违法生育夫妇不享受村新农合免费参合政策。

全体村民共同把关，对违法生育现象绝不姑息，从严处理。

四、消防安全

1. 加强野外用火管理，严防山林火灾。一旦发生火灾，全体村民迅速扑火，把灾害损失降到最低。

2. 家中用火时，做到人离火灭，严禁将易燃易爆物品堆放在村内，定期检查，及时排除各种火灾隐患。

3. 加强村中防火设施建设，定期检查消防池、消防水管和消防栓，保证消防用水正常。

4. 对户（村）内的电线要定期检查，损坏的要请电工及时修理、更新，严禁私拉乱接电线。

5. 农家乐经营户开店经营户，必须每月对灭火器检查一次，发现问题及时更正，同时，对户内电线、电话线、电源开关进行检查，每年按时参加防火培训，掌握防火知识，堵截火灾隐患。

6. 加强村民尤其是少年儿童安全用火用电知识宣传教育，提高全体村民消防安全知识水平和意识。

五、村风民俗

1. 提倡勤俭节约，反对铺张浪费，不听、看、传淫秽书刊及音像制品，树立良好的民风、村风。

2. 不装神弄鬼，不搞封建迷信活动，不参加邪教组织，抵制邪教活动。

3. 积极开展文明卫生村建设，搞好公共卫生，加强村容村貌整治，严禁随地乱倒垃圾、秽物，修建房屋余下的垃圾碎片应及时清理，柴草、粪土应定点堆放。

4. 全体村民必须积极配合做好村"三改一拆"①工作，建房应服从村庄建设规划，大力支持农房改造工程。经村委会和上级有关部门批准，统一安排，发给准建证，不得擅自动工，不得违反规划或损害四邻利益，做到无违规建设。

违反上述规定的给予批评教育，要求责任人出具检讨书，情节严重的交上级有关部门处理。

六、邻里关系

1. 村民之间要互尊、互爱、互助，和睦相处，建立良好的邻里关系。

2. 在生产、生活、社会交往过程中，应遵循平等、自愿、互惠互利的原则，发扬社会主义新风尚。

3. 邻里纠纷，应本着团结友爱的原则平等协商解决，协商不成的可申请村调解委调解，也可依法向人民法院起诉，树立依法维权意识，不越级上访。

---

① 自 2013 年至 2015 年，浙江省在全省深入开展旧住宅区、旧厂区、城中村改造和拆除违法建筑（简称"三改一拆"）三年行动。

七、五水共治

搞好五水共治、清洁家园、和谐乡村是当前社会一项重大决策，全体村民必须时刻注意清洁卫生，做好五水共治工作。村成立五水共治领导小组，实行河长制，由书记、村主任直接负责对全村分段包干落实责任，并定清洁工两名，每日打扫，包括将池塘、村道、厕所、绿化带广场均列入保洁范围，并把清理打扫出的垃圾运到垃圾分拣站分类焚化。村内垃圾日产日清，无存量垃圾，村庄内外保持清洁，不留死角，各村民把室内外打扫出的垃圾有序倒在垃圾桶内，不得随意乱倒乱丢。

八、婚姻家庭

1. 遵循男女平等、尊老爱幼的原则，建立团结和睦的家庭关系。

2. 遵守《婚姻法》，男女青年结婚必须符合法定结婚年龄要求，提倡晚婚晚育。

九、附　则

1. 本村规民约由村党组织和村民委员会负责解释。

2. 本村规民约自村民会议通过之日起施行。

三、沙滩村忠应庙内部管理制度

为切实加强道教活动场所管理组织和人员管理，提高场所制度化、规范化管理水平，按照《宗教事务条例》和《浙江省宗教事务条例》相关规定制定本制度。

1. 场所管理组成员经民主协商推荐产生，并报区协会备案。管理组每届任期5年，主要负责人任职年龄原则上不超过70周岁。管理组成员要严格执行本场所的规定，负责场所日常管理，执行会计、治安、消防、档案、文保、卫生防疫等工作。

2. 场所管理组要组织场所工作人员和信众，举办时事政策、消防安全、卫生防疫、财务管理等方面的知识培训，提升场所管理水平。设立政策法规宣传栏，开展法律法规和政策宣传。

3. 场所教职人员和管理人员必须在法律法规允许的范围内从事宗教信仰活动，坚决抵制和防范邪教、封建迷信活动在场所内举行，并不得影响周边村民的生产、生活。

4. 不得擅自举办大型和非常规宗教活动，按有关规定审批通过后才能进行。

5. 场所的修缮、改建、扩建和迁建，由管理组（相应区级协会）按规定程序，报相关部门审批后实施，做到不违章、不乱搭、不乱建。

6. 热心社会公益事业，引导信众与社会主义社会相适应。不得利用场所进行破坏国家统一、民族团结、社会安定、损害公民身心健康的活动。

7. 保持场所环境优美、肃穆庄严、整洁卫生，不影响周边居民的生产生活秩序。杜绝在场所内打牌、搓麻将等行为。

8. 场所对外来人员要进行实名登记。凡来场所居住的人员，必须持本人身份证等相关证件进行登记。

9. 自觉接受当地政府及有关部门的指导、监督和检查。

四、沙滩村忠应庙财务管理制度

为规范道教活动场所财务行为，加强财务管理和监督，维护场所和信众的合法权益，根据《中华人民共和国会计法》《宗教事务条例》《浙江省宗教事务条例》《民间非营利组织会计制度》和《宗教活动场所财务监督管理办法》等有关法律法规，区道教协会特制定本制度。

1. 全区道教活动场所财务统一纳入黄岩区道教协会财务信息化管理中心（下文简称"财务中心"）会计代理。

2. 道教活动场所财务管理继续实行以场所为主体的资产所有权不变、资金使用权不变、财务审批权不变、核算单位不变、监督机制不变的"五不变"管理模式。

3. 场所财务管理实行六统一。一是制度统一，即严格执行法律法规相关规定和本财务管理制度，全面落实财务预决算、货币资金、财务审批、收支结报、资产物资和票证建档，保证场所资金运行有序、使用得当。二是统一票据，即必须使用统一印制的"黄岩区道教协会场所专用收款凭证"，严禁使用场所自制或购买的票据。三是统一审核，即财务中心会计对场所上报的财务收支逐一审核，对符合财务制度的予以记账，不符合的予以退回。四是统一记账，即按分类科目记账。五是统一公布，场所财务收支、财产、设备、暂收暂付款等项目，出纳应定期向财务中心报账，财务中心反馈给场所后，张贴在财务公开栏，接受信众监督。六是统一建档，实行一档一锁，配置防火、防盗、防潮等设施，妥善保管，确保财务档案规范有序、安全完整。

4. 场所土地、建筑物、神像、设备等必须造册登记归档。

5. 场所所有收入必须入账。场所法事、乐助、点烛、做月节、宵食、拾荒等收入均应做到一收一付，绝不允许设立小金库。

6. 收款收据管理必须规范。按黄道协〔2014〕5号文件规定，收款收据盖场所专用财务章或公章后交专人保管，出纳领一本用完后交负责人审核，无误后归档，再领一本。出纳应按收据内容规范填写，签上收款人完整姓名，发票金额大小写相符，大写前后无具体数目的必须写上"零"，完整开票。

7. 规范经费支出。各场所应成立财务管理小组，由3至5人组成，场所负责人任组长。支出1000元以上的须由财务管理小组讨论决定。赞助村镇道路建设、救助困难户、助残助学等公益性支出在10000元以上的报区道教协会备案。

8. 开支报销一般应使用正式发票入账。不得使用白条子抵账。菜金支出应列出清单。报销有票据要有经手人、验收人（证明人）签字，负责人一支笔审批后方可入账。支出2000元以上的须有管理组全体成员签字。

9. 场所一把手和出纳不得参与购买财物与蔬菜，不得参与购物和香烛买卖。

10. 收支必须做到公开、透明。出纳应做到日清月结，账目清楚，每月向财务中心报账一次，每季财务收支公开一次。当月无收支的场所实行"零"报账。

11. 场所必须开设银行账户，将资金存入账户。库存现金不得超过1000元。禁止将场所资金存入个人户头，不准外借。

12. 场所自觉接受当地政府及上级有关部门的检查、指导和监督。

六、沙滩村忠应庙治安管理制度

为加强道教活动场所治安综合治理，确保信众和场所财产安全，根据《中华人民共和国治安管理处罚法》《宗教事务条例》《浙江省宗教事务条例》等有关规定制定本制度。

1. 场所主要负责人为治安第一责任人，对场所的治安工作全面负责。

2. 建立治安工作组织，制订治安工作方案，落实治安工作任务，配置安全防范设施。

3. 举办宗教活动期间，要严格落实安全防范措施，加强场所内外巡逻，确保信众人身财物安全，防止被盗、被抢等事件的发生。

4.广泛开展法律、法规和法治宣传教育，使信众自觉遵纪守法，敢于同坏人坏事作斗争。

5.严禁任何人在场所内从事邪教、封建迷信、赌博等非法活动，不得制造谣言、蛊惑人心、扰乱治安，情节严重者报公安机关查处。

6.加大人防、物防、技防力度，对贵重物品要重点进行存放。贵重物品存放点要安装防盗窗、防盗锁、防盗门。保证视频联网应用正常开展。

7.夜间人员较少的场所，留守和住宿人员要增强自我保护意识，夜间要关好门窗、上好门锁，发现问题要保持清醒头脑，灵活应对。

8.落实场所内部财务管理制度，加强对管理人员的教育管理，推进场所民主管理和规范化管理，及时化解场所内部矛盾纠纷，防止发生治安案件。

9.严格落实外来人员管理措施，切实加强安全防范工作，外来人员出入、公物进出要登记，防止不法分子混入信众中寻机作案。对形迹可疑人员，要及时报告处置。

10.自觉接受当地政府及有关部门的指导和监督。

七、沙滩村忠应庙消防安全管理制度

为切实预防和消除宗教活动场所消防安全隐患，保护广大信众和场所的生命财产安全，维护社会稳定，按照《中华人民共和国消防法》《宗教事务条例》和《浙江省消防条例》《浙江省宗教事务条例》等有关规定制定本制度。

1.认真贯彻"预防为主、防消结合"的方针，按照《安全防火管理制度》的要求，做好消防安全管理工作。

2.场所主要负责人为消防安全第一责任人，定期组织管理组成员学习消防安全知识，提高人员安全防范意识，增强消防应急处置能力。每年至少开展一次消防疏散演练。

3.严格落实消防安全管理责任制，建立并明确报警电话及火警119、火情报告制度、交接班制度、奖惩制度，确保场所安全工作制度化、规范化。

4.场所内要配备义务安全管理员，并明确责任人。要加强每日巡查，经常对安全情况进行检查，及时发现存在的安全问题，积极采取有效措施，将各类安全隐患消灭在萌芽状态。

5.场所内的电器、电灯、电线要安装规范，不得随意拉接电线，以防意外事故的发生。

6. 要完善防火设施，场所内按规定配备消防安全器材，设置消防池、消防砂、消防水管等消防设施。场所管理人员要提高自防、自救能力，懂得消防器材的性能和使用方法，遇到紧急问题，人人都能及时处理。

7. 消防设备和电气线路要专人负责管理，定期进行检查，对已老化、破损的消防设备、电气线路要及时进行维修更换。非火警时，任何人不准擅自动用消防器材，对造成严重后果者将追究相应责任。

8. 倡导文明敬香，场所要严格控制明火，禁止使用大蜡烛，焚香、点烛、烧纸必须在香炉、灯山上进行。香炉、灯山要设在安全地带并有隔离措施，同时要有专人看管，做到人去火灭。

9. 严禁任何组织和个人在危房内从事各类活动。场所内建筑如年久失修、发生破损，要及时向住建部门提出危房安全鉴定申请。根据鉴定结果，确属危房的，要在依法办理相关手续后进行修缮或拆建。

10. 场所内电瓶车按要求规范停放。

11. 自觉接受当地政府及有关部门的指导和监督。

八、沙滩村忠应庙档案管理制度

为切实加强道教活动场所档案的规范化管理，确保各种资料的连续性与完整性，按照《中华人民共和国档案法》《宗教事务条例》《浙江省宗教事务条例》《浙江省实施〈中华人民共和国档案法〉办法》等有关规定制定本制度。

1. 提高对建立和管理档案重要性、必要性的认识，落实专人管理档案，明确档案管理责任，配备必需的档案管理设施。

2. 档案的内容包括管理组织人员档案，场所史料，各种审批表，重大事件的记载，文物的有关情况，会计凭证、会计账簿、财务会计报告和其他会计资料，以及其他应该归档保管的材料，并保证档案的真实性、完整性、连续性。

3. 档案专管员要严守纪律，认真做好场所的有关档案收集、登记、清理和管理工作。

4. 场所每年形成的档案，应该按照归档要求，认真汇总、分类、整理、立卷、编制装订成册，归档存放。

5. 归档的档案不得随意出借，不得随意翻阅。如有特殊需要，须经场所负责人同意后方可查阅或复制。查阅、复制要办理登记手续，严禁在档案上涂画、拆封和抽换。

6.档案要视其重要程度和保管期限，分为永久和定期两类，保管期限按照有关规定办理。

7.保管期满的档案需要销毁时，可以按照规定予以销毁，但必须要有档案销毁清单，专人负责监督。

8.自觉接受当地政府及上级有关部门的指导和监督。

九、沙滩村忠应庙环境保护管理制度

为保护和改善道教活动场所日常活动环境，保障信教公民身心健康，按照《中华人民共和国环境保护法》《浙江省环境保护条例》《宗教事务条例》和《浙江省宗教事务条例》等有关规定，制定本制度。

1.建立环境保护管理小组，制定环境保护责任制，明确分工，责任到人。

2.开展经常性环境保护宣传教育工作，普及环境保护的科学知识，提高人员环保意识。

3.场所必须有符合国家规定的采光、照明、通风的条件，有防腐、洗涤、防水、排放、存放垃圾和废弃物的设施。

4.厕所要通风、清洁，保持无臭、无蝇、无污垢，化粪池要按环保标准设置。

5.根据场所环境特点，加强园林、绿化建设，美化环境。

6.场所内参加活动的信众和参观游览的群众，均应做到行为举止文明，语言谦虚礼让，爱护公共财物，维护环境卫生，保护文物古迹。

7.列入文物的物品要登记造册、存档，并报有关部门备案。凡属文物保护的历史建筑和可移动文物，要配备防盗、防火等安全设施，并落实专人负责安全工作。

8.自觉接受当地政府及上级有关部门的检查、指导和监督。

十、沙滩村忠应庙卫生防疫管理制度

为确保信众的身体健康与生命安全，按照《中华人民共和国食品卫生法》《公共场所管理条例》《宗教事务条例》和《浙江省宗教事务条例》等有关规定，特制定本制度。

1.建立卫生防疫小组，负责制定卫生防疫责任制，定期组织学习卫生防疫知识，进行卫生防疫宣传教育。

2. 场所必须配备卫生管理人员，卫生管理员一般由场所管理组成员兼任，主要负责场所的卫生防疫和食品采购工作。采购的食品应当无毒、无害，符合应有的营养要求。

3. 食堂工作人员，每年要体检一次，身体合格方可上岗。上班时要穿戴工作服（帽），作业前要剪指甲、洗手，随时保持个人清洁。

4. 食堂不得使用变质、过期的食品原料，用水必须符合国家规定的城乡生活用水卫生标准。餐饮用具做到"一洗、二刷、三冲、四消毒、五保洁"，未经消毒的餐具不得使用。

5. 场所内的环境卫生要责任到人。厨房内做到清洁无油腻，物品堆放要整洁，定期灭除蚊蝇、蟑螂。房间内要经常通风换气，保持空气畅通。

6. 外界如发生可能造成严重损害社会公众健康的重大传染病疫情或群体性不明原因疾病时，场所管理组织要采取必要、及时的措施予以防范。场所内发生重大食物中毒及其他严重影响公众健康的事件要及时上报。发现传染病患者，要做到一隔离、二上报、三消毒。

7. 自觉接受当地政府及有关部门的指导和监督。

十一、沙滩村文物保护管理制度

按照《中华人民共和国文物保护法》及其实施条例、《宗教事务条例》和《浙江省宗教事务条例》，制定本制度。忠应庙及社戏广场按以下制度管理：

1. 场所应认真学习、宣传、贯彻国家文物保护法规，切实加强文物保护和管理意识。

2. 场所对列入文物的物品一律进行登记造册、存档，并报主管部门备案。

3. 场所对文物要制订相应的保护措施，设立防盗、防火、防毁等安全措施，并派专人负责保护。

4. 场所进行活动时，注意保护文物，严禁损毁和改变文物原貌。

5. 场所如遇扩建、拆建、迁建，凡涉及文物的，必须制定文物保护措施并征得文物主管部门认可。

6. 场所文物未经批准，不得允许任何单位和个人拍照、录像和拍电影。

7. 场所的文物保护工作接受文物保护部门和相关部门的指导和监督。

第二章　其他相关材料辑录

　　本项目研究实证了源远流长的中华耕读文化至今仍然具有强大的生命力，并且在耕读文化的深入挖掘、创造性转化方面，仍然有很大的空间与可持续发展的前景。对于城乡文化传播、城乡一体化建设而言，中华耕读文化的传承与发展仍然是不可颠覆的根基。以下所辑录部分文献材料为我们提供了沙滩村村民干部在耕读文化传承与发展，勇于改革创新方面的原始可考档案，是不可多得的珍贵文化财富。由于篇幅的限定，所辑录的内容也只是少量的部分，希望能够帮助和见证沙滩村的改革发展。另外，数十本"沙滩村会计总账册"主要用于研究分析沙滩村历年的经济发展状况，而族谱主要用来考证和研究以黄氏家族为主体的沙滩村的人文历史等，均已在本书各章节之中进行解读，在此不再重复辑录。

一、黄岩长潭水库

　　1993年，黄岩市长潭水库管理局编制了《黄岩长潭水库志》一书，经台州市文化局批准，予以内部发行。现辑录该书的"概述"部分如下。

　　长潭水库位于浙江省黄岩市西部永宁江上游，因大坝建在长潭而得名。水库是以灌溉为主，结合防洪发电，多年调节的大型水利工程。1958年7月23日和8月18日，分别经浙江省人民委员会和中共浙江省委批准兴建。1958年10月正式动工。1960年2月大坝堵口拦洪。1962年7月开始向灌区供水，除水电站外，水库工程于1964年底完工。

　　长潭水库，由浙江省水利水电勘测设计院设计，1963年12月经国家水利部批准。水库集雨面积441.3平方千米，大坝为黏土斜墙砂卵石坝，坝顶长506米，高35.5米，坝顶高程43米，顶宽6米，设计最高洪水位42米，总库容6.91亿立方米，兴利水位36米，相应库容4.57亿立方米，正常高水位的蓄水面积30.5平方公里。水库按百年遇洪水频率设计，千年一遇洪水频率校核。

长潭水库主体工程，除大坝工程外，还有引水隧洞条，长 214 米，洞径 4.5 米，进口底高程 11 米，正常引水能力为 53 立方米每秒。有溢洪道一条，总长 575.72 米，溢洪堰顶高程 36 米，最大泄洪能力为 1700 立方米每秒。有泄洪洞条，长 277 米，进口底高程 23 米，洞径 5.5 米，最大泄洪能力为 295 立方米每秒。有灌溉总干渠一条，长 15 公里，输水能力为 45 立方米每秒，总干渠以下为灌区干支河渠，干渠 4 条，总长 192.25 公里。灌区范围有黄岩、温岭、椒江、临海三市一县，计 115 乡（镇），受益农田 104.27 万亩，防洪受益农田 28 万亩。水库还有隧洞引水式水电站一处，1965 年动工兴建，次年开始安装机组；1967—1977 年，1、2、3 号 3 台机组投入运行，现有装机 4 台，功率为 9995 千瓦，年平均发电量为 2000 万千瓦时。

长潭水库建成后，充分发挥工程的社会效益。在灌溉方面，极大地提高了温黄平原农田的抗旱能力，建库前 1961 年平均抗旱能力 36 天，建库后提高到 70 天以上，每年平均向灌区供水 4.32 亿立方米用于农业灌溉；还经常向灌区补充工业生产和居民生活用水。28 年来，水库共向灌区供水 121.14 亿立方米。灌区粮食平均亩产从 327 公斤，提高到 859 公斤。在抗洪、防洪方面，也发挥了巨大威力，多年来拦蓄了历次洪水，调节削减洪峰流量，减轻下游涝区灾害。1990 年 9 月曾有 4 次台风，库区连续降雨 1077.5 毫米，水位从 30.94 米升到 38.09 米，水库削减洪峰流量 1100 多立方米每秒，减轻了下游洪涝。电站并网运行 20 多年来，为电网供应廉价电能 417 亿千瓦时，对促进灌区城乡工业发展和满足人民生活用电起到明显的作用。

长潭水库的建成，是党和各级政府加强领导，黄岩人民付出巨大劳动得来的，是社会主义制度优越性的显示。大施工正遇三年国民经济困难时期，县委多次抽调数以万计的民工集中于工地，在工地党委的领导下，以自力更生、艰苦创业和愚公移山精神，迎风霜、斗雨雪，不顾严寒酷暑，白天黑夜，战胜重重困难，历经六个冬夏，共投入劳力 855 万人，完成 720 万立方米的土石方开挖、填筑和 4 万多立方米混凝土浇筑。用去水泥 13250 多吨，钢材 1100 多吨，木材 10700 多立方米，国家投资 2837 万元。

大施工中，省委、省人委以及地、县委领导，多次来工地检查指导。1960 年 8 月在抗洪抢险时，省委及时调动"三江"（富春江、新安江、瓯江工程局）人员和人民解放军支援长潭水库抗洪保坝。温州地委书记杨心培，县委书记吴书福，省水利厅长王醒等亲临工地指挥抗洪抢险。1961年3月，省人委决定派瓯江水电工程局支援长潭水库建设。4月，瓯江水电工程局党委领导带领1300多名干部、职工来到长潭工地，投入紧张的施工，为期一年。

每遇长潭水库施工关键时刻，县委书记吴书福带领县委常委和有关部门领导来工地，及时解决施工中的困难。县委副书记贾俊才亲驻工地，一度担任工地施工的总指挥。县委、县人委的部、委、办、局领导，根据县委指示，分批被派到工地兼任领导职务。

在长潭水库恢复大施工后的几年里，领命担任工地党委书记和施工指挥的安郁林，在艰苦环境和困难条件下，以身作则，忘我工作，组织并带领工地干部、职工和广大民工，团结奋斗，克服各种困难，完成工程建设的艰巨任务。

水库建设前期，国家水利部技术委员陆克铭来长潭审查设计。省水利厅和省水电勘测设计院的领导和工程技术人员，为长潭水库工程的勘测、钻探、规划、设计，做了大量的工作，付出了辛勤劳动。省水电勘测设计院驻长潭水库代表兼施工技术总指导高肇俭工程师，参加长潭水库设计和施工全过程，历时达5年之久。在施工中，他忘我工作，认真负责，对工程质量严格把关，保证工程质量。

施工过程中有63位民工因工、因病死亡，还有67位民工因工致伤、致残，全县人民在三年困难时期承担这样大的工程建设，付出了巨大的人力、物力和财力，为社会主义建设和造福后代树立丰碑。长潭水库建成后，乌岩、宁溪、头陀三个区7个乡（镇）53个村近3万亩农田被淹没，为建库而移民的有6760户，25913人。自1959年开始至1990年，他们先后分6批陆续迁出库区，安置在受益县市各地，在异乡客地重建家园。

长潭水库1965年转入管理，同年5月成立长潭水库管理处，配备管理人员，确定管理处为县级全民事业机构，属台州专署管辖。不久，"文革"开始，给长潭水库正常的管理和电站建设带来严重影响，一度处于瘫痪状态。

1977年7月，水库管理体制下放黄岩县属，改处为局，次年上级决定把原长潭林场、渔场划归水库管理局。在县委、县政府的领导下，一面抓工程管理，更好地发挥水库的社会效益；一面抓好经营和库区开发，使水库在发挥社会效益的同时增加自身的经济效益。

长潭水库灌区自1966年起计收水费，1969年起受益区每年提供水库管理局水费总额为13万元，到1986年调整收费标准，灌区交水库全年水费38万元，

1987 年增到 63.4 万元，1989 年 86.2 万元。

水电站运行以来，年供电收入平均约 60 万元；1987 年实行核定供电基数超基数加价和峰谷电价后，电费收入增加。

目前，水库养鱼面积 3 万亩，自 1978 年以来平均年放养鱼种 150 万尾，捕获成鱼 19.35 万公斤，收入 30 万元。渔场 1984 年起转亏为盈。1983 年征收库区原移民村的集体山林 34400 多亩。几年来，林场根据库区土地资源和地形条件，进行有计划的开发利用，至 1990 年，已开发种植柑橘 500 多亩，枇杷 40.86 亩，杨梅 800 亩，葡萄 15 亩，年产水果 15 万公斤。

近几年来，在党的十一届三中全会的方针路线指引下，局党委和行政领导依靠广大职工，不断改革，敢于创新，在工程管理、水库运用、综合经营方面，取得较好成绩。1986 年以后，年平均经济总收入 410 多万元，年平均利润 109 万元。

水库建成后，经过 20 多年的兴利、开发、绿化造林和全面管护，库区独特的小气候和新的生态环境已经形成。近几年来，已见群雁、白鹤在库内栖息，引起市内外游人玩赏的兴趣。

但是工程建设中的遗留问题和管理工作上的不足，影响工程效益的充分发挥：首先，水库作为温黄平原水利主体工程项目，已发挥效益，但配套项目永宁江治理工程至今尚未兴办。水库蓄水拦洪后，永宁江淤涨加速，导致当地农户争地围垦，致使永宁江泄洪能力大幅度下降；其次，库内 38 米高程以下的移民尚未全部迁移，淹没区 32 米至 36.5 米高程内的土地，水库汛限水位 32 米至 84 米，故随着水位上升土地常受淹没，库区的村民不断来访，要求赔偿，影响社会安定。这些问题，使水库既不能充分拦洪蓄水，有效地调节洪峰和蓄水抗旱，又不能按计划或指令进行泄洪。

此外，水库上游的黄岩铅锌矿的开采、洗炼，造成了水质污染。

水库竣工后，至今尚未验收，防洪保坝工程还未实施，大坝 36 米高程以上未经长期蓄水考验，如遇特大洪水，安全还将受到威胁。

二、黄希旦神俊英勇救火的故事

故事一：在黄岩屿头乡柔极溪畔的沙滩村，有一座远近闻名的古庙叫"黄太尉殿"，后来改叫"忠应庙"。庙内曾有一副对联"丈夫无命欲如何年未弱冠，男儿生世不得志死亦封侯"，说出了忠应庙的来历。忠应庙供奉的显顺尊王姓黄名希旦，字仲鲁，生于宋代，受历朝帝王封赠。宋宝庆年间（1225—1227），赐额曰"忠应"。宝祐年间（1253—1258），赐黄希旦谥号为显灵。明永乐又加封他为"显顺尊王"。

显顺王是一位救火英雄。少年父母早亡，靠兄嫂抚养长大。他聪明伶俐，刻苦学习，十分优秀。一天中午，酷暑难忍，显顺伏在桌上呼呼大睡，额头上渗出黄豆大的汗珠。先生以为他劳累过度，就让他再睡一会儿。

他醒来后，先生问他："你为何这样会睡？"

显顺回答说："我刚从皇宫扑火回来。"

先生说："你胡言乱语，我明明看见你伏在桌上睡。"

"如不相信，门外有一根被火烧焦的椽，回来时还掉了一只鞋。"

先生到门口一看，真的有一根被火烧焦的椽，又见他脚上少了一只鞋，半信半疑，没有再追问。

却说当日，临安皇宫确实发生火灾，火光冲天，全城官兵百姓均投入灭火，可是烈火仍越烧越猛，皇帝和大小官员都十分焦急。这时，只见一个十六七岁的青年在墙头奋力灭火，不一会儿，大火被扑灭了。这时，又见青年手提一根椽向南天奔去，一只鞋从空中掉下来。

事后，皇帝念青年扑火有功，派使者四处寻找这位救火英雄。谁知显顺魂赴京城救火，回来后因劳神过度得了重病，医治无效而仙逝升天。他的遗体被葬在黄岩沙滩村岩塌上。

皇帝遣特使来到这里，带来了显顺掉落的那只鞋。显顺的嫂子认得这是她亲手做的，见物思人，放声大哭。从那时起，每逢农历十月初一显顺王诞辰之日，当地乡民都要办寿礼，演社戏，各地商贾、江湖艺人也会云集柔川黄希旦出生地，以示庆贺，热闹非凡。该传统留传至今。

故事二：相传太祖爷原是屿头乡沙滩村人，家住沙滩村的下凤岭脚，名叫黄希旦，字仲鲁。黄太祖幼年在文馆读书，天资聪明，过目不忘，好学上进。但放学回家吃饭有早有晚，为了防止坐等吃饭而浪费时间，他告诉大嫂：以后用灶间火钳敲响就是告知开始烧饭了，锅盖敲响就是可以过去吃饭了。于是，大嫂就遵照小叔的吩咐，每次都按时吃饭，不再浪费他的读书时间。黄太祖少年时就有神力，常常挑一些巨竹一握即碎。

南宋时，有一天黄太祖随父亲去临安（今杭州），遇到皇宫起火，火势凶猛，黄太祖就奋力勇猛地救火，直到将大火扑灭为止。但黄太祖回家后不久就夭折了，年仅 18 岁。

黄太祖临终前曾告诉家人，我死后，要把棺木从下凤岭脚向西乘山脚扛，如有大风起，棺材杠断在什么地方，就把我安葬在什么地方。家人听从其生前吩咐，当棺材扛到现在的庙地，突然刮起了大风，棺材断裂，于是乡人就在此处建墓立祠，将黄希旦供奉在此。

当年，皇宫大火扑灭后，皇帝传旨要奖赏救火有功人员，各官员及民众纷纷反映当时救火时只见一青年东奔西跑，不顾自身安危扑灭大火，是第一有功之人。可是到处寻找却找不到这位救火的有功少年。差官追踪到台州黄岩柔极（今屿头乡），查明救火少年就是黄希旦后回禀皇帝，禀报救火有功之人黄希旦已经夭折。皇帝听后感到非常悲痛，于是在宋宝庆年间赐了匾额"忠应庙"，宝祐年间敕封黄希旦为显灵侯。

三、农谚

三年不选种，产量要落空。不养猪和牛，田土像石头。

种田不除草，肚皮呒得饱。人误地一时，地误人一年。

种田勿好一季，嫁人勿好一世。孩子不教不成人，庄稼勿爱呒收成。

一株稗草一餐粥，百株稗草一担谷。一担河泥一把谷，二担河泥吃餐粥。

立春晴一晴，雨水会调匀。春风割人肉，春水好洗浴。

立春晴，雨水匀。

初二落雨塘底坼，初三落雨岩晒呱。

上半月望初三，下半月望十四，未过惊蛰响雷霆，一日落雨一日晴。

正月上八晴，可望好收成。

晴在正月念（廿），家家吃麦面。

久晴必久雨，冬暖必春寒。

三夜霜，暖如汤。

未过惊蛰响雷声，一日落雨一日晴。

青蛙叫在惊蛰前，燥田变成烂糊田。

春雾雨，夏雾火，秋雾风，冬雾雪。

雨打清明节，晴到夏至歇。

雷雨头，汰浪脚。斗风雷雨顺风汰。

乾星照湿地，落雨落弗忌。久晴望戊雨，久雨望庚晴。

清明断雪，谷雨断霜。小满不满，芒种勿管。

十日雨涟涟，高山也是田，若要谷价平，四季甲子都要晴。

瓦块云，热死人。山头戴帽雨水到。

夜雷三日雨。

鱼鳞天，不雨也风颠。

蜘蛛结网，久雨必晴。

盐缸返潮，大雨难逃。

蜜蜂出窝天放晴。鸡勿进窝阴雨来。

雷击顶，有雨不猛。雷击天边，大雨连天。早雷不过午，午雷两头空。

雾收不起，细雨勿止。

烟囱不出烟，近日有雨天。

燕子高飞晴天报，燕子低飞雨天到。

塘里打水花，天气要变化。

猫儿卧屋脊，檐前挂雨帘。

有雨云戴帽，无雨云遮腰。久雨听鸟鸣，不久天放晴。

乌云遮日头，落雨半夜后。

落雨天亮彭，雨伞勿用撑。

早雷勿过午，夜雷三日雨。

清明前后，种瓜点豆。

久雨闻鸟鸣，不久天转晴。

月亮生毛，雨在明朝。

夏至起西北，晒死绕筛竹。

雨打立夏，呒水洗耙。

立夏落雨久晴天，冬至落雨晴过年。

六月秋，赶紧收，七月秋，慢慢收。

六月着夹袄，堤岸好种稻。六月盖棉被，有谷也无米。

夏至梅，十八个度水叠叠堆。

雨打黄昏戌，明天日头出。夏雨连夜倾，不久天便晴。

处暑阴一阴，稻荏烂成筋。

夏南（风）秋北（风），无水磨墨。

立秋发雾，晴到白露。秋雷扑扑，大水没屋。

处暑若无雨，白露枉来淋。

云护中秋月，雨打上元灯。

雨打立秋，万物半收。

白露白移移，秋分晚稻齐。

高虹天转晴，低虹有雨淋。

秋前响雷压台风，秋后响雷引台风。

立秋响雷公，秋后无台风。

日晕三更雨，月晕午时风。天上钩钩云，地上雨淋淋。

天上鲫鱼鳞，地上涌灰尘。云似鲫鱼斑，晒谷不用翻。

日落胭脂红，没雨也有风。日落云里走，雨在半夜后。

日头落山云来抢，不到半夜雨声响。独块乌云在天顶，最大风雨不用惊。

黄昏糊云半夜开，半夜糊云雨就来。今夜鸡鸭早进笼，明日太阳红彤彤。

雷打五更头，明日好日头。

早西风，夜东风，日日好天空。

日暖夜凉，落雨勿用想。

当午太阳现一现，几日勿见面。

久晴大雾雨，久雨大雾晴。久晴响雷天有雨，久雨响雷天快晴。

云往东一阵风，云往西雨淋淋。

十月初一天放晴，冬天柴担满街行。

十月十三晴，黄胖也赚银。

霜降勿降，四十二日糊荡荡。

霜降阴降，四十二日晴朗朗。

上午阴霜下午开，下午阴霜雨便来。

太阳落山乌云洞，明日有雨送。

汏浪隔条河，雷雨隔堆灰。

立冬下雨整冬晴，立冬无雨一冬阴。

立冬发雾，冬至有雪。

霜度见晴天，雪度兆丰年。

燥索冬至，烂索过年。

冬至月头卖被买牛，冬至月尾卖牛买被，冬至月中日风夜风。

大晕三日里，小晕在眼前。

雨打早五更，雨伞勿要撑。早雨晚上晴，晚雨一天淋。

十二月挂虹似道墙，六月挂虹有祸秧。

冬回晴，夏回雨，秋回做度（大）水。

参考文献
R E F E R E N C E S

[1]　陈谷嘉，邓洪波.中国书院史资料 [M]. 杭州：浙江教育出版社，1998.

[2]　陈野，等.乡村发展：浙江的探索与实践 [M]. 北京：中国社会科学出版社，2018.

[3]　陈野，等.乡关何处：骆家庄村落历史与城市化转型研究 [M]. 杭州：浙江人民出版社，2016.

[4]　池太宁，等.永宁江研究史话 [M]. 北京：中国文史出版社，2008.

[5]　方健.南宋农业史 [M]. 北京：人民出版社，2010.

[6]　冯骥才. 20 个古村落的家底：中国传统村落优选 [M]. 北京：文化艺术出版社，2016.

[7]　光绪黄岩县志 [G]. 刻本. 台州：黄岩图书馆.

[8]　何奏簧.民国临海县志 [M]. 丁伋，点校. 北京：中国文史出版社，2006.

[9]　黄岩区统计局.黄岩统计年鉴 2016[G]. 台州，2017.

[10]　黄岩区统计局.黄岩统计年鉴 2017[G]. 台州，2018.

[11]　黄岩市农业局.黄岩农业志 [G]. 上海：上海三联书店，1991.

[12]　黄岩市长潭水库管理局.黄岩长潭水库志 [G]. 台州：台州市文化局，1993.

[13]　黄岩水利志编纂委员会.黄岩水利志 [G]. 上海：上海三联书店，1991.

[14]　金渭迪.黄岩金石志 [M]. 北京：中国文史出版社，2013.

[15]　李俊甫.莆阳比事 [M]. 南京：江苏古籍出版社，1988.

[16]　梁启超.中国历史研究法 [M]. 北京：人民出版社，2008.

[17]　马端临.文献通考 [M]. 北京：中华书局，2011.

[18]　宁波天一阁藏明代方志选刊：黄岩县志 [G]. 影印本. 上海：上海古籍出版社，1963.

[19]　柔川黄氏族谱 [G]. 刻本. 台州：黄岩屿头乡沙滩村忠应庙,1935(民国二十四年).

[20]　柔川黄氏族谱 [G]. 台州：黄岩屿头乡沙滩村忠应庙，2017.

[21]　台州地区志编纂委员会. 台州地区志 [G]. 杭州：浙江人民出版社，1996.

[22]　台州黄岩区地方志编纂委员会. 黄岩方志 [G]. 台州：黄岩区地方志编纂委员会办公室，2017.

[23]　王伯敏. 中国民间剪纸史 [M]. 杭州：中国美术学院出版社，2006.

[24]　严振非. 黄岩续志 [G]. 台州：黄岩县志办公室，2000.

[25]　严振非. 黄岩志 [G]. 北京：中华书局，2002.

[26]　严振非. 黄岩县清史纪事志 [G]. 台州：黄岩县志办公室，2016.

[27]　严振非. 浙江省黄岩县志 [G]. 上海：上海三联书店，1992.

[28]　杨贵庆，等. 黄岩实践：美丽乡村规划实践建设探索 [M]. 上海：同济大学出版社，2015.

[29]　杨贵庆，等. 乌岩古村：黄岩历史文化村落再生 [M]. 同济大学出版社，2016.

[30]　喻长霖，等. 台州府志 [G]. 台北：成文出版社，1970.

[31]　喻长霖，胡正武，等. 台州府志 [G]. 上海：上海古籍出版社，2015.

[32]　袁应祺，牟汝忠. 万历黄岩县志 [G]. 刻本. 明万历.

[33]　张岱年，姜广辉. 中国文化传统简论 [M]. 杭州：浙江人民出版社，1989.

[34]　张良. 宋服之冠：黄岩南宋赵伯沄墓文物解读 [M]. 北京：中国文史出版社，2017.

[35]　张印栋. 屯田史话 [M]. 北京：社会科学文献出版社，2012.

[36]　中共台州市黄岩区委办公室. 黄岩年鉴 2006[G]. 台州，2007.

[37]　中共台州市黄岩区委办公室. 黄岩年鉴 2007[G]. 台州，2008.

[38]　中共台州市黄岩区委办公室. 黄岩年鉴 2008[G]. 台州，2009.

[39]　中共台州市黄岩区委办公室. 黄岩年鉴 2009[G]. 台州，2010.

[40]　中共台州市黄岩区委办公室. 黄岩年鉴 2010[G]. 台州，2011.

[41]　中共台州市黄岩区委办公室. 黄岩年鉴 2011[G]. 台州，2012.

[42]　中共台州市黄岩区委办公室. 黄岩年鉴 2012[G]. 台州，2013.

[43]　中共台州市黄岩区委办公室. 黄岩年鉴 2013[G]. 台州，2014.

[44]　中共台州市黄岩区委办公室. 黄岩年鉴 2014[G]. 台州，2015.

[45]　中共台州市黄岩区委办公室. 黄岩年鉴 2015[G]. 台州，2016.

[46] 中共台州市黄岩区委办公室 . 黄岩年鉴 2016[G]. 台州，2017.

[47] 中共台州市黄岩区委办公室 . 黄岩年鉴 2017[G]. 台州，2018.

[48] 邹德秀 . 中国农业文化 [M]. 西安 : 陕西人民教育出版社，1992.

后 记

POSTSCRIPT

　　2018 年，在中央一号文件《关于实施乡村振兴战略的意见》的部署下，缘起于对浙江省文化研究工程（第二期）项目，浙江省社会科学院牵头执行的重大课题"中国村庄的浙江样本研究"的积极响应并通过社会招标，作为子课题（重点课题）之一的研究，我们参与到其中并开始了为期两年多的"台州黄岩沙滩村发展研究"。

　　当我们步入沙滩村的第一天，便感受到了那里充满生机勃勃的力量，浓郁的农耕文化气息，以及庄重深邃的历史感。在项目研究的过程中，我们充分利用其学科优势，并调动学校其他相关学科资源，对项目展开多种形式与不同视角的研究，尤其注重实地调查和直接参与村庄改革践行，获取了大量第一手资料。除项目组核心成员之外，先后参与项目建设的同济大学师生达数十人。

　　从沙滩村村民的身上，我们还看到了一种自信，这是基于浸润其中的村庄文化的文化自信。通过两年多时间的调查研究与体会，我们得出了这样的结论：有了这样的文化自信，就有了将传统文化予以创造性转化和创新性发展的可能。而促使这一过程转化的两种力量，即一是来自以实行家庭联产承包制和建立市场经济体制为核心的经济改革方面的力量，二是以推行村民自治、德治、法治为核心的政治体制改革方面的力量。总之，四十年来的改革开放已经让沙滩村的人和环境变得越来越和谐，也越来越美丽。

　　在田野考察、对村民以及黄氏宗族后裔访谈、调取文献档案资料的进程中，不仅得到了台州市、黄岩区、屿头乡政府与当地干部群众的大力支持与配合，及所能为我们提供良好的研究条件，还在膳食住宿等各方面予以我们无微不至的关心和照顾。他们热情友好的待人方式与务实认真的工作作风让我们印象深刻、难以忘却。亲人般的温暖使我们倍增同舟共济、克服一切困难的信心。虽然本课题研究即将画上句号，但是同济·黄岩乡村振兴学院却已经为我们共同开展新的事业搭建起一个更大的舞台。由于要致谢的人数众多，篇幅所限，恕不能在此一一点名道谢，但衷心感谢所有为本书做出过贡献的人，特别是那些提供了重要帮助的人。

在这充实而又匆忙的两年多时光中，课题研究还得到了同济大学党政领导与相关学院党政领导、同仁的高度重视与支持，我们还顺利完成了纪录片《沙滩村》（上、下集，中英文对照）的拍摄与制作，纪录片于 2019 年 5 月由同济大学电子音像出版社公开发行。该纪录片于 2019 年 10 月上线"中国视听档案资源共享国际交流平台"，该平台由上海市委外宣办指导，上海广播电视台主办、SMG 版权资产中心暨上海音像资料馆承办。旨在向世界讲好中国的故事，包括中国村庄的故事，向世界人类奉献农村改革开放、全面实现小康的中国智慧与中国方案。

最后，还要感谢本项目研究总负责责任单位浙江社会科学院及项目总负责人员和审阅专家，在他们的严格把关与修改建议下几经易稿，才有了现在最终的研究成果。

愿我们的努力与本研究专著没有辜负大家的期望，能够为沙滩村以及其他村庄的发展提供可资参考借鉴的内容、观点及方法，发挥出应有的作用与效益。

本课题研究负责人、同济大学教授王荔

2020 年 8 月暑期于上海

丛书后记

　　"中国村庄发展：浙江样本研究"项目研究和书稿撰写，由浙江省社会科学院组织院内外相关科研人员集体承担。此刻，面对11部厚重书稿，回顾项目组寒来暑往五春秋的研究历程，前期酝酿筹措的漫长经过、奔波于乡村大地深入调研的艰辛历程、埋首于电脑键盘奋笔疾书的种种身影，均历历在目。感怀系之，作此以记。

　　本项目于2016年初由浙江省社会科学院副院长、研究员陈野倡议谋划，旨在整合全院从事乡村研究的科研力量，加强顶层设计，开展重大项目研究，为本院凝练一个可持续的科研方向和学术品牌。经与院乡村研究中心主任、研究员闻海燕反复磋商，咨询省市农办，赴村实地调研等前期摸底筹备，于2016年正式动议有关村庄发展研究的事宜。

　　2017年2月6日，时任浙江省省长车俊在《历史大变局下的农村新集体经济文化建设调研与思考》调研报告上做批示予以肯定。2017年2月13日，时任省委常委、宣传部部长葛慧君批示要求"在本省多选一些村庄做深入研究，形成一批实践样本。如需要，省社科院一起参与"。2017年2月16日，省委宣传部常务副部长来颖杰批示："请社科院再做深入调查，进行样本总结。"省委省政府和省委宣传部的指示和要求，使我们更加明确和坚定了开展村庄发展研究的思路，加快了项目筹划的进度。

　　2017年6月，村庄发展研究项目被立项为浙江省社科院重大专项课题。2017年9月，被立项为浙江省第二期文化研究工程重大项目，陈野研究员为项目负责人，浙江省农办原副主任、著名乡村研究专家顾益康先生和闻海燕研究员为首席专家。期间，根据实地调研情况、省市县农办意见、省规划办和评审专家建议，项目研究方案经过十数次的调整修改，最终确立为在全省11个设区市中各选一个村作为研究个案，撰写11部专著，形成"中国村庄发展：浙江样本研究"丛书。

　　研究与撰写过程中，项目组发挥前期学术积淀深厚、科研人员学科背景多样、组织协调机制高效灵活、项目组成员高度团结等优势，深入乡村和各级农办、档案局、史志办、文旅局等政府部门实地调研，广泛收集谱牒档案、镇村史志、契约账册等文献资料，驻村开展上千人次的口述访谈。项目组全体成员冲寒冒暑，以认真负责、刻苦钻研、严谨踏实、精益求精的研究态度和工作精神，为课题研究尽心竭虑，无私奉献，并在研究中形成了精诚团结、友好合作、交流研讨、互帮互助的优良团队氛围。各子课题负责人认真组织、悉心筹划、精心统筹、务实开展课题研究，带领各自课题组成员通力合作，为如期完成研究和撰稿任务起到关键作用。各子课题的具体科研工作情况，可参见各部专著的后记，此处不做一一赘述。

项目负责人陈野研究员对项目高度负责、执着认真，全力投入、全程负责项目的启动、开展和推进，承担了策划项目，确立研究思路、主题、体例、理论分析框架和研究内容，设计篇目大纲等全局工作；定期组织召开内部讨论会，研讨篇目框架、研究内容、行文规范；数次邀请专家进行指导评审；多次率队赴省市县相关政府部门座谈请教，倾听学习来自乡村建设实践的真知灼见；先后深入数十村庄开展实地调研访谈；根据自查结果和专家审稿意见与每一位子课题负责人商议修改计划，对11部书稿作三次全面统稿，并做多种局部调整。

项目首席专家顾益康先生自始至终关注关心本项目研究，在百忙之中数次参加项目组研讨活动，对研究方案提出具体思路建议，认真评审数部子课题书稿，指导子课题负责人开展研究，特别是以其丰富的乡村工作经验、深厚的学术研究造诣和对本项目的深入了解，为丛书撰写了站位高远、剖析深入、具有提纲挈领作用的丛书绪论。

首席专家闻海燕研究员在项目对接农办系统、联系专家学者、选择村庄个案等方面发挥重要作用，以长期从事农村经济研究的学术积淀帮助相关子课题开展研究。在项目开展的全过程中认真、积极、负责地协助项目负责人陈野研究员开展实地调研、组内研讨、稿件审读等相关工作。尤其力挑重担，担任"绿水青山就是金山银山"科学理论发源地，在我国新时代生态文明建设中具有重大价值、重要影响力的余村发展研究子课题负责人，带领余村课题组取得丰富研究成果。

P O S T S C R I P T

　　浙江省社会科学院科研部王玮老师承担了项目组内勤外联、会议记录、通知纪要、送审打印等具体编务工作，以其认真负责、细心周到、任劳任怨、不计报酬的工作态度和精神，为项目完成起到不可或缺的保障作用。

　　借此丛书书稿完成撰写、即将交付出版之际，我们衷心感谢中共浙江省委宣传部、浙江省社科联、省规划办和来颖杰、盛世豪、郭华巍、邵清、陈先春、刘东、董希望等领导对本项目研究的信任肯定及在研究过程中的悉心关怀！衷心感谢夏阿国、邵峰、杨建武、郭占恒、王景新、毛丹、赵兴泉、梁敬明、郭红东、胡豹、任强等专家学者对书稿质量的严格审阅把关和学术指教！衷心感谢张伟斌、迟全华、俞世裕、何显明、胡海良、潘捷军、毛跃、陈柳裕等院领导对本项目研究的重视、关心和指导！衷心感谢北山村、花园村、龙峰村、缪家村、蚂蚁岛村、清漾村、上园村、邵家丘村、沙滩村、棠棣村、余村村两委会和全体村民的热情参与、积极配合和无私奉献！衷心感谢相关省市县农办、宣传、文旅、社科、文化、旅游等众多政府部门对本课题研究和实地调研的大力支持和鼎力相助！衷心感谢浙江大学出版社和责编老师专业、细致、负责的编辑出版工作！

　　由于我们水平所限，书中错漏不足之处在所难免，恳望各位领导、专家、学者，各位读者予以批评指教！

2020 年 11 月 26 日